国家社科基金
后期资助项目

师统与
学统的调适

宋元两浙朱子学研究

Research on the School of Zhu Xi
in Liangzhe during the Song and Yuan Dynasties

王 宇 著

社会科学文献出版社
SOCIAL SCIENCES ACADEMIC PRESS (CHINA)

国家社科基金后期资助项目
出版说明

　　后期资助项目是国家社科基金设立的一类重要项目，旨在鼓励广大社科研究者潜心治学，支持基础研究多出优秀成果。它是经过严格评审，从接近完成的科研成果中遴选立项的。为扩大后期资助项目的影响，更好地推动学术发展，促进成果转化，全国哲学社会科学工作办公室按照"统一设计、统一标识、统一版式、形成系列"的总体要求，组织出版国家社科基金后期资助项目成果。

全国哲学社会科学工作办公室

序

长期以来，关于浙学的研究聚焦于宋代事功学、明代阳明学与清代浙东史学，而忽于朱子学的专题研究。由于南宋的政治与文化中心在临安，明代的立国之本也与浙江具有重大关系，尤其在北山一系的后续发展中，作为朱子学正统嫡传的金华朱子学与明代意识形态和学术主流的建立具有内在的关系，因此两浙朱子学的考察无论是对于朱子学的研究，还是浙学的开拓，都具有重要的价值。但是由于朱子学的研究不完全是纯思想的哲学分析，而是涉及后朱熹时代的整个儒学运动，思想史的研究特征相当明显，有必要对相关的研究要素作一些梳理。

庆元党禁在朱熹去世后两年（1202 年）开禁，此后在朱学、陆学、浙学的学派调和中，朱子学呈现出融会陆学与浙学而胜出的态势。也许思想巨子之后思想出现裂变是一个常态，后朱熹时代的朱子学也是如此。朱熹一生讲学，虽以闽中为主，但门徒分布仍然很广，清初极力推崇朱子学的名儒李光地的孙子李清馥在表彰闽中朱子学的《闽中理学渊源考》中尝指出朱子门人的广泛性："在闽中者二百余，在吴越、江右、楚黔者亦二百余。"① 即便是著名者，分布也很广。晚宋黄震就列举了一批人：

> 如闽中则潘谦之、杨志仁、林正卿、林子武、李守约、李公晦，江西则甘吉父、黄去私、张元德，江东则李敬子、胡伯量、蔡元思，浙中则叶味道、潘子善、黄子洪，皆号高弟。②

事实上，至晚宋朱学再传、三传时，朱学实已遍及南宋各地。如果延至元朝，更是"此亦一述朱，彼亦一述朱"了。

---

① 李清馥：《闽中理学渊源考》卷 26《文肃黄勉斋先生榦学派》，凤凰出版社，2011。
② 黄震：《黄氏日抄》卷 40《读勉斋先生文集》，大华书局，1984。

如何来梳理这一复杂的朱子学传衍，从而呈现出朱子学的丰富性，一直以来便是困难的。一个比较直接的方法，自然就是以地域为依据来进行梳理，前引黄震与李清馥所言，表明自宋至清的一贯做法就是如此；同时辅以师承，按照谱系的观念进行梳理。概言之，地域与师承是研究朱子学的两个天然要素。不过，自黄宗羲撰《明儒学案》，虽然他仍然是以地域与师承来建立大的框架，但他很明显地将自己的思想立场放了进去，力求以思想的特质来构成他对明代儒学的理解。尽管黄震以来，思想也无疑是重要的叙述内容，但黄宗羲显然是将思想的要素摆在第一位。地域与师承的要素没有抛弃，但似乎已降至为梳理的方便而已。黄宗羲原拟贯彻他的思想史方法于宋元儒学，但由于工作仅限于开端，黄宗羲的这个思想史路径在现存的《宋元学案》中没有能够完全得到实现，全祖望的续修增补根本上使得《宋元学案》成为历史学家的思想史著作，而与思想家的思想史著作《明儒学案》有了显著的区别。作此区别，决无贬低全祖望的工作之意。客观地看，尽管偏重于历史学家的思想史著作，全祖望终究是一个极有识见的历史学家，他仍然希望在事实层面上尽可能提供史料，梳理清楚脉络的同时，能够进入思想层面的判识。比如他对晚宋的朱子学作有这样的说明：

> 晦翁生平不喜浙学，而端平以后，闽中、江右诸弟子，支离舛戾固陋无不有之，其能中振之者，北山师弟为一支，东发为一支，皆浙产也，其亦足以报先正惓惓浙学之意也夫！①

由此而将浙江的朱子学提升为朱子学的正统。但是，要将朱子学的思想实际展开与地域、师承的要素达成完全匹配，实际上总是难以实现的。如果一定要使之相合，则不免于材料上左支右绌，漏洞百出。有鉴于此，我在十多年以前讨论南宋后朱熹时代的朱子学时，曾尝试着跳出师承、地域等外在的限制，直接以思想的特质将晚宋的朱子学勾勒成"思想的形态化及其向生活落实""思想的政治化""思想的学术化"所构成的思

---

① 黄宗羲、黄百家、全祖望：《宋元学案》卷八十六《东发学案》，《黄宗羲全集》第六册，浙江古籍出版社，2005。

想画卷。①

现在回头来看，一方面，我仍然以为自己关于晚宋后朱熹时代的朱子学的这个认知分类大致是可靠的，也是有益的。另一方面，我又深知这个勾勒存在着难以消除的问题。最显见的是，晚宋朱子学的推进虽然有此三个明显的维度，以及具体到每个朱子后学中人也有三维度中的明显取向，但取向绝不可能是单一的，充其量只是轻重。比如我把黄榦、陈淳都归于第一个维度，即"思想的形态化及其向生活落实"，这固然是成立的，但决不等于说他们在"思想的学术化"方向上没有建树。无论是具体的朱子后学个体，还是整个后朱熹时代的朱子学，我的分析框架所示的三个维度事实上都是交叠而错综复杂的。换言之，分类的图像虽然有助于认识的清晰，却是以丰富性的丧失为代价的。如果把晚宋朱子学的认识延拓至元代，问题就变得更加复杂。由此，似乎颇能理解全祖望在增补《宋元学案》时为什么要以师承为统绪，辅以区域，虽然这确实是学案体的体例所至，却也实在是一个比较稳妥的方法。

以上这样一个简单的梳理，实际上是指出，后朱熹时代的朱子学研究至少有三个要素是必须考虑的，一是师承，二是地域，三是思想。师承构成了朱子学在时间维度上的展开。尽管师承不足以保证思想获得可靠的传衍，况且从道不从人的观念自始便是宋代理学的精神，整个宋代理学本身也宣称是孔孟之道湮没千载后的接续，但是师承构成了学术传衍的客观维系，同时这种维系也是朱子学在时间上展开的见证。地域与师承的时间性相比，在传统的研究上大体只是空间的提供，少有其他的思想含义，比如特定的场域对于思想的影响等。但是，思想的传播既受制于时间，也受制于场域。在传统时代，场域的影响几乎是与师承完全交织在一起发挥作用的。在师承、地域、思想三要素中，相对而言，思想的要素似乎显得要虚许多，这个虚主要是指它的呈现方式。但是，在后朱熹时代，思想比以往是要实体化很多了，因为印刷技术的普遍已使得书本传播突破了时间与空间的限制。换言之，思想以书为载体，实现了它对师承与地域的突破。也许可以反过来理解，正是由于书本的流播极大地挑战了师承与地域，因此师承与地域进一步固化以回应挑战。后

---

① 何俊：《南宋儒学建构》第五章，上海人民出版社，2013。

来清儒总是要讲宋学中的门户标榜，党人习气，想来也绝不是无来由的。

然而，一旦观察与分析思想史的基本要素达到三项，它的认识复杂度便会骤然剧增，如果再考虑到思想史与所处时代的政治环境的关系是不可回避的内容，因此在某种意义上讲，有效解释几乎是难以实现的。因此要想有效理解后朱熹时代的朱子学，势必在三项基本要素中有所偏重。近年来的思想史研究比较明显地受到社会史的影响，尤其是宋明以降。其中最突出的一个特征就是希望通过士人社群的家族与宗族关系、师承与学侣关系、仕宦与交游关系的梳理来呈现思想流变的因果关系。这对于思想史的认识无疑是颇有助益的，但不可否认的是，关系的梳理终究无法替代思想的阐明。换言之，在思想史的研究中，上述朱子学研究的基本三项要素，思想的维度是最不应该缺失的，否则便不成为作为思想史的朱子学研究。因此，如果必须有所取舍，似乎只能在师承与地域二者中作轻重的处理。依我的考虑，如何处理这二者，取决于研究的重点。如果对朱子学做类似切片式的研究，即限定在一个相对短的具体时段，比如朱熹的及门弟子与二传弟子，那么地域要素应该放在一个比较重要的位置上，由此考察朱子学在不同地域的传衍所呈现出的丰富性；如果对朱子学作长时段的考察，即由及门弟子而延至后来数代人的流变，那么应聚焦于师承为宜，以便彰显传承中所展开的丰富性。事实上，两者之间的选择，又极大程度上受制于整个研究对象的内涵。如果分析后朱熹时代的朱子学是作为整个南宋儒学的一个波段，就会倾向于选择前者，以地域为背景来进行思想类型的切片式分析，比如我在《南宋儒学建构》中所做的那样。但是如果专以后朱熹时代的朱子学为研究对象，那么就容易考虑后者，以长时段的观察作为重点，王宇的《师统与学统的调适——宋元两浙朱子学研究》就是如此。这部新作在时间的维度上将后朱熹时代延展至整个元代，置朱子学于一个长时段进行观察，而将空间聚焦于两浙地区，又仅以此空间为背景，而不是将空间作为思想史的分析要素，从而将整个考察聚焦在师承与思想这两个要素上，避免多要素的渗合而导致类型交叉所带来的无法掌控的复杂，甚至混乱，可以说是一个相当明智的选择。

所谓师统，便是师承的展开；所谓学统，则是思想的传承。当进入长时段的考察中，会很自然地发现，思想的传承一定会发生延异，而固化的师统必无法笼罩思想的溢出,因此学统与师统之间的张力与紧张,乃至矛盾与冲突,自然接踵而至。处于这种关系中,朱子学的每一代学人因为自己所处的位置与关注不同而形成了迥异的思想风格。总的来说,事实与常理还是比较相近的。比如依常理,离朱子越近,师统应该越足以成为学统的保证,事实上也近乎如此,比如朱子的及门弟子辅广与陈埴;或者虽然隔了两代,但师承清晰者,也有益于学统的延续,抑或思想的保守性坚持,比如同为三传的赵顺孙与车垓。相反,离朱子时代已远,师承多源又经过了一番自我研判而皈依朱子者,应该容易倾向于学统独立于师承,黄震与王应麟便佐证了这一点,与此相应,思想的新创也往往开始萌生。当然,事实与常理如果总是如此若合符节是不可能的。比如北山一系的传承中便呈现出了师统与学统的复杂性,北山一系的师统是清晰可靠的,但他们在思想上的突破反而使他们的学统与普遍师统正确的朱子学出现了某种程度的紧张。可以说,仅就宋元两浙朱子学为例,已足以表征朱子学的复杂性。事实上,这仍然还是仅限于师统与学统两个要素的观察,地域要素实际上并没有真正介入。如果进一步向内(两浙内部的亚区域)、向外(两浙与闽中、江右、楚黔)展开,宋元朱子学的复杂性无疑更为彰显。毫无疑问,决无必要疑虑这种复杂性的存在。从价值评判的意义看,这种复杂性毋宁是朱子学丰富性的实现;从思想洪流的进程看,这样的丰富性既是思想的展开,也是思想转向新境的准备。更何况,这种丰富性的呈现,在极大的程度上也是研究偏重于分析的取径所致。事实上,正如王宇的著作题为《师统与学统的调适》所示,宋元两浙朱子学所呈现的丰富性终究可以被涵摄于师承与思想的纽结中,如果取以综合的考察。

当然,当我这样说时,明显地隐含了考察朱子学的另一个重要因素,即政治。朱子学与政治的关系是一个无法绕开的问题,况且所谓的政治,恰恰也与呈以士人社群与仕宦党群的师统、地域,以及与政治正确相纠结的学统有着扯不断的关系。尤其是,南宋以临安为都,两浙朱子学与宋廷基于地缘而产生的互动,往往是超出今人由有限的史料所窥知的。王宇的书其实专辟了一章讨论宋理宗与朱子学的关系,即便从相关的具体的朱子学者来考察,王宇的书也为我们细致地勾勒了徐侨、叶味道与杜范在宋理宗端平、淳祐两次更化中所进行的努力。那似乎是一个失败了的思想的政治实践。但是在讨论到元朝部分，我们看到两浙朱子学为元代科举的恢复所做的长期积累与正面推动还是取得了巨大的成效。不过，我之所以还要专门将政治作为分析朱子学的一个重要因素提出来，是因为一旦将政治的要素作为一个分析的重要因素时，时间的要素是我想作进一步讨论的。当我们从时段上来进行思想史的分析时，很容易受到断代史研究的影响，但其实是可以尽量摆脱一点，从思想史本身与政治的关系对思想史的周期性程度的影响来考虑时段的划定。我在前文中，用"思想洪流"这个词来比喻思想蕴涵的丰富性，其实便有着思想史的周期性的考量。就朱子学而言，这是一个尤其值得考虑的问题，因为朱子学成为晚宋以降传统中国的政治与思想的主流，并不仅限于宋理宗，以及后来的元代，而与明清两朝都有着重要的关系。自然，这绝不是意味着要将整个明清两朝都括入其中，而是强调要尽量从朱子学自身的周期性来划定时段。

这里，斯波义信先生关于宋代以降的时段划分是极富启发性的。他在考察宋代江南经济时，依据上升、平衡、下降之类的周期循环理论，将考察的时段从宋朝开国一直下延到明初，分成七个时期：

第一期　960～1030年代，开拓疆土的开国期；
第二期　1030年代～1060年代，上升开始发动期；
第三期　1060年代～1127年，上升期；
第四期　1127～1206年，实质性成长期；
第五期　1207～1279年，下降始动期；
第六期　1279～1367年，下降期；
第七期　1368～1421年，上升始动期。

他的整个时段选择与分期划分是多方参照了政治变迁和制度框架的结构变化，比如下限划在1421年，便是因为这一年明朝迁都北京。[①] 显然，这一年不仅对江南经济来说是一个重要的时间节点，对于两浙的朱子学

---

① 〔日〕斯波义信：《宋代江南经济史研究》，方健、何忠礼，江苏人民出版社，2001，第80～82页。

同样是一个重要的时间节点。朱元璋取得天下，与金华士人社群是具有重要关系的。方孝孺的殉难是否意味着启动了两浙朱子学的下降期，乃至为后来浙中王阳明心学的崛起提供了某种思想空间，还有待进一步的研究，但对于两浙朱子学的影响是可以肯定的。

综上所言，两浙朱子学由于所涉内容的复杂，此一领域的研究要素具有多维性与交叉性。任何一个学者的具体研究很难既笼罩全局，又能作充分的展开。王宇选择师统与学统的调适这一视角，分析两浙朱子学的活动，有益地打开了朱子学研究的一个重要面相，同时又足以引发我们对朱子学的研究要素的进一步思考。我将自己获得的启发尝试着说出，一方面是为了彰显王宇所选择的研究视角所指向的研究要素，另一方面更是为了说明由他的研究所蕴藏着的两浙朱子学的其他研究要素。至于两浙朱子学的研究对于浙学的开拓，则因为两浙朱子学的展现而更显得直接，浙学的研究内容将难以再简单归约为南宋事功学、明代阳明心学、清代浙东史学。当然，如果回到我对朱子学研究要素的分析，从浙学研究的推进而言，考虑到政治制度规定的变化与权力的实际运行在传统中国是决定思想的重大要素，我很期待王宇能够在现有师统与学统研究的基础上，由政治与思想切入，再对宋明的两浙朱子学做出专题研究，从而与本书构成双璧。

何俊
戊戌腊月初二于恕园

目 录

绪　论　宋元两浙朱子学的成立 ·· 1

第一章　朱熹的道统观与师道观 ··· 13
 第一节　孔孟的道统观 ··· 17
 第二节　北宋儒学的道统说 ·· 24
 第三节　朱熹："因其语而得其心" ·· 36
 第四节　对"口耳之学"的批判 ·· 42
 小　结 ·· 58

第二章　朱熹去世后师统与学统之争初现端倪 ······························ 62
 第一节　朱熹去世后师统崇拜的勃兴 ······································ 63
 第二节　朱熹语录编辑引发的纷争 ·· 75
 第三节　朱门内部围绕继承师说产生的分歧 ······························ 84
 小　结 ··· 100

第三章　晚宋两浙朱子学的政治处境 ·· 103
 第一节　背景：尊其说而不用其人 ·· 104
 第二节　徐侨和叶味道 ··· 115
 第三节　杜范与淳祐更化 ·· 127
 小　结 ··· 136

第四章　辅广《诗童子问》与朱子学学统的完善 ···························· 139
 第一节　辅广的生平和《诗童子问》 ······································ 139
 第二节　《诗童子问》对《诗集传》章旨的补充 ························ 143
 第三节　《诗童子问》对《诗集传》章句注的补充 ····················· 149
 第四节　《诗童子问》对《诗集传》的修正 ····························· 160

小　结 ·· 165

第五章　陈埴和赵顺孙：亲传门人、再传门人与学统的结合 ········ 169
　　第一节　陈埴的工夫论 ·· 170
　　第二节　赵顺孙与《四书纂疏》 ·· 184
　　第三节　从《木钟集》到《四书纂疏》 ···························· 194
　　小　结 ·· 202

第六章　黄震：彻底的学统传道论者 ·· 205
　　第一节　反对以"自得"为"己之独得" ························ 206
　　第二节　批判"传道即传心说"和"不立文字" ············ 217
　　第三节　讲说已备，正当体行 ·· 223
　　小　结 ·· 235

第七章　王应麟：融通汉宋及其对道统论造成的破坏 ············ 238
　　第一节　尊德性与道问学的再平衡 ···································· 241
　　第二节　融通汉宋经学与赓续学统 ···································· 250
　　第三节　宋学的价值 ·· 260
　　小　结 ·· 271

第八章　《读书分年日程》与元代朱子学的科举化 ················ 275
　　第一节　两浙朱子学与元代科举 ·· 276
　　第二节　朱子学"四书"学的课程化 ································ 284
　　第三节　朱子学经学的科举化 ·· 290
　　小　结 ·· 300

第九章　《内外服制通释》和《家礼》的大众化 ···················· 303
　　第一节　朱子《家礼》丧礼部分在元代的应用 ················ 303
　　第二节　《通释》对《家礼》的捍卫和增补 ···················· 308
　　第三节　《通释》促进《家礼》大众化的努力 ················ 314
　　小　结 ·· 322

第十章　北山世嫡：朱子学师统崇拜的顶峰 …… 324
第一节　何基、王柏对晚宋朱子学弊端的反思 …… 325
第二节　王柏的师统观 …… 332
第三节　宋元之际北山师统观的勃兴和困境 …… 341
第四节　元明之际"的传"向"世嫡"的转型 …… 352
小　结 …… 362

第十一章　史伯璿：对"见而知之"的彻底清算 …… 364
第一节　史伯璿对朱熹"及门高第"的评价 …… 366
第二节　朱子学再传以下对朱熹的轻视 …… 371
第三节　"亲相授受"造成的元末朱子学乱象 …… 380
小　结 …… 387

第十二章　尾声：新旧道统转换中的师统和学统 …… 390
第一节　学统、师统与"绝而复续"的道统循环 …… 391
第二节　宋元朱子学师统在明前期的断裂 …… 396
第三节　心学新道统对朱子学旧师统的否定 …… 403

主要参考文献 …… 408

后　记 …… 419

绪论　宋元两浙朱子学的成立

何谓"两浙朱子学"？顾名思义，"两浙朱子学"是以地域为断的概念；本书所设想的"两浙朱子学"以人为主轴，其内涵应是"两浙籍贯的朱子学人士"。然而，何不以"两浙籍贯的朱学门人"为限，而泛言之为"朱子学人士"呢？因为在朱子学的发展历程当中，朱熹的亲传弟子及其亲传弟子的传人，固然构成了朱子学学术化、官学化的主力，但是那些与朱熹的传授统绪没有直接联系的士大夫，也发挥了极其关键的作用。当朱子学广泛传播之后，朱子学文献凭借书籍刻印而广泛传播，使得"面授"不再是唯一的成就之道，越来越多的士子通过自学成为朱子学学者。因而，必须将朱熹及其存在传授事实的传人（姑且称之为"嫡系"）与那些自学成名的特起之学，统称为朱子学人士，方能反映朱子学在两浙地区存续、嬗变的全体大势。

不过，在本书讨论的时间起点嘉定元年（1208），刚刚经历了庆元党禁尚惊魂未定的朱子学的主力仍然是门人，其中两浙籍贯的朱熹门人占了十分突出的比重。据陈荣捷先生考证，朱熹门人中籍贯可知者共378人，其中福建籍弟子164人，岿然为朱学大宗。而两浙门人达80人，排列第二；江西弟子居第三位。[①]陈先生的统计虽不完整，但总体分布格局确是如此。明人归有光（1507～1571，昆山人）曾在一篇科举试策中回顾朱子学在两浙地区的概况说：

> 辅广、徐侨初事吕祖谦，后从朱子。伪学之禁，学者解散，广不为动，而《五经解》《诗童子问》，多所发明。侨以朱子之书满天下，不过割裂掇拾以为进取之资，求其专精笃实，能得其所以言者盖鲜。其学一以真实践履为本。叶味道对策，率本程子，告人主以帝王传心之要。然朱子门人黄榦为最著，何基师事榦，得闻渊源之

---

① 陈荣捷：《朱子门人》，华东师范大学出版社，2007，页9。

义。王柏捐去俗学从何基,基告以立志居敬之旨。金履祥事王柏,从登何基之门。论者以为基之清介纯实似尹和靖,柏之高明刚正似谢上蔡,而履祥亲得之二氏而并充于己者也。其后许谦学于履祥,其学益振。及门之士,著录者千余人。自基以下,学者所谓婺之四先生,以为朱子之正嫡者也。……今推原程子之学,自龟山至于朱子,朱子之后,为婺之四先生。①

归氏点到了辅广、叶味道、徐侨三人之名,事迹皆本《宋史本传》,他们在朱子门人中地位确实相当突出。以叶味道为例,朱熹去世后,黄榦曾说:"向来从学之士,今凋零殆尽,闽中则潘谦之、杨志仁、林正卿、林子武、李守约、李公晦,江西则甘吉父、黄去私、张元德,江东则李敬子、胡伯量、蔡元思,浙中则叶味道、潘子善、黄子洪,大约不过此数人而已。"② 叶味道能够跻身黄榦所说的"大约不过此数人",可见叶味道在传播朱子学方面是不遗余力的。黄榦、李燔相继去世后,叶味道、徐侨的地位更加突出。南宋学者吴泳曾说:"勉斋(按:黄榦)既下世,宏斋(按:李燔)继没,毅斋(按:徐侨)槁立于婺女之滨,罕与世接,留宗庠者,仅叶六十四丈,一人担当考亭门户,呜呼,亦微矣!"③ "叶六十四丈"即叶味道,所谓"留宗庠者",似指他一直留在沧州精舍主持书院。

可是归有光在历数完辅广、叶味道、徐侨三位浙籍朱熹门人后,自"然朱子门人黄榦为最著"一句开始,就一下子跳到了黄榦所传北山四先生一系。这就暗示,辅广、徐侨、叶味道虽然各自也有门生弟子,但绝大多数都默默无闻。

到了明末清初的《宋元学案》,黄宗羲、全祖望更以浓墨重彩勾勒了"两浙朱子学"谱系。全祖望说:"晦翁生平不喜浙学,而端平以后,闽中、江右诸弟子,支离舛戾固陋无不有之,其能中振之者,北山师弟为一支,东发为一支,皆浙产也,其亦足以报先正惓惓浙学之意也

---

① 归有光:《震川别集》卷二下《应制策·浙省策问对二道》,《震川先生集》下册,上海古籍出版社,1981,页764~765。
② 黄榦:《勉斋先生黄文肃公文集》卷十四《复李贯之兵部一》,页453。
③ 吴泳:《鹤林集》卷三十《又答严子韶书》,《文渊阁四库全书》册1176,页295。

夫！"① 全祖望指出黄震这样没有显赫师承的学者，学术地位和造诣毫不逊色于以"朱学世嫡"自居的北山学派。

《宋元学案》还对两浙朱门弟子给予了专门的介绍，共立学案六篇：辅广的《潜庵学案》，陈埴、叶味道的《木钟学案》，杜燁、杜知仁的《南湖学案》，北山学派的《北山四先生学案》，王应麟的《深宁学案》，黄震的《东发学案》。其中，属于浙籍亲传弟子的"学案"为三篇：辅广的《潜庵学案》，陈埴、叶味道的《木钟学案》和杜燁、杜知仁的《南湖学案》。根据《宋元学案》所勾勒的传授统绪，这三个学案都延续到了明初。然而，《宋元学案》所描述的师徒授受关系常常是不可靠的，《潜庵》《木钟》《南湖》三学案就是如此。

首先看《潜庵学案》。辅广生前在家乡崇德乃至浙西地区的教学活动非常之少，其亲传的浙籍弟子几乎没有。而黄宗羲、黄百家都极力强调黄震是辅广再传。② 可是，黄震自称师承王文贯，并明言王文贯师从余端臣，而《潜庵学案》余端臣传云："太学生，以经学教授闾里，从之者数百人，其源出于辅潜庵。"③ "其源出于"云云，证明余端臣可能并未见过辅广，黄震的学脉也无法追溯到辅广。辅广的弟子还有刘敬堂与韩翼甫两人。在《潜庵学案》的刘敬堂小传中，找不到他从学辅广的记载。刘敬堂的弟子熊禾自称："曩游浙中，尝因受业于敬堂刘先生，得闻文公晚年所以与勉斋黄先生、潜室陈先生论学之要旨。然后乃知文公之学，其体全体，其用大用，与世之所言，第以资诵说者，固不同也。"④ 清人王梓材按语云："敬堂先生，盖亦辅氏所传者。辅氏之学在浙中，故勿轩从而受之，兼得黄、陈之论也。"⑤ 熊禾此文说得很清楚，他从刘敬堂那里传习的是黄榦、陈埴所传朱学，并未提及辅广。⑥ 王梓

---

① 黄宗羲、黄百家、全祖望：《宋元学案》卷八十六《东发学案》，《黄宗羲全集》第六册，浙江古籍出版社，2005，页394。
② 《宋元学案》卷六十四《潜庵学案》，《黄宗羲全集》第五册，473页。
③ 《宋元学案》卷六十四《潜庵学案》，《黄宗羲全集》第五册，页475。
④ 熊禾：《勿轩集》卷一《送胡庭芳序》，《文渊阁四库全书》册1188，页770。
⑤ 《宋元学案》卷六十四《潜庵学案》，《黄宗羲全集》第五册，页476。
⑥ 关于熊禾师承刘敬堂的问题，朱鸿林《元儒熊禾的学术思想问题及其从祀孔庙议案》，在李清馥的基础上进行了详细考证，见《中国近世儒学实质的思辨与习学》，页38~40。

材按语并无根据。

辅广在两浙的另外一支是韩翼甫（会稽人），《潜庵学案》小传云："其学出于辅氏。"王梓材按语云："先生学出于辅氏，言为辅氏之学耳，非必亲受业于潜庵。"① 韩氏活动于南宋末年至元初，绝不可能见到辅广。② 韩翼甫传其子韩性，韩性传王冕（诸暨人），王冕的活动时代已经是元末明初。韩性也成为元代中期有影响的儒者，其事迹具见《元史·儒学传》。

由此可以看到，辅广去世之后，辅广之学在两浙的传播很不活跃。在浙东地区一度发挥重要作用的韩翼甫、韩性父子，其影响力都不如刘敬堂的门人熊禾（建阳人）和韩翼甫门人陈普（宁德人）。熊、陈二人也成为元代福建朱子学的重要人物。

再看《木钟学案》。陈埴与叶味道的弟子数量不多，归于陈埴名下的"潜室门人"共六人，其中追随陈埴最久的是翁岩寿（永嘉人），岩寿登淳祐进士第，"其学以修身励行为务，不专在语言文字之末"。③ 但翁氏的学术具体如何，因其著述失传而无从考见。车安行（黄岩人）也是陈埴门人，事迹不著，但其侄车若绾（后改名车垓）著有《内外服制通释》八卷，今尚存世，可以从中窥见两浙朱子学在礼学方面的造诣。《木钟学案》中所见陈埴门人中，有著述传世者只有董楷，董楷字正翁，临海人。④ 董楷登宝祐四年（1256）进士第，检《宋宝祐四年登科录》，其时年31，则生年当在1226年，其《周易传义附录》成于咸淳年间（1265~1274），而陈埴卒于理宗绍定五年（1232），他不可能师从陈埴。

叶味道的弟子只有五人：叶采、缪主一、王梦松、赵景纬、王柏。先看叶采，他是叶味道的儿子，籍贯却是福建邵武，且师从蔡渊，完全是闽中朱子学的传人。王梓材按语解释，因为叶味道长期在福建师从朱熹，故在建宁定居，叶采因之成为闽人。⑤ 叶采是闽中朱学的重要人物，

---

① 《宋元学案》卷六十四《潜庵学案》，《黄宗羲全集》第五册，页476。
② 黄溍：《金华黄先生文集》卷三十二《安阳韩先生墓志铭》，是韩翼甫之子韩性的墓志铭，其中提及一些翼甫的生平细节，《黄溍全集》，页456~458。
③ 《宋元学案》卷六十五《木钟学案》，《黄宗羲全集》第五册，页529。
④ 生平详见《宋宝祐四年登科录》卷三第五甲第四十六名（《文渊阁四库全书》册451，页89）、陆心源《宋史翼》卷二十五本传（中华书局1991年影印本，页270）。
⑤ 《宋元学案》卷六十五《木钟学案》，《黄宗羲全集》第五册，页531。

所著《近思录集解》最为有功于朱学的传播。

王梦松（1186～1272），青田人，字曼卿，号顺斋处士，著作有《论语解》十卷、《中庸大学解》五卷、《孟子解》七卷、《易解》十三卷、《书解》十卷、《礼记解》五卷、杂著二十卷，久已失传。《学案》也没有交代他师从叶味道的具体情形，但其墓志铭《宋顺斋先生王公墓志铭》云："尝北面西山叶公味道，西山谓公曰：'世无曾思，君不当在弟子列。'唯诺叩击，尽领考亭宗旨而返。自少至壮，自壮至老，壹是勿贰。西山真知人哉！"① 师从王梦松的学者很多，《木钟学案》只指出余学古一人。余学古传永康胡长孺，胡长孺传陈刚，陈刚与史伯璿在师友之间。关于这一系的传承，本书第十一章在讨论史伯璿《四书管窥》时将详细考证。

缪主一，永嘉人，《木钟学案》云："从西山先生叶味道学，博闻强记，入太学。贾似道芜湖之败，先生与同舍诸生伏阙上书攻之。宋亡，隐居教授，双目晚瞽。当事舆致之，为学舍经师。大德间，初制大成乐器，皆以询之。"② 元大德元年是1297年，大德五年（1301）后，温州郡守廉希仲延请其为郡学经师，年八十余卒。"大德间，……初制大成乐，礼器制服制度仪式必辄询之。"③ 据《元史》卷七十二《祭祀一》所载"（大德九年二月）集议曰：乐者所以动天地感鬼神，必访求深知音律之人，审五声八音，以司肄乐"④，当即此事，则缪主一于1305年时尚在世。假设缪氏卒于本年，且享年85岁，则生年大致在1220年。叶味道卒于端平年间（1234～1236），缪氏可能见过叶味道，但《弘治温州府志》中说他"从西山叶味道游，博学强记，西山深器之"⑤，似乎出于溢美，毕竟缪主一当时不过十四五岁。更大的可能是，缪氏卒于大德

---

① 王梦松生平详见刘黻《宋顺斋先生王公墓志铭》，收入李遇孙所辑《括苍金石志》卷八，《续修四库全书》册912，上海古籍出版社，1996，页71～72，引文见页72。按，文渊阁四库全书本刘黻《蒙川遗稿》（四卷本）失收此文。
② 《宋元学案》卷六十五《木钟学案》，《黄宗羲全集》第五册，页533。
③ 王瓒、蔡芳：《弘治温州府志》卷十，上海社会科学院出版社，页248，2006。胡珠生此处注，指出宦职"元温州路总管兼管内劝农事"下廉希仲位序之误，当系于大德五年刘晖与延祐元年忽辛之间，并不是说廉希仲延请缪主一在大德五年。大德五年郡守为刘晖。廉希仲延请缪主一至少在大德五年之后。
④ 宋濂等：《元史》第六册，中华书局，1976，页1783。
⑤ 王瓒、蔡芳：《弘治温州府志》卷十，页248。

九年（1305）之后，因为，贾似道芜湖之败在公元1275年，据《弘治温州府志》小传，此年缪主一还能与同舍生伏阙上书攻之，若他出生于1220年，则此时已经56岁，这么老的太学生（即便是内舍生）在南宋相当罕见。因此，他的卒年很有可能在大德九年（1305）之后的若干年内，基本上没有可能师从叶味道。

王柏、赵景纬二人，《宋元学案》分别将其小传列入《北山四先生学案》和《沧州诸儒学案》，在《木钟学案》中只存其名，则与叶味道的关系又疏远一层。

最令人费解的是，在《木钟学案》的最后部分，黄宗羲特立"朱学之余"这一门目，下立章仕尧、史伯璿二人。此二人活跃在元代，与陈埴、叶味道没有任何间接的传授关系，黄宗羲把他们安排在这里，并且下文还介绍了史氏的门人徐宗实、徐兴祖，以及徐宗实的门人黄淮，则关系更加疏远。

《宋元学案·南湖学案》所展示的传授体系在所有六个学案中最为严整。该学案发源于朱熹的弟子杜燁（字良仲）。杜燁之侄孙为杜范（1182～1245），年幼时师从杜燁。杜范的情况，本书第三章将重点讨论。杜范传车若水，有《脚气集》传世。杜范同时代还有车似庆，著有《五经论》一卷。车若水、车似庆一代人以下，便趋于微弱。

以上三篇学案属于朱熹亲传的两浙籍贯门人。除此之外，朱熹的两浙门人虽然数量众多，但绝大多数找不到第二代传人。唯一的例外是徐侨。徐侨虽然没有单立学案，但是他的弟子叶由庚（1202～1279）对金华地区朱子学的传播做出了很大的贡献。元儒苏伯衡说："考亭朱子之学大行于婺，由公（徐侨）与文定何公始。……徐公游最久而尽传公之学者，曰通斋隐君叶由庚。公既没，隐君与文定、文宪皆以道学为东南之望。及隐君没，而其学遂莫之传。……况隐君论辩周子《太极图》与《论语》属词联事集，文定、文宪皆深服其言，则亦乌可弗讲其学也欤！"[①] 可见徐侨一门对婺州理学的贡献甚大。叶由庚常与北山四先生中的何基、王柏论学，徐侨殁后，三人倡学于东南，宋濂说："基'深潜

---

① 苏伯衡：《苏平仲文集》卷十《书徐文清公家传后》，《四部丛刊初编》第251册，上海书店，1989，页7～8。

冲澹，得学之醇'，柏'通睿绝识，得学之明'，由庚'精详畅达，得学之通'。"① 除叶氏外，徐侨的另外一个门人王世杰学脉绵长，王世杰传石一鳌，石一鳌传黄溍，黄溍传宋濂、王祎、戴良等人，一直延续到明初。不过，自叶由庚、王世杰以下，徐侨的学脉已经和北山学派浑然无别了。

综合考察以上三个学案可以发现，两浙朱学在朱熹的亲传弟子时代虽然极其繁荣，但这一代人以下的传承却出现普遍的断层现象。唯一的例外杜范，是从其叔祖杜烨处接受朱子学的，但是杜烨本人在朱熹门人群体中无声无臭（《朱子语类·朱子语录姓氏》无其名），亦无著作行世，只有朱熹的文集中还保留了写给他的信。②

从这个意思上说，在"两浙"这样一个地域范畴之内，朱子学并没有建立一种连续的传授统绪。③ 而《宋元学案》的工作（黄宗羲、全祖望）却用地域属性将所有的学术人物、学术现象整合起来，构建出一个光辉灿烂的两浙朱子学派。但实际上，被全氏讥评为"支离舛戾固陋无不有之"的闽中朱学、江西朱学，其世代嬗递反而有着更加可靠的传授事实作为基础。

这不得不让人想到，全祖望所说的"中振"朱学的那个两浙朱子学，还有另外一翼，那就是无所传授的"私淑之学"。这些人在《宋元学案》中附于"××门人""××传人""××同调""××学侣"之下，黄宗羲、全祖望努力将他们整合于"传授统绪"之中，却左支右绌，漏洞百出。

因此，本书所讨论的两浙朱子学，不同于地域属性鲜明的南宋"浙学"（以永嘉学派、永康学派为代表）。④ "浙学"虽然导源于北宋的程

---

① 宋濂：《宋文宪公全集》卷四十八《杂传九首·叶由庚传》，《四部备要》册82，中华书局，1989，页548。
② 朱熹：《晦庵集》卷六十二有《答杜仁仲良仲》六通，《朱子全书》第二十三册，上海古籍出版社、安徽教育出版社，2002，页3000～3003。
③ 董平《浙江思想学术史》将宋元浙江地区朱子学的流传分为三支：以董震、史蒙卿为代表的四明朱学；以叶味道、陈埴为代表的永嘉朱学：以"婺中四先生"为代表的金华朱学，浙江人民出版社，2005，页190。
④ 关于"浙学"的定义，参见吴光《简论"浙学"的内涵和基本精神》，《浙江学刊》2004年第6期。

学，但在南宋中期确立了独特的学术风格和理论建构，从而叛离了理学的轨道，因此地域属性影响了思想构建。朱熹在《朱子语类》中讲"浙学却专是功利"时①，即指此种"浙学"。

两浙朱子学完全不同于"浙学"，地域属性没有能够支配两浙朱子学。朱熹浙籍弟子的传授在两浙地区十分衰微，而有代表性的非两浙籍贯朱熹门人在两浙反而不绝如缕地有所传授，有的还结出了硕果。譬如：陈淳的"严陵四讲"虽然没有在两浙地区造就杰出的弟子，却成为朱子学历史上重要的文献；黄榦所传的北山学派，跨越宋元传承百年之久；而真德秀的传授系统（王野—王应麟—胡三省）也在两浙地区卓有建树。从这个意义上说，两浙朱子学更多的是朱子学的一个子集，成了全面发展、同时具体而微的朱子学，具有朱子学体系的所有基本属性。故本书的研究目的，亦不在于凸显"两浙"这一地域属性如何改变了朱子学，而期望通过两浙地区的朱子学这一个案探索朱子学自宁宗嘉定更化（1208 年）迄元末的发展脉络。

附：两浙籍贯朱熹门人简表

本表主要取材自陈荣捷《朱子门人》（简称"《陈书》"），方彦寿《朱熹书院与门人考》（简称"《方书》"），许家星《〈朱子门人〉补证》（简称"《许补》"）②，石立善《朱子门人丛考》（下简称"《石考》"）③。以上四种文献未见者，注明详细出处。

姓名	籍贯	师从情况	出处	备注
秀州				
辅广 字汉卿	祖籍庆源，寓居崇德县	绍熙五年（1194）、庆元三年（1197）、庆元五年（1199）师从	《方书》第 194～195 页 《陈书》第 210 页	
方谊 字宾王	嘉兴县	不详	《陈书》第 34 页	

---

① 黎靖德编《朱子语类》卷一百二十三，中华书局，1986，第 2967 页。
② 许家星：《〈朱子门人〉补证》，《中国哲学史》2010 年第 10 期。
③ 石立善：《朱子门人丛考》，《湖南大学学报》（人文社会科学版）2014 年第 3 期。

续表

姓名	籍贯	师从情况	出处	备注
林至 字德久	华亭县	绍熙五年（1194）九月拜入朱门	《石考》第18页	
明州				
孙枝 字吉甫	鄞县	不详	《陈书》第118页	
方伯起	明州	不详	《陈书》第75页称"名里不详"，籍贯据《许补》	字伯起，失名
绍兴府				
陈祖永 字庆长	会稽县	淳熙八年（1181）	《陈书》第149页	
李友仁 字叔文	余姚县	淳熙八年（1181）十二月至九年九月	《陈书》第75页称"名里不详"，籍贯据《许补》考证	
孙应时 字季和	余姚县	淳熙十年（1183）师从于武夷精舍	《方书》第86~87页	
李梦登 字仲实	余姚县	不详	《陈书》第74页，名、籍贯据《许补》考证	
温州				
陈埴 字器之	永嘉县	淳熙五年（1178）、绍熙元年（1190）、庆元三年（1197）间先后问学于武夷精舍和建阳考亭	《方书》第78~79页；《陈书》第150页	
包定 字定之	永嘉县	淳熙十一年（1184）师从于武夷精舍	《方书》第95~96页	
周端朝 字子静	永嘉县	师从于武夷精舍，时间不详	《鹤林集》卷三十四《周侍郎墓志铭》（《文渊阁四库全书》册1176，页333）；《弘治温州府志》卷十，第244页	《陈书》《方书》俱不载。《宋元学案》归入《岳麓诸儒学案》，并说："或以为晦翁弟子者，非也。"（《黄宗羲全集》第五册，页879）未知孰是
戴蒙 字养伯	永嘉县	师从于武夷精舍	《方书》第129页	

续表

姓名	籍贯	师从情况	出处	备注
徐寓 字居父	永嘉县	绍熙元年（1190）、二年（1191）、五年（1194）师从，庆元六年（1200）朱熹卒时侍侧	《方书》第144页	
徐容 字仁父	永嘉县	绍熙元年（1190）从学漳州，绍熙二年至四年（1191~1193）从学考亭	《方书》第145页	徐寓弟
叶贺孙 字味道	永嘉县	绍熙二年至三年（1191~1192）、五年（1194）、庆元党禁期间追随朱熹	《陈书》第193页；《方书》第150~152页	以字行。一说籍贯处州松阳
叶任道 字潜仲	永嘉县	不详	《陈书》第192页；生平参《石考》第17页	味道弟
黄显子 字敬之	永嘉县	绍熙四年至五年（1193~1194）师从于沧州精舍	《陈书》第183页；《方书》第197页	
沈倜 字庄仲	永嘉县	庆元三年（1197）、四年（1198）师从于沧州精舍	《方书》第206页	
周倜 字伯庄	永嘉县	师从于沧州精舍	《方书》第188页；《石考》第15页	《陈书》第92页以为与沈倜为同一人
林补 字退思	永嘉县	庆元四年至五年（1198~1199）师从于沧州精舍	《陈书》第99页；《方书》第215~216页；《石考》第15页	详细生平见《石考》第15页
林武 字景文	永嘉县	不详	《陈书》第99页	
曹叔远 字器远	瑞安县	绍熙二年（1191）、四年（1193）问学于建阳考亭	《方书》第158~159页	同时为陈傅良门人
蔡懊 字行夫	瑞安县	绍熙三年至四年（1192~1193）师从于建阳考亭	《陈书》第234页；《方书》第170~171页	
蒋叔蒙	温州（分县不详）	绍熙五年（1194）师从于沧州精舍	《陈书》第234页；《方书》第198页	字叔蒙，失名

续表

姓名	籍贯	师从情况	出处	备注
钱木之 字子山	常州晋陵人，寓居永嘉县	不详	《石考》第16页	
台州				
赵师渊 字几道	黄岩县	1187年后师从于武夷精舍	《陈书》第205页；《方书》第99~100页	
赵师夏 字致道	黄岩县	淳熙十四年（1187）、绍熙四年（1193）、庆元二年（1196）师从于建阳考亭	《陈书》第203页；《方书》第114~115页	师渊弟，朱熹长孙女婿
林鼐 字叔和	黄岩县	淳熙十一年（1184）、十五年（1188）问学于武夷精舍	《方书》第100~101页	
杜爗 字良仲	黄岩县	不详	《万姓统谱》卷七十七	"爗"，通"烨"。《陈书》作"煜"，石立善考证当从《万姓统谱》卷七十七作"爗"为正①
赵师邺 字恭父	天台县	淳熙十四年（1187）、绍熙四年（1193）、庆元元年（1195）先后从学于武夷精舍、建阳考亭	《陈书》第203页；《方书》第113~114页	
林恪 字叔恭	天台县	绍熙四年（1193）问学于沧州精舍	《方书》第175页	
潘时举 字子善	临海县	绍熙三年（1192）、四年（1193）、庆元二年（1196）问学于建阳考亭	《方书》第172~173页	
婺州				
潘友恭 字恭叔	金华县	淳熙十三年（1186）师从于武夷精舍、绍熙二年至三年（1191~1192）师从于建阳考亭	《方书》第87~88页	友端弟

---

① 石立善：《朱子门人丛考》，《湖南大学学报》（人文社科版）2014年第3期。

续表

姓名	籍贯	师从情况	出处	备注
潘友端 字端叔	金华县	淳熙十三年（1186）从学于武夷精舍，绍熙二年至三年（1191~1192）从学于建阳考亭	《方书》第88页	
潘友文	金华县	淳熙十四年至绍熙三年（1187~1192）从学于武夷精舍，绍熙五年（1194）从学于沧州精舍	《方书》第112~113页	友恭兄弟
潘履孙 字坦翁	金华县（寓居绍兴）	淳熙十三年（1186）追随于武夷精舍，绍熙五年（1194）师从于沧州精舍	《方书》第105~106页	友恭子
杜旟 字叔高	金华县	绍熙四年（1193）以后师从于沧州精舍	《方书》第186页	
徐侨 字崇甫	义乌县	任上饶主簿时师从	《陈书》第123页	
郭浩 字叔义	东阳县	淳熙十三年（1186）师从于武夷精舍	《陈书》第140页；《方书》第104页	
郭津 字希吕	东阳县	淳熙十三年（1186）师从于武夷精舍	《陈书》第140页；《许补》第74页	浩弟
李大同 字从仲	东阳县	不详	《陈书》第72页	生平详见魏了翁《鹤山集》卷七十五《太常博士李君墓志铭》
傅定 字敬之	义乌县	庆元三年至四年（1197~1198）师从于沧州精舍	《陈书》第158页；《方书》第208页；《石考》第16页	
处州				
徐琳 字元昭	括苍县	绍熙二年（1191）后师从于建阳考亭	《方书》第160~161页	
周介 字叔谨	括苍县	庆元元年至二年（1195~1196）师从于沧州精舍	《陈书》第89页；《方书》第200~201页	
陈邦衡 字伯固	缙云县	淳熙九年（1182）七月	《石考》第13页	
陈邦钥 字伯固	缙云县	淳熙九年（1182）七月	《石考》第13页	邦衡弟

第一章　朱熹的道统观与师道观

一般认为，对"道统"一词进行最严密周详的哲学讨论的学者，首推朱熹（1130～1200）。但就字面而言，最早在唐代就有人使用"道统"一词。宋人使用此语者有李若水（1093～1127）、刘才邵（1086～1158）、李流谦（1123～1176）、秦桧（1090～1155），都早于朱熹。①

但在思想意义上接近于朱熹道统说的观点，则从韩愈开始已经屡屡被提出，周敦颐、张载、二程则正式提出了道统说②，朱震（1072～1138）于绍兴六年（1136）所上的奏札③，正面提出二程是直接孟子不传之学，这是南宋复兴程学最早的宣言。④乾道八年（1172），李元纲《圣门事业图》的第一图《传道正统图》已初具理学道统观的基本要素。到了朱熹《中庸章句序》，则正式提出了理学意义上的"接夫道统之传"。此后，黄榦（1152～1221）在《朱文公行状》中说："窃闻道之正统，待人而后传。自周以来，任传道之责，得统之正者，不过数人。而能使斯道章章较著者，一二人而止耳。"⑤则"道统"即"道之正统"。这样一来，儒学道统说必然建筑于两个基点之上：何为"道之正"，何为"道之统"。

---

① 参见苏费翔（Christian Soffel）：《朱熹之前"道统"一词的用法》，陈来、朱杰人主编《人文与价值：朱子学国际学术研讨会暨朱子诞辰880周年纪念会论文集》，华东师范大学出版社，2011，页82～88。对朱熹以前宋人使用"道统"一词的分析，还可参考蔡涵墨（Charles Hartman）《新近面世之秦桧碑及其在宋代道学史中的意义》（英文版初刊于2011年），收入《历史的严妆：解读道学阴影下的南宋史学》，中华书局，2016，第98～161页。
② 蔡方鹿：《中华道统思想发展史》第四章"道统论的正式提出"（四川人民出版社，2004，页244～340），比较全面地辑录了自韩愈至北宋各家关于道统的论说。
③ 此文收入李心传编《道命录》卷三，名为《朱内翰论孔孟之学传于二程》，上海古籍出版社，2016，页24。
④ 刘子健：《宋末所谓道统观的成立》（本文初刊于1971年），收入氏著《两宋史研究汇编》，台北联经出版事业公司，1987，页261。
⑤ 黄榦：《勉斋先生黄文肃公文集》卷三十四《朝奉大夫文华阁待制赠宝谟阁直学士通议大夫谥文朱先生行状》（本书将其简称为《朱文公行状》或《朱子行状》），页705。

"道之正"主要回答什么是道之本体的问题。而每一种新的道统观论说的出现,都是因为对道之本体的认识发生了突变,遂根据新的认知对道统谱系进行新的厘定和判教。

"道之统",则指道在历史时空中呈现的传承脉络,这一脉络表现为学者的谱系,即黄榦所谓"待人而后传"。"道"如果只是保存于经典之中,那么就不能称之为"传"。只有经典中的"道"被人所发掘、弘扬、传播,"道之正统"才获得了延续和新生。黄榦进一步指出,道统之内,"而能使斯道章章较著者,一二人而止耳"。既能"明道"又能够"传道""弘道"者只有一二人,朱熹即其一。

但是,"道之统"与"道之正"是什么关系呢?陈荣捷教授认为:"道统之绪,在基本上乃为哲学性之统系而非历史性或经籍上之系列。进一步言之,即道统之观念,乃起自新儒学发展之哲学内在需要。"①据此,"道统"的确立,并不以历史上实际发生过的人际关系,或者文献记载为根据,而是根据构建道统者本人的哲学思想,选取历史上的人物组成道统谱系的人物,这样一来,道统谱系中各个传道者的思想观点必然具有内在的统一性、延续性。

1982年,刘述先生发表了《朱子建立道统的理据问题之省察》,比较系统地发挥了陈荣捷先生关于朱子学道统的哲学性本质的论说,指出道统成立的真正基础在于此心此理之体认②,他还具体论证了程朱理学与先秦儒学之间的确有一种本质性的关联:"我们至少可以说,宋儒是在不违背孔孟的基本精神之下,受到佛老的冲击,所发展出来的一套新儒家的思想。"③ 根据这套思想标准,宋儒把某一些思想包含在道统的范围内,或排拒在道统之外:"这一个标准即是宋儒体证得最真切的内圣之学。"这样一来,"从纯考据的观点看,道统的观念显然是难以成立的"④。不过,只要认识到"道统""根本不是知识的对象,知识信仰的对象",那么道统自然可以成立:

---

① 陈荣捷:《朱熹集新儒学之大成》(英文版最早发表于1973年),收入氏著《朱学论集》,万先法译,华东师范大学出版社,2007,第17~18页。
② 刘述先:《朱子建立道统的理据问题之省察》,《新亚学术集刊》第3期,新亚书院,1982,页25~26。
③ 刘述先:《朱子建立道统的理据问题之省察》,《新亚学术集刊》第3期,页27。
④ 刘述先:《朱子建立道统的理据问题之省察》,《新亚学术集刊》第3期,页25。

而且，在这样的精神的主导之下，客观的学统是不可能建立起来的。然而我们必须了解，道统与学统本原于两个不同的层面。若由纯道统的观点来看，我们只能够问，生生之仁的体证反映了生命的真理，其余有关考古、历史、考据的问题，都不是十分相干的问题。①

刘先生所谓"客观的学统"当指学者之间的授受关系，毫无疑问，朱熹所提出的道统谱系中，有多个环节是断裂的、跳跃的，特别是从孟子到二程之间，长达千余年的空缺。陈荣捷先生也指出，道统说的哲学性决定了其"非历史性或经籍上之系列"，那么是否可以说道统的"道之正"并不需要任何文献的依据呢？刘述先先生对此做了一个很谨慎的分辨：

> 如果以宋学为标准，则内在中心的体证是最重要的一件事，章句的解释其余事耳。学问的目的是在见道，其目的本不在词章记诵，更不在客观的饾饤考据的工作。始于文字的解释，一以主观的体验为基础，故此对文义的引申，不只不当做一种错误或过失，反而被当作一种慧解的印证看待。……这样的解释可能越出了古典的原义，正如海德格所谓的 doing violence to the text，但却不一定违反原典的精神。而慧识的传递，比章句的解释，对宋儒来说，显然是有远更重要的价值。②

宋儒面对先秦的文本，一开始由文字的解释而入，接着又以主观的体验为基础，故所引申出来的是见解可能不符合文本的"原义"，但这是"慧解的印证"，不应该被当作是一种错误或过失。

从陈荣捷先生到刘述先先生，朱熹道统说是以心的主观体证为依据，对经典文本进行再解释，从而形成一套哲学性的标准，再根据这套标准

---

① 刘述先：《朱子建立道统的理据问题之省察》，《新亚学术集刊》第3期，第28页。
② 刘述先：《朱子建立道统的理据问题之省察》，《新亚学术集刊》第3期，第28页。

对历史上的人物和文献进行拣择、筛选，形成道统谱系。这样一来，显然是"道之正"塑造了"道之统"。

1981年，狄百瑞（de. Bary）教授出版了《道统与心性》一书，通过对程颐《明道先生墓表》的解读，对理学道统观做了三点概括：第一，道必须是长期失传；第二，它的再发现有赖于圣贤（inspired individual）；第三，道的每一次再发现都是为了对抗文化上的敌人，譬如佛教。①

到了2003年，余英时先生出版了《朱熹的历史世界：宋代士大夫政治文化的研究》，在此书的《上篇·绪说》中，他对陈荣捷先生主张的"道统之绪，基本上乃为哲学性统系而非历史性或经籍性上之系列"进行了批评，指出朱熹虽然赋予了道统哲学的内容，但陈氏没有注意到《中庸章句序》中存在"道统""道学"两个不同的概念。② 余先生认为，根据朱熹在《中庸章句序》中的观点，他有意将"道统"和"道学"划分为两个历史阶段：自"上古圣神"至周公是"道统"的时代，其最显著特征为内圣与外王合而为一。周公以后，内圣与外王已分裂为二，历史进入另一阶段，这便是孔子的"道学"时代。宋代周、张、二程所直接承续的是孔子以下的"道学"，而不是上古圣王代代相传的"道统"。③ 换言之，北宋理学所继承的并非"道统"而是"道学"。譬如撰于淳熙八年（1181）的《书濂溪光风霁月亭》称赞周敦颐："承天畀，系道统。"④ 余先生认为朱熹在淳熙八年（1181）时对道统和道学的分辨尚不清晰；而到了淳熙十年（1183），朱熹对"孔子所传与周、程所继者称之为'道学'"这一点确定无疑；至淳熙十二年（1185）、十三年（1186）改定《中庸章句序》时，这两个重要观念的分野被完全厘清了。⑤ 不过，余先生显然没有注意到，淳熙十二年（1185）之后，朱熹的著作、语类中多次提到了孔子以下至北宋周、张、程诸儒乃是得"道

---

① William Theodore de. Bary, *Neo-Confucian Orthodoxy and the Learning and Mind-and-Heart*, Columbia University Press, 1981. p. 4.
② 余英时：《朱熹的历史世界：宋代士大夫政治文化的研究》上篇"绪说"，生活·读书·新知三联书店，2004，页30。
③ 余英时：《朱熹的历史世界：宋代士大夫政治文化的研究》上篇"绪说"，页15。
④ 朱熹：《晦庵集》卷八十四，《朱子全书》第二十四册，页3984。
⑤ 余英时：《朱熹的历史世界：宋代士大夫政治文化的研究》上篇"绪说"，页14~15。

统之传",也就是说,在任何时期、任何语境下,朱熹都没有做出下列区别,即以周公为界,将周公以前列圣对"道之本体"的传承称为"道统",且此"道统"是内圣外王合一的;把周公之后孔子对"道之本体"的传承称为"道学",且此"道学"为有内圣而无外王的。①

尽管余先生难以令人信服地证明,朱熹的道统观的本质是"回向三代"、重建人间秩序,但是他做了这样一个重要提示:朱熹对"道"曾经行于尧舜三代的传说深信不疑②,因此,朱熹在《中庸章句序》中的道统论述也是一种历史论述,而不仅仅是哲学论述。事实上,如果单纯将朱熹的道统论述定义为哲学论述,确与朱熹本人的理解存在较大的出入;但传道者与传道者之间又确乎存在千余年的历史间隔,如果不采取主观的哲学性论述,又如何论证其道统的历史性和客观性呢?下文围绕朱熹道统论述形成的渊源,梳理自孔孟到北宋理学诸儒的道统观,进而分析朱熹《中庸章句序》如何进行哲学性论证和历史性论证,建立道统的"学统模式"和"师统模式",并提出自己对于传道方式的见解。

第一节 孔孟的道统观

在朱熹《中庸章句序》中,从尧舜到孔子的道统谱系是这样的:

> 夫尧、舜、禹,天下之大圣也。以天下相传,天下之大事也。以天下之大圣,行天下之大事,而其授受之际,丁宁告戒,不过如此。则天下之理,岂有以加于此哉?自是以来,圣圣相承:若成汤、文、武之为君,皋陶、伊、傅、周、召之为臣,既皆以此而接夫道统之传,若吾夫子,则虽不得其位,而所以继往圣、开来学,其功反有贤于尧舜者。

道统发源于尧,此后夏商周三代的道统一直延续,从尧舜到周文王、

---

① 关于针对余氏此点疏失的批评,参见李峻《中庸章句序中的"道统"与"道学"——对〈朱熹的历史世界〉的一点质疑》,笔者所见此文的来源皆为互联网,纸质出版信息不详。
② 余英时:《朱熹的历史世界:宋代士大夫政治文化的研究》上篇"绪说",第29页。

周武王、周公、召公，道全面地实践于历史时空之中，体现为一种治理形态，即所谓"以天下相传，天下之大事也"。在这一阶段，道统主要表现为"治统"。但是这些传道者之间的关系非常复杂，尧、舜、禹、汤与皋陶、伊尹、傅说、周公、召公之间既是君臣关系，也可能存在师徒授受关系。《孟子·尽心下》"由尧舜至于汤，五百有余岁"章云："由尧舜至于汤，五百有余岁，若禹、皋陶，则见而知之；若汤，则闻而知之。由汤至于文王，五百有余岁，若伊尹、莱朱，则见而知之；若文王，则闻而知之。由文王至于孔子，五百有余岁，若太公望、散宜生，则见而知之；若孔子，则闻而知之。"①伊尹、太公分别是汤和文王的老师，如此道是以师徒授受的形式在传授。朱熹对此解释道：

> 禹、皋陶之徒，本皆名世之士，伊尹、太公又汤、文之师，非必见其君而后知之。至于汤、文、孔子，又或生知之圣，亦非必闻前圣之道而后得之也。此而曰"见而知之""闻而知之"者，盖以同时言之，则斯道之统，臣当以君为主；以异世言之，则斯道之传，后圣当以前圣为师，学者不以辞害意焉可也。②

朱熹认为，禹、皋陶对道的领悟与尧、舜是同时的，伊尹甚至还是汤的老师，先于汤"知道"，并非尧、舜、汤、文王"知道"在先，然后向禹、皋陶、伊尹、太公进行传授。孟子之所以把禹、皋陶、伊尹、太公摆在"见而知之"的位置，只因为他们四人是臣，而尧、舜、汤、文王是君，"臣当以君为主"。因此，禹、皋陶与尧、舜相互见证了对道的领悟，而不是师徒关系。

可是，随着西周中衰，幽厉失国，平王东狩，"道"的"天下之大"的"治统"形态早已崩溃，从"周公、召公"到孔子之间，形成了一个巨大的历史断裂，道统在此期间出现了第一次失传。在此之后，重新接续道统者为孔子。孔子出生时，最后一批道统传承者周公、召公去世已久，西周"治统"已成废墟瓦砾，孔子又如何"明道"进而"传道"

---

① 阮元：《十三经注疏》下册，中华书局，1980，第2780页中。
② 朱熹：《四书或问·孟子或问》卷十四，页511，上海古籍出版社，2001。

呢?《论语·子张》"卫公孙朝问于子贡"章提供了答案:

> 卫公孙朝问于子贡:"仲尼焉学?"子贡曰:"文武之道,未坠于地,在人。贤者识其大者,不贤者识其小者,莫不有文武之道焉。夫子焉不学?而亦何常师之有?"

朱熹对此的解释是:

> 如"文武之道,未坠于地",此但谓周之先王所以制作传世者,当孔子时未尽亡耳。"夫子焉不学,而亦何常师之有",此亦是子贡真实语。如孔子虽是生知,然何尝不学?亦何所不师?但其为学与他人不同。如舜之闻一善言、见一善行,便若决江河,莫之能御耳。然则能无不学、无不师者,是乃圣人之所以为生知也。①

随着西周的土崩瓦解,"文武之道"已经从国家、社会层面消失了,但是对于"道之本体"的认识早在尧舜禹时代已经形诸载籍,《尚书·大禹谟》即载道之经典,同时也在人与人之间以亲相授受的形式传承。子贡强调,孔子同时代还有人能够传承"道",但这些人并未把握道之全体大用,而只是一枝一节,即所谓"识其大者""识其小者"。孔子正是向这些"贤者""不贤者"虚心学习,才最终把握了"文武之道"的全体大用。韩愈《师说》所称"圣人无常师"即祖述《论语·子张》此章而来。在《学而》篇中,孔子还教导道:"君子食无求饱,居无求安,敏于事而慎于言,就有道而正焉,可谓好学也已。"② 这里的"有道"者,也是子贡所称的"识其大者""识其小者",而不是周公那样的传道者。孔子最终之所以能"得统之正",是因为得到了师傅的启发,但他的成就远远超过了那些他曾经问学的前辈和师傅。因此,孔子虽然没有见过上一代传道者,但通过载籍和学者,仍能得到片段的、零星的继承,此所谓"文武之道,未坠于地"。因此,除了向老师学习道之外,孔子

---

① 朱熹:《晦庵集》卷四十二《答吴晦叔》("别纸所询三事"),《朱子全书》第二十二册,页1907~1908。
② 何晏注、邢昺疏《论语注疏》卷一,《十三经注疏》下册,页2458下。

认为文献典籍也是极其重要的知识来源。《论语·八佾》篇云:"子曰:夏礼吾能言之,杞不足征也;殷礼吾能言之,宋不足征也。文献不足故也,足则吾能征之矣。"郑玄注:"献犹贤也。我不以礼成之者,以此二国之君文章、贤才不足故也。"①朱熹《四书集注》云:"文,典籍也。献,贤也。"②"献"即上文提到的"有道"者、"贤者识其大"、"不贤者识其小","文"则是典籍。《中庸》所说:"文武之政,布在方策。"③亦是此意。

可见,孔子通过"文"(典籍)和"献"(人)两个渠道学习"文武之道",遂成为道统的学统形态的第一个实践者。北宋周敦颐、张载、二程对道的发现,也遵循了孔子继承道统的模式。这一模式的特点是:在道已经成为"不传之学"或无缘师从传道者的情况下,既可以通过直接向典籍文献学习而把握"道",也可以通过师徒授受而学习关于"道"的具体知识。因此,"不传之学"的继承者不一定就没有师承,或者说,朱熹说周敦颐"不由师傅"④,并不是否定周氏曾经向某些老师请教问学的事实,而是说其所请教的对象并非传道者。

在《论语》中,子贡、孔子指出了"文"和"献"是接续道统之传的客观条件,但仅此还不够,还需要更加有力的主观条件,即主体的认识能力。孟子在这一问题上做出了更有力、更全面的论述。孟子将人人皆所具有的心与最高的真理连接起来,指出:"尽其心者,知其性也。知其性,则知天矣。存其心,养其性,所以事天也。夭寿不贰,修身以俟之,所以立命也。"⑤人的心具有认识道(或最高真理)的功能,通过尽心知性,就能够把握"天命"。具体到道统论,主体之所以可以从"文"和"献"中把握道(也就是"天命")的全体大用,是因为心、性、天命三者之间存在着认识论上的逻辑联系。道在历史时空中的传承,表面上是通过"文"和"献",但最终能够圆满地达成对道的整体领悟和把

---

① 《论语注疏》卷三,《十三经注疏》下册,页2466下。
② 朱熹:《论语集注》卷二,页63。
③ 朱熹:《中庸章句》,页28。
④ 见朱熹《晦庵集》卷七十八《江州重建濂溪先生书堂记》,《朱子全书》第二十四册,页3740。
⑤ 赵岐章句、孙奭疏《孟子注疏》卷十四上《尽心下》,《十三经注疏》下册,页2764上。

握,其主观依据是人所具有的心。

孟子还首次提出了传道者在历史长河中出现的一般规律,即:首先,传道者的出现不受地域和时间的限制;其次,传道者与传道者之间的关系,存在"闻而知之"和"见而知之"的类型区别。首先看《孟子·离娄下》:

> 舜生于诸冯,迁于负夏,卒于鸣条,东夷之人也。文王生于岐周,卒于毕郢,西夷之人也。地之相去也,千有余里;世之相后也,千有余岁。得志行乎中国,若合符节。先圣后圣,其揆一也。①

由于在时空上相距悬远,舜与周文王不可能相见,但二人所传之道却完全一致,若合符节,故传道者的出现可能是跳跃的、不连贯的,甚至是随机的。在上文已经引用过的《孟子·尽心下》"由尧舜至于汤,五百有余岁"章中,孟子进一步解释了道为什么可以出现在不同的时间和空间:

> 由尧舜至于汤,五百有余岁,若禹、皋陶,则见而知之;若汤,则闻而知之。由汤至于文王,五百有余岁,若伊尹、莱朱,则见而知之;若文王,则闻而知之。由文王至于孔子,五百有余岁,若太公望、散宜生,则见而知之;若孔子,则闻而知之。由孔子而来,至于今百有余岁,去圣人之世若此其未远也,近圣人之居若此其甚也,然而无有乎尔?则亦无有乎尔!②

孟子认为,每五百年会出现一个传道者,而传道者对道统之传的接续,又有"见而知之"和"闻而知之"两种类型之别。所谓"见而知之",是指传道者与另一个传道者生活在同一个时代,并存在亲相授受的关系。根据《论语·尧曰》,尧、舜与禹是亲相授受的关系,皋陶是舜和禹的大臣,伊尹是汤的大臣,太公、散宜生是周文王的大臣,因此尧、

---

① 《孟子注疏》卷八,《十三经注疏》下册,页2725中。
② 《孟子注疏》卷十四,《十三经注疏》下册,页2780中~下。

舜与大禹、皋陶之间，汤与伊尹之间，太公、散宜生与周文王之间，都属于"见而知之"。但是，汤、文王、孔子并未见到过同时代和上一代的传道者，因为他们成长的时代，道统处于中断的状态，故他们是通过自己的学习努力而把握道，这种情况即"闻而知之"。朱熹《中庸章句·序》称亲受业于孔子的颜子、曾子是"见而知之"型的传道者，就是袭用了孟子此语。

比较而言，"见而知之"特指师徒之间的亲相授受，即时间、空间上的重合。"闻而知之"的情形比较复杂，一方面，"闻而知之"指传道者没有见过其他传道者，而是通过"文"和"献"自我摸索领悟，但上文在分析孔子明道的途径时已经指出，"闻而知之"并不意味着没有老师，只是老师不具有传道者资格而已。在《孟子·尽心下》中，孟子解释了"闻而知之"的具体含义："（圣人）奋乎百世之上。百世之下，闻者莫不兴起也。非圣人而能若是乎，而况于亲炙之者乎？"① 所谓"亲炙"是指亲相授受的师徒关系，与之相对应的是"闻者"。《孟子·离娄下》云："予未得为孔子徒也，予私淑诸人也。"赵岐注："我未得为孔子门徒也。淑，善也。我私善之于贤人耳。盖恨其不得学于大圣人也。"② 朱熹《孟子集注》云：

> 人，谓子思之徒也。自孔子卒至孟子游梁时，方百四十余年，而孟子已老。然则孟子之生，去孔子未百年也。故孟子言予虽未得亲受业于孔子之门，然圣人之泽尚存，犹有能传其学者。故我得闻孔子之道于人，而私窃以善其身，盖推尊孔子而自谦之辞也。③

孟子与孔子的关系是"私淑"关系，没有亲相授受，孟子是通过"文"（《论语》《中庸》）和"献"（子思或子思之徒）间接地继承了孔子之道。《孟子·尽心上》则云："君子之所以教者五：有如时雨化之者，有成德者，有达财者，有答问者，有私淑艾者。"④ 朱熹《孟子·集

---

① 《孟子注疏》卷十四，《十三经注疏》下册页2774下。
② 《孟子注疏》卷八下，《十三经注疏》下册页2728上。
③ 朱熹：《四书章句集注》，中华书局，1983页295。
④ 《孟子注疏》卷十三下，《十三经注疏》下册，页2770中。

注》释此"私淑"云:"人或不能及门受业,但闻君子之道于人,而窃以善治其身。"① 可见"私淑"是"闻而知之",与之相对应的"见而知之",即指亲相授受的师徒关系。孟子还主张"君子深造之以道,欲其自得之也"②。

孟子之后的时代,儒学正是以师徒亲相授受的方式传承的,即所谓"子夏之儒"。子夏专注于传授六经,并广收门徒。汉代人还认为是子夏发明了以章句说经的形式。③ 在经学大盛的汉代,"家法""师法"成为经学传播的主要模式,弟子不敢质疑师父的学说,而专注于准确、完整地继承师说;而且弟子一旦拜入某一师门,就要白首师之,不能轻易改变。更重要的是,自汉武帝立经学博士后,经学家法成了功名利禄的敲门砖。④ 于是,经学时代的师徒关系不仅是学术关系,在某种意义上也是利益共同体。

基于批判汉唐儒学师徒关系的立场,韩愈在《师说》中感叹:"嗟乎,师道之不传也久矣!"⑤ 韩愈所要否定的是汉唐儒学以传经为内容的"师道",而为儒学迈入"传道时代"大声疾呼。《师说》云:"彼童子之师,授之书而习其句读者,非吾所谓传其道、解其惑者也。句读之不知,惑之不解,或师焉,或不焉,小学而大遗,吾未见其明也。"⑥ 汉唐经学没有体认到"道",其师徒传授者不外乎句读、训诂,在这种模式下,弟子不可能超过老师。韩愈认为,儒学的传授应该以"道"为内容和目的,而"师"的身份与长幼贵贱无关:"道之所存,师之所存也。"而且,韩愈在《原道》中提出了道的传承是跳跃的,而非连贯的。道沿着尧、舜、禹、汤、文王、武王、周公、孔子、曾子、子思、孟子的脉络而传承,但"轲之死,不得其传"⑦,"道"自孟子之后成为不传之学,意味着下一个传道者没有见过上一个传道者。因为,韩愈强烈地主

---

① 朱熹:《四书章句集注》,页362。
② 《孟子注疏》卷八下《离娄下》,《十三经注疏》下册,页2726下。
③ 参见谢耀亭《子夏在儒学发展史上的贡献》,《运城学院学报》2008年第3期。
④ 钱穆:《两汉博士家法考》(初刊于1944年),收入氏著《两汉经学今古文平议》,商务印书馆,2001 页181~261。
⑤ 《韩昌黎文集校注》,上海古籍出版社,1986 页42。
⑥ 《韩昌黎文集校注》,页43。
⑦ 《韩昌黎文集校注》,页18。

张:"弟子不必不如师,师不必贤于弟子。"① 如果弟子成为传道者,而其"师不必贤于弟子",说明其师只是"术业有专攻",而无力整体上把握道,新的传道者效仿孔子"无常师",博采众长,才能体悟道体。反之,若弟子一直不能超过老师,那么新的传道者就根本不可能出现。从韩愈的逻辑可以推论,道统之传已多次失传、中断,而道统之传的再度接续也可以通过师徒授受的方式实现,但"师"并不一定具有传道者的地位。

在朱熹的道统谱系中,韩愈并不是承上启下的关键一环,但二程和朱熹的道统观和师道观都受到了韩愈《师说》的深刻影响,韩愈的《师说》对理学道统观的定型具有开创性的意义。

第二节 北宋儒学的道统说

宋代新儒学运动兴起后,其代表人物普遍地怀有这样一种历史责任感:道在秦以下经历千五百年的晦暗不明,必将在北宋迎来复兴的转机,儒者的使命就是要全力以赴地投入"明道"这一宏大的历史进程中去。于是,阐明道如何在历史时空中传承成为理学家们之急务。下面就以周敦颐、张载、程颢、程颐四人为例,说明理学家对"道统"问题的认识。②

一 周敦颐的道统说

作为程朱理学的先驱人物,周敦颐没有留下关于道统的论述。但在《通书》中,他多次强调了"师友"对于传道的重要性。《通书·师第七》云:

> 或问曰:"曷为天下善?"曰:"师"。曰:"何谓也?"曰:"性者,刚柔、善恶、中而已矣。"不达。曰:"刚,善:为义,为直,

---

① 《韩昌黎文集校注》,页44。
② 北宋除了周、张、二程的理学派外,石介、孙复等人也有自己的道统谱系,因其主张与朱熹相去较远,此不赘述,可参见蔡方鹿《中华道统思想发展史》第四章第二节,四川人民出版社,2003,页265~280。

为断,为严毅,为干固;恶:为猛,为隘,为强梁。柔,善:为慈,为顺,为巽;恶:为懦弱,为无断,为邪佞。惟中也者,和也,中节也,天下之达道也,圣人之事也。故圣人立教,俾人自易其恶,自至其中而止矣。故先觉觉后觉,暗者求于明,而师道立矣。师道立,则善人多。善人多,则朝廷正,而天下治矣。"①

这段话把师道与性命、中和之学联系在一起,强调道德修养和变化气质都需要"先觉觉后觉,暗者求于明",并指出能否树立和弘扬师道关系到国家治乱、社稷安危。从个人德性修养的微观角度说:"道义者,身有之,则贵且尊。人生而蒙,长无师友则愚。是道义由师友有之。而得贵且尊,其义不亦重乎!其聚不亦乐乎!"② 简单说,"道义"依赖于师徒传授、朋友讲习而传播。

二 张载的道统说

张载认为,道在北宋被重新发现,既是逻辑之必然,也是当下之实然:"此道自孟子后千有余岁,今日复有知者。若此道天不欲明,则不使今日人有知者,既使人知之,似有复明之理。志于道者,能自出义理,则是成器。"③ 且北宋儒学所重新发现的"道"与孔子、孟子所传之道相比,不增不减,完全等同:"道理今日却见分明,虽仲尼复生,亦只如此。今学者下达处行礼,下面又见性与天道,他日须胜孟子门人,如子夏子贡等人,必有之乎!"④ 韩愈只是强调"道"是可以传承的,但并未明确地说"道"无论在任何时代都是等值的、与孔子时代一般无二,而张载却明白地做了这样的断言。

张载还断言,在他的时代会出现超过孟子门人的学者,而众所周知,孟子门人中无一能传孟子之道者。在这样一个道统重振的时代,传播道学的主要渠道是师徒授受:"此学以为绝耶,何因复有此议论?以为兴

---

① 《周敦颐集》,中华书局,2009,页 20~21。
② 周敦颐:《通书·师友下第二十五》,《周敦颐集》,页 34。类似的论述还有,《通书·师友上第二十四》:"天地间,至尊者道,至贵者德而已矣。至难得者人,人而至难得者,道德有于身而已矣。求人至难得者有于身,非师友则不可得也已。"(页 33)
③ 张载:《经学理窟·义理》,《张载集》,中华书局,1978,页 274。
④ 张载:《经学理窟·学大原上》,《张载集》,页 281。

耶，然而学者不博。孟子曰：'无有乎尔，则亦无有乎尔。'孔子曰：'天之未丧斯文也，匡人其如予何？'今欲功及天下，故必多栽培学［者］，则道可传矣。"① 所谓"学者不博"，绝非指学者不能博学，而是指学者的数量寡少。若学者数量较多，则道在历史时空中继续传承的概率自然大增。故张载以为："故必多栽培学者，则道可传矣。"

受韩愈在《师说》中"师者传道"定义之影响，张载阐述了《礼记》弟子为师只服心丧三年的观点②，提出了"师无定服"说，即不应就学生为老师服丧制定统一的服制："圣人不制师之服，师无定体。如何是师？见彼之善而己效之，便是师也。故有得其一言一义如朋友者，有相亲炙而如兄弟者，有成就己身而恩如天地父母者，岂可一概服之？故圣人不制其服，心丧之可也。孔子死，吊服如麻，亦是服也，却不得谓无服也。"③ 日常语言中所谓"师"，其资质水平和造就人才的功效千差万别，"成就己身而恩如天地父母者"与"得其一言一义如朋友者"便相去甚远，后者相当于孔子的"圣人无常师"，前者则接近于传道之师。在这种情况下，就不应该为"师"制定统一的服制。

张载还认为，传承道不可片面地依赖语言文字和书籍，应该注重传心："今之性，灭天理而穷人欲，今复反归其天理。古之学者便立天理，孔孟而后，其心不传，如荀扬皆不能知。"④ 因此，"道"之不传的本质是"其心不传"。这个所谓"其心"，既是泛指孔孟之道的精神实质，也是指孔孟之道的核心乃心性之学。在道传承的历史中，"心"的地位和功能显然高于语言（"耳之闻"）和文字。

张载又指出，道在没有文字载体的情况下也能得到传承："语道断自仲尼，不知仲尼以前更有古可稽，虽文字不能传，然义理不灭，则须有此言语，不到得绝。"⑤ 孔子之前，"道"没有文字载体，孔子开始才谈论"道"。但孔子"语道"，弟子并不一定能准确领会："耳不可以闻道。

---

① 张载：《经学理窟·义理》，《张载集》，页271。
② 弟子为师服心丧三年，见《礼记·檀弓上》："事师无犯无隐，……心丧三年。"（郑玄注、孔颖达疏《礼记正义》卷七，上海古籍出版社，2008）。
③ 张载：《经学理窟·丧纪》，《张载集》，页300。下文"师不立服，不可立也"云云略同（页301）。
④ 张载：《经学理窟·义理》，《张载集》，页273。
⑤ 张载：《经学理窟·义理》，《张载集》，页278。

夫子之言性与天道，子贡以为不闻，是耳之闻未可以为闻也。"①张载此论让人联想到《荀子·劝学》对"口耳之学"的论述："小人之学也，入乎耳，出乎口。口耳之间则四寸耳，曷足以美七尺之躯哉？"② 荀子的本意是指，学者只是简单地从老师那里接受了孔子之道，机械地背诵、复述了孔子的教诲，却没有将其贯彻于道德践履之中；张载所称"耳之闻未可以为闻"也包含了这一层意思，但其更深层的关切在于对师徒授受模式的贬抑，质疑师徒之间的语言交流是否能够准确传道。这一点，王安石有更加精辟全面的论述：

> 王某曰：古之学者，虽问以口，而其传以心；虽听以耳，而其受者意。故为师者不烦，而学者有得也。孔子曰："不愤不启，不悱不发，举一隅不以三隅反，则不复也。"夫孔子岂敢爱其道，鳌天下之学者，而不使其早有知乎？以谓其问之不切，则其听之不专；其思之不深，则其取之不固。不专不固，而可以入者，口耳而已矣。吾所以教者，非将善其口耳也。孔子没，道日以衰熄，浸淫至于汉，而传注之家作。为师则有讲而无应，为弟子则有读而无问。非不欲问也，以经之意为尽于此矣，吾可无问而得也。岂特无问，又将无思。非不欲思也，以经之意为尽于此矣，吾可以无思而得也。夫如此，使其传注者皆已善矣，固足以善学者之口耳，而不足善其心，况其有不善乎？宜其历年以千数，而圣人之经卒于不明，而学者莫能资其言以施于世也。③

王安石认为汉唐经学乃"口耳之学"，只是以训诂传注为传授内容，师徒授受之际又缺乏论辩问难，缺乏探索研究精神和深造自得精神，师徒教学不能"明道""不足善其心"，而只能"善学者之口耳"，导致儒学发展停滞，"道"在孔子之后竟汩没不明。要恢复孔子之道，就必须回归到"传心"，而"传心"即是"传道"。王安石虽非理学中人，却是宋代新儒学运动的代表人物，与同为新儒学运动一支的理学派有一定的

---

① 张载：《经学理窟·学大原上》，《张载集》，页281。
② 王先谦：《荀子集解》上册，中华书局，1988，页12~13。
③ 王安石：《书洪范传后》，《王文公文集》上册，上海人民出版社，1974，页400。

理论共识，他的这段文字是朱熹以前对于"传心"和"传道"关系论述最为完备的文字。由此便能理解张载所谓"口耳之学"到底何指，以及何以传统儒学的师道观必须被彻底否定，而亟须建立以"道"为旨归的新型儒学师道观。

三 二程的道统说

与张载同时期崛起的程颢、程颐兄弟，也认为道在北宋的复兴已经是一个事实，而且传道者出现在不同时代，都肩负着不同的历史使命。程颐认为，传道者出现的规律由天地"气化"所主宰：

> 观三代之时，生多少圣人，后世至今，何故寂寥未闻？盖气自是有盛则必有衰，衰则终必复盛。若冬不春，夜不昼，则气化息矣。圣人主化，如禹之治水，顺则当顺之，治则须治之。古之伏羲岂不能垂衣裳，必待尧舜然后垂衣裳？据如此事，只是一个圣人都做得了，然必须数世然后成，亦因时而已。所谓"溥博渊泉而时出之"也，须是先有溥博渊泉也，方始能时出。自无溥博渊泉，岂能时出之？大抵气化在天、在人一般。①

禹、伏羲、舜都是古之圣人，但他们各自活动的时代所面临的问题不同，故贡献和历史使命各有不同。同时这些圣人之间又存在着先后的因果联系，即都是为了"明道"："要所补大，可以风后世，却只是明道。孟子言'五百年必有王者兴，其间必有名世者'，大数则是，然不消催促他。"② 传道者出现的规律并不严格地遵循五百年的周期，而是天地气化运行规律的自然而然的结果，不能人为地揠苗助长。

在确认了传道者的出现不以人的意志为转移后，二程将自己定位为"不私其身应时而作"的传道者。程颐在仁宗皇祐二年（1050）写道，自秦而下，道"衰而不振"：

---

① 《河南程氏遗书》卷十五《伊川先生语一》，《二程集》第一册，中华书局，1981，页146。
② 《河南程氏遗书》卷十五《伊川先生语一》，《二程集》第一册，中华书局，1981，页146。

> 自古学之者众矣，而考其得者盖寡焉。道必充于己，而后施以及人。是故道非大成，不苟于用。然亦有不私其身，应时而作者也。出处无常，惟义所在。所谓道非大成，不苟于用，颜回、曾参之徒是也。天之大命在夫子矣，故彼得自善其身，非至圣人则不出也。在于平世，无所用者亦然。所谓不私其身，应时而作者，诸葛亮及臣是也。亮感先主三顾之义，闵生民涂炭之苦，思致天下于三代，义不得自安而作也。如臣者，生逢圣明之主，而天下有危乱之虞，义岂可苟善其身，而不以一言悟陛下哉！①

程颐认为，颜回、曾参对道的体认距离圣人非常接近，但在最终成圣前不愿意经世致用，且颜、曾与圣人孔子同时，也不需要他们弘道："故彼得自善其身，非至圣人则不出也。在于平世，无所用者亦然。"程颐也自承并非道的集大成者，道学造诣无法与颜回、曾子相比，但自己所处的时代又没有孔子那样的圣人，而北宋的现实问题又需要道学解决，仁宗又是"圣明之主"，故他不得不承担"应时而作"的传道者的角色。程颐还断然自称是不传已久的"圣人之学"的传人：

> 窃以圣人之学不传久矣，臣幸得之于遗经，不自度量，以身任道。天下骇笑者虽多，而近年信从者亦众。……如陛下未以臣言为信，何不一赐访问，臣当陈圣学之端绪，发至道之渊微。②

程颐自称是传道者，其对道的领悟是受到"遗经"的启发，而且希望太皇太后能够"一赐访问"，聆听自己讲说"圣学之端绪"。③ 程颐在《明道先生墓表》中评价程颢，再次确认程颢之学是受到了经典的启发：

---

① 《河南程氏文集》卷五《上仁宗皇帝书》，《二程集》第二册，页510~511。
② 《河南程氏文集》卷六《伊川先生文二·上太皇太后书（元祐元年）》，《二程集》第二册，页546。
③ 程颐反复声称自己是传道者，《河南程氏文集》卷六《乞致仕第二状》（页556）、卷六《再辞免（除直秘阁判西京国子监）表》（元祐七年四月，页557）、卷六《谢复官表》（元符三年十月，页561），都有类似的表述。

> 周公没，圣人之道不行；孟轲死，圣人之学不传。道不行，百世无善治；学不传，千载无真儒。无善治，士犹得以明夫善治之道，以淑诸人，以传诸后；无真儒，天下贸贸焉莫知所之，人欲肆而天理灭矣。先生生千四百年之后，得不传之学于遗经，志将以斯道觉斯民。天不慭遗，哲人早世。乡人士大夫相与议曰：道之不明也久矣。先生出，倡圣学以示人，辨异端，辟邪说，开历古之沉迷，圣人之道得先生而后明，为功大矣。①

程颐继承了韩愈在《原道》中提出的"轲死不得其传"说和以周公为界的道统分期说，即周公以前"其事行"，道得到了实践，周公以后其事不行而其说长。程颐进一步指出，周公以下"圣人之道不行"，但是，他随即补充道："圣人无优劣……周公在上而道行，孔子在下而道不行，其道一也。"②道是否得到实践，不是判断传道者优劣的标准。"圣人之道"还可以通过"知道""明道""传道"，从而在"士"之间得到传承。也就是说，"真儒"是"善治"的根本，只要有"真儒"，"善治"才有得到实践的可能性。不过，程颢的同时代并无传道者，故这种传承并不是以师徒授受的形式展开的，程颢乃是"得不传之学于遗经"，也就是通过"文"（经典和书籍）来知"道"，即在师徒授受的"师统"之外，另有一独立之"学统"。

既然二程反复强调其对"圣人不传之学"的再发现是受到了"遗经"的启发，而不是某个老师，他们与周敦颐的授受关系就成了一个难题。程颐在《明道先生行状》中承认程颢在十五六岁时，"闻汝南周茂叔论道，遂厌科举之业，慨然有求道之志。未知其要，泛滥于诸家，出入于老、释者几十年，返求诸六经而后得之"③。这里周程授受关系的表述，在后世引来不小的争议：否定周程授受关系的学者，强调程颢在周敦颐那里"未得其要"；肯定此一授受关系的学者（如朱熹），则强调程颢是在周敦颐的启发下方"慨然有求道之志"。其实，程颐此语应该是一个事实上的表述。

---

① 《河南程氏文集》卷十一《伊川先生文七》，《二程集》第二册，页640。
② 《河南程氏遗书》卷二十五《伊川先生语十一》，《二程集》第一册，页324。
③ 《河南程氏文集》卷十一《伊川先生文七》，《二程集》第二册，页638。

因为，根据《论语·子张》"卫公孙朝问于子贡"章和韩愈《师说》，传道者在学习的过程中得到了不同前辈的指教；而指导过传道者的学者自身可以不是传道者。同理，也许二程内心并不认可周敦颐是宋代第一个重振"不传之学"的传道者，但他们也不会为了强调自己对"道"的把握是受到"遗经"的启示而刻意否认曾经向周氏请益，因为承认曾向周敦颐问学毫不影响程颢的传道者地位。故程颢自称："吾学虽有所受，天理二字却是自家体贴出来。"① 二程还向弟子提到"昔吾受《易》于周子，使吾求仲尼、颜子之所乐。要哉此言，二三子志之！"② 可见程颢所谓"虽有所受"包括了周敦颐。而到了南宋，尽管朱熹多次表彰周敦颐是"不由师传"，但也没有否认周敦颐的学术，尤其是《易》学传自陈抟。③ 张栻论及周敦颐与二程的授受关系时说："惟二程先生唱明道学，……以续孟氏千载不传之道。其所以自得者，虽非师友可传，而论其发端，实自先生（按：指周敦颐），岂不懿乎！"④ 周敦颐并未传道于二程，但他是二程接续道统之传的"发端"，也就是启蒙者，如此，张栻就巧妙地调和了"不传"与"师承"的矛盾，说明"自得"与师父的"发端"之功并不矛盾。

确认了自身的传道者身份之后，重建儒学师统（或师道），大力传播道学就成了二程之急务。程颐说："记问文章，不足以为人师，以其所学者外也。师者，何也？谓理义也。学者必求师，从师不可不谨也。"⑤这段话祖述了韩愈《师说》对真正的"师"的定义，并把韩愈所称"道"进一步明确为"理义"，宣告了两宋理学时代的到来。若按照传授"理义"的要求，天下合格的师资可谓少之又少。二程指出："师学不明，虽有受道之质，孰与成之？"⑥ 程颢在熙宁十年（1077）写道："昔七十子学于仲尼，其传可见者，惟曾子所以告子思，而子思所以授孟子

---

① 《河南程氏外书》卷十二，《二程集》第二册，页424。
② 《河南程氏粹言》卷一《论书篇》，《二程集》第四册，页1203。
③ 朱熹的相关论述，参见侯外庐、邱汉生、张岂之主编《宋明理学史》上卷，人民出版社，1984，页58~59。
④ 张栻：《新刊南轩先生文集》卷十《永州州学周先生祠堂记》，《张栻集》，中华书局，2015，第911页。
⑤ 《河南程氏粹言》卷一《论学篇》，《二程集》第四册，页1198。
⑥ 《河南程氏遗书》卷四《二先生语四》，《二程集》第一册，页69。

者耳。其余门人，各以其材之所宜为学，虽同尊圣人，所因而入者，门户则众矣。况后此千有余岁，师道不立，学者莫知其从来。"程颢所称"师道不立"，重点不是儒者轻视师承，或社会上缺乏尊师的气氛，而是指师徒授受之际，并不以"理义"为内容和目标。程颢还批评邵雍弟子虽多而不得其正传："然而名其学者，岂所谓门户之众，各有所因而入者欤？"① 程颢指出，如果在曾子—子思—孟子此一师承正统（实即"道统"）之外形成的师徒授受关系，都是"门户"。故孟子之后战国、秦汉乃至唐五代儒者所传授之学，都是门户之学，并非道之正统。程颢还指出，北宋建国百余年而教化风俗都不能令人满意，是因为："此盖学校之不修，师儒之不尊，无以风劝养励之使然耳。"他希望朝廷把重振师道作为"治天下"的根本："窃以去圣久远，师道不立，儒者之学几于废熄，惟朝廷崇尚教育之，则不日而复。古者一道德以同俗，苟师学不正，则道德何从而一？方今人执私见，家为异说，支离经训，无复统一，道之不明不行，乃在于此。"② 世俗所传习的儒学就是一种门户之学，远离了道之正统，因此，必须重振师道，明确师所要传授的内容应该是"道"，而不是"私见""异说"。

于是，二程与张载一样主张不为师立服："师不立服，不可立也。当以情之厚薄、事之大小处之。如颜闵于孔子，虽斩衰三年可也，其成己之功，与君父并。其次各有浅深，称其情而已。下至曲艺，莫不有师，岂可一概制服？"③ "师"的资质水平相差悬殊：孔子这样的老师可成就弟子的德性，对这样的老师可以参照父亲的服制；那些只教授一般知识（"下至曲艺"）的老师，弟子就不需要为之行三年之服。

秦汉以来旧的儒学师传模式，与佛教禅宗师徒之间印证的传授方式，存在某种相似性，即强调学者对道的把握完全取决于他人（老师）的认可。程颢批评佛教的师道观："佛氏言印证者，岂自得也？其自得者，虽甚人言，亦不动。待人之言为是，何自得之有？"④ 在佛教禅宗的印证方

---

① 《河南程氏文集》卷四《明道先生文四·邵尧夫先生墓志铭》，《二程集》第二册，页503。
② 《河南程氏文集》卷一《明道先生文一·请修学校尊师儒取士札子》，《二程集》第二册，页448。
③ 《河南程氏遗书》卷二上《二先生语二上》，《二程集》第一册，页23。
④ 《河南程氏遗书》卷十一《明道先生语一》，《二程集》第一册，页122。

式中，学者对道的把握完全取决于他人（老师）的认可，可是真正的自得之学，完全不受他人评论的左右，更不需要他人认可。程颐又说："释氏尊宿者，自言觉悟，是既已达道，又却须要印证，则是未知也。得他人道是，然后无疑，则是信人言语，不可言自信。若果自信，则虽甚人言语，亦不听。"① 孔子提倡"举一反三"就是教导弟子不可依赖老师把握真理，宋代新儒学的主要人物也都是"不由师傅"而领悟道，因此，"明道"是以"自得"为前提的，单纯依赖老师的指示和认可，而缺乏独立思考，是不可能获得对道的准确认识的。

和张载、王安石一样，二程对语言文字传道的准确性也表示怀疑。程颐在《伊川易传序》中这样解释撰写《易传》的主旨："去古虽远，遗经尚存。然而前儒失意以传言，后学诵言而忘味。自秦而下，盖无传矣。予生千载之后，悼斯文之湮晦，将俾后人沿流而求源，此传所以作也。"② 道正是在语言文字的递相祖述中迷失掉的，再次明道就不能重蹈单纯依赖语言文字的覆辙。程颐还认为，孔子向学生传道时并不依赖语言文字：

> 或问："性与天道，是诚不可得而闻乎？"子曰："可自得之，而不可以言传也。"他日，谢良佐曰："子贡即夫子之文章而知性与天道矣。使其不闻，又安能言之？夫子可谓善言，子贡可谓善听。"③

程颐把"自得"与"言传"对立起来，表明他对语言文字传道的可靠性存在怀疑。而谢良佐所称的"子贡善听"，并非指子贡直接听到了孔子关于"性与天道"的教诲，而是指子贡从"夫子之文章"中间接地领悟到"性与天道"是孔子思想最神秘、最核心的部分。在谢良佐看来，即便子贡仅仅领悟到这一点也已经非常了不起了。当然，程颐并未

---

① 《河南程氏遗书》卷十五《伊川先生语一》，《二程集》第一册，页151。又《河南程氏遗书》卷十九《伊川先生语五》："佛家有印证之说，极好笑。岂有我晓得这个道理后，因他人道是了方是，他人道不是便不是？又五祖令六祖三更时来法，如期去便传得，安有此理？"（页255）
② 《河南程氏文集》卷八《伊川先生文四》，《二程集》第二册，页582。
③ 《河南程氏粹言》卷二《心性篇》，《二程集》第四册，页1253。

将语言文字与心对立起来，而肯定语言文字是可以准确地传达"心"的："传录言语，得其言，未得其心，必有害。"①这就是说，传录言语既要记录其字面本身，也要理解其精神实质。

程颐一面强调明道依赖自得，另一方面又要求自己的门人弟子无条件地遵信师说："仲尼之徒，岂皆圣人，其见岂能尽同于仲尼？惟其不敢信己而信其师，故常舍己以求合圣人之教，是以卒归于不异也。及夫子没，则渐异矣。"②孔子的门人"不敢信己而信其师"，才能够不叛离孔子的思想学说，孔子去世后，弟子们无所质证，相互之间才发生了分歧。程颐在致弟子杨迪的信中批评后者："大率所论，辞与意太多。"所谓"太多"，是在程颐教诲之外，辗转运思，滋生意见。而孔子、孟子之门人绝不如此："孔孟之门人岂能尽与孔孟同？唯其不敢信己而信其师之说，是以能思而卒同也。若纷然致疑，终亦必亡而已。勉之，勉之！"③程颐并不反对门人勤于思考，但这种思考应该在师说的指引下进行，而不是盲目地质疑师说。二程还强调了师徒面授讲论的重要性："以书传道，与口相传，煞不相干。相见而言，因事发明，则并意思一时传了。书虽言多，其实不尽。"④这对后来朱熹倡导群居讲论有很大的影响。

张载、二程对道如何传承的论述可总结为以下三点。

第一，他们基本上接受了韩愈《师说》中："师者，传道、授业、解惑"的定义，从内容和形式两个方面批判了汉唐儒学（经学）的师徒授受模式，同时从形式上批判了佛教的印可传心模式，努力创建儒学既要尊师，又注重自得的全新师徒关系。

第二，孟子以后，尤其是汉代以来，儒学以师徒之间用语言文字传授"道"，成为缺乏道德践履的"口耳之学"。因此，不能单纯依赖语言文字，而应该寻求在语言文字之外，通过躬行践履领会"道"（"理义"）。譬如，程颐称赞静坐的门人"善学"等。

第三，程颐称赞程颢"得不传之学于遗经"，所谓"不传"乃指"道"在师徒授受的"师统"中消失、不传，但还被保存于经典中，通

---

① 《河南程氏遗书》卷十五《伊川先生语一》，《二程集》第一册，页163。
② 《河南程氏文集》卷八《伊川先生文四·杂说三》，《二程集》第二册，页588。
③ 《河南程氏文集》卷九《伊川先生文五·答杨迪书》，《二程集》第二册，页616。
④ 《河南程氏遗书》卷二上《二先生语二上》，《二程集》第一册，页26。

过学习阐发经典，能够在失传千余年的情况下重新明道。程颐提出："然则《中庸》之书，决是传圣人之学不杂，子思恐传授渐失，故著此一卷书。"又说："《中庸》之书，是孔门传授，成于子思。"① 所谓"恐传授渐失"，就是子思担心弟子门人中不会出现传道者，造成师统中断，进而导致道统中断，因此撰成《中庸》一卷，希望后学能从中得到启发进而明道。可见，"学统"是"师统"至关重要的补充，在师统中断的漫长岁月中，重新发现"道"必须通过"学统"，而尤其以研习经典为重点。对于"师统"和"学统"的并列关系，程颢有一个极其简洁的概括："天之生民，是为物则。非学非师，孰觉孰识。"② 很显然，对"道"的体察和觉悟，只能通过"学"与"师"两个途径完成。

但是，北宋理学诸家的道统观论说是存在缺陷的，其端有二。

第一，由于需要论证自身所传之"千年不传之道"的合法性和真实性，张载、二程必须从内容（理义）和形式两个方面否定师徒授受的旧师统，而挺立转益多师、深造自得的"学统"。可是，为了在现实社会中迅速地传播新儒学，他们又要建立新师统，树立"师"在传道过程中绝对的、不容置疑的权威。程颐一面教导弟子要"舍己从师"，一面又强调"学贵自得"，说明在这一破一立的巨大转折之间，逻辑上的不能自圆其说在所难免，这为程朱理学在南宋的传承埋下了歧异和纷争的伏笔。

第二，张载、二程一再批评语言文字传道的局限性和不可靠，但是比语言文字更加可靠的传道中介又是什么呢？他们始终没有明确地阐述过这个问题。程颐曾经有这样的观点："道孰为大？性为大。千里之远，数千岁之日，其所动静起居，随若亡矣。然时而思之，则千里之远在于目前，数千岁之久无异数日之近，人之性则亦大矣。噫！人之自小者，亦可哀也已。人之性一也，而世之人皆曰吾何能为圣人，是不自信也。其亦不察乎！"③此说可视为其对孟子"人皆可以为尧舜"说的发挥，其创新点在于，"性之大"表现为不受时间、空间的限制，再辽远的空间隔绝、再悠久的时间间隔，都可以为"时而思之"所打破，千里之远如

---

① 《河南程氏遗书》卷十五《伊川先生语一》，《二程集》第一册，页153、160。
② 《河南程氏文集》卷三《明道先生文三·颜乐亭铭》，《二程集》第二册，页472。
③ 《河南程氏遗书》卷二十五《伊川先生语十一》，《二程集》第一册，页318。

在目前，千岁之日无异数日。因此，今人完全具备领悟三代圣人所传之道的主观条件。而性即是人所具有的器官——心："性之本谓之命，性之自然者谓之天，自性之有形者谓之心。"① 孟子指出："心之官则思。"② 程颐的"时而思之"即是人心的功能，人心先天地具有穿越时间、空间的隔绝而领悟道体成为传道者的功能。可见，只要再下一转语，程颐即可将"传心"和"传道"结合起来考虑，并确认二者的一致性。可是，这层薄薄的窗户纸竟然是由被理学派激烈批评的王安石在《书洪范传后》中捅破的（见本节上文所引）。而在理学派内部，关于传道即传心的完整论述还有待于朱熹的《中庸章句序》和《读余隐之尊孟辨·李公常语》。③

第三节　朱熹："因其语而得其心"

朱熹本人的道统论经历了漫长的修正、酝酿过程，在此一过程中，他一方面充分吸收了孔孟一直到韩愈、张载、二程的道统观论述，另一方面，深鉴于二程门人不能传道的历史教训，遂形成了自己的道统理论，并集中体现于《中庸章句序》之中。以下以《中庸章句序》为核心，分别解说之。

《中庸章句序》是这样开始的：

> 《中庸》何为而作也？子思子忧道学之失其传而作也。自上古圣神继天立极，而道统之传有自来矣。其见于经，则"允执厥中"者，尧之所以授舜也；"人心惟危，道心惟微，惟精惟一，允执厥中"者，舜之所以授禹也。尧之一言，至矣，尽矣！而舜复益之以三言者，则所以明夫尧之一言，必如是而后可庶几也。④

---

① 《河南程氏遗书》卷二十五《伊川先生语十一》，《二程集》第一册，页318。
② 《孟子注疏》卷十一上《告子上》，《十三经注疏》下册，页2753中。
③ 《读余隐之尊孟辨·李公常语》收入《晦庵集》卷七十三，见《朱子全书》第二十四册，页3525。
④ 朱熹：《四书章句集注》，中华书局，1983，页14。

朱熹强调从尧舜到孟子,对道之本体的认识是一以贯之的,即"道心",孔子对道统之传的继承是全面的、准确的,并未因孔子"不得其位"而有所增减衰变。

接着,《中庸章句序》从"盖尝论之,心之虚灵知觉,一而已矣"到"从事于斯,无少间断,必使道心常为一身之主,而人心每听命焉,则危者安、微者著,而动静云为自无过不及之差矣"为一整段,讨论了"人心""道心"为"心"的不同状态,而道统即存在于"道心"之中,自尧舜以来至于周公所谓道统之传的本质,正是"道心"。紧接着下一段是这样的:

> 夫尧、舜、禹,天下之大圣也。以天下相传,天下之大事也。以天下之大圣,行天下之大事,而其授受之际,丁宁告戒,不过如此。则天下之理,岂有以加于此哉?自是以来,圣圣相承:若成汤、文、武之为君,皋陶、伊、傅、周、召之为臣,既皆以此而接夫道统之传,若吾夫子,则虽不得其位,而所以继往圣、开来学,其功反有贤于尧舜者。①

所谓"不过如此",即是《尚书·大禹谟》的"十六字箴",也就是"传道即传心"。"圣圣相承"者是指"道心"的传承,成汤、文、武等人"皆以此而接夫道统之传",这个"此"仍然是"道心";孔子所以"继往圣、开来学"者也只是"道心",从尧、舜以来一脉相传的"道之本体"不增不减地落实为"道心"。故"道统"之本质是内圣,外王只能从内圣开出,因为:"以天下之大圣,行天下之大事,而其授受之际,丁宁告戒,不过如此。"总之,从尧、舜以至周、张、二程,道统也好、道学也罢,在本质上都是以"道心"为核心的内圣之学。朱熹在淳熙六年(1179)写道:"濂溪先生虞部周公心传道统,为世先觉。"②"心传道统"一语可以概括朱熹对尧、舜以来整个道统的基本认识。

"道统"的"传"与"失传",本质上是人能否在主观上发现

---

① 朱熹:《四书章句集注》,页14~15。
② 朱熹:《晦庵集》卷九十九《知南康榜文·又牒》,《朱子全书》第二十五册,页4582。

"道",当人心体证"道"时,"道统"就与上一位传道者接续上了。但是,在论述孔子以下至于北宋的道统史时,朱熹又反复强调,道统的接续之所以恢复,是因为圣贤得到了经典的启示,通过对经典的阐发获得了传道者的地位。

《中庸章句序》如此描述从子思到孟子的道统谱系:

> 然当是时,见而知之者,惟颜氏、曾氏之传得其宗。及曾氏之再传,而复得夫子之孙子思,则去圣远而异端起矣。子思惧夫愈久而愈失其真也,于是推本尧舜以来相传之意,质以平日所闻父师之言,更互演绎,作为此书,以诏后之学者。盖其忧之也深,故其言之也切;其虑之也远,故其说之也详。其曰"天命率性",则道心之谓也;其曰"择善固执",则精一之谓也;其曰"君子时中",则执中之谓也。世之相后,千有余年,而其言之不异,如合符节。历选前圣之书,所以提挈纲维、开示蕴奥,未有若是之明且尽者也。自是而又再传以得孟氏,为能推明是书,以承先圣之统,及其没而遂失其传焉。①

孔子重新发现道之后,颜回、曾参通过亲相授受的师徒教学方式,获得了传道者的地位,子思同样通过亲相授受的渠道从曾子那里获得了"道统之传",到此为止,"道统"表现为师徒授受的统绪,我们可以称之为"师统"。孔子的三千门人弟子构成了一个庞大复杂的师徒授受系统。但其中只有颜回、曾参足以明道,颜回早逝无传,故既能"明道"又能"传道"者又只有曾参。这说明"师统"是脆弱且随时可能中断的,传道者并不一定能在门人弟子中找到继承人,因此就需要用另一种方式对道统进行"备份":学统。

然而,朱熹在子思与孟子之间是否亲相授受的问题上,前后存在反复,产生这种反复的原因非常复杂,部分根源于思孟关系在历史上就存在争议。司马迁《史记·孟子荀卿列传》认为孟子"受业子思之门

---

① 朱熹:《中庸句序》,《四书章句集注》,页⑮

人"①，赵岐《孟子章句》则以为孟子亲受业于子思②，唐人司马贞《史记索隐》引隋人王劭之说，以"人"字为衍文，当作"受业子思之门"③。韩愈第一个明确提出孔子以后的道统之序为孔子—曾子—子思—孟子："孔子之道大而能博，门弟子不能遍观而尽识也。……孟轲师子思，子思之学盖出曾子，自孔子没，群弟子莫不有书，独孟轲氏之传得其宗……故求观圣人之道，必自孟子始。"④ 孔子之后直至孟子这百余年中，道主要是通过亲相授受或师徒授受来传承的。程颐也承认曾子和子思传道者的地位："孔子没，曾子之道日益光大。孔子没，传孔子之道者，曾子而已。曾子传之子思，子思传之孟子。孟子死，不得其传。至孟子而圣人之道益尊。"⑤ 不过二程对思孟之间是否存在直接的师承关系语焉未详。受韩愈、二程的影响，在《中庸章句卷首跋语》中，朱熹说《中庸》是"子思恐久而差也，故笔之于书，以授孟子。"⑥ 如此，思孟之间是亲相授受的关系。但他在《孟子集注》中征引了主张孟子师从子思的《索隐》王劭说及赵岐、《孔丛子》各说，而结论却是："未知是否？"⑦ 仍不敢定论。二者对思孟师徒关系的表述的歧异，正反映了朱熹"未知是否"的犹豫态度。

而《中庸章句序》的表述是："自是而又再传以得孟氏，为能推明是书，以承先圣之统，及其没而遂失其传焉。则吾道之所寄不越乎言语文字之间。"⑧ 可见曾子既未亲见，也未预见到会有孟子这一传道者出现，《中庸》的预期读者群体，是非常宽泛意义上的"后之学者"。朱熹

---

① 司马迁：《史记》卷七十四，第七册，中华书局，1982，页2343。
② 见《孟子注疏》，《十三经注疏》下册，页2661。
③ 《史记》卷七十四司马贞《索引》，第七册，页2344。
④ 韩愈：《送王埙秀才序》，《韩昌黎文集校注》，上海古籍出版社，1986，页261~262。
⑤ 《河南程氏遗书》卷二十五《伊川先生语十一》，《二程集》第一册，中华书局，1981，页327。二程肯定曾子、子思传道者地位的言论还有很多：《遗书》卷七："非曾子不能知道之要。"（页97）同书卷九："'参也鲁。'然颜子没后，终得圣人之道者，曾子也。观其启手足之时之言，可以见矣。所传者子思、孟子，皆其学也。"（页108）卷十八："曾子传圣人道，只是一个诚笃。《语》曰：'参也鲁。'如圣人之门，子游、子夏之言语，子贡、子张之才辨，聪明者甚多。卒传圣人之道者，乃质鲁之人。……曾子之后有子思，便可见。"（页211）
⑥ 朱熹：《中庸章句》卷首《四书章句集注》第17页
⑦ 朱熹：《孟子序说》，《四书章句集注》，页197。
⑧ 朱熹：《四书章句集注》，页15。

又指孟子的贡献在于能够"推明此书，以承先圣之统"，故孟子也是通过"学统"（通过研习《中庸》）而传道的。孟子直接的老师是子思门人，却并非传道者，且根本没有在历史上留下名字。孟子在这个不知名的子思门人和《中庸》的引导下，重新恢复了道统之传。

朱熹在孟子是否亲受业于子思还是亲受业于子思门人的问题上摇摆不定，蕴涵着这样一个逻辑：由于《中庸》这一文本所代表的"学统"的存在，孟子并未亲受业于子思不会损害其传道的准确性和完整性，更不影响其传道者的地位。所以，《中庸章句序》述及孟子在道统中的地位时，回避了"亲受业"这一历史疑难问题，而将重心置于"为能推明是书（宇按：指《中庸》），以承先圣之统"。

孟子之后，道统再次中断。《孟子·尽心下》"由尧舜至于汤，五百有余岁"章所举"见而知之"的例子，都是在传道者与传道者之间发生的。因为孟子自己已经声明没有见过传道者，那么一旦孟子弟子中没有出现传道者，"见而知之"的模式就不可能重新出现，即永远地在儒学历史上消失了。

不过，这并不妨碍道统的重现接续，因为失去了治统和师统后，以"文"和"献"为主干的学统仍然是传承道之本体的可靠途径。朱熹在解释《孟子·尽心下》"由尧舜至于汤，五百有余岁"章时说：

> 观其所谓"然而无有乎尔"，则虽若托于不居，而其自任之实可见。观其所谓"则亦无有乎尔"，则虽若叹其将绝，而所以启夫万世无穷之传者，又未尝不在于斯也。学者诚能深考其言而自得之，则古人虽远，而其志意之所存者，盖无以异乎日相与言，而授受于一堂之上也。①

所谓"叹其将绝"，意即孟子已经清楚弟子门人之中很难产生传道者，故"启夫万世无穷之传者，又未尝不在于斯也"的"斯"，就是指《孟子》其书。此书是记载"道"之义理的传道之书，与子思撰《中庸》一样，都是试图通过学统来弥补师统中断带来的空白。即便千五百年之

---

① 朱熹：《四书或问·孟子或问》卷十四，页511。

第一章 朱熹的道统观与师道观

后，学者只要精研《孟子》此书，所获得的对"道"的把握，与穿越回到千五百年之前得到孟子面授之所得，是完全一样的："盖无以异乎旦相与言，而授受于一堂之上也。"① 孟子之后，道只以学统的形态传承，而通过学统明道与通过师统明道，是完全等值的，绝无毫厘之差。在《中庸章句序》中，朱熹重申了这一观点：

> 自是而又再传以得孟氏，为能推明是书，以承先圣之统，及其没而遂失其传焉，则吾道之所寄不越乎言语文字之间。而异端之说日新月盛，以至于老佛之徒出，则弥近理而大乱真矣。然而尚幸此书之不泯，故程夫子兄弟者出，得有所考，以续夫千载不传之绪；得有所据，以斥夫二家似是之非。盖子思之功于是为大，而微程夫子，则亦莫能因其语而得其心也。

道统之传中断之后，道在历史时空中没有继承人，但道仍然保存于《中庸》这样的文本之中，"则吾道之所寄不越乎言语文字之间"。在《中庸章句序》上文，为了强调道统自尧舜以来至于子思的传承是一贯的、从未中断的，朱熹已强调："世之相后，千有余年，而其言之不异，如合符节。"② 即从语言文字（主要是文字）前后一致、毫无歧异的角度，来论证"如合符节"。朱熹又指出，孟子的功劳在于"推明是书（《中庸》）"，二程的功劳在于"因其语而得其心"，即通过《中庸》的文本而得到了上一个传道者孟子之"心"。由此可见，语言文字既是上一个传道者与下一个传道者之间的关键中介，也是道统之传重新接续的客观条件。朱熹在《中庸章句序》"盖尝论之"至"而动静云为自无过不及之差矣"一段中确立了"道心"是传道的内在根据，而在这一段他强调了语言文字是传道的客观依据，道统之传在北宋的接续建立于"道心"与"言语文字"的完美统一，这就是《中庸章句序》道统论述的关键："因其语而得其心"。

然而，二程通过阐释《中庸》而接续道统之传之后，道统之传再次

---

① 朱熹：《四书或问·孟子或问》卷十四，页511。
② 朱熹：《中庸章句序》，《四书章句集注》，页15。

中断了，朱熹在《中庸章句序》中写道：

> 惜乎！其所以为说者不传，而凡石氏之所辑录，仅出于其门人之所记，是以大义虽明，而微言未析。至其门人所自为说，则虽颇详尽而多所发明，然倍其师说而淫于老佛者，亦有之矣。熹自蚤岁即尝受读而窃疑之，沈潜反复，盖亦有年，一旦恍然似有以得其要领者，然后乃敢会众说而折其中，既为定著章句一篇，以俟后之君子。……虽于道统之传，不敢妄议，然初学之士，或有取焉，则亦庶乎行远升高之一助云尔。①

所谓"其所以为说者不传"者，指二程解释《中庸》的著作已经失传，流传于世的只是门人弟子所记语录。朱熹已经否定了整个程门群体传道的可能性，因此此处强调："大义虽明，而微言未析"，而且"然倍其师说而淫于老佛者，亦有之矣"，部分程门弟子完全背叛了儒学而流于佛老。

在这样的前提下，朱熹要领会"二程之心"，仍只能"因其语而得其心"，即工作的重心仍然在于文本的阐释："然后乃敢会众说而折其中，既为定著章句一篇。"通过直面《中庸》本文，通过梳理、拣择二程弟子所记语录、所著解说，来把握道统之传。

第四节　对"口耳之学"的批判

从上节对《中庸章句序》的分析可以看出，"因其语而得其心"是朱熹对道统之传的核心论断，但在这寥寥七个字中，"心"与"语"仍构成了不容忽视的张力，在实践中滋生了企图抛弃语言文字而直接建立"此心"与"彼心"联系的流弊。朱熹深鉴程门不能传道的历史教训，深入批判了"口耳之学"的弊端，建立了自己的师徒授受关系论述，从而完善了道统之传模式中"师统"与"学统"的互补关系。

---

① 朱熹：《中庸章句序》，《四书章句集注》，页 15–16。

一 程门不能传道的历史教训

从师徒授受关系上说，朱熹是程颐之四传，接续了杨时发端的"道南一脉"，但通过深入的学术探索和思考，朱熹越来越清晰地认识到二程门人实际上对二程思想，尤其是对程颐"涵养需用敬，进学则在致知"的思想并不理解。

诚然，朱熹早年曾经以极大的热情投入编纂《伊洛渊源录》的工作中，但时过境迁，他经过多年思考，感到这种工作价值不大。他在绍熙二年（1191）写道："哀集程门诸公行事，顷年亦尝为之而未就……比来深考程先生之言，其门人恐未有承当得此衣钵者。"① 经过多年思考研究，朱熹认为二程门人中"恐未有承当得此衣钵者"。朱熹还批评了社会上流行的程门宗派图之类的宣传品，认为这是"轻议此道之传"。②

朱熹还多次否认程学门人中出现过可以全面继承二程的传道者。譬如有弟子问："程门谁真得其传？"朱熹答："也不尽见得。如刘质夫、朱公掞、张思叔辈，又不见他文字。看程门诸公力量见识，比之康节、横渠皆赶不上。"③ 邵雍、张载是具有传道者地位的学者，二程门人赶不上他们，自然就不可能是传道者。朱熹还反对刘子澄编写记载二程门人言行的《续近思录》："程门诸先生亲从二程子，何故看他不透？子澄编《续近思录》，某劝他不必作，盖接续二程意思不得。"④ 他还引用尹焞的话："见伊川不曾许一人。"⑤ 淳熙七年（1180），朱熹在《又祭张敬夫殿撰文》中论及程颐去世后的情形："然微言之辍响，今未及乎百岁，士各私其所闻，已不胜其乖异。"⑥ 在绍熙四年（1193），朱熹又写道："自尧舜以至于孔孟，上下二千余年之间，（道）盖亦屡明而屡晦。自孟氏以至于周、程，则其晦者千五百年，而其明者不能以百岁也。程氏既没，

---

① 朱熹：《晦庵集》卷五十九《答吴斗南》（"便中奉告"），《朱子全书》第二十三册，页2836。
② 朱熹：《晦庵集》卷四十一《答程允夫》（"可欲之说甚善"），《朱子全书》第二十二册，页1873。
③ 黎靖德编《朱子语类》卷一百一，第七册，中华书局，1986 页2555。
④ 黎靖德编《朱子语类》卷一百一，第七册，中华书局，1986 页2555。
⑤ 黎靖德编《朱子语类》卷一百一，第七册，中华书局，1986 页2555。
⑥ 朱熹：《晦庵集》卷八十七，《朱子全书》第二十四册，页4075。

诵说满门，而传之不能无失，其不流而为老子、释氏者几希矣，然世亦莫之悟也。"① 这些言论都是明白表示，程颐之后，道又一次在师统中失传了。

朱熹对程门弟子不能传道最正面、最完整的表述见于《大学或问下》。当有人问自程颐发明格物穷理思想之后，"而其学者传之，见于文字多矣，是亦有以发起师说而有助于后学者耶？"② 朱熹在回答中断然指出："若其门人，虽曰祖其师说，然以愚考之，则恐皆未足以及此也。"③ 所谓"此"即程颐思想的核心要义。接着朱熹对吕大临、谢显道、杨时、尹焞、胡安国、胡宏六家进行了点评④，最后指出："呜呼，程子之言其答问反复之详且明也如彼，而其门人之所以为说者乃如此。虽或仅有一二之合焉，而不免于犹有所未尽也，是亦不待七十子丧而大义已乖矣，尚何望其能有所发而有助于后学哉！"⑤ 朱熹将程门弟子比作孔子门人中的"七十子"，批判其不能传道，本书下文将指出，黄榦也曾以同样的比喻担忧朱子学内部背叛师说的乱象。

总体而言，朱熹否认了二程门人中出现过传道者，那么朱熹的哲学体系之所以能够自成一家，根本上是直接向周敦颐、二程、张载学习，从而"深造自得"的结果，以李侗为代表的"道南一脉"至多发挥了引导入门的作用，且这一师承统绪痕迹随着其思想体系的成熟和完备也日益暗淡了。绍熙五年（1194）沧洲精舍释菜仪中只有李侗一人从祀，而杨时、罗从彦不与，便证明了这一点。

二 "心传道统"与"因其语而得其心"的张力

本章上文已经论述，朱熹在《中庸章句序》中指出，三代以来圣贤相传的道之本体，正是《尚书·大禹谟》和《论语·尧曰》所指之"道

---

① 朱熹：《晦庵集》卷八十《邵州州学濂溪先生祠记》，《朱子全书》第二十四册，页3803。
② 《大学或问下》，《朱子全书》第六册，页529。
③ 《大学或问下》，《朱子全书》第六册，页530。
④ 《大学或问下》，《朱子全书》第六册，页530~532。朱熹《大学或问下》原文中并未点六人之名，此据赵顺孙解释，见赵顺孙撰，黄珅点校《大学纂疏·中庸纂疏》，华东师范大学出版社，1992，页69~72。
⑤ 《大学或问下》，《朱子全书》第六册，页532。

心",而人之所以能突破时间、空间的限制觉悟道体,则是因为"人心",人心与道心只是一个心的不同状态而已。由此,朱熹提出了"传道即传心"的主旨。在《读余隐之尊孟辨》中,他集中阐释了这一观点。

> 夫孟子之所传者何哉?曰:仁义而已矣。孟子之所谓仁义者何哉?曰:仁,人心也;义,人路也……尧舜之所以为尧舜,以其尽此心之体而已。禹、汤、文、武、周公、孔子传之,以至于孟子,其间相望有或数百年者,非得口传耳授、密相付属也。特此心之体,隐乎百姓日用之间,贤者识其大,不贤者识其小,而体其全且尽,则为得其传耳。虽穷天地、亘万世,而其心之所同然,若合符节。①

三代圣人至于孔孟,所传只是"心",今人之心与古人之心是可以超越时间空间而"所同然"的。今之人发明自己的本心,然后"体其全且尽",道便得到跳跃式的传承,这就是孟子所谓的"深造自得"。朱熹曾反思程门弟子不能继承二程思想的历史教训,认为弟子们"不能得诸先生之心":"当时亦各各亲近师承,今看来各人自是一说。本来诸先生之意初不体认得,只各人挑载得些去,自做一家说话,本不曾得诸先生之心。某今惟要诸公看得道理分明透彻,无些小蔽塞,某之心即诸公之心,诸公之心即某之心,都只是这个心,如何有人说到这地头?又如何有人说不得这地头?这是因甚怎地?这须是自家大段欠处。"②"心"毕竟是个体的,而"道"是公共的,但学习的最终目的是发现"道心",即所谓"都只是这个心",达到"某之心即诸公之心,诸公之心即某之心"的境界。

可是,如此强调师徒授受关系是"以心传心",必然会轻视公开的语言文字,而执着于个体的认知,以个体之心明天下之道,对道的体认有可能会陷入个体的独断论,把天下公理当成是私相授受的私有之物。淳熙三年(1176),朱熹发现社会上流行的"杂书一编":"不知何人所

---

① 朱熹:《晦庵集》卷七十三《读余隐之尊孟辨·李公常语上》,《朱子全书》第二十四册,页3525。
② 黎靖德编《朱子语类》卷一百二十一,第八册,页2923~2924。

记，意其或出于吾党，而于鄙意不能无所疑也。"朱熹断定此书是曾经向他请教的学者所编，而所记录的朱熹言论荒诞不经，出于伪造，故他不得不专文逐条驳斥澄清，此即《记疑》一文："惧其流传久远，上累师门，因窃识之，以俟君子考焉。"《记疑》所驳斥的第一条伪朱熹语录是这样的：

> 先生言于上曰：先圣后圣，若合符节，非传圣人之道，传圣人之心也；非传圣人之心也，传己之心也。己之心无异圣人之心，广大无垠，万善皆备，欲传圣人之道，扩充此心焉耳。

"先生"即朱熹。"传道即传圣人之心"，诚然不谬，但"传圣人之心即传己之心"则乖谬特甚，朱熹驳斥道："夫学圣人之道，乃能知圣人之心。知圣人之心以治其心，而至于与圣人之心无以异焉，是乃所谓传心者也。岂曰不传其道而传其心，不传其心而传己之心哉？且既曰己之心矣，则又何传之有？况不本于讲明存养之渐，而直以扩充为言，则亦将以何者为心之正而扩充之耶？""己之心"具有成为圣人之心的功能，这并不是说常人状态的人心便已经等同于圣人之心，这种说法忽视了"人心"转化为"道心"需要长年累月艰苦的修养功夫。把"传己之心"等同于"传圣人之心"，实际上是"深造自得"论和"传道即传心"论的片面化，流弊之大，朱熹批评其为："适所以启其谈空自圣之弊。"①

为了强调对"不传之学"的"深造自得"和批判汉唐儒学的需要，程颐对语言文字传道的作用比较轻视，这一点被门人片面放大了。据尹焞的一份手稿记载，程颐曾说："某在，何必看此书？若不得某之心，只是记得它意，岂不有差？""此书"即弟子所编程颐语录。朱熹认为这一记载甚为可疑：

> 既云某在不必看，则先生不在之时，语录固不可废矣。不得先生之心而徒记己意，此亦学者所当博学审问精思而明辨之，不可以

---

① 朱熹：《晦庵集》卷七十，《朱子全书》第二十三册，页3397。

一词之失而尽废其余也。但先生在，则可以式瞻仪刑，亲受音旨，自是不必看耳。然读焉而质其疑于先生，岂不益有助于发明哉？①

朱熹指出，如果程颐在世，学生完整记录师说，还可以随时向程颐本人质疑、订正，尽量减少由于记录者主观因素造成的记录偏差，这样的语录会更加准确可靠。在朱熹看来，这段尹焞所转述的程颐的话最大的谬误是："若不得某之心，只是记得它意，岂不有差？"这一说法实际上倒果为因，只有通过语录记载的语言文字而"得某之意"，才能最终"得某之心"；而不是说抛弃语言文字，先"得某之心"，然后才能理解二程思想的"某之意"。所谓"先得某之心，后得某之意"的逻辑，就是不立文字、"以心传心"的禅宗传灯方法。总之，尽管语录存在这样那样的问题，朱熹仍认为记录老师的语录是非常重要的传道途径，不可轻言抛弃。不仅是语录，朱熹投入极大精力从事北宋五子，尤其是周敦颐、二程著作（文集、语录、单行著作）的整理编辑、注释工作，其最出色的工作就是对《通书》《西铭》的解释和《河南程氏遗书》的编辑刊刻。通过文本建设，不但廓清了被二程门人所传录失真的二程思想，树立了朱熹在程学传授系统中的权威地位，更深远的影响则是以文本建设丰富和加强了学统———一旦二程思想在今后的历史岁月中受到后人的歪曲，那么二程本人的著作就有可能纠正这些偏差，这种纠错效应正是学统传道的基本功能。

不仅如此，朱熹对杨时代表的道南一脉也有针对性的批评。淳熙十二年（1185），他在杨时门人李郁的墓志铭中转述了杨时对李郁的教诲：

> 而龟山每告之曰："唐虞以前，载籍未具，而当是之时，圣贤若彼其多也。晚周以来，下历秦汉，以迄于今，文字之多，至不可以数计，然旷千百年，欲求一人如颜、曾者而不可得。则是道之所以传，固不在于文字，而古之圣贤所以为圣贤者，其用心必有在矣。"及李公请见于余杭，则其告之亦曰："学者当知古人之学何所用心，

---

① 朱熹：《晦庵集》卷七十二《尹和靖手笔辨》，《朱子全书》第二十四册，页3458。

学之将以何用。若曰'孔门之学，仁而已'，则何为而谓之仁？若曰'仁，人心也'，则何者而谓之人心耶？"①

杨时强调了语言文字传道是不确定和不可靠的，而应该略去文字直求圣人之心。根据朱熹记载，李郁受此教言之后，感到不能理解，"退求其说以进，愈投而愈不合，于是独取《论语》《孟子》之书而伏读之，蚤夜不懈，十有八年，然后涣然若有得也，龟山盖深许之"②。朱熹在这篇墓志铭的末尾写道：

> 呜呼，圣贤远矣！然其所以立言垂训，开示后学，其亦可谓至哉。顾自秦汉以来，道学不传，儒者不知反己潜心，而一以记览诵说为事，是以有道君子深以为忧，然亦未尝遂以束书不读、坐谈空妙为可以徼幸于有闻也。若龟山之所以教，与西山之所以学，其亦足以观矣。③

明明杨时的教导是"道之所以传，固不在于文字"，而李郁最终还是通过研读《论语》《孟子》而获得了对于"圣人之心"的理解，且得到"龟山深许"。朱熹指出，杨时基于对汉唐儒学"记览诵说"、不知明道之弊的批判，而强调追寻"古之圣贤之所以用心"，这并无问题，但是强调"传心"并不意味着就要抛弃语言文字这一中介，更不是否定"读书穷理"的工夫。相反，语言文字是宋代学者探索"道"的唯一桥梁，像杨时那样过分贬低语言文字传道的功用，会引发好高骛远之弊，甚至流入释老。李郁之所以能够"涣然若有得"，恰恰是因为他没有盲从杨时，而注重了读书研索，此所谓"若龟山之所以教，与西山之所以学"的意义所在。朱熹在此批判了与自己同时代主张束书不观的陆九渊之学，并通过揭示杨时对李郁的教导，而李郁反其意用之这一事实，暗示杨时已流于"不立文字"的逃禅倾向。

---

① 朱熹：《晦庵集》卷九十《西山先生李公墓表》，《朱子全书》第二十四册，页4178。
② 朱熹：《晦庵集》卷九十《西山先生李公墓表》，《朱子全书》第二十四册，页4178。
③ 朱熹：《晦庵集》卷九十《西山先生李公墓表》，《朱子全书》第二十四册，页4180。

三 批判"口传耳授"与朱子学师徒授受关系原则的确立

为了完善和深化"传道即传心"说，朱熹在《读余隐之尊孟辨》中特别强调孟子与二程之间并非"口传耳授、密相付属"的方式传授。在朱熹那里，"口传耳授"具有多重含义，通过批评"口传耳授"的弊端，他建立了理想师徒授受关系的原则。以下分五点略加论述。

（一）"口传耳授"是单向的传递模式，学生单纯地接受老师的灌输、株守师说不敢创新，师徒之间缺乏辩难质疑

朱熹肯定汉儒尊重先儒经说，保存先秦文献有功，但汉儒的这种师徒授受模式是导致圣人之道失传的重要原因。

> 古之学者，潜心乎六艺之文，退而考诸日用，有疑焉则问，问之弗得，弗措也。古之所谓传道、授业、解惑者，如此而已。后世设师弟子员，立学校以群之，师之所讲，有不待弟子之问；而弟子之听于师，又非其心之所疑也。泛然相与，以具一时之文耳。学问之道，岂止于此哉？自秦汉以迄今，盖千有余年，所谓师弟子者，皆不过如此。此圣人之绪言余旨所以不白于后世，而后世之风流习尚所以不及于古人也。然则学者欲求古人之所至，其可以不务古人之所为乎？①

朱熹比较了"有疑则问"的"古之所谓传道、授业、解惑者"和秦汉以来的师徒授受模式，指出汉儒株守师说不敢稍有质疑，不敢"反求诸于心而正其谬"，成为一种门户之见，这正是"口传耳授、密相付属"的弊端所在。在绍熙五年（1194）《沧洲精舍告先圣文》中，朱熹说："维颜曾氏，传得其宗。逮思及舆，益以光大。自时厥后，口耳失真。千有余年，乃曰有继。周程授受，万理一原。"② 这里的"口耳失真"，成了汉唐儒学的代名词。

为了避免门人弟子株守师说、无所问难、单纯记诵的弊端，朱熹要

---

① 朱熹：《晦庵集》卷七十四《论语课会说》，《朱子全书》第二十四册，页3584~3585。
② 朱熹：《晦庵集》卷八十六，《朱子全书》第二十四册，页4050。

求门人弟子在学习过程中始终处于自主和自发的位置，老师则针对其资质和积累进行有的放矢的引导。

朱熹反复强调学生要"用心"，师友只是外部条件，起决定作用的是求学者的主观努力："《学而篇》皆是先言自修，而后亲师友。……今人都不去自修，只是专靠师友说话。"① 《孟子·告子下》载，曹交欲留而受业于孟子之门，孟子回答："夫道若大路然，岂难知哉？人病不求耳。子归而求之，有余师。"② 朱熹就此解释道："予谓孟子之言，正为不知反求诸身，而专务求师于外者设耳。夫道虽若大路，然非上智生知之质，亦岂能不藉师友而独得之哉？要当有以发其端倪，然后有余师者可得而求耳。"③ 所谓"归而求之"，就是反省自己的本心，师友确实必不可少，但在求师之前，必须"要当有以发其端倪"，相对于"反求诸身"，老师反而是次要的，故称"余师"。

很多人将自己学习进步缓慢归因于没有老师可以追随，或缺乏书籍可以阅读，朱熹认为这都是借口："若即今全不下手，必待他日远求师友然后用力，则目下蹉过却合做底亲切功夫，虚度了难得底少壮时节。正使他日得圣贤而师之，亦无积累凭藉之资可受钳锤，未必能真有益也。"④ 读书穷理是学者的使命，无论有无师资讲友、有无书籍，都要进行："此事全在当人自家着力，虽曰亲师友，亦须自做功夫，不令间断，方有入处。得个入处，却随时游心，自不相妨。"⑤

朱熹晚年老病侵寻，当他发现弟子们虽在沧州精舍朝夕承教，但是读书不精，学道不能用力时，就做了这样的宣示："如此求师，徒费脚力，不如归家杜门。"朱熹说，可以回家自学，花两三年时间，把"四书"《五经》、二程著作认真研读。⑥

---

① 黎靖德编《朱子语类》卷二十，第二册，页446。
② 《十三经注疏》下册，页2756上。
③ 朱熹：《晦庵集》卷八十三《跋徐来叔归师堂诗》，《朱子全书》第二十四册，页3906。此文撰于光宗绍熙三年（1192）十月。
④ 朱熹：《晦庵集》卷五十八《答陈廉夫》（"示喻缕缕"），《朱子全书》第二十三册，页2757~2758。
⑤ 朱熹：《晦庵集》卷五十九《答刘履之》（"衰朽益甚"），《朱子全书》第二十三册，页2826~2827。
⑥ 朱熹：《晦庵集》卷七十四《沧洲精舍谕学者》，《朱子全书》第二十四册，页3593~3594。

在进入师门之后，朱熹对学生自修的要求毫不松懈。他要求学生在向他提问前，必须已经具备一定的基础："大凡人欲要去从师，然未及从师之时，也须先自着力做工夫，及六七分，到得闻紧切说话，易得长进。若是平时不曾用力，终是也难一顿下手。"① 朱熹通常要求学生在提问前先读《四书集注》，但《四书集注》是依经解注，而不是开门见山地提出立场观点，故朱子门人方伯谟、蔡元定都认为仅令学者读《四书集注》，恐不得其门而入，应先由朱熹给予一定的指示。朱熹认为，《四书集注》博采百家之说，完成了最艰苦、最烦琐的去芜存菁、去伪存真的工作，对学者而言："极是简要，省了多少工夫。"那些没有耐心研读《四书集注》，而希望得到某种事半功倍的捷径的指示的学者，是永远不可能入门的："学者又自轻看了，依旧不得力。"②

为了鼓励学生独立思考、自主学习，朱熹还拒绝应弟子之请求撰写讲义。前来问学的后辈学人胡长孺与朱熹讲论后，表示不能完整记录他的观点，请求其赐下讲义，朱熹答："某不立文字，寻常只是讲论，适来所说尽之矣。若吾友得之于心，推而行之，一向用工，尽有无限，何消某写出？若于心未契，纵使写在纸上，看来是甚么物事？吾友只在纸上寻讨，又济甚事？"③ 朱熹表示自己只是因问而答，不会为某一问题专门撰写讲义，这并不是因为他真的"不立文字"，而是因为像《四书集注》这样的"文字"已经提供了所有问题的答案："见或人所作讲义，不知如何如此。圣人见成言语明明白白，人尚晓不得，如何须要立一文字，令深于圣贤之言，如何教人晓得？"④ "四书"记录了"圣人见成言语"，《四书集注》对这些言语都进行了解释注释，根本不需要专题撰写讲义。

（二）"口传耳授"意味着个体与个体的秘密传授，即"密相付属""单传密付"

"以心传心""心心相印"的要害在于抛弃语言文字这一中介，以前其他方式传道，禅宗历史上常见以顿悟、棒喝、竖拂子等非语言文字的传道。朱熹一直十分警惕儒学内部出现这种倾向，故特别加以批评。

---

① 黎靖德编《朱子语类》卷一百一十四，第七册，页2757。
② 黎靖德编《朱子语类》卷一百二十一，第八册，页2939~2940。
③ 黎靖德编《朱子语类》卷一百一十八，第七册，页2862。
④ 黎靖德编《朱子语类》卷一百二十三，第八册，页2967。

朱熹说:"呜呼! 圣人之意,其可以言传者,具于是(宇按:指《论语》)矣。不可以言传者,亦岂外乎是哉? 深造而自得之,特在夫学者加之意而已矣。"① 有学者认为周敦颐《太极图说》"有单传密付之三昧",即一些玄妙的奥秘并未在《太极图说》之中写出,而秘密传授给了二程。朱熹反驳:"夫道在目前,初无隐蔽,而众人沉溺胶扰,不自知觉,是以圣人因其所见道体之实,发之言语文字之间,以开悟天下与来世。其言丁宁反复,明白切至,惟恐人之不解了也,岂有故为不尽之言以愚学者之耳目,必俟其单传密付而后可以得之哉?"语言文字足以传道,妨碍学者明道的并非语言文字,而是缺乏进一步对语言文字的钻研玩味和道德修养工夫:"但患学者未尝虚心静虑,优柔反复,以味其立言之意,而妄以己意轻为之说,是以不知其味而妄意乎言外之别传耳。"②

"单传密付"又指隐蔽、不公开的语言传授。在历史上特别容易引起误解的是曾子。曾子成为传道者的证据之一,就是《论语》中孔子告诉他"吾道一以贯之",这被很多人理解为孔子与曾子之间的单传密授,其他门人并不在场:"又谓仲尼曾子所以授受,门人有不得闻者。"朱熹否定了这种说法:"夫师弟子相与处于一堂之上,其可为咕嗫耳语以私于一人哉? 特学至者闻之而有得,其未至者虽闻而若弗闻耳。故门人之问以何谓为辞,则固闻其言而不晓其所谓者也。若初不闻,则又岂得而笔之于书耶?"③ 孔子是当着所有弟子的面宣称"吾道一以贯之"的,并非曾子一人在场,只不过其他弟子当时难以理解,而曾子有所领悟而已。这段话的重点是:"夫师弟子相与处于一堂之上,其可为咕嗫耳语以私于一人哉?"程颐也有类似的话:"佛家有印证之说,极好笑。岂有我晓得这个道理后,因他人道是了方是,他人道不是便不是? 又五祖令六祖三更时来传法,如期去便传得,安有此理!"④ 曾子传道者的地位,并非孔子所属意并指定的,而是他在日常教学场景中与其他孔门弟子集体学习,

---

① 朱熹:《晦庵集》卷七十五《论语要义目录序》,《朱子全书》第二十四册,页3614。
② 朱熹:《晦庵集》卷五十九《答汪叔耕》("来书所论向来为学次第"),《朱子全书》第二十三册,页2814~2815。
③ 朱熹:《论语或问》卷四,《四书或问》,页189。
④ 《河南程氏遗书》卷十九《伊川先生语五》,《二程集》第一册,页255。

通过自己的深造自得领悟而获得的。相比之下，禅宗衣钵的传授却是"密相付属"，五祖向六祖慧能传授衣钵就是在半夜三更，二人秘密会面的情况下完成的。

（三）"口传耳授"意味着贪多好高，追求躐等顿悟

朱熹特别强调，老师不可能将"道之本体"通过语言交流完整地交给学生，学生也不应该有此不切实际的想法。朱熹说："为学之初，尤当深以贪多躐等、好高尚异为戒耳。然此犹是知见边事，若但入耳出口，以资谈说，则亦何所用之？既已知得，便当谨守力行，乃为学问之实耳。"① 老师的指导之功并非灌输知识，而是随时指示方向，也可以阶段性地验证弟子所获得的进步："师友之功，但能示之于始而正之于终尔。若中间三十分工夫，自用吃力去做。既有以喻之于始，又自勉之于中，又其后得人商量是正之，则所益厚矣。不尔，则亦何补于事。"② 朱熹又打了一个比方，老师只是指示宝藏所在的位置，不能亲手把宝藏挖出来送给学生："某与人说学问止是说得大概，要人自去下工。譬如宝藏一般，其中至宝之物，何所不有？某止能指与人说，此处有宝。若不下工夫自去讨，终是不济事。"③ 当有后学表示以前博求师友但无所得时，朱熹指出："此殆师友之间所以相告者未必尽循圣门学者入德之序，使贤者未有亲切用力之处而然耳。"④ 以孔子为例，他教导弟子们的工夫的下手处都在"日用细微切近之间"，"孝弟忠信、持守诵习之间"，"而于所谓学问之全体，初不察察言之也。若其高弟弟子，多亦仅得其一体"。孔子为何不将道的全体大用向弟子们举而告知，从而维系文武之道的延续呢？"夫以夫子之圣、诸子之贤，其于道之全体岂不能一言尽之以相授纳，而顾为是拘拘者以狭道之传、画人之志，何哉？"⑤ 朱熹解释道：

---

① 朱熹：《晦庵集》卷二十六《与陈丞相别纸》（"蒙谕第二令孙为学之意"），《朱子全书》第二十一册，页1180~1181。
② 黎靖德编《朱子语类》卷八，第一册，页146。
③ 黎靖德编《朱子语类》卷一百一十六，第七册，页2793。
④ 朱熹：《晦庵集》卷四十九《答林伯和》（"示谕"），《朱子全书》第二十二册，页2264。
⑤ 朱熹：《晦庵集》卷六十二《答林退思》（"某区区之见"），《朱子全书》第二十三册，页2995。

盖所谓道之全体虽高且大,而其实未尝不贯乎日用细微切近之间,苟悦其高而忽于近,慕于大而略于细,则无渐次经由之实,而徒有悬想跂望之劳,亦终不能以自达矣。故圣人之教,循循有序,不过使人反而求之至近至小之中。博之以文,以开其讲学之端;约之以礼,以严其践履之实,使之得寸则守其寸,得尺则守其尺。如是久之,日滋月益,然后道之全体乃有所乡望而渐可识,有所循习而渐可能。自是而往,俛焉孳孳,毙而后已。而其所造之浅深、所就之广狭,亦非可以必诣而预期也。①

所谓"道之全体",并非师徒授受所能达到的目标,孔子不可能将"道之全体"向弟子"以相授纳",学者对道之全体的把握是一个终身学习修养的过程。朱熹还表示,即使经过长年累月的修养学习,最终能够达到多高的造诣,谁也无法保证:"其所造之浅深、所就之广狭,亦非可以必诣而预期也。"

但是在朱熹弟子中存在一种认识,相信道是"日用之间别有一物光辉闪烁、动荡流转,是即所谓'无极之真'、所谓'谷神不死'",学者的工夫重点就是要把握这个"别有一物",他们认为:"学者合下便要识得此物,而后将心想象照管,要得常在目前,乃为根本功夫。至于学问践履零碎凑合,则自是下一截事,与此粗细迥然不同。"② 朱熹弟子中的佼佼者陈淳、廖德明都迫切希望老师能够指示这个"光辉闪烁、动荡流转"的"别有一物",供弟子们终身服习。朱熹的回答是,不仅是弟子们,连他本人也乐见真的存在这个"别有一物",因为理学的工夫可由此大大简化:"若果是如此,则圣人设教,首先便合痛下言语,直指此物,教人着紧体察,要令实见;着紧把捉,要常在目前,以为直截根原之计。"可是自孔孟以来历代圣贤都没有提到过这个"别有一物":"而却都无此说,但只教人格物致知、克己复礼,一向就枝叶上零碎处做工夫,岂不误人枉费日力耶?"原因是本体只存在于工夫之中,对本体的把

---

① 朱熹:《晦庵集》卷六十二《答林退思》("某区区之见"),《朱子全书》第二十三册,页2995。
② 朱熹:《晦庵集》卷四十五《答廖子晦》("前此屡辱贻书"),《朱子全书》第二十二册,页2110~2111。

握只能通过长年艰苦的日用工夫："盖原此理之所自来，虽极微妙，然其实只是人心之中许多合当做底道理而已。但推其本，则见其出于人心，而非人力之所能为，故曰天命。虽万事万化皆自此中流出，而实无形象之可指，故曰无极耳。若论功夫，则只择善固执、中正仁义便是理会此事处，非是别有一段根原功夫又在讲学应事之外也。"① 讲学应事代表下达工夫是唯一的工夫路径。

总之，没有一种理学工夫是直接面对"道之本体"的，它们面对的都是"道之用"，故理学工夫是渐悟而非顿悟；是渐进的而非飞跃的；是自下学而上达的，而非由上贯彻于下。"道"本身不是一个可以传授的内容或对象，所谓道统的延续也不是把"道"本身转相传递，被传承的只是把握道的工夫而已。本书下文将指出，朱熹这一剖判对黄震（第六章）、史伯璿（第十一章）乃至明初的薛瑄都有着直接深刻的影响。

（四）"口传耳授"意味着有知无行，缺乏躬行践履

有佛学学者认为孔子专言"人事生理"，而佛教"兼人鬼生死而言之"，说明孔子对"人鬼生死"这些形而上的问题"有所秘而不言"，孔子这些没有明言的道理都可以在佛教义理中找到："贤士大夫因佛学见性，然后知夫子果有不传之妙，《论语》之书，非口耳可传授。"朱熹的回答是："熹谓《论语》固非口耳所可传授，然其间自有下工夫处，不待学佛而后知也。"② 只有"口耳"传授，而缺乏践履躬行，自然无法领悟《论语》。可见，语言文字又仅仅是媒介，而非道之本体："熹窃谓圣人道在六经，若日星之明，程氏之说，见于其书者亦详矣。然若只将印行册子从头揭过，略晓文义，便为得之，则当时门人弟子亦非全然钝根无转智之人，岂不能如此领会？"③ 实际上绝大多数孔子门人和二程门人终身师从而不敢离去，就是因为语言文字仅仅起到了中介和引导的作用，真正领会义理需要践履躬行。

朱熹要求弟子不但要读书穷理，讲论道理，而且要检点身心、躬行

---

① 朱熹：《晦庵集》卷四十五《答廖子晦》（"前此屡辱贻书"），《朱子全书》第二十二册，页 2110~2111。
② 朱熹：《晦庵集》卷四十三《答吴公济》（"来书云儒释之道"），《朱子全书》第二十二册，页 1960~1961。
③ 朱熹：《晦庵集》卷四十三《答李伯谏（甲申）》，《朱子全书》第二十二册，页 1953。

实践。在朱熹与陆九渊的论战中，陆九渊偏重尊德性，而轻视讲学穷理；朱熹则重视讲学穷理，认为践履工夫必须在讲学穷理的前提下进行，否则就是盲目的践履。因为"古人之学虽不传于天下，而道未尝不在于人心"，但后世异端之学对学者蛊惑很大："使其心不复自知道之在是。是以虽欲慕其名而勉为之，然其所安终在彼而不在此也。及其求之，而茫然如捕风系影之不可得，则曰此亦口耳之习耳，吾将求其躬行力践之实而为之。"① 躬行践履如果不以讲学穷理为前提，则道理不明，躬行实践也会走入歧途："殊不知学虽以躬行力践为极，然未有不由讲学穷理而后至。"更不能轻视读书，轻视研究术语和义理："今恶人言仁、言恕、言《西铭》、言太极者之纷纷，而吾乃不能一出其思虑以致察焉，是恶人说河而甘自渴死也，岂不误哉！"② 这里所说的"口耳之习"指只知读书、缺乏践履的现象。

躬行践履与读书穷理本来应该交相并进，不可偏废。但朱熹发现，由于在教学实践中过分强调了读书穷理在讲论中的重要性，很多弟子忽视学以致用，未能把书本上的道理运用于躬行践履之中，染上了新的"口耳之习"。他对此有所反省："近来自觉向时工夫止是讲论文义，以为积集义理，久当自有得力处，却于日用功夫全少点检。诸朋友往往亦只如此做工夫，所以多不得力。今方深省而痛惩之，亦愿与诸同志勉焉，幸老兄遍以告之也。"③ 他决心在讲明文义的同时，加强对学生道德践履的考察和提点："因思日前讲论只是口说，不曾实体于身，故在己在人都不得力。今方欲与朋友说日用之间常切点检气习偏处、意欲萌处与平日所讲相似与不相似，就此痛着工夫，庶几有益。"④

（五）"口传耳授"意味着在传道过程中口头语言交流（"言语"）的重要性高于文字记载

朱熹在《中庸章句序》中肯定了"则吾道之所寄不越乎言语文字之

---

① 朱熹：《晦庵集》卷五十九《答杨子顺》（"示喻具悉"），《朱子全书》第二十三册，页2827。
② 朱熹：《晦庵集》卷五十九《答杨子顺》（"示喻具悉"），《朱子全书》第二十三册，页2827。
③ 朱熹：《晦庵集》卷四十四《与吴茂实》，《朱子全书》第二十二册，页2028。
④ 朱熹：《晦庵集》卷四十三《答林择之》，《朱子全书》第二十二册，页1983。

间。"① 但具体到"言语传道"和"文字传道"二者的关系，朱熹认为"文字传道"更可靠、更准确、更公开，但"言语传道"便于答疑解惑，互动性更强，二者不可偏废。

首先，朱熹肯定师徒之间群居讲学，当面质疑辩论的重要性。朱熹经常通过书信与弟子讨论学问，但主张复杂的问题需要当面讨论："此事须款曲讲论，方见意味，非文字言语可寄也。"② 又："别纸所论甚悉，但如此讲论，愈觉支离，势须异时面见，口讲指画，乃可究见底蕴。"③ 弟子周谟来书院后，因担心外间难觅朱熹著述，便主要用功抄录朱熹的《诗集传》，与朱熹本人当面讲论的机会就少了，"颇疏侍教"，朱熹批评道："朋友来此，多被册子困倒，反不曾做得工夫。何不且过此说话？彼皆纸上语尔，有所面言，资益为多。"弟子周宰声称："先生著书立言，义理精密。既得之，熟读深思，从此力行，不解有差。"意思是只要认真钻研学习朱熹的著作便可以把握朱熹的思想。朱熹对此并不同意："载之简牍，纵说得甚分明，那似当面议论，一言半句便有通达处。所谓'共君一夜话，胜读十年书'。若说到透彻处，何止十年之功也。"④ 对这些已经在认真读书自修的弟子，朱熹就强调当面讨论质问的重要性。当朱熹发现弟子在讲论中所提问题都很肤浅，便指出这是同学之间讨论学业太少之故。他指出："群居最有益"，因为群居讲习之中："若是切己做工夫底，或有所疑，便当质之朋友，同其商量。"针对某一个问题，一个弟子已经识得破，"已是讲得七八分"，只要弟子们之间充分讨论，开诚布公，虚心学习，那么其他学生对这个问题的认识也能达到七八分。这样一来，朱熹与弟子讨论这个问题就更加顺利、更加深入："却到某面前商量，便易为力。"如果弟子之间羞于互相学习，会导致各自水准参差不齐，这对于教学安排是一个很大的障碍。⑤

第二，如果只是口头交流，而没有文字记录乃至文本建设，也容易滋生弊端。朱熹对"口耳"（语言）传道与文字传道作了这样的区别：

---

① 朱熹：《四书章句集注》，页15。
② 朱熹：《晦庵集》卷三十九《答王近思》（"到此匆匆三月"），《朱子全书》第二十二册，页1762。
③ 朱熹：《晦庵集》卷四十九《答王子合》，《朱子全书》第二十二册，页2252。
④ 黎靖德编《朱子语类》卷一百一十七，第七册，页2809。
⑤ 黎靖德编《朱子语类》卷一百二十一，第八册，页2931。

"盖佛之所生去中国绝远,其书来者,文字音读皆累数译而后通。而其所谓禅者,则又出于口耳之传,而无文字之可据,以故人人得窜其说以附益之,而不复有所考验。今其所以或可见者,独赖其割裂装缀之迹犹有隐然于文字之间而不可掩者耳。"① 佛教义理虽有文字载体——藏经,但累经翻译,本旨失真,佛教的一支禅宗根本就"不立文字",而仅仅依赖"口耳之传",其学说错综庞杂,莫可究诘。朱熹还指出,学者欲通过二程得圣人之心,就必须研究二程解释《论语》《孟子》的著作:"故其所以发明二书之说,言虽近而索之无穷,指虽远而操之有要,使夫读者非徒可以得其言,而又可以得其意;非徒可以得其意,而又可以并其所以进于此者而得之。"② 学者是通过书籍(语言文字)领会意义,通过意义进而领会"进于此者",也就是圣人之心。

总之,朱熹批评"口耳之学",主要针对的是汉唐经学和佛教禅宗,目的是深化和完善他在《中庸章句序》中提出的"则吾道之所寄不越乎言语文字之间",进一步明确"因其语而得其心",由此确立了自己对师徒关系的论述。朱熹认为,他的教学授徒活动是为了维系道的传承,只要他本人在世,那么师统传道是最可靠、最有效的传道方式。他说:"闲中时有朋友远来讲学,其间亦有一二可告语者,此道之传,庶几未至断绝。独恨相望之远,不得聚首尽情极论,以求真是之归,尚此悢悢耳。"③ 这说明"此道之传"全由这种师徒讲论所维系。朱熹的师道观可以总结为:"故古人之学虽莫急于自修,而读书讲学之功有所不废,盖不如是无以见夫道体之全而审其是非邪正之端也。"④ 所谓"自修",即自我修养和学习,"读书讲学"则是在师门中与老师、学友讲论,二者不可偏废。

小　结

道是宋代新儒学运动最核心、最终极的追求。宋学尤其是程朱理学,

---

① 朱熹:《晦庵别集》卷八《释氏论下》,《朱子全书》第二十五册,页4991。
② 朱熹:《晦庵集》卷七十五《语孟集义序》,《朱子全书》第二十四册,页3630。
③ 朱熹:《晦庵集》卷五十三《答胡季随》("闲中时有朋友远来讲学"),《朱子全书》第二十二册,页2516。
④ 朱熹:《晦庵集》卷六十四《答孙吉甫》("德粹之来"),《朱子全书》第二十三册,页3129。

从韩愈开始，为了强调自身的创新性和独创性，都要宣称道在历史长河中已经失传很久。譬如程颐认为在"千四百年"之间道都处在失传的状态中，到了朱熹时代，则已经是"千五百年"之久。然而，经历如此漫长的中断岁月，如何证明宋人（或韩愈）所宣称的道就是孔子所传三代之道？构建道统论的目的就是要克服历史时间所造成的阻隔障碍，因此，道统的哲学性和主观性固然至关重要，而建立客观的、历史的道统论述也是题中应有之义。

朱熹从孔子、子贡、孟子、韩愈、张载、二程那里汲取了丰富的道统论思想养分，在肯定"心传道统"的前提下，形成了"因其语而得其心"的道统论述。"因其语而得其心"这一论述，是由客观性（历史性）与主观性（哲学性）两者有机统合而成的。

从"得其心"的最终追求而言，朱熹以"心传道统"一语指称道统论哲学性、主观性的一面，传道者可以通过主观证验来恢复道统之传，从而领悟上一代传道之心。这完全符合陈荣捷、刘述先两先生对朱熹道统论的定义。

然而，出于对"口传耳授"流弊的恐惧，又深鉴于程门弟子不能传道的历史教训，朱熹在《中庸章句序》中强调，在任何一代传道者那里，接续道统之传必须有文献的依据、历史的依据，这就是"吾道之所寄不越乎言语文字之间"。从文献的依据来说，传道者是通过阐释上一代传道者所撰写的经典而得到领悟，朱熹特别指出子思撰《中庸》时，并未预见哪位后学能发现《中庸》所蕴含的"道"，但文献一经形成，便具有了公开性，故子思试图以《中庸》"以诏后之学者"；同理，孟子虽未曾亲受业于子思，但由于《中庸》等经典文本是向所有潜在的读者敞开的，因此孟子仍可通过《中庸》的语言、得"子思之心""孔子之心"，乃至"上古圣神之心"。所谓历史的依据就是师承渊源，乍看起来，孔子、子思、孟子、周敦颐、二程等传道者的直接老师都不是传道者，但是他们仍有各自的师承渊源，这些各有专长、造诣不一的老师即子贡所说的"贤者识其大，不贤者识其小"。上一个传道者与下一个传道者之间存在千余年历史间隔，但通过文献依据与师承渊源，历代传道者都被纳入了一种历史时间的序列或"经籍"的序列之中，从而使道统在获得了一个历史的、客观的论证的同时，也获得了一个历史的、客观的约束。

在本书的讨论中，接续道统之传的文献依据，称之为"学统"，传道者的师承渊源则是"师统"。当然，在师徒授受的过程中，文本是重要的教学工具；在研习经典时，老师可以提供有益的引导。朱熹充分认识到了这一点，既重视师徒授受、群居讲学，又重视以经典注释为核心的文本建设。因此，在正常情况下，"学统"与"师统"相互渗透、相互支撑，难以截然分开。

但是"师统"容易滋生"口传耳授""心心相印"的弊端，"学统"则完全依赖公开的文献而延续，二者之间的逻辑冲突在朱熹的道统论述中有着明显的体现。正如土田健次郎指出的，在朱熹的道统观中包含了两种相反的要素：连续与中断，公开性与非公开性。土田指出，所谓连续与中断，是指道学即便"无传"，隔了许久以后仍有可能继承绝学，其理由是儒学所具备的公开性，支持着这种公开性的就是经书的权威，以及只要是人类就必定具有的"道心"的普遍性。[①] 土田认为的公开性是指，只要根据义理而了解了经书，谁都可以进入道统；所谓非公开性，则指朱熹同时也认可"密旨"的存在。[②] 土田就"非公开性"举出了两个例子，一是朱熹在致陈亮的信中写道："所谓'人心惟危，道心惟微，惟精惟一，允执厥中'者，尧舜禹相传之密旨也。"[③] 土田认为，"密旨"的措辞让人联想到佛教等宗教传授的形态。实际上，这封信的下文，朱熹接着写道："此其相传之妙，儒者相与谨守而共学焉，以为天下虽大，而所以治之者不外乎此。"[④] 既然是"相与""共学"，可见这个"密旨"并非佛教所谓不可公开的秘密传授。土田所举第二个例子是《太极图说解·后记》："此图立象尽意，剖析幽微，周子盖不得已而作也。观其手授之意，盖以为惟程子为能当之。至程子而不言，则疑其未有能受之者尔。"其实朱熹紧接着写道："夫既未能默识于言意之表，则驰心空妙，入耳出口，其弊必有不胜言者。"[⑤] 所谓"不言"，并非指程颐有意不公

---

① 〔日〕土田健次郎：《道学之形成》，上海古籍出版社，2010，页469。
② 〔日〕土田健次郎：《道学之形成》，页473。
③ 朱熹：《晦庵集》卷三十六《答陈同甫》（"来教累纸"），《朱子全书》第二十一册，页1586。
④ 朱熹：《晦庵集》卷三十六《答陈同甫》（"来教累纸"），《朱子全书》第二十一册，页1587。
⑤ 朱熹：《太极图说解·后记》，《朱子全书》第十三册，页79。

开传授，而是因为《太极图说》所阐述的都是关于道的本体境界的理论，学者如果没有长期居敬穷理的"下学"工夫，骤闻此论，必然滋生好高骛远之弊。根据这两条材料，土田认为："从资料上看，朱熹的说法也有不能一贯之处，特别是在跟道学的别派或其周边思想家争论的时候，他也会说出'言外之意'或者'密旨'之类的话。"① 实际上土田此说是难以成立的。

从本章上文的分析可以看出，朱熹道统观中的所谓两种相反的要素，并非朱熹不能自圆其说的表现，而是其内在统一性尚未被研究者揭示而已。这种内在统一性就是朱熹的"心传道统"说。"心传道统"分成本体和工夫两个层次：从本体层次说，传道即传心，得道即得圣人之心；从工夫的层次说，"因其语而得其心"，关于道的义理存在于"语"（经典）中，此即学统。当朱熹要批判缺乏践履的口耳之学以及记诵训诂而不见道的汉唐儒学时，他就要强调"传心"，即不能拘泥、停滞于经书的文字训诂，而要理解其中超越的、抽象的道学意义，此所谓"得其心"。在这种场合下，由于需要凸显道（心）的超越性，其就会使用"密旨"一类"非公开性"表述。可是，当朱熹要批判轻视读书穷理的陆九渊和不立文字的禅宗时，他又强调"因其语而得其心"，强调"吾道之所寄不越乎言语文字之间"。朱熹作品中大量的"公开性"论述即由此而来。

总之，公开性和非公开性、中断和连续这两种相反要素，都可以由"心传道统"和"因其语而得其心"来解释。

但是，就本书所讨论的朱子学在宋元时期的发展历史来看，即便朱熹为了平衡师统与学统做了从理论到实践的各种努力，他去世后朱子学内部不同派别对"师统"和"学统"的强调仍出现了明显的分化，即：或者极端崇拜"师统"，认为只有进入"嫡传"的、特定的师徒授受统绪才可能明道；或者高度重视"学统"，认为通过自学阅读也可以明道。本书下文各章的讨论即循着这一分歧而展开。

---

① 〔日〕土田健次郎:《道学之形成》，页474。

第二章　朱熹去世后师统与学统之争初现端倪

本书第一章的讨论表明，朱熹在世时已经意识到了片面依赖师统传道的弊端，因此无论在理论层面还是实践层面，朱熹都始终谨慎地保持师统与学统的平衡，特别是到了晚年，他发现"成就得一二人"的希望渺茫："亦欲接引后辈一两人传续此道，荷公们远来，亦欲有所相补助。只是觉得如此苦口都无一分相启发处，不知如何，横说竖说都说不入。"后继无人的前景让朱熹想起当年程颐身后的凄凉景象。当陈文蔚问，何以二程如此谨严，二程门人却不谨严，乃至后来有失节背叛师门者，朱熹厉声回答："是程先生自谨严，诸门人自不谨严，干程先生何事？某所以发此者，正欲才卿（按：陈文蔚字才卿）深思而得，反之于身，如针之札身，皇恐发愤，无地自存，思其所以然之故。"陈文蔚得此回答后，竟然又问："李先生（按：李侗）资质如何？"朱熹更加不悦，指出陈文蔚此问与自己的回答"全不相干涉"，根本不理解朱熹之意不是要品评程门传人，而是鞭策寒泉精舍诸弟子努力向学，陈文蔚可谓麻木不仁。这段语录的记录者沈僩描述当时朱熹的神情："先生意甚不乐。"① 据《朱子语录姓氏》，沈僩所录在庆元四年（1198）以后②，而朱熹逝世于庆元六年（1200），这些话可以代表朱熹对庞大门人群体的最终评定。这样一来，贯穿朱熹毕生的文本建设、经典解释工作所建立的"学统"，就为朱子学在师统授受统绪中失传的可能前景做了有效的备份。

但是，朱熹去世后，随着"嘉定更化"后其政治行情的逐渐走高，对自朱熹发端的师徒授受统绪的崇拜也逐渐兴盛起来，从而威胁到了朱熹生前所极力维持的师统与学统的平衡。

---

① 黎靖德编《朱子语类》卷一百一十四，第七册，页2754~2755。
② 黎靖德编《朱子语类》第一册，页15。

第一节 朱熹去世后师统崇拜的勃兴

宁宗嘉定二年（1209），朝廷"去忠存文"、赐予朱熹美谥"文"，启动了朱子学官学化的进程。于是，朱熹作为传道者的地位得到了民间和官方的双重确认，社会上的学者遂争相攀附与朱熹的师承关系，师统崇拜由此勃兴。

一 朱熹作为传道者地位的双重确认

庆元六年（1200），朱熹在庆元党禁的高潮中去世。嘉泰二年（1202），庆元党禁出现松动的迹象，朱子学派所受到的政治压力大大减轻。叶绍翁说："嘉泰之间，公为之类者已幡然而起。至嘉定间，偶出于一时之游从，或未尝为公之所知者，其迹相望于朝。"① 说明大概从嘉泰二年（1202）开始，多数受到迫害的道学人士（即所谓"伪学之徒"）都恢复了名誉，或重新起用，朱熹门人逐渐活跃起来。但这只是象征着"党禁"的解除，至于朱子学的正当性或者合法性，却仍然是一个悬案。因为，通过政变上台的权相史弥远并不是一个朱子学的拥护者，相反，他的思想背景更加接近于陆九渊心学；而那些复出的庆元党人，对恢复朱熹的政治名誉和道德名誉都无异词，但是对朱子学的评价仍存在分歧。朱熹弟子和朱子学的拥护者们，对朝廷这种暧昧的思想取向感到了焦虑。嘉定元年（1208）四月，太学博士真德秀在转对时，公开提出解除学禁的要求，推动了朱熹的赐谥。同年十月，朝廷下达了叙复朱熹原官，并给予致仕恩泽，同时"特赐谥"的命令。这一命令，与嘉泰二年（1202）以华文阁待制致仕诏命一样，都还只是把朱熹当作一个"论思献替"的侍从官看待，并未触及为强加于朱子学之上的"学禁"平反这一核心问题。

嘉定元年（1208）十月十八日，朝廷向"有司"（礼部、太常寺）下达了为朱熹议谥的圣旨，启动了整个赐谥的程序。嘉定二年（1209），太学博士章徕奏议谥状，根据苏洵《谥法》"道德博闻曰文""廉方公正曰

---

① 叶绍翁：《四朝闻见录》丁集"庆元党"，中华书局，1989，页149~150。

忠"，拟谥"文忠"。然而，主持覆议的吏部员外郎兼考功郎官刘弥正在议状中推翻了章徕的拟谥，"去忠存文"。刘弥正在《覆谥议状》中说：

> 六经，圣人载道之文也。孔氏没，子思、孟轲更述其遗言以待斯世，文幸未坠。汉末诸儒采撷以资文墨，郑司农、王辅嗣辈又老死训诂，谓圣人之心真在句读而已。隋唐间，河汾讲学已不涉圣贤闻奥。韩愈氏复出，特其文近道尔。盖孔氏之道，赖子思、孟轲而明。子思、孟轲之死，明者复晦，由汉而下闇如也。及本朝而又明：濂溪、横渠剖其幽，二程子宿其光，程氏之徒嘘其焰，至公圣道粲然矣。①

刘弥正在描述宋以前的道统时，彰显了学统形态，甚至略去了颜回、曾参师事孔子的环节，而突出了《中庸》《孟子》二书传道之功。他还批评汉唐儒学沉溺训诂句读，不知反求圣人之心。韩愈虽然"其文近道"，但缺乏躬行践履。但刘弥正在描述北宋道学时，却强调了道统的师统形态：北宋儒学重新发现了"道"，由周敦颐、张载、二程，并传至二程门人，朱熹显然是受到了二程门人的影响而"圣道粲然"。刘弥正还这样描述朱熹门人群体："平居与其徒磨切讲贯，皆道德性命之言、忠敬孝爱之事。由公学者，必行己庄，与人信，居则安贫而乐道，仕则尊君而忧民，重名节而爱出处，合于古而背于时。若此者，真公之学也。"② 所谓"由公学者"，并非指全体朱熹门人都能够达到"行己庄，与人信"等道德标准，但至少可以说，大部分朱熹门人能够坚守道德底线，否则朱熹的"平居与其徒磨切讲贯"便毫无效果了。刘弥正本人并不是一个典型的朱子学人士③，现在已经不清楚何以他要在《覆谥议状》

---

① 刘弥正：《晦庵先生朱文公覆谥议》，李心传《道命录》卷八，《丛书集成初编》册3343，页93。
② 刘弥正：《晦庵先生朱文公覆谥议》，李心传《道命录》卷八，《丛书集成初编》册3343，页94。
③ 刘弥正是莆田人，卒于嘉定六年（1213），官至吏部侍郎，生平见叶适《故吏部侍郎刘公墓志铭》（《叶适集·水心文集》卷二十，中华书局，1961，页387~391），但叶适没有提及"去忠存文"之事。刘弥正的父亲刘夙的墓志铭也是叶适所作，见《著作正字二刘公墓志铭》（《叶适集·水心文集》卷十六，页301~306），可见叶适刘两家关系亲密。

第二章 朱熹去世后师统与学统之争初现端倪

中如此肯定二程门人足以传道并且高度评价朱熹门人，一种可能是：自嘉泰二年（1202）庆元党禁松绑到嘉定二年（1209）这几年间，全社会尊崇朱熹和朱子学的气氛已经形成，刘弥正无疑受到了影响。嘉定二年（1209）十二月，朝廷批准了赠谥朱熹为"文"，从而以官方名义确认了朱熹的传道者地位，而刘弥正对朱子门人的那些赞美之词也被广泛传扬。嘉定三年（1210）五月，朱熹被追赠中大夫、宝谟阁直学士（从三品）。朱子学人士们在朱熹的谥号问题上取得的"去忠存文"的成就，为彻底解除"庆元学禁"、为朱子学平反找到了突破口。

随着朱熹被赐谥"文"，嘉定年间掀起了一波向道学家们赐谥的浪潮，而单谥和复谥标示了与道统的亲疏远近。叶绍翁说："自后议诸贤谥，自周元公以下俱用一字矣，如程正公、吕成公之类。"①《宋史全文》引《讲义》云："此宁宗皇帝转移士习之机也。"② 刘弥正在议状中含蓄地以"斯文"指代理学家的道统，于是从朱熹开始，跻身道统者皆得单谥。嘉定八年（1215），张栻谥"宣"；九年（1216），吕祖谦谥"成"③；嘉定十三年（1220），周敦颐（"元"）、程颢（"纯"）、程颐（"正"）、张载（"明"）并特赐谥④，相继得到单谥。其中张载之赐谥，据《道命录》记载，是在魏了翁的催促下于嘉定十六年（1223）下诏，由于议谥过程中有所争议，因而当时没有定议。不过争论仅限于在"明""诚""中"三字中选取哪个，其为单谥而非复谥已毋庸置疑。⑤

经过此次赐谥浪潮之后，北宋以周、程、张为正统，南宋以朱、张、吕（东南三先生）为正统的理学道统被官方确认。一度与周、二程、张四人并称"北宋五子"的邵雍，此时没有得到赐谥。如果只认为这是因

---

① 叶绍翁：《四朝闻见录》甲集"朱赵谥法"，页44。
② 《宋史全文》卷三十，嘉定元年（1208）十月，下册，黑龙江人民出版社，2005，页2075。
③ 按：杜海军《吕祖谦年谱》根据《泮宫礼乐疏》卷二、《浙江通志》卷一百七十六记载考证吕祖谦在嘉熙二年（1238）改谥"忠亮"（中华书局，2007，页298）。今检《宋史全文》嘉熙二年（1238）五月乙酉条，赐吕祖谦谥忠亮"谥祖谦曰忠亮"（卷三十三，下册，页2228）。可见终南宋一朝，吕祖谦没有改谥过。
④ 脱脱等：《宋史》卷四百二十七《道学一·张载》系在嘉定十三年（1220）（第三十六册，页12725，中华书局，1977），但与《道命录》记载抵牾。
⑤ 李心传：《道命录》卷九，《丛书集成初编》册3343，页113~114。

为邵雍在北宋已经赐谥"康节"①，就会忽视单谥与复谥所代表的道统象征。事实是，继淳祐元年（1241）周、二程、张、朱五人从祀孔庙后，景定二年（1261），吕祖谦、张栻亦跻身从祀。而邵雍在整个理宗朝无缘从祀，迟至度宗咸淳三年（1267）才与司马光一起从祀。②

由此可见，"去忠存文"完成了两次"判教"：一是对宋学传统进行了清理，将儒家"道统"归于朱子学；二是对道学内部各派进行了清理，朱子学成为二程之学的正统继承者，从而为朱子学的官学化扫清了道路。

朱子学内部对朱熹传道者地位的确认，是由朱熹最重要的弟子黄榦正式完成的。黄榦从宁宗开禧三年（1207）开始动笔撰写《朱子行状》，与同门师友反复商榷修订，数易其稿，至嘉定十年（1217）方告完成，嘉定十四年（1221）以此《行状》告于朱熹家庙。③《朱子行状》云：

> 窃闻道之正统，待人而后传。自周以来，任传道之责，得统之正者，不过数人。而能使斯道章章较著者，一二人而止耳。由孔子而后，周、程、张子继其绝，至先生而始著。盖千有余年之间，孔孟之徒所以推明是道者，既以煨烬残阙、离析穿凿，而微言几绝矣。周、程、张子崛起于斯文湮塞之余，人心蠹坏之后，扶持植立，厥功伟然。未及百年，踳驳尤甚。先生出，而自周以来圣贤相传之道一旦豁然，如大明中天，昭晰呈露，则撮其言行又可略与？辄采同志之议，敬述世系爵里出处言论，与夫学问道德行业人之所共知者，而又私窃以道统之著者终之，以俟知德者考焉。④

黄榦代表朱熹的亲传门人群体，宣称朱熹在道统中的地位是"道统之著者"。与八年前刘弥正的《覆谥议状》相比，黄榦淡化了从二程到朱熹的师统传授，而强调了程颐之后"未及百年，踳驳尤甚"，即二程

---

① 关长龙：《两宋道学命运的历史考察》，学林出版社，2001，页434。
② 脱脱等：《宋史》卷四十六《度宗本纪》，第三册，页897。
③ 邓庆平：《黄榦的朱学道统论》，陈来、朱杰人主编《人文与价值——朱子学国际学术研讨会暨朱子诞辰880周年纪念会论文集》，页405。
④ 黄榦：《勉斋先生黄文肃公文集》卷三十四《朱子行状》，页705。

门人不能传道。《朱子行状》论及师从李侗一节时是这样说的:"延平李先生学于豫章罗先生,罗先生学于龟山杨先生。延平于韦斋为同门友。先生归自同安,不远数百里徒步往从之。"① 纵观全篇《朱子行状》乃至全部《勉斋集》,黄榦根本就没有提到过"道南",遑论"道南正脉"和道统的关系。不但黄榦如此,陈淳、魏了翁、真德秀也从未肯定过"吾道南矣"或"道南正脉"这一师徒授受系统足以传道。

黄榦《朱子行状》重申了朱熹保持学统与师统平衡的主张,指出朱熹本人是通过两个途径传道,即"学统"和"师统"。从"学统"的角度说,经典文本是传道的基本依据,因此明道必须从解经入手:

> 谓圣贤道统之传,散在方册,圣经之旨不明,则道统之传始晦。于是竭其精力,以研穷圣贤之经训。于《大学》《中庸》则补其阙遗,别其次第,纲领条目,粲然复明。于《论语》《孟子》则深原当时答问之意,使读而味之者如亲见圣贤而面命之。于《易》与《诗》则求其本义,攻其末失,深得古人遗意于数千载之上。凡数经者,见之传注,其关于天命之微、人心之奥、入德之门、造道之域者,既已极深研几,探赜索隐,发其旨趣而无遗矣。②

"散在方册"的道统,即道统的学统形态。朱熹通过文本建设强化和丰富了道统的学统形态,其最主要的成就全在于《四书章句集注》。黄榦强调,学统所传之道与师统所传之道完全等值:"于《论语》《孟子》则深原当时答问之意,使读而味之者如亲见圣贤而面命之。"即通过朱熹《四书章句集注》所理解的孔孟之道,与孔孟门人亲传面命所得毫无二致。

至于朱熹所开创的师徒授受系统能否传道,黄榦的表态则谨慎得多。因为他就是其中的一员,不可能自我宣称为传道者。但是,《朱子行状》论述朱熹的教学授徒和社会影响时也颇费了一些笔墨:

---

① 黄榦:《勉斋先生黄文肃公文集》卷三十四《朱子行状》,页423。
② 黄榦:《勉斋先生黄文肃公文集》卷三十四《朱子行状》,页425。

从游之士，迭诵所习，以质其疑。意有未谕，则委曲告之而未尝倦；问有未切，则反覆戒之而未尝隐。务学笃，则喜见于言；进道难，则忧形于色。讲论经典，商略古今，率至夜半。虽疾病支离，至诸生问辨，则脱然沉疴之去体；一日不讲学，则惕然常以为忧。抠衣而来，远自川蜀，文词之传，流及海外。至于边徼亦知慕其道，窃问其起居。穷乡晚出，家蓄其书，私淑诸人者不可胜数。先生既殁，学者传其书、信其道者益众，亦足以见理义之感于人者深也。①

黄榦将朱熹与弟子交流的主要方式概括为讲学问难，其所有教学活动都是围绕弟子提问、朱熹解答为中心的，这与本书第一章第四节所讨论的朱熹师道观完全一致。黄榦还指出，除了有幸得到朱熹面授的学者之外，"文词之传，流及海外"，"家蓄其书，私淑诸人者不可胜数"，至朱熹去世后，"学者传其书、信其道者益众"。可见更庞大的人群是通过研读朱熹著作而了解朱子学的。因此，朱子学人士事实上由亲传弟子和"私淑"两部分构成。黄榦没有说弟子"传其道"，显然对此仍有保留。这种保留显然是很有必要的，庞大的门人群体在朱子学官学化进程启动后也暴露出了一些问题。

二 "道南正脉"成为道统谱系

朱熹去世后师统崇拜在朱子学内部勃兴的明显信号，就是"道南正脉"被确认为道统谱系。所谓"道南正脉"是指程颢在杨时南还时称："吾道南矣。"于是杨时、罗从彦、李侗、朱熹这一师徒授受系统被称为"道南正脉"。程颢此语出自杨时门人所编《龟山语录》，被朱熹采入《二程外书》卷十二和《伊洛渊源录》。② 然而，朱熹只在一处提到"道南一脉"等同于程学的传道正统，即撰于孝宗隆兴元年（1163）的《祭延平李先生文》："道丧千载，两程勃兴。有的其绪，龟山是承。龟山之

---

① 黄榦：《勉斋先生黄文肃公文集》卷三十四《朱子行状》，页703。
② 参顾宏义《"吾道南矣"说的文献学考察》，见陈来、朱杰人主编《人文与价值——朱子学国际学术研讨会暨朱子诞辰880周年纪念会论文集》，页366~381。

南，道则与俱。有觉其徒，望门以趋。"① 这是朱熹唯一一次承认"道南一脉"具有传道者的地位。此后的乾道九年（1173），朱熹先后编辑了《二程外书》、草成了《伊洛渊源录》，"吾道南矣"一事均收入二书，并注明了出自《龟山语录》。不过，在《伊洛渊源录》中杨时位于卷十，虽然独立占据了一卷（附录其子杨迪），但排在刘绚、李吁、吕大钧、吕大忠、吕大临、谢良佐、游酢之后，亦未获得突出的位置。而《伊洛渊源录》卷八以下至卷十四各卷都是记载二程门人事迹的，其编排思路根本就没有体现二程正统所在，而只是二程门人的史料汇编，看不出"道南一脉"的正统地位，反映了朱熹在这个问题上高度谨慎的态度。

再看朱熹对李侗的态度。在高宗绍兴二十八年（1158）拜入李侗门下之前，朱熹还泛滥出入于儒释道之间，学无旨归，师从延平后，才正式被引入二程之学。因此，李侗对于朱熹思想发展具有转折性的历史意义，朱熹对此自然终身感激，在绍熙五年（1194）《沧洲精舍告先圣文》中他说："熹以凡陋，少蒙义方，中靡常师，晚逢有道。"② 所谓"有道"，就是李侗。这次释菜之礼中，李侗与北宋五子、司马光一起从祀，而道南一脉中李侗以上二人杨时、罗从彦则并未从祀，都是朱熹尊崇业师的表示，而不是确认"道南一脉"为程学正统。在《大学或问》中，朱熹先是不点名地批评完吕大临等六人曲解二程思想，接着又表彰了业师李侗，认为李侗所主张的功夫次序："虽其规模之大，条理之密，若不逮于程子，然其功夫之渐次，意味之深切，则有非他说所能及者。"③ 似乎李侗之见解胜于二程的亲传弟子。随后在为李侗撰写的行状中，朱熹根本不提"有的其绪"之说，将李侗的逝世仅仅定位为"道南一脉"的终结："不幸天丧斯文而先生殁矣，龟山之所闻于程夫子而授之罗公者，至是而不得其传矣。"④ 这里的措辞是非常巧妙的，"龟山之所闻于程夫子"显然并非表示龟山乃二程的正统传人，相反倒暗示了龟山所传二程之学是片面的。因而，正如陈来先生指出的那样，朱熹在道学系统内的发展方向与李侗不同，这种不同亦是小程与大程的不同。在李侗死后，

---

① 朱熹：《晦庵集》卷八十七，《朱子全书》第二十四册，页 4064~4065。
② 朱熹：《晦庵集》卷八十六，《朱子全书》第二十四册，页 4050。
③ 朱熹：《晦庵集》卷八十六，《朱子全书》第二十四册，页 532。
④ 朱熹：《晦庵集》卷九十七，《朱子全书》第二十五册，页 4520。

朱熹完全转向小程的立场，使得宋代乃至整个宋明理学的面貌与特质发生了极大的改观。① 由此可以理解，何以朱熹多次提出李侗之学没有得到传承："而学者亦莫之识，是以进不获施之于时，退未及传之于后。"② 且道南一脉的传承终结于李侗："龟山之所闻于程夫子而授之罗公者，至是而不得其传矣。"③ 声称包括自己在内的弟子都不能继承李侗，这并非全出于自谦，而反映了他对李侗思想的某种异议。

尽管朱熹乃至黄榦、陈淳、魏了翁、真德秀从未宣扬"道南正脉"，在朱子学官学化进程启动后，吹嘘"道南正脉"的说法便开始流行。根据顾宏义的研究，早在嘉定六年（1213）末，权知南剑州刘允济就在《祭罗仲素先生文》中称："大道之南，鼎峙镡津。前后相望，龟山延平。嗣源衍流，实维先生。"④ 淳祐六年（1246），福建路提刑杨栋请求朝廷向罗从彦、李侗赐予谥号。他的理由有二。首先，二程去世后，杨时为传道者，"二先生没，门人传其道者曰龟山杨文靖公，文靖传之罗先生从彦，罗先生传之李先生侗"，而朱熹师事李侗，构成了一条传道师统："由周程而来，其所传授本末源流，不可诬也。"其次，自宁宗以来，朝廷大力褒扬朱熹乃至朱熹弟子，"然朱文公之学实师乎先生，独未闻有以推尊其师者，岂以其师著书不多，不若诸人之论述详而发明广欤？不然何隆礼于其弟子，而反遗其师也？夫天下之至善曰师，师道立则善人多，善人多则朝廷正而天下治"。⑤ 既然李侗的弟子朱熹都受到了封赠、赐谥，出于尊师重道，也应该褒扬罗从彦、李侗。

朝廷批准杨栋之奏，下令有关部门启动议谥程序。朝散郎尚书考功

---

① 陈来：《朱子哲学研究》，华东师范大学出版社，2000，页71。朱熹与李侗的思想差异在《延平答问》中已经表现得非常明显，相关分析见《朱子哲学研究》第二章"朱子与李延平"。
② 朱熹：《晦庵集》卷九十七《延平先生李公行状》，《朱子全书》第二十五册，页4520。又卷八十七《祭延平李先生文》："进未获施，退未及传。殉身以殁，孰云非天！"（《朱子全书》第二十四册，页4065）
③ 朱熹：《晦庵集》卷九十七《延平先生李公行状》，《朱子全书》第二十五册，页4520。
④ 罗从彦：《豫章文集》卷十七，《文渊阁四库全书》册1135，页777。参见顾宏义《"吾道南矣"说的文献学考察》，陈来、朱杰人主编《人文与价值——朱子学国际学术研讨会暨朱子诞辰880周年纪念会论文集》页379~381。
⑤ 杨栋：《请谥罗李二先生状》，《豫章文集》卷十五，《文渊阁四库全书》册1135，页766。

员外郎兼礼部郎官周坦在《覆谥议状》中说："罗公从彦不求闻达于世，胸次抱负不少概见，独得其大者，所谓道德问学之渊源，上承伊洛之正派，下开中兴以后诸儒之授受，昭然不可泯也。公受学龟山之门，其潜思力行，任重诣极，同门皆推敬之。义理之学正郁于时，一线之传赖是得以仅存。"① 明确肯定了罗从彦是"伊洛之正派"，即二程正统之传，并指出罗从彦师从杨时、李侗师从罗从彦时，程学正受到朝廷的压制，"义理之学正郁于时"，程学的传承已经是"一线之传"。周坦此说独尊道南一脉，显示出强烈的排他性以及对道统的独占，贬抑了南宋高宗朝程学南传的其他各支。最终，朝廷赐予李侗谥号"文靖"、罗从彦赐谥"文质"。

从"道南一脉"成为传道统绪的个案可以看出，朱熹去世后，全社会兴起了对"师徒授受""亲传"的吹捧和褒扬，而这只是其中一个缩影而已。何况，大多数士大夫无缘亲炙朱熹或朱熹亲传弟子，更缺乏著书立说的学养，但为了与"亲传统绪"发生关系，成为朱熹的再传或三传门人也成了一种莫大的荣耀。刘宰说："朱氏书年来盛行，今立要津者多自谓尝登先生之门、承先生之教，而趋乡舛差尚多有之，使人叹息。"② 叶绍翁批评嘉定年间标榜朱学的官僚为"当路卖药绵"，意即"诵师说而失其本真"。③ 嘉定十七年（1224），程颐的玄孙程源得授迪功郎，就是因为他迎合了在朝高官的需求，"著为《道学正统图》，自考亭之后剿入当路姓名"。④ 到了理宗朝后期，一般士大夫标榜自己朱子学人士身份的必要条件就是与朱熹以来的亲传统绪发生联系。周密在《癸辛杂识》中讽刺了黄榦门人饶鲁及饶鲁弟子的浅薄虚弱之态。如饶鲁门人罗椅，原以文学著称，后立志从事朱子学："时方向程朱之学，于是尽弃旧习而学焉。然性理之学必须有所授，然后名家，于是尊饶双峰为师。"⑤ 罗椅尊饶鲁为师，实以进入自朱熹以来的"亲传统绪"为第一目的，求学求知反落第二义。周密还认为饶鲁与黄榦的师承关系非常可疑，

---

① 罗从彦：《豫章文集》卷十五，《文渊阁四库全书》册1135，页767。
② 刘宰：《漫塘集》卷六《回汤德远（镇）》，《文渊阁四库全书》册1170，页363。
③ 叶绍翁：《四朝闻见录》丁集"庆元党"，页150。
④ 叶绍翁：《四朝闻见录》乙集"洛学"，页48。
⑤ 周密：《癸辛杂识》，中华书局，1988，页115。

而饶鲁大肆宣传："自诡为黄勉斋门人，于晦庵为嫡孙行。"饶鲁门人又有韩秋岩者，自称为韩琦后人，又是朱熹三传，乃扬言："先忠献王勋德在国史，先师文公精神在'四书'，诸贤不必对老夫说功名、说学问。"①韩氏只是朱熹三传弟子，已敢于将自己的学问造诣等同于朱熹的学问造诣，可见师承崇拜在宋元之际达到了相当荒唐的程度。

即使在严肃的朱子学学者那里，朱熹门人弟子对于理解、传播朱子学的重要性也被不适当地夸大了。朱熹亲传弟子度正说，门人起到了接续道统的作用："正闻天下之所甚尊而重者莫如师，而其所可信者莫如门人弟子。师焉者，道之所在；而门人弟子者，所以承斯道而传之者也。"接着度正举出很多例子，证明弟子门人足以传道，首先是孔子之传颜、曾，其次则是孟子师子思，第三个例子则是孟子之徒：

> 孟子受业子思，从者数百人，其高弟弟子乐克、公孙丑之徒，尤其所深许者也。乐正子用于鲁，孟子喜而不寐，而乐正子亦汲汲然惟其师之称。乐正子非私于其师也，其意若曰：使吾之师而行其道于天下，所谓数百人者庶几皆有行焉耳。②

孟子门人记录、编辑《孟子》的功绩自然不容抹杀，但二程、朱熹从未因此肯定孟子门人能够传孟子之学。度正此说似乎意图论证自己身为朱熹弟子的优越性。不过，度正也道出了一个事实：尽管书籍也是思想的载体，但与书籍相比，亲传弟子是更加鲜活、更加生动的中介。真德秀是杰出的朱子学人士，但他无缘亲炙朱熹，故对亲传面授怀有某种敬畏之心。真氏曾比较过《论语集注》和《论语详说》这两部朱熹的著作，结论是：

> 今《集注》之书家传人诵，若《详说》则有问其名而弗知者。……故此书之视《集注》，章句详略往往弗同，而于先儒之说去取亦或小异。昔若何而详，今若何而略；昔奚为而取，今奚为而去，斟酌

---

① 周密：《癸辛杂识》，页116。
② 度正：《性善堂稿》卷七《上费尚书书》，《文渊阁四库全书》册1170，页202。

权量之微，范镕点化之妙，盖不待从游于考亭云谷之间，而言论风指，若亲承而面命矣。是非求道之至要耶？①

真德秀称，《论语详说》充分展开了朱熹思想成熟、定型过程中的诸多细节，读者重复这一过程，就如同参与了一个由朱熹亲传面授的"课程"，因此《论语详说》更加利于传播、教学，是理解《论语集注》不可或缺的辅助读本。真德秀下意识地把"从游于考亭云谷之间，亲承而面命"，视为学习、领悟朱子学的最优选择，强调了亲炙朱熹才是最直接、最有效的途径。问题在于，朱熹去世以后，"从游于考亭云谷之间"成为一个无法再现的时空事件，向那些在世的曾经接受过朱熹面授的亲传弟子学习，成为一种"次优选择"，实际上也是唯一的选择。而随着朱熹亲传弟子的相继谢世，对下一代朱子学的学习者来说，亲炙朱熹亲传弟子的机会也永远地失去了，那么，亲炙这些弟子的弟子（即朱熹的再传）又成为唯一的次优选择。

三 "心传道统"和不立文字的极端化

随着朱子学内部师统崇拜的泛滥，朱熹生前曾深入批判过的"口耳之学"的弊端也相继出现。以"道南正脉"的个案为例，罗从彦、李侗著述很少，缺乏丰富的思想资料。故杨栋在为罗从彦、李侗请谥的议状中认为，著述并非传道的必要条件："此言为道义而发，书之多寡初不足计。且圣贤著述，皆非得已。"杨栋举的例子是这样的：

> 孔子曰："予欲无言。"孟子曰："予岂好辩哉，予不得已也。"颜子不著书，实为亚圣。然而《论语》必以《尧曰》终篇，《孟子》末章历叙尧舜至孔子，而韩愈《原道》之作，所谓"以是传之"，必谨择而明辨者，所以示万世之公传，率天下以正道，实至重至大之事，不可忽也。

---

① 真德秀：《西山文集》卷二十九《论语详说后序》，《文渊阁四库全书》册1174，页450。

孔子表示"予欲无言",孟子则自称与人辩论出于不得已,颜回绝无著述,而孔、孟、颜都成为传道圣贤。可见语言文字并非传道所必需,实乃不得已之举。这样一来,罗从彦、李侗著述寡少并不妨碍其成为道南正脉承上启下的关键环节。杨栋又说:

> 观朱文公所称罗氏曰:"潜思力行,任重诣极,如公一人而已。"其称李氏曰:"讲诵之余,危坐终日,以验夫喜怒哀乐未发之前气象为如何,而求所谓中者。若是者,盖久之而知天下之大本在乎是也。"然则朱文公之所得于李先生,李先生所得于罗先生者,厥或在此,而有出于文字词义之表者可知矣。①

杨栋把罗从彦、李侗、朱熹相传之学总结为躬行践履,而讲学读书明理则被轻描淡写为"讲诵之余",似乎"讲诵"的重要性远远不如兀然危坐以求"未发之前气象",而师徒授受之际又"有出于文字词义之表者",更贬低了语言文字传道的地位,有意无意地渲染一种"心心相印"的传授模式,实已突破了朱熹"吾道之寄不越乎言语文字之间"和"因其语而得其心"的道统理论。

无独有偶,元人刘将孙也有类似的观点。他发现李侗的著作已经很少,罗从彦更少,"得豫章家集所传者,寥寥仅见,又非延平比"。刘将孙据此得出结论:"愚于是益信二先生之所以上接伊洛而下开考亭者。或曰:其简也若是,道乌乎传?余作而言曰:兹道之所以传也。"刘氏的理由与杨栋大同小异:

> 子曰:"予欲无言。"又曰:"文,莫吾犹人也;躬行君子,则吾未之有得。"言语之道盛,而自得之学隐矣。二先生之自得者,有不能得于言也;其所以传朱氏者,亦不在于言也;朱氏之得于二先生者,亦有不能言者也。而朱氏之所为言之长者,其所授者无二朱氏也。朱氏之言,不得已而言者也。而世之求道者往往必求之言也,

---

① 杨栋:《请谥罗李二先生状》,《豫章文集》卷十五,《文渊阁四库全书》册1135,页766。

则吾为斯道慨然于此久矣。①

刘将孙认为语言文字已经成为传道的障碍，像罗从彦、李侗这样的传道者，"有不能得于言也"，其所传授于朱熹的也是"亦不在于言"。朱熹本人著述汗牛充栋，但在刘将孙看来，"朱氏之言，不得已而言者也"。不但如此，他批评天下学者拘泥于语言文字学习朱熹（"而世之求道者往往必求之言也"）。总之，要在文集、语录、经解之外追求"言外之意"。显然，刘将孙此说也违背了朱熹的道统观。

第二节　朱熹语录编辑引发的纷争

顾名思义，语录是门人弟子对朱熹讲学、谈话的记载，这些记载中只有极少部分内容曾由朱熹本人审阅过，如辅广的语录就曾经朱熹亲笔校改，绝大多数内容是朱熹去世之后，各位弟子根据当年的记录，乃至后来的追忆而撰写的。因此，语录的编辑不但多侧面、多层次地展示了朱熹庞大的思想体系，更是朱熹门人群体的一个集中展示。现存《朱子语类》前有"语录姓氏"，就开列了参与编辑的朱熹弟子名录。尽管语录的编辑完成是后朱熹时代朱子学派内部的盛举，可编辑过程出现了这样一些矛盾。首先，记载的权威性如何确认：同样一事，如果多人记载雷同，是否去取，依何去取；针对同一问题，存在多人互相冲突的记载，依谁为准？其次，谁有资格提供语录原始材料，换言之，哪些弟子有资格加入"语录姓氏"？最后，也是最重要的问题，语录编辑工作由谁主持？朱熹去世之后，朱熹的语录同时流行的有五种之多，主持者自然也各有其人，不同语录存在直接或者间接的竞争关系。

一　语录"传道"的正当性

根据贾德讷（Daniel K. Gardner）的研究，语录在宋代儒学史上的出现，象征了两个趋势。第一，为了挣脱汉唐经学的束缚，宋代新儒家贬

---

① 刘将孙：《豫章先生遗稿跋》，《豫章文集》卷十六，《文渊阁四库全书》册1135，页775。此文撰于元成宗元贞二年（1296）。

低了文字记载（包括著作）在传道中的地位，而对口头辩论的信心日益提高，新儒家们的高度重视导致了语录的大行其道。① 第二，语录的口语化扩大了接受者的范围，儒学对文化水平更低的人群渐渐开放。② 但是，上文已经指出，在理学的发展过程中，关于语录是否代表了道学家的思想，早在程颐弟子所记语录开始流行时就存在争议，而朱熹认为："观此，则伊川之意亦非全不令学者看语录，但在人自著眼看耳。如《论语》之书，亦是七十子之门人纂录成书，今未有以为非孔子自作而弃不读者。"③《论语》实际上也是语录性质的书，但无人怀呈之其在儒学史上的崇高地位，问题要害并不在于"自作"还是"他作"，而在于读者如何正确地利用语录。

黄榦对语录的态度基本上继承了朱熹，认为语录中记载的师生问答的过程，再现了当年教学的场景，是朱熹思想更加生动、细腻的展现：

> 先生之著书多矣，教人求道入德之方备矣。师生函丈间，往复诘难，其辨愈详，其义愈精，读之竦然如侍燕间、承謦欬也。后之学者，诚能斋心而玩之，历千载而如会一堂，合众闻而悉归一己。是书之传，岂小补哉？④

通过阅读语录所记载的问答，读者可以身临其境地接受朱熹的亲传，仿佛能听到朱熹的声音，感受到他的语气和神情举止，这种强大的"现场感"效果相当于今天所说的电视教学。语录的存在，让当年考亭师生问答教学的时空事件，在文献中永远地定格下来，而不致随着历史的长河流逝不存。

但是，朱熹去世以后，朱子门人所记语录层出不穷，现在可知书名

---

① 〔美〕贾德讷：《宋代的思维模式与言说方式——关于"语录"体的几点思考》，〔美〕田浩（Hoyt Cleveland Tillman）编《宋代思想史论》，社会科学文献出版社，2003，页410。
② 〔美〕贾德讷：《宋代的思维模式与言说方式——关于"语录"体的几点思考》，〔美〕田浩（Hoyt Cleveland Tillman）编《宋代思想史论》，社会科学文献出版社，2003，页418。
③ 朱熹：《晦庵集》卷三十七《答韩无咎》，《朱子全书》第二十一册，页1624。
④ 黄榦：《勉斋先生黄文肃公文集》卷二十《书晦庵先生语录》，页513。

和作者的单行门人语录就达 35 种。① 这些单行语录："记录之语，未必尽得其本旨，而更相传写，又多失其本真，甚或辄自删改，杂乱讹舛，几不可读。"因此，需要对这些单行语录加以整理、校雠。嘉定八年（1215），李道传任江东路提举，动手将所收集到的语录，委托朱熹弟子潘时举、叶贺孙加以整理，削其重复，正其讹误，编为《朱子语录》四十三卷，简称《池录》。《池录》共收录了廖德明、辅广、余大雅、陈文蔚、李闳祖、李方子、叶贺孙（叶味道）、潘时举、董铢、窦从周、金去伪、李季札、万人杰、杨道夫、徐寓、林夔、石洪庆、徐容、甘节、黄义刚、叟渊、袭盖卿、廖谦、孙自修、潘履孙、汤泳、林夔孙、陈埴、钱木之、曾祖道、沈僩、郭友仁、李儒用等 33 人所记录的师说。《池录》的编辑工作是在黄榦全程指导下进行的，而主其事者是两浙朱子学的传人叶味道和潘时举。其具体做法是："互相雠校，重复者削之，讹缪者正之，有别录者，有不必录者，随其所得为卷帙次第，凡几家。继此有得者，又将以附于后，特以备散失，广其传耳。"② 经过此次编校，朱门诸弟子对朱熹思想的转述，得到了一次清理和整合。

然而，《池录》也存在重大的先天不足。当年黄榦、叶味道、潘时举是在李道传所搜集的语录的基础上进行编辑的，而李道传的本子不少是抄录的；由于客观条件限制，当时黄榦等人在编辑过程中并无其他版本校雠，因此留下了不少遗憾。最严重的讹误发生在辅广记录的部分，后来编辑《朱子语类》的黄士毅说："以先生改本校之，则去其所改而反存其所勾者，合三十余条。"以致黄榦曾一度起意以各单行语录的"元本"再行校对："故近闻之直卿，欲求元本刊改，而未能也。"③ 由于"元事"难以搜集，所以不了了之。

意识到《池录》存在缺陷，黄榦在《池录后序》中称："记录之语，未必尽得师傅之本旨"，嘉熙二年（1238）李性传的《饶州刊朱子语续录后序》更说："（黄榦）其后书与伯兄，乃殊不满意，且谓不可以随时

---

① 此据束景南《朱熹年谱长编·附录·朱熹著述考略》，华东师范大学出版社，2001，页 1453~1458。
② 黄榦：《勉斋先生黄文肃公文集》卷二十《书晦庵先生语录》，第页 513。
③ 黄士毅：《朱子语类后序》（嘉定十二年，1219），《朱子语类》第一册，页 8。

应答之语易平生著述之书。"① 有些现代学者据此认为黄榦对《池录》的出版很不满意。② 其实"记录之语"云云，是特别针对《池录》成书以前各种单行语录的。从上文的分析看，黄榦从未把著述和语录对立起来，相反，他对《池录》寄予了极大的希望，认为语录是朱熹学术思想体系中不可或缺的重要组成部分，因此要求《池录》在搜集语录时尽量从宽，以保存学术资料为主，而不要急于删削。

二　《池录》呈现的朱门弟子谱系

既然语录是弟子记录的朱熹言论，那么记录者的师门资历、学识涵养、名誉声望无疑对记录内容的权威性、可靠性具有十分重要的影响。当单行语录流传的时候，记录者（或刊刻者）的目标比较单纯，即通过公开讲学记录，传播朱子学，以此证明自己作为朱熹门人的身份。等到嘉定八年（1215），李道传刊刻《池录》时，新的问题出现了。

首先，《池录》刊行后，出现了以姓名为《池录》所收录而进行标榜的现象。《池录》把业已行世的各种单行语录汇纂一编，其中有的语录或与他人记录重复太多，或内容过于荒唐离谱，遂被删削不录，最后入选的语录经过黄榦审定，其内容较之此前的单行语录更可靠而具有权威性。因此，入选《池录》本身成了一种可以炫耀的资本。嘉定十四年（1221）十月，权夔州路提点刑狱度正应诏搜访遗逸之士，推荐了朱熹门人涪州人晁渊，其理由是："熹之门人众矣，惟渊从之为最久，闻其言为最详，记其说为最备，故其得之为最精。今建阳书坊所刊朱熹《经说》，渊之所录《易说》实居其首。故江东提举李道传所集朱熹语录，渊之所录亦附载其中。"③ 从现存的资料看，晁渊确实留下了不少朱熹言论的记录，共有《语录类编》、《四书类编》、《易问答语要》（即度正所谓刊入建阳书坊朱熹的《经说》中论《易》的部分）、《文公进学善言》等四种。但这是否就等同于"惟渊从之为最久，闻其言为最详，记其说

---

① 黎靖德编《朱子语类》第一册，页3。今本《勉斋集》元李性传传所引此信。
② 参见邓艾民《朱熹与朱子语类》，《朱子语类》第一册，页8~9；姚瀛艇《黄士毅与朱子语类》，《河南师大学报》（社会科学版）1982年第4期。
③ 度正：《性善堂稿》卷五《权夔宪举晁亚夫遗逸奏状》，《文渊阁四库全书》册1170，页186。

为最备，故其得之为最精"呢？度正的这段话暗示了这样一种逻辑："得道"的深浅，是与《池录》中所占的篇幅成正比的。然而在黄榦、陈淳朱子学精英还在世的嘉定十四年（1221），这种想法无疑是肤浅可笑的。

其次，《池录》的编排顺序也未尽人意。因为，黄士毅编辑《朱子语类》以内容门类为纲，门类之间又以重要性为序；《池录》却是以人为纲的。因此，《池录》中《语录姓氏》的排名顺序十分重要。叶味道、潘时举初稿的方案，是单纯以年月为序，结果无论是资历和学养都属平平的金去伪在初稿中排在了第二位。为此黄榦提出了异议：

> 如今去伪者，番易人，初识之，年方十七八，乃己亥（1179）在南康相会，自后绝不知踪迹，不知此录从何得之，遽列之第二，未知安否？更熟思之。记录之人真是学者，如子晦丈、汉卿丈之类绝少，再相记录所闻及大段背驰者甚多，但以年月为次第，似亦未安。或分为两样，第以岁月，亦似未稳。可更商量。①

黄榦认为，虽然金去伪所记为淳熙二年（1175）之语，但他在师门时间很短，更不是廖德明、辅广那样黄榦所认可的"学者"，置于第二颇为突兀。显然，以时间顺序排比各家语录，固然能够使读者清晰地把握到朱熹思想前后的变化过程，但若拘泥于时序而罔顾记录者本人的学养或者在师门中的重要性，更不可取。于是，哪一些弟子的记录更重要，哪些则不甚重要，去取抑扬之际，必然带有黄榦鲜明的个人色彩。以金去伪为例，虽然黄榦本人只在淳熙六年（1179）见过一面，但金氏并不是"自后绝不知踪迹"，而是在淳熙二年（1175）、淳熙六年至七年（1179~1180）间、庆元二年（1196）、庆元三年（1197），四次师从朱熹，② 黄榦只是根据自己不准确的记忆而贬低了金去伪。

叶味道、潘时举接受了黄榦的意见，在《池录》定稿中，金去伪的顺序排在第十一。根据黄榦意见而调整的弟子姓氏顺序，请参见表2-1：

---

① 黄榦：《勉斋先生黄文肃公文集》卷十四《与李贯之兵部书·一》，第450页。
② 方彦寿：《朱熹书院与门人考》，华东师范大学出版社，2000，页137。

表 2-1　《池录》弟子姓氏顺序[①]

顺序	姓氏	记录时间	《池录》卷数
1	廖德明	乾道九年（1173）以后所闻	一
2	辅广	绍熙五年（1194）以后所闻	二
3	余大雅	淳熙五年（1178）以后所闻	三
4	陈文蔚	淳熙十五年（1188）以后所闻	四
5	李闳祖	淳熙十五年（1188）以后所闻	五
6	李方子	淳熙十五年（1188）以后所闻	六
7	叶贺孙（叶味道）	绍熙二年（1191）以后所闻	七、八、九、十、十一
8	潘时举	绍熙四年（1193）以后所闻	十二
9	董铢	庆元二年（1196）以后所闻	十三
10	窦从周	淳熙十三年（1186）以后所闻	十四
11	金去伪	淳熙二年（1175）所闻	十五
12	李季札	淳熙三年（1176）、庆元元年（1195）所闻	十六
13	万人杰	淳熙七年（1180）所闻	十七
14	杨道夫	淳熙十六年（1189）以后所闻	十八、十九
15	徐寓	绍熙元年（1190）以后所闻	二十、二十一
16	林恪	绍熙四年（1193）所闻	二十二
17	石洪庆	绍熙四年（1193）所闻	二十三
18	徐容	绍熙二年（1191）所闻	二十四
19	甘节	绍熙四年（1193）以后所闻	二十五
20	黄义刚	绍熙四年（1193）以后所闻	二十六、二十七
21	晏渊	绍熙四年（1193）所闻	二十八
22	袭盖卿	绍熙五年（1194）所闻	二十九
23	廖谦	绍熙五年（1194）所闻	三十
24	孙自修	绍熙五年（1194）所闻	三十一
25	潘履孙	绍熙五年（1194）所闻	三十二
26	汤泳	庆元元年（1195）所闻	三十三
27	林夔孙	庆元三年（1197）以后所闻	三十四

① 黎靖德编《朱子语类·朱子语录姓氏》，页 13~15。

续表

顺序	姓氏	记录时间	《池录》卷数
28	陈埴	庆元三年（1197）	三十五①
29	钱木之	庆元三年（1197）所闻	三十六
30	曾祖道	庆元三年（1197）所闻	三十七
31	沈僴	庆元四年（1198）以后所闻	三十八、三十九、四十、四十一
32	郭友仁	庆元四年（1198）所闻	四十二
33	李儒用	庆元五年（1199）所闻	四十三

在调整之后的顺序中，出现在第一的是廖德明，因廖氏所记为孝宗乾道九年（1173）之语，最为早出，遂位第一；第二位则变成了记录光宗绍熙五年（1194）之语的辅广，这不但因为辅广本人是一个"学者"，而且他所记部分曾经朱熹亲笔改定，可靠性也最高，故居第二。第三位的余大雅所记内容的时间退回到了淳熙五年（1178）以后所闻，从第三位余大雅开始到第九位董铢（庆元二年，1196），一线而下，大体以时间为序。但到了第十位窦从周，时间却跳回到了淳熙十三年（1186）。

接着，第十一位的金去伪又超越窦从周，记录时间跳到了淳熙二年（1175）。但是从金去伪开始，直到庆元五年（1199）的李儒用，时间顺序基本恢复了正常。唯一的例外是第十八位徐㝢（绍熙二年，1191），他前面的石洪庆、林夔都是绍熙四年（1193）。现有的史料无法解释为什么会出现窦从周、徐㝢这两个例外。如果先不考虑这两个人，我们大致能在《池录》的编排顺序中辨认出两个时间循环，即从廖德明到叶贺孙（也许包括了窦从周）为第一循环，自金去伪以下23人则是第二循环。结合上引黄榦给李道传信中所提出"时间为主，记者为辅"的编排原则，有理由相信，廖德明、辅广、余大雅、陈文蔚、李闳祖、李方子、叶贺孙、潘时举、董铢（也可能还包括了窦从周），是黄榦心目中的"学者"，金去伪以下二十三人的重要性就要下降一等了。

但是，到了理宗嘉熙二年（1238）李性传于饶州刊刻《朱子语续

---

① 此卷为朱熹《答陈器之书》，因黄士毅编《朱子语类》删去，不知是哪一封信。根据方彦寿考证，陈埴曾在淳熙五年（1178）、绍熙元年（1190）、庆元三年（1197）三次问学于朱熹，此处姑定为庆元三年。参见黄士毅《朱子语类后序》，《朱子语类》第一册，页8；方彦寿《朱熹书院与门人考》，页78~79。

录》（简称《饶录》）时，《池录》中门人姓氏的两轮排序法被摒弃了，而采取了一线到底的时间顺序，即从淳熙二年（1175）的何镐开始，到庆元五年（1199）的无名氏（第三十九卷）为止。《饶录》的第四十、四十一、四十二这三卷是时间不详的无名氏所记语录的杂录，四十三、四十四、四十五这最后三卷下有编者小注（可能是黎靖德所加，也可能是李性传）云："已上三家，非柢本，览者详之。"① 其中，卷四十四、四十五是"记见"，所记为见闻杂事，故在这部以语录为主体的书中具有附录性质，因此殿后。如果说《饶录》在编排原则上受到了《池录》的影响的话，那就是黄榦被置于卷首。若严格按照时序，黄榦第一次见到朱熹也已经是淳熙三年（1176）了，其所记语录的时间绝不会早于此年，但是他仍然排在淳熙二年（1175）的何镐之前，证明黄榦在朱熹弟子群体中的领袖地位是无可撼动的。当然，由于李性传不是朱熹的亲传弟子，因此在他编辑《饶录》时，就不再像像黄榦那样敢于对众多弟子区分流品了。

《池录》的出版暴露了朱门诸弟子对师说记载的差异，而主持者黄榦出于学术方法的考虑，力主保留这些分歧和差异。结果，陈文蔚看到《池录》后，就对其中与他有关的语录十分不满，他在致张洽信中写道："间有曾是当时同侍教之人，录文蔚所问答者，或牵引数事作一事说，或以数日话头各是一事者作一日说，首尾乖剌，殊觉可怪。文蔚拟欲再拾其遗，别作一录，庶见本来答问之目。目今未就，俟脱稿当访便请益。"② 陈文蔚抱怨其他弟子记录了他的话，但是错误很多。他的抱怨暗示了两个问题，一是其他记录者良莠不齐，二是主持语录编辑的黄、叶、潘等人不够谨慎。嘉定十三年（1220）二月，陈文蔚致信徐侨："语录刊行者，文蔚偶有所见，并昌甫所报凡二条，与别录所疑，悉见与叶味道书中，得暇能相与折衷为佳。"③ 可见陈文蔚还曾致信叶味道表达自己对《池录》的异议。不但如此，为了肃清《池录》带来的不良影响，陈文蔚后来又编辑了《师说拾遗》。陈文蔚的个案说明，在客观上《池录》

---

① 黎靖德编《朱子语类·朱子语录姓氏》第一册，页18。
② 陈文蔚：《克斋集》卷五《答清江张元德书》，《文渊阁四库全书》册1171，页39。
③ 陈文蔚：《克斋集》卷五《与徐崇甫校书（庚辰二月）》，《文渊阁四库全书》册1171，页38。

就如同一个展览一样，把那些散处于各个单行语录中的分歧集中加以展示，从而标示了朱子学在后朱熹时代的努力方向；然而，《池录》所勾勒的朱门谱系，使得本来在仕途名利的引诱下已经四分五裂的朱门更加动荡不安了。

三　《池录》与后朱熹时代朱子学方法论

朱熹著作极其宏富，但是像《四书章句集注》这样经他本人反复琢磨修订的"万世不刊之书"终为少数。即便是陈淳这样专注于朱子学体系化、规范化的人，对语录亦持欢迎的态度："子上语录，不止说本朝典故，兼有问理义大节目处，未必经文公亲改。向见朱寺正，以遗亡为忧，面嘱求之，未知廖本所传者是此否？能示及亦佳。"① 因为朱熹本人实在留下了太多的空白，其中经学方面的空白，需要从语录中找到答案，故陈淳也到处搜集朱熹弟子所记的各种语录。

可是，早在《池录》的整理过程中，语录与著作的矛盾就凸显出来。叶味道整理语录时，把不符合朱熹《四书章句集注》观点的条目删去，黄榦得知后，立刻写信制止："且如语录中所载与四书不同者便径削去，则朱先生所集程先生语录，胡为两说不同而亦皆采取耶？天下义理正未可如此看也。虽朱先生不敢以自安，而学者乃欲率然如此，何耶？朱先生一部《论语》直解到死，自今观之，亦觉有未安处。"黄榦认为，语录与《四书章句集注》冲突处，并不一定是《四书章句集注》对，盖朱熹的很多学术观点在其一生中都始终有所变化发展，对"四书"解注工作的完善则到死未休，因此语录中的"异端"观点具有留存参考的价值。黄榦还举朱熹解《论语》"不亦君子乎"一句为例："此一段，乃近见一朋友语录中所载，又岂可以其与'四书'不合而削之乎？义理无穷，正可忧，正可惧，不可执一说而遂以为安也。似此数处，皆是近日见诸君子读《论语》而得之，今既刊削如此，亦无可奈何，但乞存留底本见示，并求新改本更一观耳。"② 朱熹生前对此句的解释经过多次修改，而此次搜集到某本语录中关于这句话的解释与《四书章句集注》最

---

① 陈淳：《北溪大全集》卷二十七《答陈伯澡五》，《文渊阁四库全书》册1168，页715。
② 黄榦：《勉斋先生黄文肃公文集》卷七《复叶味道书·一》，页374。

后定本不同，但是非常合理，且有佐证，并非弟子的误记，故不应删去。

在给《池录》的出版资助者李道传的信中，黄榦对语录的编辑方针重申了"宁繁勿简"的原则："语录事，承见谕曲折。初亦深恐削之太甚耳，若只如此，亦无害，又得味道兄整过，可以无憾矣。大抵鄙意以为，此等文字宁过于详，则刊之为易，若先求其精，则一削之后不可复求，此为可虑耳。"① 黄榦认为，语录中保存了与《四书章句集注》歧异的观点，不但不会颠覆朱子学，反而会大大地丰富朱子学，从而为朱子学的传人留下了进一步探索的空间，而叶味道纯以《四书章句集注》为依据删定语录，从学术方法上来讲是不够妥当的。

嘉定十二年（1219）黄士毅在论及编辑《朱子语类》的必要性时，对著作与语录的关系作了更加明晰的区分："至于群经，则又足以起《或问》之所未及，校《本义》之所未定，补《书说》之所未成。"②"《或问》之未及"当指《四书或问》中没有解决的问题，《周易本义》是未定稿，《书说》则只完成了一小部分，这些空白都需要语录来填补。嘉熙二年（1238），李性传编刻《饶录》时，从时间的角度说明了语录的功用，他指出朱熹的很多重要著作有的成稿较早（如《通鉴纲目》《西铭解义》《周易本义》《周易启蒙》等），有的成书虽久而修订时间很长（如《四书章句集注》），有的至死未能完稿（如《礼书》），语录的作用在部分领域大有用武之地："故愚谓语录与'四书'异者，当以书为正，而论难往复，书所未及者，当为助；与《诗》《易》诸书异者，在成书之前亦当以书为正，而在成书之后者，当以语为是。"③ 李性传虽非朱门嫡传，却提出了一个很有见地的标准，这个标准既照顾了《四书章句集注》的核心地位，体现了"因其语而得其心"的原则（关于这一问题将在下一节详细展开），同时也最大限度地发挥了语录的补充作用。

第三节 朱门内部围绕继承师说产生的分歧

朱熹在要求学生深造自得，鼓励他们质疑问难的同时，他与二程一

---

① 黄榦：《勉斋先生黄文肃公文集》卷十四《与李贯之兵部书·一》，页450。
② 黄士毅：《朱子语类后序》，黎靖德编《朱子语类》第一册，页7。
③ 李性传：《饶州刊朱子语续录后序》，黎靖德编《朱子语类》第一册，页3~4。

样都认为一旦入门就应该尊重师说、恪守师说。朱熹又非常反对学生标新立异以惊世骇俗,特别是要求学生在自主学习中熟读熟记《四书章句集注》《四书或问》中的各家先儒之说,对各种解释的优点长处了如指掌:"今学者看文字,不必自立说,只记得前贤与诸家说便得。而今看自家如何说,终是不如前贤。须尽记得诸家说,方有个衬簟处,这义理根脚方牢,这心也有杀泊处。心路只在这上走,久久自然晓得透熟。"① 和程颐一样,朱熹一再强调初学者在自学没有取得明显进步前,只应恪遵老师教诲:"但且谨守自家规矩,一面讲学穷理,遇圣贤有说此事处,便更着力加意理会,积累功夫,渐渍日久,一旦忽然有开明处,便自然不为所惑矣。今未能然,且当谨守圣贤训戒以为根脚,如程子所谓不敢自信而信其师者,始有寄足之地。不然,则飘摇没溺,终不能有以自立矣。"② 朱熹在与一丁姓学者通信中,发现此人自视甚高,不肯虚心学习,遂表示今后不会回答他的提问:"夫道在生人日用之间,而著于圣贤方册之内,固非先知先觉者所独得,而后来者无所与也;又非先知先觉者所能专,而使后来者不得闻也。患在学者不能虚心循序,反复沉潜,而妄意躐等,自谓有见。讲论之际,则又不过欲人之知己,而不求其益;欲人之同己,而不求其正。一有不合,则遂发愤肆骂而无所不至,此所以求之愈迫而愈不近也。足下诚以是而深思之,则熹之前日所以告足下者已悉矣。"③ 道本来就不是朱熹私有之物,而具见于经籍之中。朱熹所能教导的是入德之门、为学之序,但假若不信服朱熹的教导,那么纵有无数疑问,也不是好学深思的表现,而是一种自我褒扬的标榜,故朱熹拒绝其拜入门下。在书院讲学时,许敬之插话与朱熹辩论,语多诘难,朱熹批评道:"且须静听说话,寻其语脉是如何。一向强辩,全不听所说,胸中殊无主宰,少间只成个狂妄人去。"④即使是陆九渊门人转投自己门下,朱熹也反对其在真有见解之前背弃师门:"若以为然,当用其言,专心致志,庶几可以有得,不当复引他说以分其志。若有所疑,亦

---

① 黎靖德编《朱子语类》卷一百二十一,第八册,页2920。
② 朱熹:《晦庵集》卷四十九《答滕德粹》("所问祷祠之惑"),《朱子全书》第二十二册,页2273。
③ 朱熹:《晦庵集》卷五十八《答丁宾臣》("十二月十一日"),《朱子全书》第二十三册,页2801。
④ 黎靖德编《朱子语类》卷一百二十,第七册,页2911。

当且就此处商量,不当遽舍所受而远求也。东问西听,以致惶惑,徒资口耳,空长枝叶而无益于学问之实。"① 朱熹认为,陆九渊门人可以对陆九渊之学提出疑问,但这种疑问的前提是服膺陆学,而不是颠覆挑战陆学。

因此,朱熹在世时,尊重师说,特别是在字面上研读思索文本,是其最重要的学习方法之一。但是一旦朱熹去世,弟子们在失去了朱熹这个最终权威之后,开始出现违背师说的倾向。面对这一危机,朱门内部对如何继承朱熹思想学说展开了激烈的辩论,并通过辩论在方法论意义上达到了某种共识。

一 朱子学内部思想分歧

《语录》的汇纂成功,表面上显示了后朱熹时代朱子学生机勃勃的繁荣图景,但在朱熹门人群体中的少数"精英"看来,朱子学的繁荣下面掩盖着歪曲、背叛、虚伪。早在嘉泰四年(1204)(即距离朱熹去世仅仅四年),陈文蔚就担忧:"况今老师云亡,学者星散,无群居讲切之益,或解体自肆,或狂率自是,深惧此道无传。"②"解体自肆"指行为不检,"狂率自是"则是指任意纂改师说或者违背师训。进入嘉定年间,朱熹著作的传播达到了空前的程度,而朱熹学说受到的歪曲也越来越严重。黄榦说:

> 自先师梦奠以来,举世伥伥,既莫知其所归。向来从游之士,识见之偏,义利之交战,而又自以无闻为耻,言论纷然,诖惑斯世;又有后生好怪之徒,敢于立言,无复忌惮,盖不待七十子尽殁而大义已乖矣。③

黄榦所谓的"七十子"就是朱熹的各位弟子,黄榦曾说:"……晦

---

① 朱熹:《晦庵集》卷六十四《答李好古》,《朱子全书》第二十三册,页3127。
② 陈文蔚:《克斋集》卷四《与李敬子教授书(甲子冬)》,《文渊阁四库全书》册1171,页31。
③ 黄榦:《勉斋先生黄文肃公文集》卷十五《与陈子华书》,页460。按:《全宋文》卷六五四八编者认为此段元本误接在此,正确位置应在同卷《复王幼学书》中(《全宋文》第288册,页205),录以备考。

庵先生为之大振厥绪。今此书、此语满天下，然无所据依之病，岂惟自知为然？盖有同堂合席，终日问酬，退而茫然者多矣！"① 由于自身学养不足，诸弟子对师说理解已经有差，设若品行不端，意图哗众取宠，"自以无闻为耻，言论纷然，诳惑斯世"，必将败坏朱子学的名誉，扭曲朱子学的本义，对朱子学的健康发展造成恶劣的影响。于是，"仲尼没而微言绝，七十子丧而大义乖"的魔咒困扰着他的晚年。

由于黄榦是当时在世的朱熹弟子中地位最高、学问最深者，因此一些朱熹弟子都把自己的著作或单篇文字寄给黄榦请求指教。朱熹弟子黄士毅曾撰《舜禹传心》《周程言性》两图并释义，后刻石立碑，黄榦看到后立刻写信制止："愚恐释义之不精而反以误后学，故为是说以寄子洪，庶几存其语而勿出，仆其碑而勿广，深思而熟讲之，不至于七十子未丧而大义遂乖也。"② 黄榦再次提到了"七十子未丧而大义遂乖"这一命题，换言之，对朱熹的亲传弟子来说，首要任务是理解、继承朱子学，而不是盲目地进行所谓"创新""发展"。

还有一次，朱熹弟子胡泳将程某（可能也是朱熹弟子）的一篇文章寄给黄榦，其中有《座右铭》一首，黄榦阅后认为《座右铭》中关于持守之方的表述有缺点。盖朱熹平生讲持守之方只突出一个"敬"字，其他表述都是从这一主脑派生出来的，而程某的文章"更要去上面生支节，只恐支离，无缘脱洒。所谓座右铭四句者，不知先师文集有耶？抑故友程君之语也？是必非夫子之言，若程君思索所到，则恐画蛇寻足，愈支离而愈鹘突矣，安得起之九原之下一扣所疑耶？"③ 今人无从窥见程某在"敬"字上生出了哪些无谓的枝节，但可以看到，黄榦是以"先师文集"为依据来评判的。

李方子曾就《近思录》的门类安排中"持敬"与"致知"的先后顺序问题请教黄榦，黄榦回信指出，此二者不妨互相为先后，"凡此皆非大义所系"，重要的问题是为什么当时通行的《近思录》中会出现"门目"的安排：

---

① 黄榦：《勉斋先生黄文肃公文集》卷十五《复林自知》，页467。
② 黄榦：《勉斋先生黄文肃公文集》卷二十六《舜禹传心、周程言性二图辨寄黄子洪》，页589。
③ 黄榦：《勉斋先生黄文肃公文集》卷六《复胡伯量书·二》，页372。

> 但觉《近思》旧本，二先生所共编次之日，未尝立为门目，其初固有此意，而未尝立此字。后来见金华朋友方撰出此门目，想是闻二先生之说，或是料想而为之。今乃著为门目，若二先生之所自立者，则气象不佳，亦非旧书所有，不若削去，而别为数语载此门目。①

"二先生"自然指吕祖谦、朱熹。黄榦称，当年吕、朱二人手定的《近思录》旧本是没有"门目"安排的，后来金华的吕祖谦弟子刊刻《近思录》时才加入。黄榦认为，即便是李方子等人"闻二先生之说"而设置了"门目"，也应该削去，与旧本《近思录》保持一致；如果只是他们"料想而为之"，自然更应该削去。从这个例子看，在黄榦心目中，大师本人著作的权威性大于本人的口头讲说，而门人弟子的推衍自然等而下之。

与黄榦相比，陈淳对师说的维护更加严格，更加"狭隘"，他对朱熹思想的概括与传播，达到了非常体系化（在理论上）和规范化（在操作上）的程度。②因此陈淳对"敢于立言"的批评更加直接，他在一封信中大篇幅地分析了这种现象，概括为："自先师去后，学者又多专门。""专门"的表现是，无视朱熹已有的成说，自出机杼，别立一家。譬如《尚书》，朱熹生前未及通释全经，导致门人弟子"专门"层出："盖《书》之为经，最为切于人事日用之常，惜先师只解得三篇，不及全解，竟为千古之恨。自先师去后，学者又多专门，蔡仲默、林子武皆有《书解》闻，皆各自为一家。"如果说后朱熹时代朱门内部出现《尚书》学的"专门"还情有可原的话，像《中庸》《易》这样朱熹已经有了权威著作的领域，也出现了"专门"，则令人瞠目：

> 昨过建阳，亦见子武《中庸解》，以《书》相参为说，中间分章，有改易文公旧处。过温陵，又见知契传得蔡伯静《易解》，大

---

① 黄榦：《勉斋先生黄文肃公文集》卷六《复李公晦书·三》（"所拟近思数条"），第377页。
② 何俊：《南宋儒学建构》，上海人民出版社，2013，第351页。

概训诂依《本义》而逐字分析，又太细碎，及大义则与《本义》不同，多涉玄妙，终不能脱庄列之习，岂真知《易》之所以为《易》？良可叹矣！①

林夔孙（字子武）《中庸解》对朱熹的解说有所改动，蔡渊（字伯静）的《易解》在理论上与朱熹的《周易本义》存在抵牾，本质上是不尊重师说，尤其是不尊重师说中最核心、最成熟的部分（如《四书章句集注》），成了陈淳所谓"学者又多专门"的典型。

"专门"还有一种十分隐蔽的表现，即不是在具体学术观点上违背朱熹，而是利用朱熹著作的丰富性和层次性，提出违背师说的治学方法（"用功次第"）。朱熹弟子廖德明主张，理解《孟子》《论语》，当"先看《集义》诸家之说，各有落着，方将《集注》玩味，谓文公亦是从诸说中淘来做集注"，所谓《集义》当即今本朱熹《论孟精义》。② 李方子对此说极为赞同，且大力宣扬，而遭到了陈淳的批评：

> 文公本先觉大才，又早于儒宗传心正统得之有素，故可从诸家说中淘来做《集注》，兹可以常法论。今幸已有《集注》为学者准程，何可放缓作闲物，且复循旧辙，责常情以先觉之事。世恐必有明睿之才，可以如文公之法，但愚未之见。只据愚以鲁钝之质言之，决不敢若是之泛。先须专从事《集注》为一定标准，果于是复熟屡饫，胸中已有定见，然后方可将《集义》诸家说来相参较，仍以《或问》之书订之，方识破诸家是非得失，瞭无遁情，而益见得《集注》明洁亲切，辞约而理富，义精而味长，信为万世不刊之书。③

简言之，《论孟精义》《论孟集义》和《四书或问》都是朱熹探索《论语》《孟子》的中间产品，更是编著《四书章句集注》的素材；而

---

① 陈淳：《北溪大全集》卷二十五《答郭子从一》，《文渊阁四库全书》册1168，页697。
② 《论孟精义》共三十四卷，包括《孟子精义》十四卷、《论语精义》三十卷，初名"要义"，后改"精义"，再改名"集义"，皆为一书。参见束景南《朱熹著述考略》，《朱熹年谱长编》，第1446页。
③ 陈淳：《北溪大全集》卷二十八《与陈伯澡论李公晦往复书》，《文渊阁四库全书》册1168，页723。

《四书章句集注》是朱熹探索《论语》《孟子》的最终结果，是"万世不刊之书"，为后学指明了正道。廖德明、李方子的主张先看《集义》，后看《四书章句集注》，会让后学舍弃朱熹指明的正道，冒着迷路的风险（陈淳不相信后学还有与朱熹相当的天资和学力）重复朱熹当年的探索过程，对朱子学的发展是极为有害的，也贬低了《四书章句集注》在朱子学体系中至高无上的核心地位。

即使在学术素养最高的朱熹门人如黄榦、陈淳之间，对于师说的理解也存在分歧，这种分歧表现为各人的记忆不同。

陈淳曾在给李方子的信中说，朱子学的用功次第，应该是先读《近思录》，再读"四书"，然而才是《六经》："向闻先生亦曰：四子，《六经》之阶梯；《近思》，四子之阶梯。"因为先读《近思录》，有助于强化道统意识，"今令学者先读之，使知道统之复续实有赖于四先生，而起敬慕之心"。① 黄榦从李方子处得知陈淳这一说法后，表示异议："真丈所刊《近思》《小学》，皆已得之。《后语》亦得拜读。先《近思》而后四子，却不见朱先生有此语。陈安卿所谓'《近思》，四子之阶梯'，亦不知何所据而云。"黄榦首先表示他从来没有听说过朱熹曾有这样的表述，但是如果这是陈淳自己的创见倒也并无大错："安卿之论亦善，但非先师之意，若善学者亦无所不可也。"② 黄榦把朱熹的著作、言谈作为唯一标准，衡量评判朱熹弟子的所有著述、言论，他对陈淳的异议尤其突出了"字面"上的符合，而将"意义"置于第二位。今人也许会批评这种策略的狭隘和僵化，然在当时又实属无奈。而且，若与朱熹的道统观两相比较，可知黄榦完全是遵循了朱熹的教导。

本书第一章的讨论已经指出，朱熹已经察觉了二程轻视"文字"、轻视文本的倾向，故他在《中庸章句·序》中提出了"因其语而得其心"，把文本建设（学统）贯穿于学术生涯的始终，把读书穷理作为主要的教学手段，他也相信文字高于语言。因此，按照朱熹的观点，朱熹的门人弟子必然要从字面上遵循朱熹的教导（literal inerrancy），而且以在字面层次上尽可能地搜集、整理朱熹的一切著述、言论为第一要务。

---

① 陈淳：《北溪大全集》卷二十三《答李公晦三》，《文渊阁四库全书》册1168，页684、685。
② 黄榦：《勉斋先生黄文肃公文集》卷六《复李公晦书·二》，第376页。

正是秉承这一理念，黄榦对《池录》的编纂表现了极大的热情。但是，在遵循字面意义的前提下，朱熹的作品的各个组成部分又在权威性上有所差异。在上一节中，黄榦、李性传就如何合理运用《语录》发表的意见，就体现了这些差异，即：著述的权威性一般高于《语录》和文集中的书信，而著作之中，核心作品与"未定之论"又有权威性的差别。而且，为了纠正朱熹弟子中"敢于立言"泛滥的情况，朱子学精英们必须始终强调书面语言的权威性。当然，这种回归并不是向过去时代的倒退，因为在书面语言没有涉及的地方，《语录》仍然是重要的补充。

二 后朱熹时代朱子学四项基本原则的确立

然而，严格遵循字面意义的"因其语而得其心"原则也好，汇纂《语录》填补空白也好，都不能解决所有问题，真正的疑难问题往往不能从字面上获得答案，这是因为：

1. 朱熹自己的作品（包括著作、语录）内部存在字面上冲突的论述；
2. 在朱熹作品中找不到直接的字面答案；
3. 朱熹与二程也存在着字面上的差异；
4. 朱熹与张栻、吕祖谦的分歧；
5. 朱子学与陆九渊学派、浙学诸派之间都存在着论争，而这些学派在嘉定年间的士子中间仍有相当大的影响力。

这五个矛盾中，朱熹去世前解决得比较圆满充分的是第五点，基本上朱熹弟子只需沿着朱熹指出的理论路线就可以批驳之（如陈淳的"严陵四讲"）。让朱熹弟子们最感棘手的是第一点，因为这伤害了朱子学体系的自洽性，可能从根本上动摇对朱子学体系的信仰。其次是第二点，上文提到，黄榦、陈淳对弟子"敢于立言""学者又多专门"十分警惕，但老师没有提供现成答案的问题，只有独立探索，而独立就意味着走向异端、"自立专门"的风险。第三点的危险性则在于，它会动摇道统的连续性，从而威胁朱熹在道学史上的合法性。第四点则相对容易处理，因为在朱熹弟子心目中，朱熹在"东南三先生"中的地位要高于其他二先生，如果朱熹与张、吕之说抵牾，一般应以朱熹为正。除了以上五者之外，朱熹弟子之间理解的差异，造成了密集的学术争论。如果不通过公认的、具有说服力的学术方法解决，朱子学在后朱熹时代的发展就会陷入混乱，朱子学派将逐渐涣散，再传而亡。朱熹门人中的杰出代表黄榦、陈淳，以及真德秀这样的朱子学人士显然意识到了这一危险，并努力构建了一套完备的方法论，以准确、完整地继承朱熹思想，从而维系朱子学的内在凝聚力。

本节拟从分析一个个案，即真德秀《西山读书记》卷三"心"入手，分析朱子学派在后朱熹时代形成了怎样的一套方法。《西山读书记》卷三"心"这一篇文字不同于陈淳《字义》，不是对"心"这一理学概念的解释，而是针对"人心""道心"之别这一命题，全景式地回顾了从程颐到朱熹，到朱熹弟子内部、朱陆学派之间存在的分歧，涉及了程颐、朱熹、黄榦、李道传、李方子、真德秀、陆九渊弟子等不同世代、不同立场的观点，因此文本层次结构十分复杂。为了更加细致地分析这些层次，下文对真德秀原文进行逐段的解读，其中真德秀原文用楷体标识①，并加按语说明。

心
《书·大禹谟》："帝曰：人心惟危，道心惟微，惟精惟一，允执厥中。"此舜命禹之词。

按：引用《尚书》原文是为了点出命题，下文的论争围绕"人心""道心"之别展开。

〇朱子曰：……（略）

接着，真德秀引用了十三段朱熹的作品，第一段见《中庸章句序》，第二段见《朱子语类》，第三（部分）、第四见《朱子抄释》，第五段未查到出处，第六段见《朱子语类》，第七段见《晦庵文集·答蔡季通（"人之有生"）》，第八至十三段俱见《朱子语类》，此处不再一一抄出。

〇勉斋黄氏答李贯之问曰：喜怒哀乐属乎气，故曰人心，感物

---

① 引文见《文渊阁四库全书》册705，页79~84。

而动，易陷于恶，故曰危；仁义礼智属乎理，故曰道心，以理而动，无迹可见，故曰微。人心之中，子细辨别，孰为道心，择之至精，知之事也。人心之中，识得道心，此心之发，纯一不杂，守之事也。道即中也，存之于内故曰道心，形之于外故曰中。道在内者，一而不杂，则在外者，信其能执而不变矣。此是画定图说。

又曰：所论"发不中节为人心"者，非也。虽圣贤不能无人心，但人心之发悉合于理则为道心。"精者，不以人心杂乎道心"，亦未安。精乃知之事，谓子细辨别，识其所谓道心也。惟一，则守其道心，欲其纯一也。图内又以执中为道心，中乃道心之发于事无过不及之谓也。大抵此章之义所失有三：其一，不合以人心便为不善；其二，不分别精、一为知与守；其三，不应以执中为道心而不知其为心之形于事。

按：论争起因是李道传向黄榦求教"人心""道心"之别，以上是黄榦对李道传第一次来信的回答，今本《勉斋先生黄文肃公文集》失收。真德秀没有引用李氏第一次来信中的问题，但从黄榦的回答中大致可知，李道传的三个观点被黄榦否定了。黄榦从正面提出，"惟精惟一"只是功夫，而不是最终状态，人心是一切功夫的起点、一切功夫的惟一对象，"惟精惟一"之所以能得以持续展开，完全依赖于人心的"虚灵知觉"，通过持续的"精一"功夫，人心方能渐渐趋于道心。因此，切不可在人心之外，别求道心。李道传说"精者，不以人心杂乎道心"，就是不理解"精"的功夫是基于人心的"虚灵知觉"展开的。

贯之又书：蒙教三失，因再以《章句序》考之，……《序》文明白如此，而读之不详，妄有云云。今得所示图说，蒙蔽释然，为幸多矣。

按：李道传第二信表示赞同黄榦的意见，因为黄榦的意见可以与朱熹的《中庸章句序》相印证。但是他又提出了新的问题：

然尚有欲求教者。性本无恶，反之而后为恶，凡所谓不善者，皆或过或不及，失其本然之故。以此言之，人之所得以生者，惟有一理，更无他物。今也，一心之中既有所谓道心，以理而动者；又有所谓人心，感物而动者，不知此所谓人心者，自何时何处已与道心相对而出耶？窃谓极本穷源，只是一理，至于禀命受生之后，则理之属乎气者为人心，理之不杂乎气者为道心，如此推之，是否？

按：李道传的第二问表明他显然还没有理解黄榦的本义，仍然把"道心""人心"作为两个心来看待，遂有"不知此所谓人心者，自何时何处已与道心相对而出耶"之问。而且，李道传还不能理解，人心不仅有"感物而动"的功能，也有"以理而动"的功能，而执着地批判人心完全是物欲、私欲。

黄氏又答曰：有此身便有此知觉，便识得声色臭味、喜怒哀乐，此人心也。于声色臭味、喜怒哀乐，识其所当然，此道心也。只是一个知觉，本来完具，非二物旋合凑而来也。但一则属乎气而动，一则根乎性而发，故有人心道心之分耳。"理之属乎气为人心"，未安，谓之人心，则不主理而言也。

按：黄榦再次强调了，人心的虚灵知觉，既能感物而动（"识得声色臭味、喜怒哀乐"），也能通过"精一功夫"逐渐体认天理（"于声色臭味、喜怒哀乐，识其所当然"）。当人心能够以天理进行价值判断、认识真理，就是"主于理"的状态，便可称为道心。黄榦这里提到"识得声色臭味、喜怒哀乐，此人心也"，引起了李方子的质疑。

李公晦复以书问曰：夫所谓人心者，人欲也，程说，私也；朱说所谓道心者，天理也，程说，公也。朱说：耳目口鼻之欲，人欲之私也，若喜怒哀乐，则情也，其所当然之则，乃性也。情则道之用，性则道之体也，岂可指以为人欲之私乎？故《中庸》以未发为中，发而中节为和，无非以道言也，而斥之以为人心，可乎？必为此说，则必无喜无怒、无哀无乐，乃为道心也。

按：李方子得知李道传与黄榦的辩论后，即致信黄榦，对黄榦所说的人心与道心只是心的两种状态的观点表示怀疑。与李道传一样，李方子更相信道心与人心同时存在，无非是一隐一显、一正一邪。为了证明己说，李方子引用程颐之说，即道心与人心的关系，对应着公与私；而在朱熹那里，人心对应着人欲，道心则与天理对应。既然程、朱之间存在着道统授受的关系，因此结合程、朱之说，可以推断出"人心为人欲之私"。朱熹还曾说过："耳目口鼻之欲，人欲之私也。"既然"耳目口鼻之欲"是人心的发用，也可证明人心就是人欲之私。上文黄榦说"喜怒哀乐"出于人心，但是《中庸》说"喜怒哀乐"，"发而皆中节谓之和"，这明明都是合乎天理的，如何可以与"人欲之私"的人心联系起来呢？总之，李方子和李道传都认为存在着两个心，而不同意"人心""道心"是同一个心的两种状态。《中庸》所说的"喜怒哀乐"是心"主于理"的状态下所发，固然出于道心，但不等于说所有的"喜怒哀乐"都是在"主于理"的状态下所发。因此，对李方子提出的"情则道之用，性则道之体也"，黄榦表示反对：

> 黄氏答曰：来谕以喜怒哀乐为非人心，必欲专指饮食男女为人心，此盖认喜怒哀乐过于善，认人心过于恶，是以其说卒不能合也。人心不可全谓之恶，若全谓之恶，则不但危而已。喜怒哀乐不可全谓之善，若全谓之善，则不应又有不中节也。伊川及朱先生人心之说，语意自不同，不可合而为一。伊川直作恶说，朱先生只将作"人所不能无"说，语自不同，今合而一之，非也。要之，人心特发于形气之私，圣愚贤不肖皆不能无，不可便谓之人欲。

按：此段节自《勉斋集》卷八《复李公晦书》。尽管李方子提出明确的书证，证明朱熹曾经说过"人心"即等于"私欲"，黄榦仍然严格地遵循《中庸章句·序》"人心生于形气之私"的说法。黄榦强调，即便程颐和朱熹在字面上都曾经用"私"来定义"人心"，二者仍然是有区别的。程颐把人心对应为"私"，即是判定人心为恶。《中庸章句·序》中朱熹虽然说人心出于"形气之私"，此"私"却不是贬义，而是个体的意思，相当于"理一分殊"中的"分殊"。黄榦指出，朱熹在这一问题上恰恰超越了程颐，二人的分歧是无法弥合的。因此，李方子企图在字面上将程颐的"人心私也"与朱熹的"形气之私"等同起来,消弭程朱的分歧,终将归于徒劳。

○愚(真德秀)按:《朱子语录》有曰:"程子云:'人心人欲,故危殆;道心天理,故精微。惟精以致之,惟一以守之,如此方能执中。'此言尽之。"而"文集"所载与学者书,亦有取人心私欲之说。黄氏乃以为二先生之说不同者,盖《中庸章句序》《书·大禹谟传》乃亲笔著述,而"语录""文集"特一时问答之辞故也。又黄氏以喜怒哀乐为人心,而公晦乃辨其不然。盖尝思之,喜怒哀乐发于气者也,而其理则根于性,《中庸》所谓未发之中、中节之和,以理言者也;《礼运》之所谓七情,《左氏》之所谓六志,以气言者也。以气言则谓之人心,以理言则谓之道心,黄以气言,李以理言,是以不同。若辨朱、程之说不可合一,则黄氏乃不易之论也。

按:从这一段开始,真德秀用自己的话对李道传、黄榦、李方子的辩论进行总结。

第一,真德秀代替黄榦来解决何以在"人心""道心"问题上存在"两个朱熹"的难题。朱熹在《中庸章句序》中所要表达的本意应当是,人心无所谓善,因为人心所具有的欲望情感,在得不到天理规范的情况下,将流于堕落,故人心有"恶"的倾向;但又不能指人心为全恶,因为人的虚灵知觉具于人心,人依赖虚灵知觉去反省、体认天理,当人心达到"主于理"的状态时,即是道心,因此,人心又是通向至善的必由之路。所以,"惟精惟一"的功夫,只能在人心上展开,而不是另外凭空摸索一个道心来做功夫。

的确,朱熹的"文集""语录"中曾经出现过程颐的"人心即私欲"之说,但是从解释的位阶上来说,朱熹的《中庸章句序》、朱熹对《尚书·大禹谟》的传注,其权威性高于"文集""语录"。在这里,真德秀实际上实践了后朱熹时代朱子学的一个重要方法论。

第二,真德秀指出喜怒哀乐发于形气。在《中庸》里,"喜怒哀乐"不管未发之中、已发之和都是指符合天理的喜怒哀乐。而喜怒哀乐既然发于形气,自然也有不中不和的状态,从这个意义上说,黄榦说人心能够知觉到"喜怒哀乐",是可以成立的。

又勉斋别段谓七情皆人心,既以人心为未是人欲,又以七情为人心,何也?盖欲字单言之,则未发善恶。七情皆未分善恶,如欲善,欲仁,固皆善也;若耳目口鼻之欲,亦只是形气之私,未可以恶言。若以天理人欲对言之,则如阴阳昼夜之相反,善恶于是判然矣。朱子"形气之私"四字,权衡轻重,允适其当,非先儒所及也。或谓:私者,公之反,安得不为恶?此则未然。盖所谓形气之私者,如饥食渴饮之类,皆吾形体体血气所欲,岂得不谓之私?然皆人所不能无者,谓之私则可,谓之恶,则未也。但以私灭公,然后为恶耳。然黄氏以七情为人心,盖谓七者皆人心之发耳,学者不可便以情为心。盖心该动静,情则专指动处,其界限又不可不明也。

按:此段真德秀进一步阐发,"人欲"也好,"人心"也好,不单纯就是贬义,也不等同于道德上的"恶"。"欲"是一种冲动、一种方向,既可能是向善的,也可能向恶。同时,"人心生于形气之私"是朱熹对宋代理学的一大贡献,超越了程颐:"朱子'形气之私'四字,权衡轻重,允适其当,非先儒所及也。"

○江西学者有以朱子所谓形气之私为未安者,曰:"私即是恶,谓之上智不能无,可乎?"愚答之曰:"私者,犹言我之所独耳,今人言私亲、私恩之类是也,其可谓之恶乎?"又问:"六经中会有谓私非恶者否?"愚曰:"'雨我公田,遂及我私','言私其豵,献豜于公',如此类,以恶言之,可乎?"其人乃服。

按:在上文,真德秀解决了朱子学内部的矛盾,最后一段则要回应来自外部(陆学)的挑战。陆学学者问,如果朱熹说"私"不等同于"恶",有悖于常识,有悖于经典传统,其理据何在?真德秀从日常语言和文献经典两个方面说服了对方。

"人心""道心"之辩涉及的朱学人士(包括朱门弟子和朱子学的支持者)的范围远不止黄榦、李方子、李道传。黄榦曾致信胡泳:"人心道心之说，恐如契兄所云者为是，李所谓'人心，气也'，余所谓'性之正'者，皆未精确也。"① 可见胡泳也曾就此问题发表意见，但具体观点不详。另外，黄榦还就同一问题批评过黄士毅：

> 以图观之，则舜禹心传之图以人心、道心合为一，则是天理人欲同体，而可乎？危微之下，合为精一，又合为执中，至于一而中，则非危矣，又安得并立于危微之下乎？其为说，则"心之所发必乘于形气"，抑不思《中庸序》之言曰"或发于形气之私，或原于性命之正"，则不皆乘于形气矣。惟其以为皆乘于形气，所以合人心道心而为一也。"人心惟危"，则言之详矣；"道心惟微"，则无一语以及之，而遽及于精一，何哉？精一之后，继以动，则皆中矣，而又曰"道心统乎人心而一矣"，则一在中之前，抑又中之后乎？②

黄榦对黄士毅的批评，仍然是以朱熹《中庸章句序》为标准。可见，"人心""道心"之辩之所以在朱熹弟子中造成了相当程度的混淆，其原因除了朱熹本人的表述前后变化外③，朱熹与程颐的观点之间也有区别，造成了朱子门人认识上的混乱。究其实质，却是朱门弟子普遍没有谨守《中庸章句序》，以致异见迭出。从"字面上"维护朱熹，只能保守地继承朱子学，一旦面临"人心""道心"这样疑难的问题，文献出字面的冲突时，便不得不采用理性思辨的方法，在朱子学体系内加以解决。对这一套理性思辨的方法，陈淳曾有简洁的概括：

> 凡文公之说，皆所以发明程子之说，或足其所未尽，或补其所未圆，或白其所未莹，或贯其所未一，其实不离乎程说之中，必如是而后谓有功于程子，未可以优劣校之。④

---

① 黄榦：《勉斋先生黄文肃公文集》卷六《复胡伯量书·一》，页371。
② 黄榦：《勉斋先生黄文肃公文集》卷二十六《舜禹传心、周程言性二图辨寄黄子洪》，页589。
③ 朱熹关于"人心""道心"之论述的前后变化，亦见陈来《朱子哲学研究》，华东师范大学出版社，2000，页230。
④ 陈淳：《北溪大全集》卷三十九《（答陈伯澡）问子张问政章注》，《文渊阁四库全书》册1168，页813。

陈淳写这段话的语境是，他的学生发现程颐和朱熹对《论语》"子路问政"章的解释不同，进而发问。陈淳的回答以"凡文公之说，皆所以发明程子之说"开头，点出从事朱子学之前需确立对"道统"的信仰。这四条原则的提出，明确了程颐（包括朱熹）的学说内部存在逻辑不清、含糊其辞、自相矛盾的问题，因此对于程颐、朱熹的作品不可以无条件地顶礼膜拜，无条件地迷信，反映了一种理性思辨的精神。但儒家思想在根本上依然是一种价值学说，陈淳所确立的四原则也是基于一个大的价值前提：从程颐到朱熹的理学道统不容置疑，程颐、朱熹各自的理论体系的自洽性不容置疑。从这一大前提出发，朱熹与程颐的所有分歧，不外乎以下四种情况：一，"足其未尽"，对于程颐未及论述的问题，朱熹所做的工作是填补空白；二，"补其未圆"，对于程颐曾加论述但说理不圆、逻辑错乱的问题，朱熹的工作是进一步阐述完善其论证过程；三，"白其未莹"，对于程颐曾经提出观点，却没有展开论述的问题，朱熹的工作是进一步澄清；四，"贯其未一"，对于程颐存在不同说法的问题，朱熹的工作是选择清理，定其去取。

陈淳所论述的这四项基本原则，尽管是朱熹对程颐思想学术的继承方法，却可以适用于后朱熹时代朱熹弟子和朱子学人士对朱熹思想学术遗产的继承中。

回到真德秀那里，他在回顾"人心""道心"辩论时，在《尚书·大禹谟》经文以下列出了十三段朱熹作品片段，其中以《中庸章句序》为纲，贯穿了其他十二条出自《文集》《语录》的"问答之语"，这种话语策略造成了朱熹思想前后一致的印象。但是，真德秀没有像李方子那样企图在字面上调和程、朱，也没有回避朱熹本人的前后不一，更没有调和黄榦与李方子的分歧，而是将这些分歧充分地展开，明辨是非，最后结以己意。在后朱熹时代，朱子学所富有的理性思辨精神，当然非真德秀独有，真德秀在《心》这一篇中扮演得更多的是一个合格的叙述者，但我们从真德秀的叙述中清晰地看到了黄榦、李方子、李道传、黄士毅、胡泳等朱熹弟子和朱学人士，尽管他们之间学力或有深浅之别，方向许有偏正之分，却都自觉地在这种理性思辨的指引下推进朱子学的发展。

"因其语而得其心"与"四项原则"代表了朱子学价值信仰与理性思辨的两翼，对朱子学的健康发展具有重要意义。

第一，"因其语而得其心"强调对朱熹那些理论上高度成熟的经典著作（如《四书章句集注》），必须从字面到内涵上严格遵守，因为这是朱子学的理论内核，是完美的、自洽的。只有严格遵守这些经典著作，方能坚定学者和入门者对朱子学的信仰。在"因其语而得其心"的前提下，朱子学虽然以朱熹命名，对朱熹的个人崇拜虽然有着广泛的市场，但对于重视文本、回归经典所代表的"学统"力量始终十分活跃，而没有被片面的师统崇拜所彻底淹没，这不得不归功于四项基本原则所内含的理性思辨力量，阻止了朱子学的彻底宗派化甚至宗教化。

第二，但是，朱熹生前只对那些核心的问题倾注了最高的关注和最多的心血，至于那些比较"边缘"的区域，要么留下了空白，要么在字面上存在矛盾。因此，可以从字面上怀疑、反驳朱熹。怀疑、反驳朱熹的目的，是为了让朱子学的理论更加完美。而用以反驳、质疑朱熹的思想资源，最优选择仍然是朱熹自己的作品，在本书第四章所要讨论的辅广《诗童子问》，就是"以朱正朱"。因此，朱熹的第一代弟子的精英分子将毕生精力倾注于修正朱子学的工作当中。

第三，朱熹所留下来的问题，不可能全部从他的作品中找到答案。在这样的情况下，四项原则也无法发挥作用。进而，随着朱熹的第一代弟子相继谢世，没有人能像他们那样对朱熹作品做出令人信服的权威解释。于是在朱熹的第二代、第三代弟子中，朱子学的转型也就呼之欲出了。

小　结

朱门弟子围绕语录编纂的争论，就其本质而言，乃是朱子学内部的学统与师统之争。

第一章的分析已经指出，朱熹始终致力于弥合著作和门人的张力，而且最终确立了高度学统化的、贯穿了文本建设的师道理论。可是朱熹去世后，情况发生了变化。与二程不同，朱熹既留下了篇幅庞大的著作和语录，也留下了一个规模不小的门人弟子群体。如果以朱熹思想为

"道体"的话,那么传道的途径就分成了著作和门人两个渠道,其中著作代表了学统,门人代表了师统。而门人弟子为了强调自身的重要性,也就必然强调师统的重要性,强调"道"只能在师徒授受统绪中得到传承,师统成为道统之传的唯一形式,朱熹弟子度正"师焉者,道之所在;而门人弟子者,所以承斯道而传之者也"的言论,即是明证;同时,师徒授受关系中的每一代传人都成为传道者,朱熹去世后社会上对"道南正脉"的吹捧使得杨时、罗从彦、李侗都获得了传道者的地位,就反映了这一点。在语录编纂之争中,语录的记录者基本上是朱熹的亲传弟子(极少数为来访辩论的浙学、陆学人士),谁记录的语录能够进入《池录》,其在《池录》中的地位如何,便成了在师统中地位高下的标志,故黄榦对语录的编排极为慎重,也许是因为他已经看到了其中所隐含的师承谱系。

师统崇拜的勃兴对于朱子学的伤害是深远而巨大的。它首先排斥了未曾亲炙朱熹的朱子学人士,贬低了这一批人的历史地位,而历史事实是,嘉定更化中,有机会、有意愿、有能力为朱熹和朱子学平反而奔走呼号的恰恰是这些人:李道传、真德秀、魏了翁。其次,师统崇拜把对朱熹思想的理解局限于门人弟子的传授,而忽视了研读朱熹著作文本。正是看到这些弊病,魏了翁在《简州四先生祠堂记》(撰于宁宗嘉定十三年,1220)中写道:

> 逮伊洛诸儒,先奋乎千载之下,倡明此理,则士往往惊怪,以是为一家之学,不知尧舜三代之相传,孔、颜、曾、孟之所事,固未尝外此,诸儒先特表而出之,以嗣往开来耳,非其实始为此,以自标表,且教人以其所无者也。于是士欢然相谓曰:吾今知非伊洛之学,而洙泗之学也;非洙泗之学,而天下万世之学也。①

极端师统崇拜下的朱子学就会沦落为"一家之学",而不是"天下万世之学"。当然,道学是"天下万世之学"这一命题,不是魏了翁孤明先发,早在绍熙元年(1190)刘光祖就提出"道学非程氏私言"②,而

---

① 魏了翁:《鹤山先生大全文集》卷四十二《简州四先生祠堂记》,《四部丛刊初编》册205,商务印书馆,1922年,页10。
② 脱脱等:《宋史》卷三十六《光宗本纪》,第三册,页698。

魏了翁此番重申，可能是有感于自身在朱熹统绪上地位不高，故在满朝吹捧朱子门人之时，感触尤深。果然，魏了翁此文流传之后，引起了很大的反响，参知政事曾从龙、朱子学人士洪咨夔都致书魏了翁，表示热烈的支持。魏了翁在回复曾从龙的信中，将此文的针对性明白道破："《四先生祠记》，不谓亦关听览，至蒙奖借。盖迩来学者之病诚然，不但学者，虽朝廷褒儒录后，大率若此。"①"褒儒"就是赐谥，"录后"就是赐予道学家子孙官职。值得注意的是，魏了翁本人就在嘉定九年（1216）为周敦颐、二程请谥，但是到了嘉定十三年（1220），他开始对这种行为感到厌倦。因为，这种行为尊崇的是具体的传道者，以及传道者的门人和子孙，而道统固然可以通过具体的人来传承，但围绕这些具体的传道者所形成的师徒关系、血缘关系则与道统并无必然联系，因此为了尊崇道而尊崇具体的传道者和他的门人子孙，可谓买椟还珠。何况，在没有传道者的情况下，"道"可以通过经典的流传而得到保存与传播，即通过学统延续道统。魏了翁未能亲炙朱熹，但他通过学习朱熹的著作或向朱熹门人请教而皈依了朱子学，对他来说，朱子学学统的重要性绝不亚于师统。

幸运的是，以黄榦、陈淳为代表的朱门高足，没有受到世俗功利的引诱而夸大自身的重要性，他们坚持以朱熹著作文本为继承朱熹思想的首要权威，语录则等而下之，坚持要从字面上严格地遵守朱熹的教导，反对随意"创新"，违背朱熹的教导。在他们的坚持下，朱子学的师统与学统这两翼勉强保持了平衡。

---

① 魏了翁：《鹤山先生大全文集》卷三十四《答曾参政（从龙）》，《四部丛刊初编》册205，页4~5。

第三章　晚宋两浙朱子学的政治处境

大多数朱熹门人欣逢光宗朝朱子学蓬勃上升的荣景，也经历了庆元党禁的严峻考验，因而当嘉定元年（1208）出现解除学禁、褒扬朱熹的迹象时，尤其是当真德秀、李道传等未曾亲炙朱熹的支持者们为朱子学奔走呼号时，朱熹弟子们感到激动乃至些许惭愧。嘉定四年（1211）十二月，李道传在转对时请求宁宗"崇尚正学"，黄榦在给李燔的信中为此大发感慨："李贯之素疑其弱，忽奋然抗论而去，东南之士愧死矣。儒学之有益于人如此，朝廷又能容之，皆盛事也。"① 所谓"朝廷又能容之"，是指当时朝廷并未因此责罚李道传，这与当年庆元党禁时蔡元定、吕祖俭等人的遭遇相比，不啻天渊之别。而真德秀早在嘉定元年（1208）四月转对时就提出解除学禁，成为朱门弟子心目中的"护法大神"，黄榦讲："得真景元书，嗜学之志甚至。得陈师复书，亦然。此二公者，异日所就又当卓然，其护法大神也。先师没，今赖有此耳，可喜可嘉。陈师复已为贯之立祠，此公真使人不能忘之。"② "真景元"即真德秀，"陈师复"即陈宓，他在知南康军任上，复兴了白鹿洞书院，接纳朱熹弟子讲学，改知南剑州后，又创建了延平书院，并推行了《白鹿洞书院院规》，对东南地区朱子学的传播发挥了重要作用。③ 黄榦不但表扬二人对朱子学的钻研十分刻苦，而且预言二人将成为道学的"护法大神"，显然是寄希望于真、陈能像当年周必大、赵汝愚那样，为朱子学的成长保驾护航。

但是，真正能够与周必大、赵汝愚政治地位匹敌的恰恰是并不欣赏黄榦的史弥远，在掌控宁宗嘉定年间以至理宗前期（1208~1233）漫长的专权岁月中，他对朱子学既注意拉拢，同时也保持警惕，很多朱子学人士不满史弥远专权，史弥远对他们的处罚一般止于赶出朝廷，即便真

---

① 黄榦：《勉斋先生黄文肃公文集》卷三《与李敬子司直书·二十二》，页346。
② 黄榦：《勉斋先生黄文肃公文集》卷三《与李敬子司直书·三十五》，页349。
③ 脱脱等：《宋史》卷四〇八《陈宓传》，第三十五册，页12312。

德秀、魏了翁这样的政敌仍然可以在地方（路、州、县）上出任相当高的职位，从而有条件荐举、庇护黄、李这样有气节的朱学人士，使他们除了投靠史弥远以外，仍然存在着出仕的空间。然而，出仕毕竟是出仕，一旦出仕，就牺牲了研习学问、讲学授徒的时间，从个人修养而言，官场应酬、上司奴视、同僚倾轧，也只会摧残道学家的志气。因此黄榦认为，应该把出仕控制在维持生活的最低程度，只要温饱无虞，就应将主要精力投入"传道"之中。史弥远去世后，大多数朱熹弟子已步入暮年，他们面对的是更加严峻的内外政治形势，以及理宗皇帝所寄予的通过重用程朱理学而扭转乾坤的希望。在这一时期，徐侨、叶味道、杜范成了两浙朱子学介入政治的代表人物。

第一节 背景：尊其说而不用其人

叶绍翁说："嘉泰之间，为公之类者已幡然而起。至嘉定间，偶出于一时之游从，或未尝为公之所知者，其迹相望于朝。"①叶氏这段话经常被论者用以证明朱子学、朱子门人在朝廷已经得势，实际上叶氏所谓"其迹相望于朝"并不泛指出仕，而是特指"朝士"或者"在内差遣"，即在临安担任职务。在史弥远专权期间，朱熹门人群体内部出现了分化：有的拒绝出仕（陈淳），有的虽然出仕但遭到冷遇，还有的则与史弥远专权深度结合。本节主要对后两种情况进行分析。

一 仕途困难重重的朱熹门人

嘉定五年（1212）、六年（1213），史弥远政权提拔了一些朱子学人士，其中不乏朱熹高足。理宗绍定四年（1231），吴潜上书史弥远，言及这段往事：

> 窃见嘉定五、六年间，丞相收用老成，如汪逵、黄度、刘爚、蔡幼学、陈武、杨简、袁燮、柴中行、赵方、储用、陈刚、廖德明、钱文子、杨方、杨楫诸君子，布满中外，一时气象，人以为小庆历、

---

① 叶绍翁：《四朝闻见录》丁集"庆元党"，页 149~150。

元祐，此更化之盛际也。①

吴潜在这里列出的名单中，刘爚、廖德明（字子晦）、杨方（字子直）、杨楫（字通老）四人为朱熹弟子，蔡幼学、陈武、钱文子属永嘉学派，杨简、袁燮为陆九渊心学派，黄度则没有明显的学派属性。柴中行虽然不是党人，却因在庆元党禁中不屑隐瞒自己的道学立场而为人敬重。吴潜在下文指出，这些人有的不久便去世了，更多的则是不得"大用"，无声无息地结束了其政治生涯。在四名朱熹弟子之中，刘爚早在嘉定九年（1216）就去世了，廖德明、杨方、杨楫三人则继续为官。而黄榦对此三人的仕途颇多讥评，他说："多见朋友杨子直、杨通老、廖子晦皆以既老且病，仕不知止，至其身后，无不狼狈，今又岂宜复蹈其覆辙哉？此干所以决于退闲，非敢为是矫饰之言也。"②在另一封信中，他又重复了对三人的批评："每思杨子直、杨通老、廖子晦皆以老不知止，三人后事无不狼狈，此可为深戒也。"③黄榦在这两封信中之所以提到这三人，本意是剖白自己不愿老病难堪久仕的心迹，但难掩其中的揶揄口气。以下分别对廖德明、杨方、杨楫、黄榦、李燔、张洽、李方子七位朱熹门人在史弥远专权期间的仕途处境做一简单的回顾。

先看杨楫。黄榦在给制置使李梦闻的信中，直批杨楫利欲熏心、求进不已，最终贻害地方："龙舒为郡，财最匮乏，杨通老为之，最得善为郡之名，然坏此郡者，通老也。……通老适当军兴之后，人家交易颇多，以是投印契，日收千余缗，乃不为长久之虑，恃其多资，欲以自见，而献其羡余于朝廷。"④"献其羡余于朝廷"自然是要取媚上官，谋求升迁，在朝廷看来，能够多献羡余者恰恰是"能吏""精明强干之吏"。

再看杨方，汀州长汀县人，官至直宝文阁、广西提举，以78岁高龄

---

① 吴潜：《履斋遗稿》卷四《上史相书》，题注："史弥远当国，火后上六事。"《文渊阁四库全书》册1178，页434。
② 黄榦：《勉斋先生黄文肃公文集》卷二十九《与制帅辞依旧知安庆府》，页624。
③ 黄榦：《勉斋先生黄文肃公文集》卷十二《与林宗鲁司业·一》，页431。按：此信写于嘉定十一年（1218）。
④ 黄榦：《勉斋先生黄文肃公文集》卷八《与金陵制使李梦闻书·四》，页394。

巡视当时人人畏惧的烟瘴之地象州，竟得病身亡。①

三是廖德明，本传见《宋史》卷四三七，但对其生平记载略为粗率，因此无从得知黄榦所谓"后事无不狼狈"的具体情况如何，只知他曾于嘉定四年至六年（1211～1213）间知广州。②而陈淳在嘉定三年（1210）如此评价廖德明："向来出先生之门，立脚得住，不为时论所变，而显达于时者，自廖漕之外，更有何人？士子中有何人立朝，行当要津者，还有其人否？如廖漕辈，老学有守，最罕其匹，却置之闲散。"③《宋史》本传没有提到廖德明曾经当过漕官，不过廖德明是乾道五年（1169）进士，距嘉定三年（1210）已经41年，即使推算他是18岁登第，也已年届60，而且被"置之闲散"，黄榦所谓"老不知止"应该是认为廖氏早该引退了。第二个原因可能是廖德明对出仕过于热衷。罗大经《鹤林玉露》中有这样一条纪事："廖德明，字子晦，朱文公高弟也。少时梦谒大乾，梦怀刺候谒庙庑下，谒者索刺，出诸袖，视其题字云'宣教郎廖某'，遂觉。后登第，改秩，以宣教郎宰闽，请迓者及门，思前梦，恐官止此，不欲行。亲朋交相勉，乃质之文公。……"朱熹遂向廖德明开导一番，指出"（命运）吉凶祸福亦随之而变，难以一定言"，勉励他一定要去上任。④在罗大经的《鹤林玉露》中，朱熹和朱子学人士的形象总体上十分正面，此则故事意在说明道学家对命运的应有的态度，最终廖德明听从朱熹的教导赴任，其终官也高于宣教郎。可是从过程看，廖德明梦中见到自己官至"宣教郎"，及至现实中要以宣教郎出任知县时，竟忧心自己官位恐怕真的仅止于此而拒绝赴任，若结合黄榦的"老不知止"论，似可反映廖德明对功名仕途相当在意。

四是黄榦本人。黄榦卒于嘉定十四年（1221），在朱学受到褒扬的嘉定年间，他只有两次机会入朝，又都未能成行。第一次是嘉定六年

---

① 杨方生平，参见方彦寿《朱熹书院与门人考》页52所引开庆《临汀志·进士题名》。但是，方彦寿考证杨方卒于1208年（嘉定元年）则未确。从开庆《临汀志》看，嘉定三年（1210）杨方任广西漕官，而从上文所引的吴潜致史弥远信看，至少嘉定五年（1212）杨方仍健在。可见关于杨方的生平，还有很多疑点需要澄清。
② 李之亮：《宋两广大郡守臣易替考》，巴蜀书社，2001，页32。
③ 陈淳：《北溪大全集》卷二十三《与朱寺正敬之一》，《文渊阁四库全书》册1168，页682。
④ 罗大经：《鹤林玉露》甲编卷三"大乾梦"，中华书局，1983，页56。

(1213)六月,得命监尚书六部门,然而未及赴任,已改授通判安丰军。这次改命的原因是:"部门之除,朝列有惧先生之来,欲沮之者。会江淮制使欲得先生守边郡,乃有是命。"可见,在召用黄榦的问题上,朝中存在相当大的阻力,因此当江淮制置使请求留用黄氏时,朝廷顺水推舟地答应了。同年十月,诏朝臣荐举边境州县守令的人选,谏议大夫郑昭先(也是朱熹弟子)言及此次流产的任命:"朝廷宠以内除,足未登畿,俾倅安丰。边城事简,局于职守,未究设施,材优用狭,公论殊郁。"①陈淳则说:"直卿前日在安庆,有小不合当路者之意,不欲显然罢之,姑以大理丞召起,既在道,则使台章弹去,而畀以祠禄,非诚有召对之命,得以从容于辞受进退之义也。"②黄榦的第二次入朝机会在嘉定十一年(1218)七月,诏除大理寺丞。黄氏本人力辞不就,竟然遭到监察御史李楠的弹劾,遂罢命。据黄榦弟子林梅坞言:"先生方退避请祠,而中外亦虑先生入见必直言边事以悟上意,协谋挤之。"何伯慧也说:"故当时阳召而实逐之。"③黄榦两次入朝的失败,固然是因为他不满当局,宦情甚薄,故每召必辞;也是因为他在朝中并无有力的赏识者,当年正是像周必大这样的宰相才能排除各种阻力,促成了朱熹的入朝四十日,而黄榦则绝无此等奥援。

第五个例子是李燔。与黄榦一样,李燔终其一生都未登朝,辗转于州县外任。在嘉定年间,李燔得到了一些官员的推荐,仅曹彦约就两次举荐。从曹彦约的推荐中可知,庆元年间李燔任襄阳教授时,得罪了上官:"燔本省试第二人,不汲汲求进,为襄阳教官,值近岁选用武帅,恶其方直,动辄得咎,修一墙垣,则胁之以军情;迁一廨舍,则诬之以擅去。罢归已久,恬然静退,经今数年,未见到部。"④罢官后,李燔一直居家教学,不愿到吏部参选。后除大理司直,力辞不就,改添差江西运

---

① 郑元肃、陈义和:《勉斋先生黄文肃公年谱》,《宋人年谱集目 宋人年谱选刊》,巴蜀书社,1995,页294。
② 陈淳:《北溪大全集》卷二十五《答郭子从一》,《文渊阁四库全书》册1168,页698。
③ 郑元肃、陈义和:《勉斋先生黄文肃公年谱》,《宋人年谱集目 宋人年谱选刊》,页300。
④ 曹彦约:《昌谷集》卷八《奏举柴中行李燔吴柔胜状》,《文渊阁四库全书》册1167,页105。

司干办公事。①在江西转运司任上，又于嘉定六年（1213）得到了卫泾的荐举："臣伏见文林郎添差江南西路转运司干办公事李燔，经术精博，趣操刚方，早从师友，多士推服。分教襄阳，为帅臣郑挺挟私奏劾，自是杜门刻志学问，不屑意禄仕。堂审掌故，列属寺廷，皆辞不就。尚淹选调，未厌师虞，宜加崇奖，以励廉退。"②为奖励李燔的廉静，朝廷特旨给予改官："已除职事官，尚欲服勤州县，朝廷嘉其静退，为降特旨，乃始脱选。"③除奉议郎、通判潭州，不数月而辞。由于不满史弥远的倒行逆施，李燔拒绝出仕："当是时，史弥远当国，废皇子竑，燔以三纲所关，自是不复出矣。真德秀及右史魏了翁荐之，差权通判隆兴府，江西帅魏大有辟充参议官，皆辞，乃以直秘阁主管庆元至道宫。"④在整个史弥远时代，李燔一直奉祠，以示气节。直到绍定五年（1232），理宗论及当时高士累召不起者，李心传以燔对，并说："燔乃朱熹高弟，经术行义亚黄榦，当今海内一人而已。"理宗问："今安在？"心传答以："燔，南康人，先帝以大理司直召，不起，比乞致仕。陛下诚能强起之，以置讲筵，其裨圣学岂浅浅哉。"帝然其言，终不召也。同年，李燔就去世了。⑤然而有那么一个时期，即便李燔这样的高足，也曾在出仕问题上有所动摇，黄榦通过书信察觉到了李燔的隐衷，遂致书胡泳，从侧面了解李燔的想法："敬子果如何？来书所谓'甚费造化，断不可辞'，此语却与向来议论不同。今之出仕，只是仰禄不得已，若谓合义，则非所敢闻。只管如此立说，却似浙间议论也，又不知高明以为如何？敬子既是应举得官，又家贫未能不仕，从之亦无害也。"⑥从黄榦所引的"甚费造化，断不可辞"看，李燔认为既然遇到一个出仕的机会，是幸运使然，不可推辞；至于"浙间议论"，自然是一种功利的态度。黄榦以为，出仕只是"仰禄"，家贫不得不出仕，对待官职绝不可抱着"甚费造化，断不可辞"的心态，而应该遵照孟子所谓"可以仕则仕，可以久则久"的立

---

① 脱脱等：《宋史》卷四三〇《道学四·李燔传》，第三十六册，页12783。
② 卫泾：《后乐集》卷十二《应诏举李燔陈元勋郑准充所知状》，《文渊阁四库全书》册1169，页635。
③ 曹彦约：《昌谷集》卷八《举李燔自代状》，《文渊阁四库全书》册1167，页102。
④ 脱脱等：《宋史》卷四三〇《道学四·李燔传》，第三十六册，页12784。
⑤ 脱脱等：《宋史》卷四三〇《道学四·李燔传》，第三十六册，页12784~12785。
⑥ 黄榦：《勉斋先生黄文肃公文集》卷六《与胡伯量书·六》，页371。

场，否则会滋生对官职的依赖，进而丧失独立的人格。一次，黄榦风闻李燔舍弃出仕而放债，表示忧虑："近有自彼来者，乃云敬子舍禄仕而放债以为活，岂亦恶之者之言耶？不知其生事何如？如他无以为活，却不若丐祠之为愈也。"① "丐祠"就是请求奉祠，如此便有少量俸禄收入。从这两件事情可以看出，李燔曾长期处于无俸禄的闲废状态，生活一度发生困难，竟走向另一个极端。黄榦对李燔在仕途出处的选择上的种种微词，既反映了他对义利之辨是持守之严、之笃，也反映了嘉定年间外部政治环境之恶劣。在东南地区的朱子学传播史上，黄榦和李燔这朱熹两大高足发挥了最重要的作用，因此并称"黄、李"。②理宗端平元年（1234）五月诏："黄榦、李燔、李道传、陈宓、楼昉、徐宣、胡梦昱皆厄于权奸，而各行其志，没齿无怨，其赐谥、复官、优赠、存恤，仍各录用其子，以旌忠义。"③此处的"权奸"指史弥远，而黄、李是在"各行其志，没齿无怨"中度过漫长的史弥远专权时代的。

　　第六个例子是张洽。张洽终宁宗之世都在地方任职，直到理宗亲政的端平年间才因多人举荐，而被除秘书郎，寻迁著作佐郎，当时朱熹另外两个弟子度正、叶味道已经在经筵侍讲："帝数问张洽何时可到，将以说书待洽，洽固辞，遂除直秘阁，主管建康崇禧观。"嘉熙元年（1237），"以疾乞致仕，十月卒，年七十七"。④

　　第七个例子是李方子，在嘉定年间曾短暂入朝国子录，因没有到史弥远处关说，被史指为"真德秀党"，遭御史弹劾罢官，遂至死不出。⑤陈淳则从来没有出仕过。

　　黄榦、李燔、张洽、陈淳、李方子，加上去世较早的黄灏，组成了《宋史·道学传四》"朱氏门人"卷；而朱熹门人如徐侨、叶味道、廖德明、刘爚，虽各有建树，亦散入《宋史》列传、儒林传各卷，可见黄榦等六人是朱熹门人群体中的精英。然而，黄榦、李燔入朝的失败，以及陈淳、张洽、李方子的默默无闻，反映了一个令人尴尬的事实，当朱熹

---

① 黄榦：《勉斋先生黄文肃公文集》卷六《与胡伯量书·一》，页369。
② 脱脱等：《宋史》卷四三〇《道学四·李燔传》，第三十六册，页12785。
③ 脱脱等：《宋史》卷四十一《理宗本纪一》，第三册，页802。
④ 脱脱等：《宋史》卷四三〇《道学四·张洽传》，第三十六册，页12787。
⑤ 脱脱等：《宋史》卷四三〇《道学四·李方子传》，第三十六册，页12791。

的那些不怎么知名的弟子（如下文讨论的郑昭先、任希夷）在嘉定年间跻身庙堂、荣华富贵时，真正的朱学传人却挣扎、辗转于州县官职之间。

朱子学政治行情逐渐走高的形势下，功名利禄对朱子学人士的腐蚀愈加强烈，朱熹高足陈淳虽涉足政治较浅，却对嘉定更化基本上持怀疑态度，他在一封书信中说：

> 每思前年更化之初，时事一一反正，而先生恩命特不举行者，不审何谓？闻两年来甚崇尚道学，上庠课试，悉以命题，不审主盟者何人？……而萃列清华者，不闻其人，恐其崇尚者亦不免但为虚名之举，而实何足以为吾道重也？要之，实欲崇尚，除是表出周程三先生及吾文公先生者，并赐之公爵而置之先圣庙颜、孟配享之列，而布其书于天下，使学者尊信钻仰，睎慕服习，以作成人才而变化风俗，然后于道为庶几，而万世公论少有慊焉尔。然此又非常之举，为天地立心，为生民立命，为去圣继绝学，为万世开太平，非盛世圣朝君相，大有卓绝异常之识，不足以及此，未可以常情浅浅论也。不知将来到何时世，方克举此一段公案，以幸天下？抑又关天运，存乎其间，非人力所能与也？①

从信中提到的"前年更化之初"，应该是嘉定三年（1210）所写。陈淳注意到太学国子监以朱子学考试太学生，但他不认识"主盟"之人。嘉定三年（1210）以前，庆元党人吴柔胜曾官国子正："始以朱熹'四书'与诸生诵习，讲义策问，皆以是为先。又于生徒中得潘时举、吕乔年，白于长，擢为职事，使以文行表率。于是士知趋向，伊、洛之学晦而复明。"②但吴氏不是朱熹弟子。嘉定三年（1210）二月，陈武以军器少监兼国子司业③，陈武是陈傅良堂弟，属永嘉学派成员。因此，陈淳并不熟悉吴、陈二人。至于他熟悉的同门刘爚入主太学国子监，则在嘉定五年（1212）了。陈淳还发现，朱熹弟子中真正"老学有守，最

---

① 陈淳：《北溪大全集》卷二十三《与朱寺正敬之一》，《文渊阁四库全书》册1168，页682。
② 吴柔胜，字胜之，宣州人，事迹见《宋史》卷四〇〇本传，第三十五册，页12148。
③ 陈骙、佚名：《南宋馆阁续录》卷八，中华书局，1998。页282。

罕其匹"的廖德明,却长期外任监司,而不能入朝担任要职("萃列清华"),遂参破了嘉定更化褒扬朱学的实质是:"恐其崇尚者,亦不免但为虚名之举,而实何足以为吾道重也?"①

端平元年(1234),殿中侍御史王遂概述了黄榦、李燔二人在史弥远专政时期的遭遇:

> 闽人黄榦、南康人李燔,曩游朱熹之门,迭为领袖。凡后进学士,相与讲说著述,世人多诵,以为学明东南者熹之功,惟榦与燔之力为多。权臣(按:指史弥远)尝用榦,试之郡守,而寻即废放,燔虽从奔走,而随亦弃遗。权臣知敬其书而不行其学,知尊其说而不用其人,斯道不明,由此之故。陛下固尝与榦赐谥,而中书以其议边事不合,横加论驳。燔殁虽尝进职,未足示宠,臣所谓抱道自守而置不录也。②

王遂这段话的重点在于"权臣知敬其书而不行其学,知尊其说而不用其人"。所谓"其书"乃《四书章句集注》那样的朱熹之书,"其学"乃朱子学,"其说"为朱熹之说,而"其人"则特指朱熹学术的传人,即黄榦、李燔这样的高足。王遂此言暗含了这样一个逻辑:尊敬朱熹之学,就必然要尊敬朱熹的弟子,否则就是"阳崇之而阴摧之"。

二 与史弥远专权深度结合的朱熹门人

当然,对于那些热爱仕途的朱熹门人,史弥远给予的前途就不是像廖德明、杨方、杨楫那样黯淡无光了;相反,史弥远一直重视考察选拔朱熹门人,从中提拔可靠人选,视其才力不同,或作为舆论上褒扬朱子学的幌子,或安排进入宰执群体,成为自己的左膀右臂。这其中的代表人物就是郑昭先与任希夷。

郑昭先,字景绍,闽县人,淳熙十四年(1187)进士出身,系史弥

---

① 陈淳:《北溪大全集》卷二十三《与朱寺正敬之一》,《文渊阁四库全书》册1168,页682。
② 胡知柔编《象台首末》卷一《殿中侍御史王遂奏札》,《文渊阁四库全书》册447,页14~15。

远的同榜进士。①他师从朱熹的时间大概在登第之年,现存《朱子语类》中有其问答之语,《晦庵集》中有朱熹给他的书信四通。②嘉定元年到嘉定七年(1208~1214)间郑昭先的仕履不详,直到嘉定七年(1214)七月,始自朝奉大夫、试左谏议大夫兼侍读迁端明殿学士、签书枢密院事兼权参知政事,兼太子宾客。嘉定八年(1215)七月,正除参知政事。③嘉定十二年(1219)三月,除知枢密院事。同年四月,兼参知政事。嘉定十四年(1221)十二月,罢。④郑昭先在史弥远专权时代任执政达七年之久,从史料中看不出有阿附史弥远之迹,但性格温顺谨厚却是其明哲保身之道。这一点可以从以下几个事情上看出。

一是叶绍翁《四朝闻见录》的记载:"郑昭先为台臣,俟当言事月,谓之月课。昭先,纯谨人也,不敢妄有指议,奏疏请京辇下勿用青盖,惟大臣用以引车,旨从之。"旨意下达后,太学生遂以皂绢制作短檐伞取代原来的青盖,仍然被临安府禁止,并逮捕了持伞的仆人,引发了太学生的骚动,群起攻击知临安府程覃,要求将其罢免;未能如愿后,竟然全体罢课。⑤此事的导火线是身为御史的郑昭先应付"月课"而以此等小事入奏塞责,不料引发了风潮。可以看出,所谓"纯谨"的郑昭先具体表现却是"不敢妄有指议",作为担负着纠弹使命、朝廷特许"风闻言事"的御史来说,迹近失职。

关于郑昭先的懦弱谨慎,在真德秀那里还有一种更加冠冕堂皇的说法。真氏首先指出,朝廷命郑昭先为执政时,是看中了他:"有大臣之才,不如有大臣之度,盖心平乃可揆物,非量博不能受人。"郑氏跻身执政后,不断加官晋爵:"公宽厚闳博,其心休休然,无党偏,无忿忮,夙宵自竭,不蕲人知,庶几所谓辅赞弥缝而藏诸用者。"⑥在为郑昭先的文集所作序言中,真德秀再次强调了这一点:"公天资宽洪而养以静厚,平

---

① 《南宋馆阁续录》卷七,页233。
② 郑昭先师从朱熹的情况,参方彦寿《朱熹书院与门人考》,页112。
③ 徐自明:《宋宰辅编年录校补》卷二十,第三册,中华书局,1986,页1364、1365。
④ 《续编两朝纲目备要》卷十五、十六,中华书局,1995,页287、288、299。
⑤ 叶绍翁:《四朝闻见录》甲集"太学诸生置绫纸",页40。
⑥ 真德秀:《西山文集》卷二十四《庙忠堂记》,《文渊阁四库全书》册1174,页370。真德秀此处提到的郑昭先的仕履,与《续编两朝纲目备要》有所出入,俟考。

居怡然自适，未尝见忿厉之容，于书亡所不观，而尤喜闻理义之说。"①
"尤喜闻理义之说"是指郑昭先自命为朱学门人，不但如此，他还积极地提拔、汲引同门。在嘉定六年（1213）十月，诏朝臣荐举边境州县守令的人选，时任谏议大夫的郑昭先即提出应将此前未能入朝的黄榦（时任安丰军通判）召入朝廷，称黄氏不能入朝，"公论殊郁。"②朱子学人士显然也从郑昭先的晋用中获益匪浅，但从反面解读，他的"宽洪""纯谨"又何尝不是面对史弥远专权时的沉默、胆怯、忍耐乃至顺从呢？

任希夷，字伯起，号清叟，眉山人，《宋史》有传，但对其生平记载极为混乱。他是淳熙三年（1176）同进士出身，大约在淳熙九年（1182）始从学朱熹，淳熙十三年（1186）又至武夷精舍问学。③曾任建宁府浦城县主簿，开禧年间任太常寺主簿。嘉定四年（1211）三月除秘书丞，六月迁著作郎。④嘉定五年（1212）十月，除将作少监。⑤嘉定六年（1213）十月，为秘书少监。嘉定七年（1214）八月，为秘书监，同月为中书舍人。⑥嘉定八年（1215）十月，为礼部侍郎。嘉定九年（1216）十二月，为权工部尚书。⑦嘉定十二年（1219）二月，自权吏部尚书除签书枢密院事。嘉定十三年（1220）七月，兼参知政事。⑧嘉定十四年（1221）八月，罢，出知福州。⑨寻提举临安洞霄宫，薨。理宗端平元年（1234）谥宣献。⑩

任希夷作为朱熹的弟子，在嘉定更化中发挥了推波助澜的作用。嘉定十年（1217）十一月，时任礼部侍郎的任希夷为二程请谥，理由是朱熹、张栻业已赐谥，"而其所宗师者，节惠之文，独未之讲，岂非有司之

---

① 真德秀：《西山文集》卷二十八《日湖文集序》，《文渊阁四库全书》册1174，页441。
② 郑元肃、陈义和：《勉斋先生黄文肃公年谱》，《宋人年谱集目　宋人年谱选刊》，页294。
③ 任希夷师从朱熹的情况，参方彦寿《朱熹书院与门人考》，页85。
④ 《南宋馆阁续录》卷七，页262。
⑤ 《南宋馆阁续录》卷八，页282。
⑥ 《南宋馆阁续录》卷七，页246、251。
⑦ 《南宋馆阁续录》卷九，页362。
⑧ 脱脱等：《宋史》卷二一三《宰辅表四》，第十六册，页5601。
⑨ 《宋史全文》卷三十，下册，页2119。
⑩ 参见《宋史》卷三九五本传（第三十四册，页12050）、《宋史》卷四十一《理宗本纪一》（第三册，页800）。

过欤?"①《宋史本传》说:"其后惇颐谥元,颢谥纯,颐谥正,皆希夷发之。"②周、二程的谥号,都是在嘉定十三年(1220)六月二十三日奉旨批准的③,此时任希夷正在参知政事任上。身居要职的任希夷成为朱熹门人中功名之士追捧的对象,同为朱熹弟子的度正给任希夷的信中就含蓄地希望得到他的识拔:

> 伏惟尚书游从于先生为最久,造诣于斯道为最深,当路于朝,不为不得时;言听谏行,不为不得君。以先生之门论之,盖四科之上士。而正之不肖,不惟不敢自附于七十子之后,是殆庶几乎三千之徒之间耳。……往者新进之士释褐而归者谓正言,尚书尝辱问其姓名焉,意者盖悯其穷、悼其屈,思有以少振之也。④

度正写此信时,任希夷正任尚书,当在嘉定九年(1216)十二月到嘉定十二年(1219)二月之间。此时朱门中学问最深的黄榦、陈淳俱健在,而度正却恭维任希夷"游从于先生为最久,造诣于斯道为最深",近乎奉承。从信中"尚书尝辱问其姓名焉,意者盖悯其穷、悼其屈,思有以少振之也"一语可以看出,任希夷也是十分注意提携昔日同门的。

可是,任希夷和魏了翁、真德秀之间的关系却相当冷淡。现存真德秀《西山文集》中找不到与任希夷有关的内容,在魏了翁那里也仅有两处相关记载。一是《鹤山集》卷六十二有《跋朱文公所与任伯起枢密柬》,即为任希夷收藏的朱熹书信手稿所作的跋。在《跋》文中完全看不到类似上文度正所谓"游从最久、造诣最深"的嘉奖之词,而只是就书信内容本身稍作发挥。

二是魏了翁在为自己的同母异父兄高崇所作的行状中,对任希夷颇有微词。原因是嘉定六年(1213)高崇、高稼殿试策问声誉满中外,真德秀声称:"使二高不为举首,是盲有司也。"任希夷时任详定官,向执

---

① 李心传:《道命录》卷九《任伯起为二程先生请谥奏》,《丛书集成初编》册3343,页105。
② 脱脱等:《宋史》卷三九五《任希夷传》,第三十四册,页12050。
③ 李心传:《道命录》卷九,《丛书集成初编》册3343,页112~113。
④ 度正:《性善堂稿》卷七《任尚书伯起书》,《文渊阁四库全书》册1170,页204~205。

政建议："政事与议论自为两途，不必徇人言以摇国是。"最后"二高"未中高第，仅赐进士出身而已。①从表面看，魏了翁出于亲属的遭遇而不满任希夷，但文中所引用的任希夷"政事与议论自为两途，不必徇人言以摇国是"一语，却与史弥远及其党徒对待真德秀、魏了翁等道学士大夫的态度有相通之处，叶绍翁就这样评价史氏所信用的能吏：

> 薛会之极、胡仲方槩，皆史所任也。……时聂善之（聂子述）亦时相（史弥远）所任，大抵以袁洁斋（袁燮）、真西山（真德秀）、楼旸叔（楼昉）、萧禹平（萧𨓗）、危逢吉（稹）、陈师虑（陈宓）辈，皆秀才之空言。善之帅蜀，道从金陵。逢吉之弟和为江东帅属，迎劳之于驿邸。聂因语之曰："令兄也只是秀才议论。"……善之，士人也。薛、胡以儒家子习于文法云。②

这里提到的聂子述、薛极、胡槩再加上赵汝述，即史称史弥远的"三凶四木"中之"四木"。"四木"把真德秀、陈宓、袁燮一类的道学士大夫的议论贬斥为"秀才议论"，任希夷把高崇的殿试策贬为"政事与议论自为两途"，其实都是自居为"政事""国是"的正确代表，而视真德秀一类的议论为可有可无的清谈乃至聒噪而已。若对照魏了翁对任希夷的评价，可以窥见希夷虽为朱熹门人，已经完全为史弥远所同化，《宋史》任希夷本传更说："史弥远柄国久，执政皆具员，议者颇讥其拱默。"任希夷这一个案反映了史弥远专权时期的人才策略：他倚重以聂子述、薛极、胡槩为代表的"习于文法"的士大夫掌控官僚系统，另一方面又吸纳郑昭先、任希夷这样软弱、顺从的朱学门人作为国家意识形态的象征，从而巩固自己的专权。

第二节　徐侨和叶味道

史弥远去世、理宗亲政之后，更加积极地汲引、搜罗当时尚健在的

---

① 魏了翁：《鹤山先生大全文集》卷八十八《知黎州兼管内安抚高公（崇）行状》《四部丛刊初编》册207，页7。
② 叶绍翁：《四朝闻见录》丙集"草头古"，页128~129。

朱熹弟子。可惜的是，真正的朱熹弟子已经所剩无几，陈淳、黄榦去世于宁宗嘉定年间。理宗亲政前（1225~1233）去世的朱熹重要弟子有：蔡沈（绍定三年卒，1230）、曹彦约（绍定元年，1228）、傅伯成（宝庆二年，1226）、李燔（绍定五年，1232）、滕璘（绍定二年，1229）。当时尚健在的朱熹弟子有陈文蔚、张洽、徐侨、叶味道、叶武子、度正、周端朝、郑性之。单论追随朱熹的时间，则陈、张、徐、叶比其他人要长得多。

陈文蔚（1155~1239），端平二年（1235）三月诏：进士陈文蔚《尚书解注》有补治道，诏补迪功郎。① 陈文蔚始终没有出仕。

周端朝（1172~1234），史弥远专权期间长期请祠。绍定五年（1232）七月，任秘书少监。② 六年（1233）十月，史弥远去世后，理宗亲擢兼侍讲，时人赞之为："此更化第一笔也。"不久，升太常少卿。端平改元（1234）四月，权刑部侍郎，升同修撰。九月二十七日卒，享年六十有三。③

度正（1166~1235），宝庆二年（1226）入朝，累任国子监丞、军器监丞、太常少卿。绍定五年（1232），任礼部侍郎，兼任侍读。端平元年（1234），以朝议大夫守礼部侍郎致仕。④ 度正也曾任侍讲。

张洽，端平年间因为多人推荐，而被除秘书郎，寻迁著作佐郎，但今本《南宋馆阁续录》无题名，似未到任。当时朱熹另外两个弟子度正、叶味道已经在经筵侍讲："帝数问张洽何时可到，将以说书待洽，洽固辞，遂除直秘阁，主管建康崇禧观。"嘉熙元年（1237），"以疾乞致仕，十月卒，年七十七"。⑤

黄榦、李燔相继去世后，叶味道、徐侨的地位更加突出，吴泳曾说："勉斋既下世，宏斋继没，毅斋槁立于婺女之滨，罕与世接，留宗庠者，仅叶六十四丈，一人担当考亭门户，呜呼，亦微矣！"⑥ 此所谓"留宗庠

---

① 《宋史全文》卷三十二，下册，页2203。
② 《南宋馆阁续录》卷七，页253。
③ 吴泳：《鹤林集》卷三十四《周侍郎墓志铭》，《文渊阁四库全书》册1176，页334。
④ 参黄博《宋代蜀中理学家度正生平考述》，《西华师范大学学报（哲学社会科学版）》2009年第5期，页34~35。
⑤ 脱脱等：《宋史》卷四三〇《道学四·张洽传》，第三十六册，页12787。
⑥ 吴泳：《鹤林集》卷三十《又答严子韶书》，《文渊阁四库全书》册1176，页295。

者"，似指叶味道一直留在沧州精舍主持书院。叶味道和徐侨是在端平元年（1234）才入朝的。

一　徐侨

徐侨，字崇甫，号毅斋，淳熙十四年（1187）王容榜进士出身，治诗赋。调上饶主簿，拜入朱熹门下，徐侨也曾向吕祖谦问学，但具体时间不详。后累官绍兴府司法参军、南康军司法参军。嘉定七年（1214）严州推官考满，差主管刑工部架阁文字，除国子录，嘉定八年（1215）召试馆职，除为正字，九年九月任校书郎，十二月出知和州。[1] 徙知安庆府。嘉定十一年（1218）除提举江南东路常平茶盐事，上书言朝廷时政："请诏大臣以正己之道正人，忧家之虑忧国，庶几致安于已危，迓治于将乱。"史弥远大怒，令言者劾罢之。宝庆元年（1225），真德秀奏："亮直敢言如徐侨者，愿置之言地。"因史弥远犹在相位，没有结果。当时徐侨的婺州同乡葛洪、乔行简已经相继官至侍从，为改善徐侨的处境，他们代徐侨请祠禄，徐侨坚拒不受，致仕告老。[2]

徐侨在史弥远专权期间，对史弥远毫不妥协，无一丝媚态，当时朝中人望甚高。绍定二年（1229）春，真德秀作诗自箴："学未若临邛之邃，量未若南海之宽，制行劣于莆田之懿，居贫愧于义乌之安。"[3] 王应麟解释此诗："临邛，魏鹤山了翁；南海，崔菊坡与之；莆田，陈宓；义乌，徐侨。"[4] 徐侨对嘉定更化以来朱子学的繁荣景象并不乐观，相反，他从中看到了操守践履比著述更加重要："比年熹之书满天下，不过割裂掇拾以为进取之资，求其专精笃实、能得其所言者盖鲜。"《宋史本传》说他："故其学一以真践实履为尚。奏对之言，剖析理欲，因致劝惩，弘益为多。若其守官居家，清苦刻厉之操，人所难能也。"[5]

绍定六年（1233）史弥远去世后，徐侨落致仕，除直宝谟阁江东提

---

[1]《南宋馆阁续录》卷八、卷九，页330、347。
[2] 王祎：《王忠文集》卷二十一《义乌宋先达小传·徐侨》，《文渊阁四库全书》册1226，页435。
[3] 系年据林日波《真德秀年谱》，华中师范大学2006年硕士学位论文，页124（真德秀原文已写明"己丑春"，似不必加注）。
[4] 王应麟：《困学纪闻》卷十五，下册，上海古籍出版社，2008，页1750~1751。
[5] 脱脱等：《宋史》卷四二二《徐侨传》，第三十六册，页12615。

刑，寻除秘书少监，改太常少卿，屡辞。端平元年（1234），入见，论奏数千言，大略谓："君心正则朝廷正，以至百官万民莫敢不正矣。"除兼侍讲，寻兼权国子祭酒。

徐侨在进讲的时候，积极进言，主要有以下四事。

第一，请求理宗为济王彻底平反，恢复爵位。后人把徐侨的建议作为济王平反的关键因素："案《通鉴》：宋宁宗嘉定十七年，史弥远矫诏废皇子竑为济王，而立沂王子贵诚，即理宗也。又理宗端平元年，太常少卿徐侨尝侍讲，开陈友爱大义，帝悟，乃命复竑官爵，有司检视墓域，以时致祭。"①

第二，徐侨建言："子思宜配享孔子，二程子宜列从祀，王安石宜废勿祀，赵汝愚宜配享宁宗。"② 这些意见代表了当时道学士大夫的共识，故得到了采纳。

第三，端平元年（1234）十月，时任太常少卿兼侍讲的徐侨进讲时奏请："《论语》一书，先圣格言，乞以'鲁经'为名，升为早讲。"③ 理宗当即表示可行，交有关部门讨论后却不了了之。徐侨此举在于进一步提高"四书"的地位，影响了北山四先生之一的王柏，王柏说："圣人言行，万世大经，曰语曰子，顾不得与帝王之书并。理宗时，讲官徐侨尝请赐名鲁经，有诏奉行。时议迁之而止。"④《论语》虽然早已是经，但属于"小经""兼经"，与"六经"地位有间，原因是《论语》的体裁是弟子记载孔子的言行，并非孔子亲撰。朱子学人士对此一直不满，故徐侨有此建议。

第四，关于接待蒙古使臣礼节的问题。端平元年（1234）十二月，蒙古使者前来议和，朝廷讨论接待礼节，徐侨认为："无国书，宜馆之于外，如叔向辞郑故事。"⑤ 反对理宗临轩接见。而丞相郑清之、乔行简则

---

① （佚名）《咸淳遗事》卷上，《笔记小说大观》六编第二册，台北新兴书局，1983，页1146~1147。
② 王祎：《王忠文集》卷二十一《义乌宋先达小传·徐侨》，《文渊阁四库全书》册1226，页435。
③ 《宋史全文》卷三十二，下册，页2199。
④ 吴师道《礼部集》卷二十《节录何王二先生行实寄史局诸公·王柏》，《文渊阁四库全书》册1212，页296。
⑤ 脱脱等：《宋史》卷四二二《徐侨传》，第三十六册，页12614。

同意临轩，真德秀亦以为临轩是小节。在真德秀进讲时理宗问他，徐侨为什么反对？真德秀说："徐侨老儒，惓惓忧国，彼盖据所见而言，初无他意。大抵朝廷行事，最不可恶人异论，如有此意，则后来有事，无人敢言，遂成缄默之风。"① 最后理宗仍然临轩接见。

徐侨遂力求辞去，除工部侍郎，求去益切，升集英殿修撰、提举佑神观兼侍读。理宗希望徐侨继续担任侍读，因此给予内祠，但是徐侨奏："领祠劝读，乃体貌重臣之殊礼。"力辞不敢当，遂以宝谟阁待制提举太平兴国宫。归乡后，又辞职名，遂复除集英殿修撰职名，朝廷荫补其子京官，固辞，命下如其所请，以疾卒，享年七十八。讣闻，仍除宝谟阁待制致仕。② 卒于端平二年（1235）。宝祐四年（1256）四月，谥文清。③ 其中太常博士赵崇洁撰写的谥议流传于今，文中对徐侨的学术评价是这样的：

> 窃谓宋文公朱子发挥圣传，开阐后学，辨析于毫分之异，究极于底蕴之微者，凡以使人精体实践，由此身而达之闺门、乡党，推之于天下国家，而非徒口耳诵习之谓也。善乎，侍读徐公侨之言曰："比年以来，晦庵先生之书满天下，家藏人诵，不过割裂掇拾以为进取之资，求其专精笃实、能得其所以言者，盖鲜。"呜呼，若徐公者，可谓得其所以言者欤！公主上饶簿时，请学于朱先生之门，首言不可直以人心为人欲，即为先生首肯，谓勉斋黄公曰："崇父明白刚直士也，讲学已有意趣。"又谓赵户曹曰："主簿析理殊精，可从之游。"又尝答书曰"日用工夫已得之，勿令间断"，且命以毅名斋。自是所造益深，所养益固。④

这篇谥议不厌其烦地引用朱熹的话，或是朱熹在黄榦面前称赞徐侨，或指示其他学者向徐侨学习，更介绍了徐侨的号"毅斋"来自朱熹。总

---

① 真德秀：《西山文集》卷十八《讲筵进读手记（十二月十三日）》，《文渊阁四库全书》册1174，页283。
② 王袆：《王忠文集》卷二十一《义乌宋先达小传·徐侨》，《文渊阁四库全书》册1226，页435。
③ 《宋史全文》卷三十五，下册，页2326。
④ 吴师道：《敬乡录》卷十四《谥议》，《文渊阁四库全书》册451，页398~399。

之，一切细节都指向这一点：徐侨是朱熹学术的重要传人。

徐侨的著作现在全部亡佚，对他学术的整体规模今人无从窥见。不过谥议中引用的"请学于朱先生之门，首言不可直以人心为人欲"，算得上是徐侨的思想特点。陈文蔚《克斋集》卷一有《答徐崇甫人心道心并性理说》（写于嘉定十四年十二月二十六日，1221）、《又答徐崇甫说》，卷五有《再答徐崇甫书（辛巳三月）》（嘉定十四年，1221），都是陈文蔚与徐侨讨论"人心""道心"问题的记录。写这三封信时，徐侨还处于闲废状态，故有充裕的时间与同门讨论学问。现从陈、徐这三封书信入手，对徐侨的理学思想做一管窥。

徐侨的观点，大致有以下几条。第一，徐侨认为"道心即心，心即道心"，而人的欲望不是心的"良知良能"，只是后天的气禀，这种说法间接地否定了"人心"的存在。陈文蔚对此反驳道：

> 人心道心固无二，以其或生于形气之私，或原于性命之正。生于血气之私，岂非人欲？原于性命之正，岂非天理？况舜禹相诏之语，已有危微之别，则一邪一正固无疑矣。继之以惟精惟一，则欲人于致察之力细密而无不尽，持守之志坚固而无或杂。盖察之不密，则二者交互于胸中，而天理、人欲不能致谨于毫厘之辨，虽欲于持守之际纯乎天理而不杂于人欲之私，不可得矣。惟精惟一，则两下工夫并进而中可得矣。中即所谓道也。①

陈文蔚认为，舜、禹那样的圣王时代，人心就有"人心惟危、道心惟微"的问题，可见人心与道心是心的两种可能性，或者说两种状态，如流于人心就是人欲放肆，如主于道心就是纯乎天理，并非心外别有一个道心、一个人心。因此人欲是心本身的属性，是与心与生俱来的。

徐侨又引用孟子"仁也者，人也。合而言之，道也"为证，证明"道即人，人即道"，从而证明人欲不是心的先天属性，心的先天属性就是道。为了进一步说明，徐侨将水比喻为人的本然之性，认为清是水的

---

① 陈文蔚：《克斋集》卷一《答徐崇甫人心道心并性理说》，《文渊阁四库全书》册1171，页3。

本然之性，浊水是因为后天的污染。陈文蔚表示，这样比喻并不妥当：

> 性善之说，以水清为喻，非不善，第以清浊为言，则杂乎气质矣。其后谓气有不齐，而其质则一，意欲言性无不善，如水无不清。不知既以气、质言，则水不能皆清，性不能皆善矣。当如孟子言"人无有不善，水无有不下"，则无病耳。此乃讲学之本原，当取孟子与告子辩论处熟看，仍以《程氏遗书》论性之语参酌求之，知本然之性与杂乎气质而言者不同，则议论方有的当，非臆想料度之可及也。①

陈文蔚指出，既然徐侨用"水"来比喻"本然之性"，就不应当用清、浊来形容，因为本然之性必然是至善的，无所谓清、浊之分；既有清浊，已经是后天过程中，人心受到外物的引诱而发生的畸变。而孟子"水无有不下，人无有不善"的比喻就十分精确，因为不管是什么水，下流之性是不会改变的，下流这一本然之性是抽象于水的清浊之上的。

在第二封信中，徐侨指出若以人心即为人欲，则流于疏浅。陈文蔚答："人心固不可便指为人欲，毕竟生于血气，易流于人欲，此所以为危。"② 人欲只是人心的一种可能的方向，盖人心形成于"血气之私"，如果不克己复礼，就容易流入"纯乎人欲"。朱熹从来不否定必要的合理的人欲。

徐侨的第三个观点是"人之本心即性也，其不善者情也"。实际上，朱熹认为性是未发，情是已发，情有善有不善。徐侨此说违背了朱熹的《中庸章句序》和"心统性情"，而这本是朱熹理论的核心问题，如果在此点上背离朱熹，不但与背叛师门无异，还恐将流入佛教。故陈文蔚在回应时语气稍重：

> 心、性既无毫厘之别，又直以情为不善，则与灭情之见何异？孟子谓："乃若其情，则可以为善矣，乃所谓善也。"岂以情为不善

---

① 陈文蔚：《克斋集》卷一《答徐崇甫人心道心并性理说》，《文渊阁四库全书》册1171，页3。
② 陈文蔚：《克斋集》卷一《又答徐崇甫说》，《文渊阁四库全书》册1171，页4。

哉？心、性、情之界限，惟孟子之书具其条理，无容熟咀味也。

陈文蔚担心，徐侨在这样基本的原则问题上出现偏差，如果自己不能明确指出，就会成为师门之罪人："吾辈相去之远，不得群居讲学，苟书问中又不能尽情无隐，而同声相和，即为同门之罪人，是以不敢苟相阿狥而倾倒。鄙见如此，幸详之，复以见告。"① 从陈文蔚的话中可以看出，在后朱熹时代，即使在朱熹亲传弟子的精英分子内部，想要保证思想立场的纯洁性，也是十分不容易的。徐侨的第四个观点是人心与道心一邪一正。陈文蔚认为：

> 一邪一正之说，伤于刻画。人心未必便邪，第生于血气之私，不知简柅，则易流于邪，此所以惟危也。当如叙中语："人莫不有是形，虽圣人不能无人心"，"必使道心常为一身之主，而人心每听命焉，则危者安、微者著，而动静云为自无过不及之差矣"。②

这里陈文蔚所引"叙中语"，即朱熹《中庸章句序》，此为朱子学的理论经典。可以看出，徐侨在对人心、道心关系的理解上，偏重于把气质之性从人心中完全排除出去，认为人心就是道心，从先天意义上说，人心没有"恶"的种子。徐侨的观点其实更接近孟子，而与朱熹的定论不同。到了端平元年（1234），当阳枋（1187～1267）③ 在临安向徐侨问学时，徐氏向他揭示"人心""道心"之说乃作为朱子学之根本：

> 毅斋徐公侨时在朝，公（阳枋）往请问，徐以所得考亭存心之要语之曰："道心为主，人心听命，元只是一个心。人心不流于人欲，道心不流于虚无，便是察得精了。心与道一，一则不二，此便

---

① 陈文蔚：《克斋集》卷一《答徐崇甫人心道心并性理说》，《文渊阁四库全书》册1171，页。
② 陈文蔚：《克斋集》卷一《答徐崇甫人心道心并性理说》，《文渊阁四库全书》册1171，页。
③ 阳枋，字正父，原名昌朝，字宗骥，合州巴川人。先后问学于度正、夏渊、徐侨等朱熹亲传弟子。生平见《字溪集》卷十二附录《纪年录》、《有宋朝散大夫字溪先生阳公行状》。

是中。"①

从这几句表述看，经过与陈文蔚的辩论，徐侨的思想逐渐回归到了朱熹的基本立场上。

二 叶味道

叶味道，初名贺孙，以字行，又字知道，温州人（一说处州括苍人）。少刻志好古学，师事朱熹。宁宗庆元二年（1196），试礼部第一。时伪学禁行，味道对《学制策》引用程颐主张，无所回避。知举胡纮见而黜之，曰："此必伪徒也。"既下第，复从朱熹于武夷山中。叶味道在朱子学派中的重要地位是逐渐显露的。黄榦曾说："向来从学之士，今凋零殆尽，闽中则潘谦之、杨志仁、林正卿、林子武、李守约、李公晦，江西则甘吉甫、黄去私、张元德，江东则李敬子、胡伯量、蔡元思，浙中则叶味道、潘子善、黄子洪，大约不过此数人而已。"② 能够位列黄榦所说的"大约不过此数人而已"，可见叶味道在传播朱子学方面是不遗余力的。

嘉定更化之后，叶味道没有急于出仕，而是继续钻研朱子学，和黄榦来往甚密，协助他编辑朱熹语录（详见本书第二章），一起讲习切磋。黄榦说："叶味道来此已留月余矣，却得相与读先生书，乃知吾辈于紧要处工夫绝少。求放心三字，动静之间更宜百倍加之功，方有倚靠。因此亦粗有省，如象山所谓倍者。恨不得一见，相与剧谈也。榦老矣，诸兄正好着力，庶师道之有传也。"③ 朱熹去世之后，亲传门人之间的切磋成为继承朱子学的可靠途径之一，叶味道的学养和志向使他成为黄榦最满意的讨论伙伴。叶味道的蛰伏一直持续到嘉定十三年（1220），才以同进士出身登科，调鄂州教授。嘉定十四年（1221）黄榦去世，叶味道的地位更加突出，吴泳就说："教授叶丈，自是宗门中的的正传。"④

---

① 阳枋：《字溪集》卷十二附录《有宋朝散大夫字溪先生阳公行状》，《文渊阁四库全书》册1183，页443。
② 黄榦：《勉斋先生黄文肃公文集》卷十四《复李贯之兵部·一》，第453页。
③ 黄榦：《勉斋先生黄文肃公文集》卷十一《复甘吉甫·一》，第425页。
④ 吴泳：《鹤林集》卷三十《答严子韶》第二书，《文渊阁四库全书》册1176，页294。

绍定六年（1233）理宗亲政后，访问朱熹亲传弟子及所著书，监司遂推荐叶味道。叶味道被召入都，至则差主管三省架阁文字。迁宗学谕，轮对，言："人主之务学，天下之福也。必坚志气以守所学，谨几微以验所学，正纲常以励所学，用忠言以充所学。"其中口奏"述帝王传心之要，与四代作歌作铭之旨"。端平元年（1234）正月，在一些侍从的推荐下，授太学博士，兼崇政殿说书①，叶味道请先说《论语》，诏从之。

"端平入洛"开始后，朝廷上下热血沸腾，以为百年之耻可以一朝而雪。味道进议状，以为："开边浸阔，应援倍难，科配日繁，馈饷日迫，民一不堪命，庞勋、黄巢之祸立见，是先摇其本，无益于外也。"经筵奏事时，无日不申言之，对北伐的前途极表忧虑。端平元年（1234）四月除秘书郎，八月除著作佐郎，九月致仕。旋卒，讣闻，帝震悼，出内帑银帛赙其丧，升一官以任其后，这在当时是一种殊遇。所著有《四书说》《大学讲义》《祭法宗庙庙享郊社外传》《经筵口奏》《故事讲义》。② 叶味道的著作全部亡佚，但是赵顺孙《四书纂疏》辑录了一些《四书说》《大学讲义》的片段。除此而外，叶味道与黄榦曾就鬼神祭祀问题展开过讨论，参与讨论的朱子学人士还有胡泳等。这次讨论中，叶味道的观点得到了胡泳的支持，而黄榦表示反对，并在给李道传的信中介绍了叶味道和他的分歧。和徐侨一样，叶味道的相关论著已经亡佚，只能从黄榦的摘引中略窥豹斑。

叶味道的观点是："此盖疑于祖考已亡，一祭祀之顷，虽是聚己之精神，如何便得祖考来格？虽是祖考之气已散，而天地之间公共之气尚在，亦如何便凑合得其为之祖考而祭之也？故味道兄为说，以为只是祭己之精神。"③ 黄榦和叶味道都同意，祖宗死后，肉体死亡，而其气（祖考之气）进入天地之间。但区别在于，叶味道认为，一旦进入天地之间便散逸，与"公共之气"浑然无别，故在事实上，祭祀不可能达到"祖考来格"的效果，因为祖考之气已经不可分辨了。祭祀之所以必要，因为生者须通过祭祀凝聚自己的精神，表达哀思，故所谓"祭己之精神"。黄榦则认为，叶味道此说"甚精甚巧"，然而不妥。盖需要区别两种情形。

---

① 脱脱等：《宋史》卷四十一《理宗本纪一》，第三册，页800。
② 脱脱等：《宋史》卷四三八《叶味道传》，第三十七册，页12987。
③ 黄榦：《勉斋先生黄文肃公文集》卷十四《复李贯之兵部·二》，页453~454。

第一种情形是，祖考去世未久，"则祖宗之精神魂魄亦不至于遽散，朝夕之奠，悲慕之情，自有相为感通而不离者"；第二种情形是，祖宗去世已久，"祖考之气虽散，而所以为祖考之气未尝不流行于天地之间；祖考之精神虽亡，而吾所受之精神即祖考之精神。以吾受祖考之精神而交于所以为祖考之气，神气交感，则洋洋然在其上、在其左右者，盖有必然而不能无者"。为了说明第二种情形，黄榦举弹琴为例，琴弦是天地公共之气，生者（祭祀者）的精神是弹琴的手指，弹琴奏乐就是"祖考来格"。祖考之气虽然散入天地之中，但祖考之气本身就是天地之气的产物，死亡无非是实现一次循环，这相当于琴弦蕴藏着弹奏出无数乐曲的可能性，每一支乐曲就是一个个体的精神。因为生者与死者有血缘关系，故生者的精神中具有死者的"基因"，而不同的生者的精神"基因"不同，故弹琴的手法、力度各有不同。因此，弹琴就是不同的手指在同样的琴弦上弹出多彩多姿的乐曲。而生者的祭祀越虔诚、越专一，自己的精神与天地公共之气感通的效果就越好，这种感通的结果，就使得祖考之气从天地之气中还原，围绕在祭祀现场、萦绕在祭祀者心灵之中。由此，黄榦指出叶味道之说的缺点："今乃以为但聚己之精神而祭之，便是祖考来格，则是舍丝桐而求声于指也，可乎？"①

从今天的角度看，叶味道的观点具有典型的"非实在论"倾向，即对彼岸世界（祖考之气）的真实性采取存而不论的态度，而把关注的重心放在此岸的祭祀活动上。而黄榦警告叶味道，"非实在论"的倾向会将朱子学中超越的维度（天理）解构掉："学者但知世间可言可见之理，而稍幽冥难晓，则一切以为不可信，是以其说率不能合于圣贤之意也。"② 在这次辩论中，黄榦再次表现出对朱子学的理解水平确实高于包括叶味道在内的其他朱熹弟子，他成为朱门领袖也是令人信服的。

叶味道对鬼神问题的关注，从嘉定年间一直延续到端平元年（1234）。一次，叶味道在进讲《论语》时，理宗忽问鬼神之理，怀疑伯有之事涉于诞。伯有是春秋郑国大夫良霄的字，典出《左传·昭公七年》："郑人相惊以伯有，曰：'伯有至矣。'则皆走，不知所往。"③ 理宗

---

① 黄榦：《勉斋先生黄文肃公文集》卷十四《复李贯之兵部·二》，页453~454。
② 黄榦：《勉斋先生黄文肃公文集》卷十四《复李贯之兵部·二》，页453~454。
③ 《十三经注疏》下册，页2049下。

提出这个问题虽与《论语》无关，但因为有当年与黄榦切磋讲习的基础，叶味道对这一问题烂熟于心，当即回答："阴阳二气之散聚，虽天地不能易。有死而犹不散者，其常也。有不得其死而郁结不散者，其变也。故圣人设为宗祧，以别亲疏远迩，正所以教民亲爱，参赞化育。今伯有得罪而死，其气不散，为妖为厉，使国人上下为之不宁，于是为之立子泄以奉其后，则庶乎鬼有所知，而神莫不宁矣。"① 这时叶味道对鬼神祭祀问题的理解，已经被黄榦所根本扭转，死者之气"有死而犹不散者，其常也；有不得其死而郁结不散者，其变也"。叶味道认为，无论死者之死是否合于道义，其气皆将不散而长留于天地间，只其状态只有"死而不散"的常态与"郁结不散"的变态之分，后者就可能干扰现实世界。而只要生者为不得其死的死者主张正义，则"郁结不散"之气虽然继续不散，却不会再干扰现实世界。叶味道此言实就济王冤案而发。同一鬼神祭祀之说，从当年以平民身份和同门师兄弟切磋议论，到运用于殿堂之上、君主面前侃侃正言，叶味道可谓学以致用，反映了朱子学对现实政治进行干预的某些细节。

由于叶味道是朱熹去世时在场的仅有九名弟子之一，又参与了朱熹《池州语录》的编刻，其知名度在徐侨之上，故理宗对叶味道深感兴趣。因此，当叶味道因病致仕时，理宗深感惋惜，其致仕制词云：

> 敕具官某：朕承先帝圣绪，涉道未深，嘉与四方耆隽之士，讲论经理，而师意指殊，圣真未一。惟尔行谊纯淑，源流深长，熹之"四书"，洞究精蕴。朕方以为得师，而遽致其事，宁不怃然？今燔已议礼饬终，干亦欲尊名赐谥，况汝日侍金华，亲相启沃，则晋一阶，以华其后，尚何爱焉？可。②

此制虽然是吴泳起草，但颇能反映理宗的隐衷。所谓"涉道未深，嘉与四方耆隽之士，讲论经理，而师意指殊，圣真未一"，反映了当时朱子学传播中不能准确完整继承朱子学的弊端。当此理宗急于接受纯正的

---

① 脱脱等：《宋史》卷四三八《叶味道传》，第三十七册，页12986~12987。
② 吴泳：《鹤林集》卷九《著作佐郎兼权屯田兼崇政殿说书叶味道特授朝奉郎致仕制》，《文渊阁四库全书》册1176，页87。

朱子学之时，叶味道、徐侨恰为合适人选，不幸刚刚召至经筵劝讲未久，相继去世。继绍定六年（1233）赠朝奉郎之后，理宗又下诏令议黄榦赐谥（端平三年谥文肃，1236），李燔的饰终之典也正在讨论之中，理宗对朱熹高足相继谢世的失望心情可以想见。

叶味道去世后，陈文蔚亦有祭文。此文后半段对叶味道在朝任说书的处境作了理想化的描述，譬如"宸眷亦厚，听信不疑，千载一旦"云云，但前半段对叶味道在朱门中的地位的描写，则是写实："学而同门，固宜同道，心苟不同，未免异好。猗嗟叶兄，登门最早，同学语我，谓其深造，往来参辰，初未之识。先师弃背，会葬唐石，暂遇忽散，未遂亲炙。及来江东，讲切晨夕，谈余论隙，每得从容，豁达无我，洞然素胸。自此再去，无繇再逢。虽不会面，音书屡通，有得必告，道同气合。"① 陈文蔚宦情淡薄，一生不仕，故他从不在意同门师兄弟能不能高官厚禄，而更重视学术水平和修养造诣。从陈文蔚的描述中可以看出，在那群以继承朱熹之学为志业的朱熹亲传弟子中，叶味道是一个十分活跃的人物，也受到了普遍的尊重。

第三节　杜范与淳祐更化

上节讨论了端平更化中两浙朱子学的代表徐侨、叶味道的处境，此二人都以论思献替为己任，且在朝时间都不到一年，基本上没有机会卷入现实的政治运作。到了淳祐更化（1241~1245），两浙朱子学的另一重要人物杜范则直接拜相，身处政治漩涡的最中央。

一　杜范的政治作为

杜范（1182~1245），字成己②，号立斋，台州黄岩人。杜范的叔祖杜爆，字良仲，是朱熹门人，③ 其弟杜知仁，字仁仲，仰慕朱子之学，

---

① 陈文蔚：《克斋集》卷十一《祭叶殿讲》，《文渊阁四库全书》册1171，页89。
② 《宋史本传》作"成之"，《南宋馆阁续录》、黄震《戊辰修史传·丞相杜范》作"成己"。刘宰《漫塘集》卷十九有《杜成己字序》，《宋史》误。
③ 杜爆，又作"杜煜"，见本书绪论"两浙籍贯朱熹门人简表"。

但未亲炙朱子，杜范称之为"方山叔祖"。① 杜范中嘉定元年（1208）进士，调任金坛尉。至嘉定十年（1217）②，再调婺州司法。在婺州任上，曾得到乔行简的赏识，《清献集》卷二《太师平章乔文惠公挽歌词三首》第三首云："忆在乌伤日，惊腾鹗荐辞。自怜拘法守，何以答心知？"③ 即指此事。绍定三年（1230），主管户部架阁文字。绍定六年（1233），迁大理司直。端平元年（1234），迁军器监丞。端平二年（1235）九月，除秘书郎。④ 寻拜监察御史。端平溃败，杜范论丞相郑清之不已，改太常少卿。端平三年（1236）十月，迁秘书监，兼崇政殿说书。十二月，除殿中侍御史。⑤ 在殿中侍御史任上，弹劾参知政事、签书枢密院事李鸣复，改起居郎，不就，改授江东提刑、浙西提刑，皆不就，李鸣复亦出任外官。

嘉熙二年（1238），差知宁国府。嘉熙三年（1239）到任。四年（1240）召还朝，入对称旨，迁权吏部侍郎兼侍讲。十一月，迁吏部侍郎兼中书舍人、兼权礼部尚书，改礼部尚书兼中书舍人。淳祐二年（1242）六月，擢同签书枢密院事。四年（1244）正月，迁同知枢密院事。时李鸣复任参知政事，杜范耻与其同列，固辞，除资政殿学士、中大夫、提举万寿观兼侍读，理宗不得已罢李鸣复。时值丞相史嵩之遭丧，十二月，拜范锺左丞相、杜范右丞相。五年（1245）四月卒，赠少傅，谥清献。

因为资历较浅，杜范在宁宗嘉定年间默默无闻，至端平二年（1235）军器监丞任上转对时，他揭穿了端平更化的名不副实：

> 陛下亲览大政，两年于兹。今不惟未睹更新之效，而或者乃有浸不如旧之忧。夫致弊必有原，救弊必有本，积三四十年之蠹习，

---

① 杜范：《清献集》卷一《方山和篇再和韵》，《文渊阁四库全书》册1175，页606。杜知仁生平见赵师夏《方山隐士杜君圹志》，收入《赤城集》卷十六（《北京图书馆古籍珍本丛刊》册114，页177~178）。
② 杜范：《清献集》卷一《丁丑别金坛刘漫塘七首》，丁丑即嘉定十年。《文渊阁四库全书》册1175，页605。
③ 同上，页621。
④ 《南宋馆阁续录》卷八，页302。
⑤ 《南宋馆阁续录》卷七，页247。

第三章 晚宋两浙朱子学的政治处境

浸渍薰染，日深日腐，有不可胜救者，其原不过私之一字耳。陛下固宜惩其弊原，使私意净尽。顾以天位之重而或藏其私憾，天命有德而或滥于私予，天讨有罪而或制于私情，左右近习之言或溺于私听，土木无益之工或侈于私费，隆礼貌以尊贤而用之未尽，温辞色以纳谏而行之惟艰，此陛下之私有未去也。和衷之美不著，同列之意不孚，纸尾押敕，事不预知，同堂决事，莫相可否，集义盈庭而施行决于私见，诸贤在列而密计定于私门，此大臣之私有未去也。君相之私容有未去，则教条之颁徒为虚文。①

史弥远专权所积累的"积三四十年之蠹习"一时之间难以去除，理宗本人不能从谏如流，对于朱子学人士表面上礼貌备至，但"用之未尽"，"此陛下之私有未去也"。当时颇有人望的宰相郑清之，其思想本质上是史弥远专权的产物，其政治路线并未因史弥远去世有所改变，而且郑清之与其他宰相执政不能和衷共济，"此大臣之私有未去"。端平三年（1236），杜范改监察御史，对郑清之的抨击更加尖锐，尤其针对道学士大夫心目中对郑清之抱有"礼贤下士""持身清廉"的幻想，杜范认为：

而大臣方且为固位持禄之计，孰与任社稷存亡之忧？且其好善之名不足以掩恶直之实，尽公之念不足以胜为私之情，一身之廉不足以盖一家之贪。而同列之人，存形迹以苟容，几于具位；视颠危而莫救，徒有空言。是以出一令、立一事，漫无成谋，卒无定见。②

杜范认为，郑清之表面上礼贤下士，将真德秀、魏了翁之流召入朝廷，但在重大的政治决策上师心自用，且与右丞相乔行简不睦。杜范对郑清之的批评，在某种程度上也包括了相当一部分通过端平更化入朝的朱子学士大夫。像真德秀就把端平元年（1234）军事上的溃败归结为史

---

① 《宋史》卷四〇七《杜范传》，第三十五册，页12279~12280（文中所引出自《宋史》，乃《清献集》所载原文的缩略）。
② 杜范：《清献集》卷六《端平三年三月奏事第一札》，《文渊阁四库全书》册1175，页655。

弥远三十年专权的恶果,把史弥远比作庸医,却把郑清之比作扁鹊,被庸医耽误得病入膏肓,即使是扁鹊也无能为力,表现出对郑清之的某种偏袒。黄震《真德秀传》曾比较杜范与真德秀对郑清之的态度:"其(真德秀)议论与范严恕不同乃如此!"并在传末赞文中对真德秀有所批评:"(真德秀)天下浩然归重,所望致太平者,而独不知端平贪妄之为非,何哉?"①称赞杜范目光如炬,很早就看清了郑清之的本质,而对真德秀回护郑氏感到不解。

不但郑清之是私,乔行简、史嵩之也是私,只是私的表现形式不同:"且端平尝改绍定矣,而弊反甚于绍定;嘉熙又改端平矣,而弊益甚于端平;淳祐又重改嘉熙矣,而弊又加甚焉,何哉?盖端平失于轻动,嘉熙失于徇情,而淳祐则失于专刻。轻动者,其私在喜功;徇情者,其私在掠美;专刻者,其私在固位。是三者同出于私,而专刻又私之尤甚者也。"② 乔行简在嘉熙年间独相,过于宽大徇情,去恶不力,受到了杜范的批评。史嵩之具有很出色的军政才能,果于自用,因此轻视道学士大夫,故杜范评其为"专刻"。但和郑清之不同,乔行简在端平更化中反对用兵,因此杜范对其评价较郑清之高,《太师平章乔文惠公挽歌词三首》第一首即云:"奕世诸贤辅,清朝得老成。谏兵秦蹇叔,忧国汉萧生。更化人皆仰,调元位独亨。天迟诸葛死,尚欲致升平。"③

既然把国势颓唐的根源落实到皇帝、大臣的"私心未去",那么朱子学就有用武之地。淳祐二年(1242),杜范拜同签书枢密院事,进对时,将国势之安危完全归结于理宗一心一念之间:"人主代天理物,一毫之私不容间也。……剥复之机,特在陛下一念转移,人心皆于此乎观之。"杜范认为理宗的各种弊政"私恩之酬""私昵之爵""私怨之宿""私敕之降""私财之贮"统统违反天理,是"私心"的表现:"动不以天,其何以弭变?"④ 因此,解决南宋政治经济危机的根本出路在于正人心,因此朱子学的官学地位只能更加巩固,不能削弱。杜范讲:

---

① 黄震:《戊辰修史传·参知政事真德秀》,《丛书集成续编》第二十二册,上海书店,1994,页158、159。
② 杜范:《清献集》卷十三《相位五事奏札》,《文渊阁四库全书》册1175,页713。
③ 杜范:《清献集》卷二,《文渊阁四库全书》册1175,页621。
④ 杜范:《清献集》卷十二《签书直前奏札》(第一札),《文渊阁四库全书》册1175,页710。

近者召用儒臣，发明格物致知、诚意正心之学，盖以人之一心，万事主宰，故欲阐先贤之格言大训，以切劘陛下之心术，为建事立业之基，此正大臣格心事业。虽施之于用，未睹厥成，此当责之于用功未实，故成效未著，不可以其言为清谈无益实用，而欲委而弃之也。窃闻近有好议论者，从而诋訾讪笑之，是将以不致之知、不诚之意、不正之心，而欲有为于天下，万无是理。陛下一惑其言，则将有厌薄儒学之意，而奸驵嗜利之徒，偷为一切以攫取陛下之富贵者，乘间而售，则人心失而国本摇，天下事去矣。此贤不肖进退之机，天下安危之所系，不可不谨也。臣愿陛下亦崇儒学，以其讲明，见之力行，毋徒资诵说，以事美观，而卒堕或者清谈之讥，则天下幸甚。①

作为端平更化的重要组成部分，朱子学传人如真德秀、叶味道、徐侨等纷纷入朝，侍读侍讲，虽然这是郑清之虚伪礼贤的结果，但他们入朝之后所讲之学是朱子学，朱子学正是正心去私之本，是当务之急。尽管杜范激烈地否定端平更化，却认为应该为端平更化的失败负责的不是朱子学，而是真正在主导军国大政的人物，首当其冲的自然是两府大臣的领袖郑清之，不能躬行践履朱子学。如果有人（譬如李鸣复、史嵩之之流）把端平的失败归结于朱子学的讲学，那就是"奸驵嗜利之徒"。可见，杜范对朱子学的有效性抱有不可动摇的信仰，一切问题不在于尊崇朱子学是否正确，而在于朱子学的理论是否真正地被实践了，即所谓"见之力行"。

对端平更化中的魏了翁，杜范则表示了极大的同情，因为当时郑清之没有给予前方督视京湖军马的魏了翁以足够的事权："以至宏建督府，付以阃外之寄，奏劾细事，亦且稽于报行，其何以使之作厉士气，责其御侮之功？当此危急存亡之秋，而玩视若此，此臣之所未谕也。"② 所谓"奏劾细事"，就是魏了翁在前方赏罚将士的奏状，朝廷不但没有充分支

---

① 杜范：《清献集》卷五《军器监丞轮对第一札·贴黄》，《文渊阁四库全书》册1175，页643。
② 杜范：《清献集》卷六《边事奏札（台中上）》，《文渊阁四库全书》册1175，页650。

持，反而迁延不议，最终魏了翁黯然离任。杜范总结整个过程："如近者督府之始建也，仓卒而行之，继乃灭裂而遣之，其终也，模糊而罢之，徒有邱山之费，曾无锱铢之补。凡此等类，非止一端。以是而继体守文犹且不可，尚欲其兴衰拨乱，不已难乎？"① 事实上，魏了翁自己对被外派督师也极感突然，毫无准备，就像杜范说的"始建也，仓卒而行之"，显示了郑清之对魏了翁的猜忌和防范。魏了翁的例子说明，朱子学没有被切实地贯彻于现实政治中，自然不能对端平更化的失败负责任。

  杜范对朱子学的坚定信念，和他在端平更化中表现出的远见卓识，为他赢得巨大的人望。他拜相后，朱子学大夫仿佛在漫长的黑夜中顿时看到久违的曙光："权臣（指史嵩之）夺起复，而杜立斋相、游克斋召矣。当是时，朝廷清明，众正来会，公论为之大快。臣知有忠，子知有孝，士大夫知有邪正。"② 黄震也说："时范已病，亦力疾思报，条革时弊，善类相庆，都人欢呼载道，天下方欣欣望太平。"③ 这种说法的夸张程度是显而易见的，社会风气不可能在杜范为相的80多天里得到根本扭转。吴泳则把杜范拜相后的处境与北宋哲宗元祐年间司马光拜相相比："大丞相平日清夷，直大事到手，幸勿以忧畏为怀。元祐初，或有以他日报复之事撼温公者，公以为天若祚宋，必无此事。丞相傥有大建明，终利于国家者，便当于进见之初，历历敷奏，不必疑其所行也。"④ 吴泳的忧虑不是没有道理的，道学士大夫向来难进易退，爱惜羽毛，面对小人攻击时，容易选择退出政局自保，吴泳鼓励杜范像司马光那样对赵宋王朝的气数充满信任，不避嫌怨，勇于任事。事实是，杜范拜相后碰到的第一难题是疾病缠身、精力不济。罗大经《鹤林玉露》有这样一则故事：

  杜成己为相，以为宰相日见宾客，疲神妨务，无益于事，乃不复见客，但设青柜于府门，有欲言利害者投之。越旬日，并柜撤去。

---

① 杜范：《清献集》卷六《端平三年三月奏事第一札》，《文渊阁四库全书》册1175，页655。
② 祝穆：《方舆胜览》卷十八《信州·人物·徐元杰》上册，中华书局，2003，页321。
③ 黄震：《古今纪要逸编·理宗》，《四明丛书》第二册，广陵书社，2006年影印本，页884。
④ 吴泳：《鹤林集》卷二十七《答杜成己书》。

有题一联于府门者曰："杜光范之门，人将望而去矣；撤暗投之柜，我且卷而怀之。"夫题门者则已薄矣，而成已此举，亦未之思也。①

罗大经觉得那个题门联的人固然轻薄，而杜范此举也是欠考虑的，毕竟接见宾客是宰相获取信息、沟通下情的一个重要途径。杜范此举的真实原因是他的精力不济，应付公事已经难以为继，遑论接见宾客？病势如此，加上南宋政权内外交困，百务丛脞，使得政务积压，不能处理。到淳祐五年（1245）三月，杜范已病重。驾部郎官江万里入对时批评说："二相（指杜范与范锺）退逊太过，中外皆无精彩。"理宗表示同意。②杜范的"退逊"并不是因为担心小人报复，而是精力不济，左丞相范锺则又又怕蒙受独断专擅的恶名，不敢负起责任。三月初七日，杜范面对理宗奏称："范锺与臣固同心协恭，但意见有异同，秉性有缓急。臣今病体未复，尚当告假，又不得时与范锺面议可否，以致事有积滞，颇涉人言。"③杜范很快无法支持而去世。

杜范去世后，也许是受了吴泳启发，黄震也把杜范与司马光相比："公未贵，人已比之司马公，上亦尝以司马公目之。……其迹往往类司马公。时司马公承新法蠹民之弊，可决裂变之一旦；公乘权臣蠹坏风俗之弊，非一旦可变，此其效为不同。然司马公受知宣仁，公受知理皇，皆所谓千载一时，乃皆天夺之遽，志士仁人所为掩卷于邑而不能已已者也。"④

二 杜范对朱子学的维护

按照黄震的说法，杜范以躬行践履为主，"《易》、《礼》、《春秋》、《禹贡》、关洛诸儒微言，皆有论述"。⑤然而这些著作大多亡佚，现在只能从《清献集》和其他人的转述中略知一二。

首先看杜范研习朱子学的方法。嘉熙三年（1239）前后，杜范知宁

---

① 罗大经：《鹤林玉露》丙编卷五"置青柜"，页320~321。
② 《宋史全文》卷三十四，页2267。
③ 杜范：《清献集》卷十四《三月初七日未时奏》，《文渊阁四库全书》册1175，页727。
④ 黄震：《古今纪要逸编·丞相杜范》，《四明丛书》第二册，页889。
⑤ 黄震：《戊辰修史传·丞相杜范》，《丛书集成续编》第二十二册，页153。

国府时，府学教授林某以朱熹《大学章句》中的三句话为题考试诸生，并将考卷送杜范过目。杜范批阅这批试卷后复信，专门谈如何钻研、理解朱熹的《大学章句》：

> 朱文公《大学章句》《或问》，其说极详尽明白，但熟复深味，则三句之意晓然。今观诸兄所释，多未通透稳实，想是初看此等文字，未能浃洽故尔。中间有邵应桂、王一鹗颇胜余作，又有邹学宾老而不倦，亦良可敬。……余者或敷演泛滥，援据差舛。又其间有全不曾看文公之说，草草塞白者。今漫以愚见略批数字，更望潜心讲学，且只于文公《章句》《或问》中仔细研究，以求通彻。或有所疑，不妨相与质难。此邦陈司理，其乃祖克斋先生（宇按：即陈文蔚），为文公高弟，其家庭讲贯，颇有源流。恐某郡事颇冗，无暇商榷，切幸从司理一叩之，必有切磋之益。府教更宜以此意勉诸生，不胜至望。①

杜范在百忙之余亲自批改府学学生的习作，批改标准就是必须以"文公之说"为旨归。读朱熹《大学章句》，应该通过《或问》辅助，而不需其他杂书，主要依靠反复涵泳，其意自现。杜范认为，陈文蔚的孙子时任宁国府司理参军，"家庭讲贯，颇有源流"，希望府学师生多多向他请教。可见，杜范很重视陈淳所说的"师友渊源"，如有可靠的传授则在修习钻研时不走歪路，义理纯正。总之，离开朱熹的时代越远，朱子学的文献积累越来越多，初学者未免眼花缭乱，在这种情况下，杜范对传授统绪更加重视，强调把注意力聚焦到经典文本的本身。

一方面是加强对朱子学著作的研读和理解；另一方面，对朱子学以外的思想，如浙学、陆九渊心学，也要加以分辨，不能混淆。杜范的学生车若水（也曾向陈文蔚问学）早年倾心于叶适（号水心先生）的辞章之学，后在杜范的指导下，方知叶适的辞章之学为朱子学的异端：

> 予登筼窗（陈耆卿）先生门，方逾弱冠。……相与作为新样古

---

① 杜范：《清献集》卷十五《与林教授札》，《文渊阁四库全书》册1175，页732。

文,每一篇出,交相谀佞,以为文章有格。……既而见立斋先生(宇按:即杜范),见教尤切。后以所作数篇呈之,忽贻书四五百言,痛说水心之文。是时,立斋已登侍从,其意盖欲痛改旧习不止,如前时之所诲也。予此时文字已自平了,但犹有作文之意,而自家讲习,多为外物所夺,然未尝不自知。先曾有诗呈立斋先生,云:"童牙苦咕毕,嚼瓜灯烬烂。衡缩高于丘,才作文字看。精微隔几尘,健笔抵流湍。开眼天地燎,始识用书难。千葩惭一实,本根耐岁寒。"先生甚喜,常常吟咏。顾昏懦不能大激励,盖知世间学问只有一路矣。先生不以文名,而论作文之法,极是切至。①

陈耆卿是叶适门人,主要继承了叶适的词章之学,车若水曾向其问学。这里提到"立斋已登侍从",当是淳祐元年(1241)以后事。可以看出,杜范对叶适十分警惕,在他心目中"世间学问只有一路",就是朱子学。杜范所大加激赏的车若水诗,结以"千葩惭一实,本根耐岁寒"一联,意指叶适之学为"千葩",朱子学是"一实";朱子学是足以"耐岁寒"的"本根",而"千葩"只会凋谢。这从侧面反映了杜范对朱子学的态度,以及他的文学观。

对陆九渊心学,杜范的态度更加复杂,《清献集》卷十七有《跋杨慈湖为陈孔肃作修永室记且自为之书》,杜范说:

> 孔肃名室之意深矣,盖知道远难至,而欲勉强力行,以致悠久不息之功也。慈湖广其说,至"无思无为之妙",其旨几于过高,且修之为义,似亦未之及。然观其字画,端严清劲,使人望之凛然,亦足以见其所存不惰,而随寓有则。学者因是以收敛此心,而日加存养焉,岂非所谓修己以敬者耶?②

从理论上,杜范批评杨简宣扬"无思无为之妙",崇尚顿悟,而失去了"渐修"工夫,有流入禅宗的危险。但是,杜范从杨简的书法中看

---

① 车若水:《脚气集》,《文渊阁四库全书》册865,页530。
② 杜范:《清献集》卷十七,《文渊阁四库全书》册1175,页744。

出他确实有很深的"收敛"工夫,时时提醒,察识本心,对于后学来说,能达到这样的修养境界也值得称道。这说明,不管陆学和朱子学的分歧有多么大,两家在工夫论上其实有一定的共同之处。

小　结

徐侨、叶味道、杜范三人,作为两浙朱子学的代表人物,在端平、淳祐两次更化中扮演的角色是完全不同的。如果没有端平更化,徐侨、叶味道可能循着黄榦当年的轨迹,以辗转外任或奉祠终老,这样的生活虽然牺牲了仕途的显达,却无疑有了更加充裕的时间研究朱子学、传播朱子学。然而端平更化发生了,徐侨和叶味道得以在经筵这个平台上"格正君心"。由于他们的知名度远不如真德秀、魏了翁,因此士大夫寄予他们的期望值也与真德秀、魏了翁相去甚远,结果他们在此期间所发挥的有限的正面作用,反而显得十分突出。杜范所面临的客观形势与徐侨、叶味道完全两样,正如上文所引黄震所说的那样,当他拜相时,肩上承担的是扭转乾坤、转危为安的重任,理宗和道学士大夫的期待之高,足以将身体羸弱的杜范压垮。

端平、淳祐两次更化的失败,尤其是杜范去世后不久郑清之二次拜相,彻底断送了南宋国运。巨大的挫败感让理宗产生了怀疑,将道学士大夫引致朝廷共治天下的努力何以失败?嘉熙元年(1237),端平更化已告失败,时任中书舍人的袁甫奏对说:

> 臣窃见端平更化之始,魁垒者艾,俊杰之彦,济济在列。陛下锐意望治,众贤交进嘉谟,曰"敬天爱民",曰"讲学纳谏",言制敌则曰"勿和",言救楮则曰"节用",此皆究极根源之地。而陛下日闻众君子之说,以为如此可以坐致升平矣。而算计见效,茫如捕风,内阻外讧,楮轻物贵,人情惶惑,国势贴危,以为端平君子未能有过于嘉、绍,而反不及焉。于是心疑君子之无益于人国矣。[①]

---

① 袁甫:《蒙斋集》卷七《中书舍人内引第二札子》,《文渊阁四库全书》册1175,页408。

袁甫读奏劄至此时，理宗突然插话："端平更化之初，贤者布在朝廷，不曾做得一事，众弊缪轕，愈不可为。"袁甫回奏："非是端平君子无益于人国，乃是朝廷任用不笃，未能使君子展尽所长耳。陛下先疑君子无益于人国，乘间者即谓君子误国。今日陛下能不悔用君子，此则大计利害。"①为什么端平诸贤已经"究极根源"，治平之效却没有实现？在袁甫看来，理宗把扭转国势看得过于轻易，以为正确的理论就能解决一切，当这种急躁心理在现实面前遭遇挫折时，理宗又萌生了"君子无益于人国"的想法。事实上，理宗重用史嵩之、李鸣复，乃至一度企图起复袁韶的表现，都说明他对依靠什么类型的士大夫治理国家，有了新的思考。

历史给理宗的另一个机会，就是淳祐四年（1244）杜范拜相。端平更化的失败，道学士大夫还可以把责任推到主导政权的郑清之身上，那么朱子学的传人杜范拜相，局势是否有所转机呢？黄震把杜范拜相拔高到南渡以来正人柄政第一例的高度上："我理宗方倾心仰成，众弊方条陈更新，边将亦方洗心听命，乃才八十日而终，呜呼！其所关系何如哉？"② 杜范不幸早死而南宋气势急转直下。

到了淳祐五年（1245）三月，驾部郎官江万里对，论及端平更化、元祐更役法事，理宗说："只因太骤了。"万里云："君子只知有是非，不知有利害。"上曰："元祐君子，亦自相攻。"万里云："此小人所以得乘间而入。今收召未多，恐元气不壮，无以胜邪气，全在陛下把捉耳，前者端平把捉不定，改更不过如绍圣；第二番把捉不定，更无复新之日矣。"③ 此时杜范还在相位，江万里鼓励理宗不要犹豫彷徨，继续聚集"君子"，克制小人的邪气。然此时理宗的疑心较嘉熙元年（1237）更重，居然说："元祐君子，亦自相攻。"如果君子也互相攻击，那么整个朝廷的团结如何保证？端平更化、淳祐更化的失败留下来一个历史难题：朱子学的有效性是否仅仅限于格物、致知、正心、诚意的范围，对于治国、平天下是否无能为力？由于真德秀、魏了翁、杜范、徐侨、叶味道

---

① 袁甫：《蒙斋集》卷七《中书舍人内引第二札子》，《文渊阁四库全书》册1175，页410~411。
② 黄震：《戊辰修史传·丞相杜范》，《丛书集成续编》第二十二册，页154。
③ 《宋史全文》卷三十四，下册，页2266~2267。

等人匆匆去世，这个悬案已经无法得到解答了。

然而，自嘉定元年（1208）以来的朱子学官学化运动，在经历30多年的突进之后，至淳祐年间已呈现强弩之末。如果说淳祐元年（1241）五先生从祀是朱子学官学化的顶峰的话，那么在杜范去世后，朱子学官学化运动再没有取得质的突破，而只是在量的范畴上继续积累。表面上看，由于朱熹弟子越来越少，因此对他们的褒扬仍在继续，譬如：淳祐五年（1245）三月诏，陈畏、叶武子（朱熹弟子）年高德粹，静退可嘉，升畏集英殿修撰，武子秘阁修撰①；淳祐六年（1246）四月，朝廷旌异朱熹门人胡安定、吕焘、蔡模，诏补迪功郎，添差本州教授，仍令所属给札录其著述，并访以所欲言。② 景定二年（1261），吕祖谦、张栻亦跻身从祀，这虽然是一件大事，但无非是淳祐元年（1241）从祀的一种延续。

而另一方面，朱子学人士所渴望的实质性突破没有出现。第一，在制度层面上，朱熹的《四书章句集注》虽然列于学官，但作为科举标准的地位一直没有明确，"四书"也没成为独立的考试内容。第二，在儒家经典体系中，"四书"相对于五经的优先地位一直没有得到官方的承认。《论语》的"小经"地位屈居"五经"之下，徐侨虽然曾经提议把《论语》升为"鲁经"，却不了了之；《孟子》的"经"的地位一直不稳定，时而为小经，时而为子书，时而"经子两属"。元朝的实践证明，这两步已是箭在弦上、不得不发，但热爱朱子学的理宗却没有把朱子学官学化的最后一步迈出去，到底是什么原因让他怀疑、动摇了呢？一个可能的理由是，端平更化、淳祐更化已经让他对道学士大夫彻底失去了信心，这种失望无疑波及朱子学。来自理宗的推动朱子学官学化进程的动力逐渐减弱乃至消失，这一进程在淳祐六年（1246）后已经停止了。

---

① 《宋史全文》卷三十四，下册，页2267。
② 《宋史全文》卷三十四，下册，页2271。

第四章　辅广《诗童子问》与朱子学学统的完善

辅广是重要的浙籍朱子门人，魏了翁称赞其："汉卿从朱文公最久，尽得公平生言语文字。"① 在黄榦主持的《池录》中，辅广排名第二，因为辅广所记绍熙五年（1194）语，曾经朱熹本人审阅，故黄榦认可辅广是"学者"，所记语录的学术价值甚高。《宋元学案》为其立《潜庵学案》，表彰其传播朱子学之功。正如本书《绪论》所指出的那样，从《潜庵学案》看，辅广在两浙地区的弟子很少，但其学术思想注重从学统范畴上羽翼朱子学，故值得深入讨论。本章重点围绕辅广《诗童子问》与朱熹的《诗集传》的相互关系，讨论辅广是如何完善朱熹的《诗经》学体系的。

第一节　辅广的生平和《诗童子问》

辅广〔宁宗时（1195~1203）〕字汉卿，号潜庵，祖籍赵州庆源。父逵，字彦达，南渡，隶杨和、王沂中麾下，累立战功，官至左武大夫邵州防御使，知泰州，老居崇德之晚村，遂以崇德为籍贯。辅广生于军中，以父荫授保义郎，转忠训郎，漕举四试不第。② 他曾从吕祖谦讲学，具体时间不详。由于崇德与临安邻近，加上需要应试，辅广长期居留在临安，并于绍熙五年（1194）在临安第一次见到了朱熹。朱熹见后认为

---

① 魏了翁：《鹤山先生大全文集》卷五十三《朱文公语类序》，《四部丛刊初编》册205，页2。
② 以上据黄宗羲《南雷文钞·辅潜庵传》，《黄宗羲全集》第十一册，页31。按：黄宗羲此传大抵根据《崇德县志》，其中又有取材于真德秀《西山文集》卷三十六《跋辅汉卿家藏朱文公帖》（《文渊阁四库全书》册1174，页573）。清人陆心源《宋史翼》卷二十五《辅广传》（中华书局1991年影印光绪三十二年刊本，页268）乃撮取《至元嘉禾志》《崇德县志》而成。

"伯恭旧徒无及之者"①，表扬辅广"身在都城俗学声利场中，而能闭门自守，味众人之所不味，虽向来金华同门之士，亦鲜有见其比者"②，对他印象非常之好。庆元三年（1197），辅广到建阳考亭沧洲精舍追随落职罢祠的朱熹，问学三个月离去。庆元五年（1199），辅广又一次来到考亭，向朱熹问学。③

朱熹去世后，辅广似仍然往返于崇德和临安之间。嘉泰四年（1204）开始，辅广与时任武学博士的魏了翁结识，并同朱熹弟子李方子共读朱熹著作。④ 开禧二年（1206），时任校书郎的魏了翁因亲老自请补外，临行前，辅广向他赠送了朱熹《朱氏语孟集注》。⑤"嘉定更化"后，辅广仍然寓居临安，继续保持与朱学人士的交往，并成为当时的参知政事卫泾的门客。卫泾素来同情朱学。其间，辅广曾上书朝廷，言语激切，竟遭贬斥。真德秀也在此时认识了辅广：

> 嘉定初年，识公都城，容止气象不类东南人物，话言所及，皆诸老先生典刑，私窃起敬。当时达官贵人有知公者，举措少不合物情，公辄尽言规戒。会中执法新受命，遂劾公，然在朝时未知所坐果何事。后二十余年，乃见公上政府书一通，其论是非成败，至今亡一语弗验。呜呼，贤哉！宜其为文公所重也。⑥

真德秀所谓"当时达官贵人有知公者"，当为卫泾。所谓"会中执法新受命"，指嘉定元年（1208）五月上任的御史中丞章良能，章良能于六月弹罢了卫泾，并殃及辅广。从《至元嘉禾志》卷十三《辅广传》和真德秀这段话看，辅广在嘉定元年（1208）是有官职的，但具体何官

---

① 朱熹：《晦庵集》卷四十八《答吕子约》（"所喻博文约礼"），《朱子全书》第二十二册，页2244。
② 朱熹：《晦庵集》卷五十九《答辅汉卿》（"示喻所疑"），《朱子全书》第二十三册，页2839。
③ 辅广三次亲炙朱熹的时间，参见方彦寿《朱熹书院与门人考》，页194~195。
④ 彭东焕：《魏了翁年谱》，四川人民出版社，2003，页96。
⑤ 彭东焕：《魏了翁年谱》，页112。
⑥ 真德秀：《西山文集》卷三十六《跋辅汉卿家藏朱文公帖》，《文渊阁四库全书》册1174，页573。

第四章 辅广《诗童子问》与朱子学学统的完善

不详,也可能就是黄宗羲说的"忠训郎"。黄榦《勉斋先生黄文肃公文集》卷七又有《复辅汉卿主管书》,可知辅广后来一直以"主管某某庙"的名义奉祠。卒赠朝奉郎,卒年不详。

辅广的主要著作有《语孟学庸答问》《六经集解》《诗童子问》《通鉴集义》《潜庵日新录》《师训编》等,今人编有《辅广集辑释》,汇集了辅广的单行本著作和著作辑佚,即《诗童子问》《礼记解》《朱子读书法》《孟子答问》《论语答问》,为研究辅广提供了很大的便利。①

尽管辅广在朱门弟子中地位很高,却没有留下知名的弟子,倒是黄震通常被学术史家们引为辅广一系。据黄宗羲、黄百家考证,辅广在浙东的传人就有韩翼甫、韩性、刘敬堂、余端臣,再传而有黄震。然而,无论是韩氏父子、还是余端臣,都没有见过辅广。相关情况已在本书"绪论"中详加考证,这里不再赘述。纵观《宋元学案》相关学案,不难发现,完整地从辅广那里继承朱子学术思想的,反而是与其同辈的魏了翁。正是在辅广的帮助下,魏了翁在学术思想上发生重大转型:"某少时只喜记问词章,所以无书不记。甲子、乙丑年间,与辅汉卿、李公晦邂逅于都城,即招二公时时同看朱子诸书。只数月间,便觉记览词章皆不足以为学。于是取六经、《语》、《孟》,字字读过,胸次愈觉开豁,前日之记览词章者,亦未尝不得力。"② 开禧二年(1206),辅广将《语孟集注》和朱熹语录中关于《论语》《孟子》的部分赠送给他,这部分内容大概占到整个朱熹语录的十分之二三。这说明二人在魏了翁任职临安期间已经有很深的交往,而这种程度的交往在《潜庵学案》所列其他辅广门人中反而看不到。

与真德秀一样,魏了翁在宁宗嘉定更化到理宗端平更化之间,是朱子学的象征人物,他虽然不是朱熹的嫡传,却在推动朱子学合法化、朱子学在四川的传播方面居功至伟,他在这方面发挥的作用没有一个朱学亲传弟子能够相与匹敌。而魏了翁的朱学学养来源于辅广,由此可见辅广在后朱熹时代朱子学的传播上所发挥的作用。

《诗童子问》是朱熹弟子中第一部羽翼朱熹著作的专书。所谓"童

---

① 辅广:《辅广集辑释》,田智忠辑校,福建教育出版社,2017年。
② 魏了翁:《鹤山先生大全文集》卷三十五《答朱择善(改之)》,《四部丛刊初编》册205,页17。

子问"，是辅广不敢自比先师朱子的谦称，元人胡一中云："尊其师说，退然弗敢自专，故谦之曰'童子问'。"① 据辅广之孙辅之望称，"童子问"是辅广一个系列著作，即"朱子'四书'《诗传》《通鉴纲目》童子问"②，但仅有《诗童子问》全书流传了下来。辅广对《诗童子问》的设计并不是一部"独立"的、完整的诗经学著作。事实上，辅广也无意"通释"全部三百篇，更不重视《诗童子问》本身的形式是否美观，甚至干脆省略了《诗经》经文，而旨在帮助《诗集传》成为一部更加完美的诗经学经典著作。它不同于黄榦、杨复的《仪礼经传通解续》、蔡沈的《书集传》，盖此二书都是完整、独立的解经之作，朱熹在生前就已经确立了二书的撰作思路和原则，并亲自动手撰写了部分章节以为示范，二书的解释对象还是儒家经典。《诗童子问》是以朱熹的诗经学理论，尤其是《诗集传》为解释对象的。尽管在后朱熹时代这一类型的著作会越来越多，但辅广的《诗童子问》无疑是破题之作。

长期以来，学术界对《诗童子问》的研究并不活跃，陈明光《辅广诗童子问初探》一文③，总结了此前诸家的研究成果，是至今对《诗童子问》研究最为全面、深入的论文。陈明光在论文中指出，由于朱熹在解《诗》时不信任《小序》，故将《小序》从各篇前抽出，自成一文，单独加以解释，即所谓《诗传纲领》，为了申述师说、羽翼《朱传》、补《朱传》未备，辅广在《诗童子问》卷首即全文照录《诗传纲领》中所引述的古今诸儒论《诗》之语（不含朱熹诠解之文），然后随文诠说，不但对《诗传纲领》中已经明确的观点继续加以阐发、申说，还对《诗传纲领》没来得及驳斥的部分小序进行了补充性质的批驳。

诚然，陈明光从证伪《小序》的角度描述辅广继承朱熹诗经学思想的脉络，举例充分，论证详细。但值得注意的是，《诗传纲领》一直单行，并非朱熹《诗集传》的一部分，而从《朱子语类》中可知，朱熹生前仅以《诗集传》为教材讲学，显示此书是朱熹经学体系中最成熟的代表作。尽管为了标示朱熹在诗经学史上的独特理论贡献，《诗童子问》把《诗传纲领》置于卷首，但其用力的重点还在于《诗集传》而非《诗

---

① 胡一中：《诗童子问序》，《辅广集辑释·附录》，第1532页。
② 辅政：《诗童子问跋》，《辅广集辑释·附录》，第1530页。
③ 陈明光：《辅广诗童子问初探》，《修平人文社会学报》第7期（2006年9月出刊）。

传纲领》。陈明光文当然没有忽视此点，也举出一些例证，说明"辅广诠解各诗，以申述师说、发明《朱传》，或补《朱传》的未备，其形式大抵类此"，而且能够自出新说："辅广在申明《朱传》之外，另有补苴《朱传》的未备、揭露一己《诗》学的意涵。"① 如辅广对《木瓜》的主题的理解就修正了《诗集传》的观点。② 不过，陈明光文对辅广羽翼《诗集传》的方面重视不够，这不能不说是一个遗憾。本章试图对《诗童子问》"羽翼"《诗集传》的具体情况进行分析，来说明以下三个问题。

第一，在什么情况下，朱熹《诗集传》这样的经典著作需要"羽翼"？

第二，"羽翼"具体的途径和方式有哪些？"羽翼"是不是意味着重复？

第三，"羽翼"与"修正朱说"、"创新朱说"的关系如何？二者会不会互不相容？

第二节　《诗童子问》对《诗集传》章旨的补充

《诗童子问》全书共十卷，卷首由《诗传纲领》《师友粹言》组成，其中《师友粹言》把朱熹与弟子关于《诗经》的问答，按照传统《诗经》学的要点（读诗法、乐与诗的关系、诗韵、六义等）分门别类，甚便学者。卷十为《协韵考异》，专门补充朱熹的"叶韵"说。中间八卷则对《诗》三百篇进行诠释。

《诗童子问》既不全录《诗经》经文，也不照录《诗集传》原文，而只是提供一个框架，套用《诗集传》的结构，按照篇目、章次、章句的顺序依序诠说。具体到某一篇中的某一章，《诗集传》的解释共分四个模块。

A. 艺术手法。即说明此章是赋，是比，或是兴。
B. 字句训诂。解释具体的字、词、句。

---

① 陈明光：《辅广诗童子问初探》，《修平人文社会学报》第 7 期（2006 年 9 月出刊），页 17。
② 陈明光：《辅广诗童子问初探》，《修平人文社会学报》第 7 期（2006 年 9 月出刊），页 16。

C. 各章章旨。训诂完成后，解释本章的主旨。章旨篇幅很短，一般为议论散文体，任务是解说、阐发义理。需要指出的是，章旨的位置一定位于末尾，但是位于末尾的并不一定是章旨，也可能是对本章最后一句的解释，从形式上很像章旨。在某些情况下，朱熹对末尾一句的解说也能够涵盖章旨，导致两者不容易区分。

D. 章句注。《诗集传》的"章句"位于全诗的末尾，其任务是说明某篇诗由几章组成、每章几句，而章的划分相应决定了全诗的韵脚如何确定。由于阅读习惯的关系，读者希望能从每首诗的开头（如《小序》就是如此）或者末尾找到对全诗主旨的总结，而"章句注"位于全诗的末尾，故承担起总结篇旨的任务。同时，有些无法在各章下做出解释的特殊问题，也可以在这个位置解决。因此，《诗集传》在章句之下出注对全篇的主旨进行总结，即所谓"篇旨"。而本来点出"篇旨"正是《小序》的主要功能，似乎存在这样一种可能，朱熹把《小序》从经文中抽出后，尝试用"章句注"这一模块来取代原来《小序》的功能。

在《诗童子问》中，辅广省略了 A、B 两个模块，而只有 C、D 二者。这首先说明，辅广在艺术手法和训诂的问题上，完全恪守《诗集传》；其次，他也无意让《诗童子问》成为一部完整的诗经学著作，以取代《诗集传》；最后，辅广认为朱熹诗经学的精彩之处全在于义理的发挥，故其"羽翼"的重点也在于此。

那么，辅广《诗童子问》对《诗集传》的"羽翼"到底如何？本节试图从"解释的覆盖面"这一角度入手，加以探索。所谓"解释的覆盖面"包含两个内容：（1）对经典文本的解释是否覆盖了该文本的所有结构层次；（2）文本的每一个层次、每一个部分是否都得到了完整的解释。就《诗经》而言，纵向的结构层次有六：风（或雅、颂）、什、篇、章、句、字，就《诗集传》而言，对它的完整解说就是具备了上面所说的 4 个模块。

以此为标准，在《诗集传》中，模块 A、模块 B 覆盖了全部 305 篇，以及每一篇的每一章，但是句、字两个层次则没有做到全覆盖。然而，辅广的兴奋点并不在此，如果他要沿着这一思路撰写《诗童子问》的话，就会在字词训诂上大做文章了。辅广对《诗集传》真正感到遗憾的是，模块 C（章旨）虽然覆盖了全部 304 篇，即每一篇都有章旨，但并非每一篇的每一章（《诗经》共有1150章）都有章旨。至于模块D（章句注）则只覆盖了126篇，留下的空白更大。

下文先分析，辅广是如何在"章旨"的层面上扩大《诗集传》的解释覆盖面的。为了使统计直观，口径统一，笔者把《诗童子问》"章旨"所解释的章与《诗集传》"章旨"所解释的章进行比较，发现两书章旨对170篇的解释是完全重合的，即一篇之中，每一章都得到了两书章旨的解释，或者每一章都没有解释。剩下的129篇则存在出入（剔除6篇没有内容的"笙诗"）。这个比较的意图是希望直观地反映《诗童子问》是如何在章旨的层次上补全《诗集传》的。现将这129篇的差异情况列出表4-1如下。

表4-1 《诗集传》《诗童子问》章旨覆盖对照

序号	篇名	章总数	《诗集传》章旨（章序号）	《诗童子问》章旨（章序号）
1	樛木	3	1	1，3
2	螽斯	3	1	1，3
3	桃夭	3	1	1，3
4	芣苢	3	1	1，3
5	汉广	3	1，2	全①
6	麟之趾	3	1	全
7	鹊巢	3	1	1，2
8	草虫	3	1	全
9	甘棠	3	1	1，3
10	摽有梅	3	1	1，3
11	小星	2	1	全
12	江有汜	3	1	1，3
13	柏舟	5	1，2，3，5	全
14	燕燕	4	1，4	3，4
15	日月	4	1，3	1，4
16	终风	4	1，2	全
17	北门	3	1，2	全
18	北风	3	1	1，3

① 《诗童子问》对该篇所有章都有章旨解释，此处注为"全"，下同。

续表

序号	篇名	章总数	《诗集传》章旨（章序号）	《诗童子问》章旨（章序号）
19	墙有茨	3	1, 2	全
20	鹑之奔奔	2	1	全
21	相鼠	3	1	3
22	考盘	3	1	全
23	河广	2	1	2
24	兔爰	3	1	1, 3
25	葛藟	3	1	1, 3
26	采葛	3	1	3
27	大车	3	1, 2	全
28	丘中有麻	3	1	3
29	叔于田	3	1	全
30	大叔于田	3	1, 3	全
31	羔裘	3	1	1, 3
32	遵大路	2	1	2
33	有女同车	2	1	全
34	萚兮	2	1	全
35	狡童	2	1	全
36	褰裳	2	1	2
37	丰	4	1, 2	4
38	东门之墠	2	1	2
39	风雨	3	1, 2	3
40	子衿	3	1	3
41	出其东门	2	1	全
42	野有蔓草	2	1	全
43	溱洧	2	1	全
44	还	3	1	3
45	南山	4	1, 3	4
46	甫田	3	1	1, 3
47	敝笱	3	1	3
48	载驱	4	1, 2, 3	4
49	汾沮洳	3	1	3

续表

序号	篇名	章总数	《诗集传》章旨（章序号）	《诗童子问》章旨（章序号）
50	园有桃	2	1	全
51	陟岵	3	1	1，3
52	蟋蟀	3	1，3	全
53	扬之水	2	1，3	全
54	无衣	2	1	全
55	有杕之杜	2	1	2
56	葛生	5	1，4	5
57	驷驖	3	1，2	3
58	小戎	3	1，2	3
59	蒹葭	3	1	3
60	渭阳	2	1	2
61	权舆	2	1	全
62	宛丘	3	1，2	1，3
63	衡门	3	1	3
64	东门之池	3	1	3
65	东门之杨	2	1	2
66	防有鹊巢	2	1	2
67	月出	3	1	3
68	株林	2	1	2
69	羔裘	3	1	1，3
70	素冠	3	1	1，3
71	隰有苌楚	3	1	3
72	候人	4	1，4	1，2，4
73	鸤鸠	4	1，2，3	1，3，4
74	破斧	3	1	1，3
75	四牡	5	1，3，5	1，2，4，5
76	天保	6	1，2，6	全
77	杕杜	2	1，3，4	全
78	南山有台	5	1	2，3，5
79	湛露	4	1	全
80	彤弓	3	1	1，3

序号	篇名	章总数	《诗集传》章旨（章序号）	《诗童子问》章旨（章序号）
81	菁菁者莪	4	1	全
82	白驹	4	1，3，4	2，3，4
83	黄鸟	3	1	1，2，3
84	斯干	9	1，4，5，6，7，8，9	1，2，3，4，6，7，9
85	小宛	6	1，2，3，4，5	全
86	巷伯	7	1，3，4，5，6，7	2，4，5，6，7
87	谷风	3	1，3	全
88	蓼莪	6	1，3，4，5	1，3，4，6
89	北山	6	1，2，3，4，5	1，2，3，4，6
90	小明	5	1，2，3，4	全
91	鼓钟	4	1，4	全
92	楚茨	6	1，4，5，6	全
93	信南山	6	1，3，4，5	1，3，4，5，6
94	鸳鸯	4	1，3	4
95	頍弁	3	1，3	全
96	青蝇	3	1	3
97	鱼藻	3	1	3
98	采绿	4	1，3，4	全
99	黍苗	5	1，5	1，2，4，5
100	隰桑	4	1，4	1，3，4
101	绵蛮	3	1	3
102	瓠叶	4	1	4
103	苕之华	3	1，3	2
104	大明	8	1，2，4，6，7，8	全
105	绵	9	1，2，3，4，7，8，9	全
106	棫朴	5	1，3，5	全
107	旱麓	6	1，2，3，4	全
108	灵台	4	1	全
109	下武	6	1，2，3，4，5	全
110	文王有声	8	1，3，4，5，6，7，8	全
111	生民	8	1，2，3，4，5，7，8	全

续表

序号	篇名	章总数	《诗集传》章旨（章序号）	《诗童子问》章旨（章序号）
112	既醉	8	1，3，4，5，6，7，8	全
113	凫鹥	5	1	5
114	泂酌	3	1	1，3
115	卷阿	10	1，2，3，5，6，7	全
116	民劳	5	1，4，5	全
117	板	8	1，2，4，5，6，7	全
118	荡	8	1，2，3，4，6，7，8	全
119	抑	12	1，2，4，5，6，7，8，9，10，12	全
120	云汉	8	1，4，8	全
121	嵩高	8	1，3，6，7	全
122	烝民	8	1，2，3，5，6，8	全
123	韩奕	6	1，6	全
124	常武	6	1，2，3，6	全
125	瞻卬	7	1，3，5，6，7	全
126	召旻	7	1，2，3，5，6，7	全
127	泮水	8	1，5，7，8	全
128	闷宫	9	1，3，5，7	全
129	长发	7	1，2，3，6	全

在全部129篇中，辅广对59篇进行了通释，并补全了另外22篇的章旨，这样一来，经过辅广的努力，一共有81篇的章旨达到了全面覆盖。辅广把数量如此之多的章旨加以补全，这是他羽翼《诗集传》的主要形式。

第三节 《诗童子问》对《诗集传》章句注的补充

上文从覆盖面的角度分析了《诗童子问》如何扩大了朱熹诗经学理论对《诗经》的解释力。下面，再从诗篇主旨的角度，考察《诗童子问》如何用"章句注"补充解释了《诗经》各篇。由于《诗集传》所要否定的对手《小序》关于篇旨的解释覆盖了全部三百篇，而《诗集传》中发挥篇旨的"章句"比重则很小。笔者统计，《诗集传》在"章句"下施以注文的一共有126篇，这其中包括了以下4种情况。

①对单篇诗的主旨进行总结的，此种情况占了主流。

②对"篇什"（即一组诗）主旨有所概括的。《诗集传》讨论了"周南""卫风""郑风""陈风""豳风""文王之什"六个系列的主旨，位于"召南"末尾的"章句注"，其内容实总括"周南""召南"（合称"正风"）的主旨。

③单纯讨论章句划分，不涉及对本诗主旨的理解。如《车攻》《沔水》两诗。

④虽然在"章句"下出注，却声明此诗的主旨难以理解。如《芄兰》"章句"下注云："此诗不知所谓，不敢强解。"《式微》《旄丘》两诗："此无所考，姑从'序'说。"①

因此，《诗集传》以"章句注"的形式明确本篇主旨的篇目不会超过100篇。那么，为什么会有将近200篇诗歌"章句"下无注呢？这里存在三种可能。第一，朱熹治学态度严谨，对于没有把握的"篇旨"，他宁肯阙疑，辅广在《诗童子问》中反复强调了朱熹的这一态度。第二，朱熹在该篇的前面各章"章旨"中已有十分详尽的发挥，故不在诗末尾的"章句注"中重复。第三，朱熹对此诗主旨的理解与《小序》相符，因此也不必重出。当然，到底基于何种考虑，朱熹在《诗集传》经常不加具体说明。

当然，有不少篇目，尽管朱熹已经在章句下出注，辅广为了阐发也同样出注，这里不讨论这种情况，而重点关注辅广是如何对《诗集传》中无"章句注"的篇目进行补充注释的。这种情况一共有23处，其中有1处是对"王风"十篇的概括，还有因为有些诗篇之间意义上有关联，乃采取串讲的形式，一共5处：《蝃蝀》《相鼠》《干旄》三诗为一组，《烝民》《嵩高》两诗为一组，《扬之水》《椒聊》两诗为一组，《公刘》与《泂酌》两诗为一组，《山有扶苏》《萚兮》《狡童》《褰裳》四诗为一组，实际涉及的诗篇数量达到38篇。那么，辅广《诗童子问》所补充的这23条章句注有哪些特点呢？下文将逐条分析。

1. 《螽斯》

潘子善问："螽只是《春秋》所书之螽，窃疑斯字只是语辞，恐不

---

① 朱熹集注：《诗集传》，《朱子全书》第一册，页457、433、434。

可便把螽斯为名?"先生曰:"《诗》中固有以斯为语者,如'鹿斯之奔','湛湛露斯'之类是也。然《七月》诗乃云:'斯螽动股。'则恐螽斯即便是名也。"(《诗童子问》卷一,页114)①

按:辅广引朱熹与弟子潘时举的问答之语出自《朱子语类》卷八十一,解释此篇名何以不是《螽》而是《螽斯》,此点《诗集传》没有说明。

2.《桃夭》

文王之化,自家及国。至于《桃夭》,而天下之女子皆有以和顺其家,则天下之人莫不好德,而贤才众多亦其必然之势也,故次之以《兔罝》。(卷一,页115)

按:"文王之化,自家及国"出自《诗集传》首章章旨。辅广说,《桃夭》代表了家门和睦,《兔罝》则是赞美文王善聚天下人才,代表了国有贤才,所以《桃夭》之后次之以《兔罝》,就体现了"文王之化,自家及国"的意思。辅广对《桃夭》《兔罝》的理解完全不出《诗集传》范围,只是朱熹没有点出诗篇顺序中所蕴含的递进逻辑关系,辅广这样处理,强化了《诗集传》的统摄力。

3.《鹊巢》

潘子善问:"《召南》之有《鹊巢》,犹《周南》之有《关雎》。然《关雎》言窈窕淑女,则是明言后妃之德也。《鹊巢》三章皆不言夫人之德,如何?"先生曰:"鸠为物,其性专静,于此可借以见夫人之德也。"(卷一,页121)

按:《诗童子问》引朱熹与潘时举问答之语出自《朱子语类》卷八十一,解释何以《鹊巢》在字面上看不出指向"夫人",其主旨却是"夫人之德"。

4.《燕燕》

潘子善说《燕燕》诗云:"前三章但见庄姜拳拳于戴妫,有不能已者。及四章乃见庄姜于戴妫非是情爱之私,由其塞渊温惠之德,能自淑谨其身,又能以先君之思勉己以不忘,则见戴妫平日于庄姜相劝勉以善

---

① 本章引用《诗童子问》版本为《辅广集辑释》上册,一律随文注出卷数、页数,书名不再重出。

者多矣。故于其归而爱之若此，无非情性之正也。"先生颔之。（卷一，页140~141）

按：此处以朱熹所首肯的潘时举之说（出自《朱子语类》卷八十一），作为《燕燕》一篇的主旨。

5.《匏有苦叶》

此诗意虽正，而体制异于诸作，若有不敢正言之意。一章言为事当有所度量，二章言苟不能度量则必至于反常而逆理，三章则诏之以婚姻常理，四章则言人当有可有不可，以刺淫乱之人乱常逆理而无无不可也。（卷一，页148）

按：本篇，朱子《诗集传》对各章章旨都有交代，唯独缺章句注，辅广撮取其义形成章句注。

6.《谷风》

观此一诗，比物连类，因事兴辞，条理秩然有序，勤而不怨，怨而不怒，玩而味之，可谓贤妇人矣，而见弃于夫者，亦独何哉？先生又尝有说曰："看《诗》，义理外更好看他文章。且如《谷风》，他只是如此说出来，然而叙得事曲折先后，皆有次序，而今人费尽气力去做后，尚做得不好。"（卷一，页150~151）

按：《谷风》的主旨甚明，《小序》云："刺夫妇失道也。"此处主要引朱熹的话（《朱子语类》卷八十）点出此诗在叙事方面的成就。

7.《鄘风·柏舟》

范氏曰：衰乱之世，淫风大行。共姜得礼之正，而能守义，故以首鄘国也。（卷二，页161）

按：朱熹在此诗章旨中只抄录了"旧说"说明其本事，没有阐发大义；辅广则引用"范氏曰"补足之。

8.《烝民》《崧高》

《崧高》《烝民》，皆尹吉甫作。只观此二诗，则当时人才之盛如此，宣王安得而不中兴哉？详味二诗之意，则仲山甫之人品尤优，有非申伯之所能及者。有学者问："《崧高》《烝民》二诗，皆是遣大臣出为诸侯筑城？"先生曰："此也晓不得。封诸侯固是大事，看《黍苗》诗，当初召伯带领许多车徒人马去，也自劳攘。古人做事有不可晓者，如汉筑长安城，都是去别处调发人来，又只是数日便休。《诗》云：'溥彼韩城，燕师所完。'注家多说是燕安之众,某说即召公所封燕国之师。不知当初何故不只教本土人筑,又须去别处发人来,岂不大劳扰?古人重劳民,如此等事却又不然,更不可晓,强说便成穿凿。"又曰:"看《烝民》诗及《左传》《国语》,周人说底话多有好处。也是文、武、周公立学校,教养得许多人,所以传得这些言语。如《烝民》诗,大故细腻。刘子曰:'人受天地之中以生。'皆说得好。"

又有问者曰:"气质之害,直是令人不觉。今非特读书,将就他气质上说,且如每日听先生说话,也各自以其所偏为主。如十句有一句合他意,便硬执定这一句。"先生曰:"是如此。且如仲山甫一诗,苏子由专叹美'既明且哲,以保其身'二句,恭伯偏喜'柔嘉维则'一句。某问:'何不将那柔亦不茹以下四句做好?'某意里又爱这四句。"问:"柔亦不茹,刚亦不吐,却似中平?"曰:"也自刚了。"问:"刚底终是占得分数多?"曰:"也不得,只是比柔又较争。"(卷七,页424~425)

按:此诗主旨较明,《诗童子问》章句下引用了朱熹关于此诗的其他议论。一是对其中本事的怀疑,朱熹采取了"阙疑"的态度;二是讨论解诗时因个人偏好而造成的差异;三是关于"柔亦不茹,刚亦不吐"一句的理解。

9.《蝃蝀》《相鼠》

《蝃蝀》《相鼠》二诗,皆文公之化行,而人心去邪反正。见国人之淫奔、在位之无礼为可恶而作,故其辞意比他诗特为严厉,然亦未尝不止于礼义也。东莱先生曰:"疾恶不深,则迁善不力。"(卷二,页167)

按:《诗集传》对《蝃蝀》一诗各章章旨发挥较多,对《相鼠》则没有解释。此条辅广以《蝃蝀》之义比类《相鼠》,填补了解释空白。

10.《硕人》

此诗据《左传》为卫人所作,固为得之。但二章形容其色容之美,国人岂能详知如此?或恐宫中之人所作,如《关雎》之述后妃,未可知也。(卷二,页173)

按:《诗集传》首章章旨根据《左传》认为此诗乃卫人所作,但并未明晰作者的身份与地位。辅广认为,除了"宫中之人",外人没有机会对后妃的姿色作如此直观的描述,作者身份据此可以推断。这可以看作是《诗童子问》对《诗集传》的申说。

11.《氓》

《谷风》与《氓》二诗皆怨，然《谷风》虽怨而责之，其辞直，盖其初以正也；《氓》之诗，则怨而悔之耳，其辞隐，盖其初之不正也。尝谓二诗皆出于卫之妇人，其文词序次，虽后世工文之士所不能及；然考其行，则一贤一否，如是其不同。所谓有言者不必有德，岂不信哉？（卷二，页175）

按：《谷风》与《氓》二诗的主旨，朱子《诗集传》在各章章旨中发挥已无余蕴，辅广则在此基础上加以对比，提出了"有言者不必有德"的结论。

12.《兔爰》

世治，则天下之人欣欣然，皆有生意，在位者则强于为善，在下者则敏于用力。世乱，则天下之人疾首蹙頞，皆无生意，在位者则忧思怠惰，而常恐有一朝之患；在下者则放僻邪侈，苟免幸获而无所不至矣。惟豪杰之士则不拘于此，然天下岂能皆若人哉？（卷二，页184）

按：此诗《诗集传》首章章旨已经概括了篇旨，着重对比"我生之初"与"我生之后"的国家形势的逆转，朱熹认为作者"犹及见西周之盛"，目击国事日非，"然既无如之何，则但庶几寐而不动以死耳"。①《诗童子问》没有重复《诗集传》此义，而认为诗的作者是不随时势变节、人格独立不迁的豪杰之士。相比而言，《诗集传》所描述的作者形象更加暗淡、消极，《诗童子问》则强调了其积极、正面的一面。

13.《王国》十篇

读诗者可以怨，则诗人固无忿怼过甚之辞。然予读王风，则见其怨诗尤为和平，此可见周人之风俗也。（卷二，页187）

按："则诗人固无忿怼过甚之辞"，出自《集传·王风·中谷有蓷》二章章旨："而诗人乃曰遇斯人之艰难，遇斯人之不淑，而无忿怼过甚之辞焉，厚之至也。"②《诗童子问》在《王风》末的章句注，即从此来。

14.《山有扶苏》《萚兮》《狡童》《褰裳》

《山有扶苏》以下四诗，虽皆为淫女戏谑之辞，然其旨意亦不同。

---

① 朱熹集注：《诗集传》，《朱子全书》第一册，页466。
② 朱熹集注：《诗集传》，《朱子全书》第一册，页465。

《山有扶苏》，已得而其欲未餍之辞；《萚兮》，未得而亟欲得之辞；《狡童》，则已绝而又欲别图之辞；《褰裳》，则未绝而防其欲绝之辞也。《序》并以此四诗为刺忽，诚无情理。（卷二，页193）

  按：四诗的主旨《诗集传》虽无章句注，但在各章章旨中都有详细的交代，《诗童子问》在此基础上加以贯通、对比，言语更加精炼。如《褰裳》首章章旨云："淫女语其所私者曰、子惠然而思我、则将褰裳而涉溱以从子。子不我思、则岂无他人之可从、而必于子哉。狂童之狂也且、亦谑之辞。"辅广则以"未绝而防其欲绝之辞"结之，警策醒目，一目了然，实有功于《诗集传》。

  15.《扬之水》《椒聊》

  按《扬之水》《椒聊》二诗，述当时民情弃旧君而乐桓叔也。如此则其俗之薄甚矣，圣人何取焉？夫民罔常怀，怀于有仁，民之去就，系上之人如何耳。上则无道，而责民之我弃，不可也。是以古之圣人临乎民上，懔乎若朽索之驭六马焉，凡有不得者，皆反求诸己而已。故圣人录此二诗，以见民无常怀，而在上者不可不强于自治也。（卷三，页215～216）

  按：《诗集传》认为《扬之水》的本事为晋人背弃晋君而心向曲沃桓叔。至于《椒聊》的本事和主旨，朱熹其实并不确定："此不知其所指，《序》亦以为沃也。"①"沃"即曲沃，可见《椒聊》的本事与《扬之水》一样。辅广无视朱熹的阙疑，而遵从《小序》对两诗的篇旨串讲。朱熹解《扬之水》则引用了"李氏曰"一段话，认为是不轨之臣以小惠收买人心②，这只是单纯从史实论，叙述了一次叛逆篡位事件，未点出其教化价值所在。辅广补上了这一缺憾，认为："故圣人录此二诗，以见民无常怀，而在上者不可不强于自治也。"尤其是指出"上则无道，而责民之我弃，不可也"，立意较"李氏曰"要高明很多。

  16.《天保》

  臣之于君，其心苟未至于《天保》之忠爱，其诚皆未为极致也。为臣者固不可不以此自勉，而为君者亦不可不以此自反。盖君臣一体，其

---

① 朱熹集注：《诗集传》，《朱子全书》第一册，页500。
② 朱熹集注：《诗集传》，《朱子全书》第一册，页499。

理固未尝不相关也。(卷四,页261)

按:《诗集传》对此诗的主旨只在首章章旨中提及:"人君以《鹿鸣》以下五诗燕其臣,臣受赐者歌此诗以答其君。"①《诗童子问》则指出"君臣一体",臣对君的忠,是相对于君对臣的爱而言的,缺一不可,属于对《诗集传》的发挥引申。

17.《晨风》

解见《诗序辨说》。(卷三,页224)

按:《诗序辨说》是朱熹一篇单行的记文,逐篇驳斥《小序》,通常附于《诗集传》中刊刻。

18.《无羊》

先生自《鸿雁》以下,皆以经传及诗文无可据者,故不敢从《序》以为宣王之诗。然于诗之义,则皆说得明白的当,无可疑者。使后之学诗者随所读而得其义,以为法戒足矣,正不必辨其为何王之诗也。《节南山》以下皆然。(卷四,页289)

按:《诗经》中相当一部分篇目的"本事"是很模糊的,朱熹对此采取严格的"阙疑"态度,决不轻易遵从《小序》。辅广认为《诗集传》对这些诗篇的大义发挥详尽,本事是否明确并不重要。

19.《瞻彼洛矣》

吴伯丰问:"《瞻彼洛矣》,《传》以为诸侯美天子之诗。今考其间有'以作六师'之言,则其为天子之事审矣。然二章、三章祈颂之语,则不过保其家邦家室而已,气象颇狭,反若天子所以告诸侯者,何也?"先生曰:"家室家邦,亦趁韵耳。天子以天下为家,虽言家室何害?又凡言'万年'者,多是臣祝君之辞。"(卷四,页335~336)

按:此处所引"吴伯丰问"系《晦庵先生朱文公文集》卷五十二《答吴伯丰》,此诗《诗集传》虽无章句注,但在首章章旨中已点破了全篇的主旨,吴必大所引"诸侯美天子之诗"即从此来。《诗童子问》引入吴必大的提问,阐发了这一主旨,使其更加丰满、周详。

20.《思齐》

此诗《毛传》以为四章、章六句,故言以为五章、后三章章四句。

---

① 朱熹集注:《诗集传》,《朱子全书》第一册,页551。

今从故言者，以四章、五章两章章首皆有一"肆"字，而四章又有四个"不"字，其意义又必如此而后宜故也。盖缘后二章不用韵，故《毛传》误分之耳。（卷六，页370）

按：此诗《诗集传》分为五章，二章章六句、三章章四句，与《毛传》不同。而《诗集传》分章与《毛传》不同时一般都会在章句下注明，如《车攻》《沔水》两诗，朱熹都在章句下出注，此诗则无，故辅广补足之。

21.《公刘》《泂酌》

此下三篇皆所谓陈戒之诗。（卷六，页390）

按：《诗集传》在《公刘》《泂酌》《卷阿》三诗的首章章旨中都点出了"陈戒"之义，辅广加以贯穿。

22.《卷阿》

首章则总叙以发端。二、三、四章则极道其寿考福禄之盛，以广王之心而歆动其意。五章以下，则告以所以致上章福禄之由。五章、六章则言王能用贤则可以成德。七章、八章则因凤凰之来以兴贤者之集。九章，则以凤凰之鸣得其依，比贤者之至得其所止。末章然后风王以今既有车马众多，而且闲习，将安所用乎？亦惟招延礼待贤者于无穷可也。不明言其事，而遂曰"矢诗不多，惟以遂歌"者，此意最好，盖欲王自得之也。召公可谓善于开导诱掖其君者已。国家闲暇之时，维能不替于求贤，则可以保其治于无穷矣。（卷六，页394）

按："首章则总叙以发端"，取自《诗集传》首章章旨。"二、三、四章则极道其寿考福禄之盛，以广王之心而歆动其意"，取自《诗集传》二章章旨。"五章、六章则言王能用贤则可以成德"，取自《诗集传》五章章旨。

《诗集传》七章章旨云："蔼蔼王多吉士，则维王之所使，而皆媚于天子矣。"① 完全从本章原文"蔼蔼王多吉士，维君子使，媚于天子"化出，不够直白。辅广总结为"七章、八章则因凤凰之来以兴贤者之集"，遂变诘聱为通达。

九章《诗集传》云："比也。又以兴下章之事也。……凤凰之性，

---

① 朱熹集注：《诗集传》，《朱子全书》第一册，页688。

非梧桐不栖，非竹实不食。"到底以何物比何物，未见交代。辅广乃云"则以凤凰之鸣得其依，比贤者之至得其所止"，既符合朱熹本意，又更加直白易通。末章"然后风王以今既有车马众多，而且闲习，将安所用乎？亦惟招延礼待贤者于无穷可也"，化用了《诗集传》末章章旨，文字小有改易。

关于末章，"不明言其事，而遂曰'矢诗不多，惟以遂歌'者，此意最好，盖欲王自得之也"，此句属于辅广引申大义。《诗集传》注末章"矢诗不多，惟以遂歌"云："盖继王之声而遂歌之，犹《书》所谓'赓载歌'也。"① 朱熹引《尚书·益稷》"乃赓载歌"，只是就字面解释，辅广意犹未尽，发挥出了"召公可谓善于开导诱掖其君者"这一大义。

23. 《桑柔》

《桑柔》一诗至十六章，长而难看。《诗记》后逐章以数语说过，庶几首尾为一，教人易看，但有未详尽者，今依《诗集传》说修补之。一章以桑之既采，一朝而尽，以比王室忽焉雕弊，故其心悲悯而号天以诉也。二三四章则述征役者之怨辞也。五章则告之以听任之道，以救塞乱源，而复忧其不能用也。六章则承上章而言贤者忧惧不敢仕进，而退亲稼穑以代禄食也。七章则又承上章，言天降丧乱，厉王不保其终，而又下蟊贼病伤稼穑，使贤者复不得以代食也。八章则思古伤今，而言厉王用人之际不考众谋，不通众志，而所用之人皆非贤者，而民因以狂乱也。九章则言上无明君，下有恶俗，朋友自相谮毁，而进退不能也。十章则言用事者大率皆昏愚无知之人，安危利灾而已，欲谏而不敢也。十一章言王弃君子而厚小人，民之贪乱，安为荼毒也。十二章又言君子小人所行各有其道也。十三章则又专言贪人毁类，我欲告之而心知其不能听用，故虽诵言而其心如醉，由王不用贤者，故使我悖眊如此也。十四章则承上章而言同寮不正，不能听用我言，而反以赫怒加我也。十五章则反复言其所指之人专为反复，竟为不利，而深恶之也。十六章则又反复言其专为寇盗，善于反复，而直诋之也。芮伯之言如此，则当时在朝之人可知。使反复寇盗之人聚于一朝，则厉王之不终宜哉。

---

① 朱熹集注：《诗集传》，《朱子全书》第一册，页689。

（卷七，页415）

按：此诗章句《诗集传》虽然无注，但在各章章旨中都有发明，辅广把《诗集传》各章章旨串通起来，从而"首尾为一，教人易看"。

总体而言，辅广所补的23条"章句注"，体现了以下四条原则。

第一是追求教人易看：以《诗集传》补《诗集传》。辅广所补章句注的内容大部分是从《诗集传》的章旨中移植过来的，或原文照抄，或略改数字。如《匏有苦叶》、《王国》十篇、《山有扶苏》、《蘀兮》、《狡童》、《褰裳》、《天保》等，都是采自《诗集传》。这种移动虽然简单笨拙，缺乏创意，却在字面上最大程度保证了对朱熹思想的尊重。

第二是以朱熹著作补《诗集传》。《诗集传》只是朱熹的著作之一，除此之外，朱熹还有大量语录、书信，凡是针对同一诗篇、可以引用作为参考的材料，都录以备考。《螽斯》《鹊巢》《燕燕》《谷风》《瞻彼洛矣》《烝民》《崧高》即属此类。

第三是多篇串讲。所谓"串讲"，是在《诗集传》明确单篇主旨的前提下，由辅广对前后各篇进行串联，或者多篇对比，从而建立新的逻辑关系。如辅广对《桃夭》《兔罝》的顺序给予义理上的剖析；又如自《鸿雁》以下至《无羊》各篇，辅广力图强化读者对《诗集传》的信仰；又如《蟋蟀》《相鼠》，辅广以《蟋蟀》篇旨阐发《相鼠》；又如辅广对《公刘》《泂酌》《卷阿》三诗主旨的概括，将《谷风》与《氓》二诗艺术特点进行对比，都是在朱熹《诗集传》的范围内进行的。这种串讲、对比，扩大了《诗集传》的解释功能，在形式上加强了《诗集传》的整体感。

第四是自创新说。在谨守朱熹规矩的基础上，辅广也能有所创新，当然这种创新也是十分有限的。辅广的创新性体现在那些《诗集传》（无论在各章还是在章句下）没有作任何义理发挥的篇目中。如《天保》，朱熹只说明了此诗的背景，辅广则在其基础上总结出了全新的义理。有时候虽然朱熹对义理也作了发挥，但是比较片面，或失之肤浅。如解释《唐风·扬之水》时，朱熹只强调了"背叛"的一面，辅广则指出由于在位者无道昏庸，因此"背叛"反而得到人民的支持，其说更加全面。

第四节 《诗童子问》对《诗集传》的修正

陈明光认为，历代诗经学研究者都认为辅广株守朱熹之说，亦步亦趋，缺乏发明，辅广除申述师说、发明《朱传》外，也能提出自己的《诗》学观，对朱熹释《诗》的若干观点也有立异、修正。为此，他举出了8个例子。① 以下对陈明光论文提出的8个例子进行分析，并分成几种类型，然后对辅广修正朱熹的个案进行方法论的总结。

一 《行露》《出车》："以朱正朱"的修正

关于朱、辅二人对这首诗解释的不同，陈明光认为："据朱熹说，则诗中的贞女虽受召伯之教、文王之化的影响，而能以礼自守，但仍有受到强暴之人诉讼而致于狱之事，据辅广说，则诗中的贞女，并不曾真为强暴之人所诬而坐于狱，若然，则显然与所谓文王之化、召公之教说相违逆。因此，辅广以为《行露》二章、三章所写都是托言，并非实事，诗中所云见讼致狱之事，乃体现了贞女内心生怕会如此而不敢轻忽的想法，并更可见其内心的恐惧戒谨的心态。朱熹诠说《行露》二章，以为贞女尝受诉讼而致狱，辅广则从文王之化、召伯之教的角度上，认为受到濡染的南国之人，不应该会有贞女受到强暴之男诉讼，因而坐狱之事，因此诗中所述乃是托言。据此，可见辅广对于朱说的修正、不同。"②

然而，朱熹在《诗集传》中从来就没有明确说见讼致狱之语是纪实，相反在该诗首章章旨中说："南国之人遵召伯之教，服文王之化，有以革其前日淫乱之俗，故女子有能以礼自守，而不为强暴所污者，自述己志，作此诗以绝其人。"陈明光文引用到此为止，其实下文还有："言道间之露方湿，我岂不欲早夜而行乎？畏多露之沾濡而不敢尔。盖以女子早夜独行，或有强暴侵陵之患，故托以行多露而畏其沾濡也。"③ 很明显朱熹已经说是"或有强暴侵陵之患"，患者，忧虑，或，或然之辞，表示一种可能性、一种潜在的危险。

---

① 陈明光：《辅广诗童子问初探》，《修平人文社会学报》第7期。
② 陈明光：《辅广诗童子问初探》，《修平人文社会学报》第7期。
③ 朱熹集注：《诗集传》，《朱子全书》第一册，页414~415。

第四章 辅广《诗童子问》与朱子学学统的完善

在第二章的章旨中，朱熹又说："贞女之自守如此，然犹或见讼招致于狱。因自诉而言，人皆谓雀有角，故能穿我屋，以兴人皆谓汝于我尝有求为室家之礼，故能致我于狱。然不知汝虽能致我于狱，而求为室家之礼初未尝备，如雀虽能穿屋，而实未尝有角也。"① 这里的"或"，仍然是或然之意，即见讼招致于狱之事未曾发生，尚停留在女子心理恐惧的阶段。

显然，辅广之所以提出"此章（第二章）如先生之说，则是女子真曾为人所诬而坐狱矣。夫使强暴之人，犹得诬贞女而致之于狱，则何以为文王之化、召公之教哉"（卷一，页127）这样的疑问，是因为他错误理解了《诗集传》中"以兴人皆谓汝于我尝有求为室家之礼，故能致我于狱"中的"能"的文义。其实结合上文的"或"，朱熹这里的"能"只是一种可能性，意为"可以""有能力"，而非"已经"。

明乎此，可知此例并不能佐证辅广修正了朱熹之说，相反，辅广说"而或能召致我于狱，皆恐其或然而不敢忽之辞，尤见其恐惧戒谨之意，后两句则又决绝之辞"（卷二，页127），其义理与《诗集传》是一致的。当然，发生这样的误解，首先是因为当年辅广对《诗集传》原文的理解不够深透，没有体察到朱熹已经使用了"或……之患"这样的或然之辞，而将其坐实。

这个辅广"修正"朱熹的例子还反映了一个值得深思的现象：当辅广说"夫使强暴之人，犹得诬贞女而致之于狱，则何以为文王之化、召公之教哉"时，"文王之化、召公之教"一句采自《诗集传·行露》首章章旨的第一句："南国之人遵召伯之教，服文王之化，有以革其前日淫乱之俗"，而由于误解了《诗集传》第二章章旨里的"能"字，他发现此篇第二章章旨与首章章旨"遵召伯之教，服文王之化"存在逻辑上的冲突，因此才提出了对第二章章旨的异议。因为在《诗集传》中，首章章旨往往披露了一诗的主旨，其解释力相对以下各章章旨具有较高的位阶。同时，如果《行露》第二章中贞女见讼致狱之事坐实，则《行露》一诗就与《召南》整个系列的基调相冲突。因为朱熹在《诗集传·召南

---

① 朱熹集注：《诗集传》，《朱子全书》第一册，页415。

之国》下注云："《甘棠》以下，又见由方伯能布文王之化。"① 《行露》就属于《甘棠》以下。为了维护朱熹对《行露》全诗、《召南》全系列的解释逻辑的一贯性，辅广必须在字面上对《诗集传·行露》第二章章旨这个小小的局部进行修正。

因此，在这个个案中，辅广是用朱熹的"义理"修正了朱熹的"字面"，可谓"以朱正朱"，而所依据的原则其实是一种演绎逻辑：局部要服从整体，小前提要服从大前提。

第5例是《出车》"胡不旆旆"一句，朱熹训"旆旆"为"飞扬之貌"，辅广在第二章章旨中说："详味此章，有严凝肃杀之气……凡旗帜立则垂垂，行则飞扬。旗帜则垂垂而整严，将帅则幽忧而悲栗，虽仆夫亦为之恐惧而憔悴。古者出师之法，大抵如此，东莱先生之说已得之。然其所以然者，却非是有畏懦之意，但兵，阴事也，必如此，然后与阴气和而严重方整，为谋必深，图功必成。不然，轻佻率易，殆同儿戏耳，乌能有所为哉？"（卷四，页266）因此当据程颐训"垂垂之貌"为是。

表面上看，辅广引用程说纠正了朱熹的训诂，但只要比较《诗集传》此篇原文，就可发现《诗童子问》"将帅则幽忧而悲栗，虽仆夫亦为之恐惧而憔悴"一句，乃从《诗集传》二章章旨"但将帅方以任大责重为忧，而仆夫亦为之恐惧而憔悴"中化出，所谓"东莱先生之说已得之"也是《诗集传》同一章章旨中引用的"东莱吕氏曰"云云，再结合《诗集传》下文"夫子之言行三军，亦曰临事而惧"和首章章旨"王事多难，是行也，不可以缓矣"② 一句，不难看出辅广所谓的"详味此章，有严凝肃杀之气"这一大前提，完全出自《诗集传》的篇旨。因此，和第1例《行露》一样，《出车》也是以整体逻辑匡正局部训诂的"以朱正朱"的经典案例。

二　《木瓜》《蒹葭》："因疑而发"的修正

朱熹在《诗集传》中还遗留了一些"未定之说"，有"疑为"云云、

---

① 朱熹集注：《诗集传》，《朱子全书》第一册，页420。
② 朱熹集注：《诗集传》，《朱子全书》第一册，页554。

第四章 辅广《诗童子问》与朱子学学统的完善

"似为"云云，有的索性阙疑，如《芄兰》"章句"下云："此诗不知所谓，不敢强解。"《式微》《旄丘》两诗："此无所考，姑从'序'说。"这些都表现了朱熹严谨的治学态度。但对后学来说，这些疑似之论、未定之论，为他们留下了探索和创新的空间。辅广对这些地方颇为注意考索。

譬如陈明光所举第2例《木瓜》，朱熹认为："言人有赠我以微物，我当报之以重宝，而犹未足以为报也，但欲其长以为好而不忘耳。疑亦男女相赠答之词，如《静女》之类。"① 辅广认为从诗文中看不出是男女相赠，若只作寻常馈遗理解，"似亦通"。但如果仅仅是这样说，似乎太夸大辅广的创新性了。辅广在《木瓜》章旨中先引用了一段"有学者请于先生曰……"从这段话看，不但辅广，其他弟子也认为从《木瓜》经文中"不见其有亵慢之情"。但是这个弟子认为是"卫人感桓公之惠而责文公之无恩，故为是诗以风其上"，这一思路仍然不出《小序》"美齐桓"之窠臼，故亦为辅广所不取（卷一，页179~180）。换言之，朱熹摆脱了《小序》而判断《木瓜》为馈遗之诗，此为一大创见，然进而怀疑是男女之间相赠答，辅广则认为这一步迈得太大了，乃在《诗童子问》中有所辩正，回归到寻常馈遗之诗。

从《木瓜》这一个案可以看出，尽管辅广对朱说产生了怀疑，但要引出自己的怀疑却颇费周章。他不能让自己的新解横空出世，而要借助《语录》中另一弟子的提问，来说明自己对"男女相赠答之辞"的怀疑并非孤明先发，而早已存在于朱熹生前师门问答之中。总之，辅广力图给读者留下这样一种印象，他对朱说的质疑是由朱熹的"疑辞"引发的，也是由朱门弟子的提问引发的，是一种"被动"的修正，而非存心挑剔《诗集传》。

这种"被动"的修正也体现在第3例《蒹葭》上。对于《蒹葭》的主旨，朱熹感到难以捉摸："言秋水方盛之时，所谓彼人者，乃在水之一方。上下求之，而皆不可得。然不知其何所指也。"② 与《木瓜》相比，朱熹连"疑辞"都省略了，表示更加难懂。《小序》则云："刺襄公也，

---

① 朱熹集注：《诗集传》，《朱子全书》第一册，页460。
② 朱熹集注：《诗集传》，《朱子全书》第一册，页509。

未能用周礼，将无以固其国焉。"辅广在《诗童子问卷首·小序》中针锋相对地说："此诗直据诗文，而用程子'溯回'、'溯游'之说，则恐是求贤而难得之意。"（页51）据此，陈明光认为这是辅广修正了朱说。①但是陈氏没有注意到，在《诗童子问》卷三《蒹葭》第三章章旨中，辅广却作了这样的诠释：

> 此诗实不可晓。先儒但据《序》说为解耳。苏氏之说，以蒹葭得霜而适用，以比秦必用周礼以成国，似矣。如此则是比体，非兴也。然后二章则又解不去。至以伊人为周礼，则太疏阔矣。东莱先生又引孝公之事为证，则其意益巧，而忘其诗之本意为何如耳。（卷三，页223）

此说理路一秉《诗集传》，与《诗童子问卷首·小序》大异其趣。笔者推测原因可能有三：第一种可能是辅广对程颐"求贤而难得之意"并无把握，故有"恐是"云云，并说"此诗直据诗文"，意为"如果只考虑诗文的话"，实乃或然之辞，而到了下文《蒹葭》章旨中，他已经认识到朱说较为稳妥，断云"此诗实不可晓"。第二种可能是卷三《蒹葭》章旨成文在前，当时未及发现程颐之说，《诗童子问卷首·小序》成文在后，辅广发现程说并引为定论。第三种可能，辅广已有定论，但因疏忽没有削去未定之论，使得前后不能一致。笔者认为，从《诗童子问卷首·小序》"此诗直据诗文""恐是求贤而难得之意"两语看，卷三的《蒹葭》章旨应是定论。

因之，陈明光所举的《蒹葭》一例并不能证明辅广是修正了朱说。

三 《伐木》《楚茨》《板》：填补空白的修正

《伐木》首章"神之听之，终和且平"，《诗集传》解："人能笃朋友之好，则神之听之，终和且平矣。"② 实际上，朱熹认为"神之听之，终和且平"同于白话，无须解释。辅广在《诗童子问》《伐木》首章章旨中认为"其说虽曰易直，然却觉得太快"（卷四，页257~258），乃引用张载、程颐之说解释"神之听之，终和且平"的具体含义是，质之神明，而神明乃谓终当处心平和，才能求友自助。陈明光认为辅广对朱熹

---

① 陈明光：《辅广诗童子问初探》，页94。
② 朱熹集注《诗集传》，《朱子全书》第一册，页550。

之说有不同意见，恐怕比较牵强，因为辅广遵循了朱熹的"笃朋友之好"的界定，补足了《诗集传》解释中的一个空白点，尚不构成对朱熹的修正。

同样的情况出现在陈氏所举的第 7 个例子《楚茨》和第 8 个例子《板》。对于前者，辅广认为《诗集传》没有解释第四章"徂赉孝孙"一句，遂引郑玄注补全之（卷五，页 327）。对于后者，认为《诗集传》没有解释第六章"携无日益"，辅广引《毛诗李黄集解》补足之。（卷六，页 399）特别要指出的是，对于《诗集传》中两诗的篇旨以及相关两章的章旨，辅广都没有提出异议。

四 《鱼丽》：训诂的修正

《诗童子问》真正对朱熹《诗集传》构成修正的，是陈氏所举的第 6 例《鱼丽》。《鱼丽》第三章"君子有酒，旨且有"，《诗集传》训"有"为"犹多也"①，辅广认为"恐未密"，因为首章为"君子有酒，旨且多"、二章为"君子有酒，多且旨"，第三章应该在意义上有所递进，若"有"仍然训"多"，将同于首章。故辅广主张："'有'则无所不备，言'有'，则'多'不足道也。"（卷四页 268）辅广的这一纠正没有影响对全诗篇旨的理解，却是《诗童子问》中灵光一现的修正朱熹的个案。

也就是说，仅有的修正是在训诂层面上的，而非义理层面上的。

小　结

辅广对朱子学的继承，其起点仍然是"基要主义"的立场，他完全遵循了朱熹诗经学理论的基本观点和基本立场，用陈明光的话说："欲观察《诗童子问》中申述师说、羽翼《朱传》、补《朱传》之未备之处，其大端厥在辅广对于《诗序》的辨析、纠谬上。关于朱熹对于《诗序》的看法，以及朱熹何以要去《序》诠《诗》，甚或《诗序》诠《诗》究竟有何错谬，凡此，朱熹在《诗序辨说》中都有说明，而《诗童子问》

---

① 朱熹集注《诗集传》，《朱子全书》第一册，页 558。

对于朱熹之所论,或申说,或阐明,或进一步批判,凡此,即展示其申述师说、羽翼《朱传》、补《朱传》未备的诠《诗》特点。"① 此可见辅广对朱熹诗经理论的恪守。在这一前提下,辅广将自己的工作严格限制在"述朱"的范围内。然而,我们也应该注意到以下三点。

第一,"羽翼"虽然在形式上表现为"补充""补白",实质上则是朱子学的扩张。

后朱熹时代朱子学人士的工作是基于这样一种信仰而展开的,即朱子学理论体系是完美的,是对儒家经典的终极阐释。但仅凭这一信仰,若不将朱子学理论贯穿于全部儒家经典之中,则朱子学就无法在学理上获得权威性,信仰便永远只是信仰,朱子学将日益远离其理性思辨的主轴,而有流于宗教化之虞。可是,朱熹在生前仍没有来得及完成用朱子学理论解释全部儒家经典的工作。《诗童子问》的实践证明,朱熹所确立的诗经学理论的基本原则,需要贯穿于经典的每一个部分(每一篇、每一章、每一句……)中,是朱学传人的历史使命。

但是,朱熹留下来的空白,并不意味着朱子学的传人们可以在其中信马由缰、自出机杼。相反,填补空白必须严格地遵循操作规范。譬如,填补空白的资源首先应该在朱熹经典解释文本内部寻找、发掘,在不同的文本位置之间进行移动,只有当朱熹的经典解释文本无法提供信息时,才求助于朱熹的其他著作(文集、语录);只有从上述朱子学资源中无法得解,才能求助于朱熹以外的学术资源。然而,这些学术资源也是经过严格挑选的,其条件是朱熹曾经加以点评、引用。以《诗童子问》为例,在不得不引用他人著作修正《诗集传》时,辅广首先取材于朱熹在撰写《诗集传》时曾经引用过的那些著作,这包括张载、二程、吕祖谦等理学道统内部的人物,和朱熹曾加引用的《毛诗李黄集解》等,而那些朱熹未曾寓目、未曾许可过的诗经学资源则决不轻易引用。这种趋势不断发展,到了朱子学的再传门人那里,连朱熹亲传弟子的著作也成了重要的资源。

第二,"羽翼"意味着基于接受者的立场调整、改编朱熹著作。

要使得朱熹著作的文本更加容易得到理解、传播,就必须考虑读者

---

① 陈明光:《辅广诗童子问初探》,页72。

第四章　辅广《诗童子问》与朱子学学统的完善

的阅读习惯、阅读期待，为此，可以对朱熹的原话进行调整。在《诗童子问》中，辅广多次对朱熹比较简略的原文加以敷衍、发挥，使之意义更加明白。从《诗童子问》补充的章句注来看，辅广的大量工作集中在文本结构的调整上，譬如他将朱熹对诗篇主旨的论述从各章章旨移到"章句注"这一文本位置，这种移动纯乎是技术层面的，旨在迎合读者在进入《诗集传》前的阅读期待、阅读习惯。

第三，"羽翼"所能容忍的仅是"被动"的修正。

如何理解"被动"？让我们回到本书第二章所引用的陈淳之语："凡文公之说，皆所以发明程子之说，或足其所未尽，或补其所未圆，或白其所未莹，或贯其所未一，其实不离乎程说之中，必如是而后谓有功于程子，未可以优劣校之。"① 这段话提醒后人，即使是程颐这样的大师，其学说也存在"未尽""未圆""未莹""未一"的瑕疵，需要朱熹的修正。同理，朱学传人对朱熹的修正，也应当以朱说的"未尽""未圆""未莹""未一"之处为对象。当然，问题的要害是判定朱说的"未尽""未圆""未莹""未一"的标准是什么？辅广在《诗童子问》中的实践也许能够说明其中的要害所在。

其一，凡是在字面上反映出了朱熹对己说存在怀疑、动摇的，便是首要的修正对象。譬如《诗集传》中朱熹多次提到的"疑为"云云、"似为"云云。

其二，尽管从字面上看不出朱熹对己说存在怀疑、动摇，但朱熹的这一说法与他的另一说法在逻辑上互相矛盾，则辅广必须做出裁断。在本章第四节讨论的"以朱正朱"、以整体纠正局部、以大前提纠正小前提的情况即属此类。

其三，只有发现了明显的错误，而无论从字面上还是义理上都无法得到朱熹的提示的情况下，辅广才无所依傍地展开独立思考。然而，这种情况是极其罕见的，《诗童子问》中唯一的例子仅仅是辅广在训诂上纠正了朱熹。

总之，从整个《诗童子问》来看，辅广以一种强烈的保守主义立场

---

① 陈淳：《北溪大全集》卷三十九《（答陈伯澡）问子张问政章注》，《文渊阁四库全书》册1168，页813。

对待朱熹的《诗集传》，对朱熹成说的任何改动都十分谨慎，而在义理层次上纠正朱熹更是罕见。但在坚持如此保守立场的前提下，面对的又是《诗集传》这样成熟、定型的经典著作，辅广仍然撰写出了《诗童子问》这样规模可观的著作①，何况《诗童子问》仅仅是在"章"这一层次上展开的，后学还可以从句、字的层面上进一步贯彻朱熹的诗经学理论；至于像《春秋》《周礼》这样的空白领域，可以想见朱熹留给朱子学后人的空间何等广阔。

---

① 粗略统计，《诗童子问》的篇幅与《诗集传》中解释文字的篇幅大体接近。

第五章 陈埴和赵顺孙：亲传门人、再传门人与学统的结合

本书"绪论"已经指出，朱熹对学统的建设体现在他对二程著作、语录的整理以及他本人的大量作品上。对于朱熹的再传、三传弟子来说，朱子学的学统不仅包括朱熹作品，朱熹亲传弟子的成果也应该被认真对待。赵顺孙《四书纂疏》可以看作是这种意义上的努力。本章将陈埴的《木钟集》与赵顺孙的《四书纂疏》合并讨论，是因为这两部著作存在很强的关联性。首先，二书都是朱子学，尤其是两浙朱子学在"四书"学领域的重要代表作，《四书纂疏》在编辑过程中充分吸收了《木钟集》的相关成果，这种编辑本身反映了朱子学从宁宗嘉定年间（1208~1224）到理宗宝祐年间（1253~1258）这半个世纪的变迁。《木钟集》作为朱熹亲传弟子的作品，致力于阐发《四书章句集注》的精义，因此教学、传播的欲望超越了陈埴本人著书立说、自名一家的需求，他无意仿照《四书章句集注》编撰"通释性"的经学著作。明乎此，就可以理解为什么《木钟集》通篇为问答形式。陈埴说："志曰：善问者如攻坚木，善待问者如撞钟。朋友讲习不可以无问也，问则不可以无复。"① 在教学中，陈埴以"待问"的姿态被动地回应弟子的提问，因此《木钟集》是以弟子的提问展开，而且提问本身并不按照《论语》篇章的先后顺序，无形中成为陈埴日常教学的流水账，其形式上的严整性大打折扣。"答问"型的著作在《四书纂疏引书总目》（见表5-1）中还有辅广的《孟子答问》《论语答问》。很显然。

当然，除了答问型著作外，还有《讲义》这种主动传播朱子学的文本类型。从《四书纂疏引书总目》看，朱熹的亲传弟子们的"四书"学著作以"讲义""口义"为主，其功能仍然是教学、演讲、传播。然而，无论是被动的问答型，还是主动的讲义型，都属于以接受者为本位的文

---

① 陈埴：《木钟集题词》，《文渊阁四库全书》册703，页554。

本，真正仿照"集注"模式的通释性著作，只有一部黄榦《论语通释》。

而一旦到了再传弟子，就出现了蔡模的《论语集疏》《孟子集疏》，真德秀的《四书集编》，其体例近于"集注"。这种类型著作大量出现的原因是，朱子学在后朱熹时代经过亲传弟子的积累，已经到了需要总结的阶段了。不过，蔡模、真德秀的作品尚处在过渡性阶段，在他们的作品中，朱熹的"集注"作为一个独立的解释层次的地位还没有确立起来，如果以汉唐经学的规范来比照的话，就是"注"与"疏"尚未完全分离，而且他们非常注意在解释朱熹的同时凸显他们自己的观点和立场。

第一节　陈埴的工夫论

一　陈埴对朱熹之学的恪守

陈埴（1176～1232），字器之，永嘉人，嘉定七年（1214）进士，历官丰城主簿，湖口县丞，绍定年间（1228～1233）在江淮制置使赵善湘幕中，主讲明道书院，以通直郎致仕。[1] 著有《经说》《木钟集》等，现存《木钟集》。其父陈烨是叶适好友，但陈埴似未曾拜入叶适门下，相反，他是朱熹的高足。[2]

《木钟集》是一部问答之书，与语录不同，只有一问一答，而不是一个连续展开的问答过程，正因为如此，其每一条问答的内容主题突出。全书篇幅最大的第一卷，是弟子与陈埴就如何理解《论语》、朱熹《论语集注》所发生的问答。在问答中，陈埴表现出对朱熹学说的全力维护与坚守的姿态。有弟子认为"不忮不求，何用不臧"与"衣敝缊袍"明显是两章，朱熹《论语集注》将其合为一章，似可商榷。陈埴回应："又不知此章何故在'衣敝缊袍'之下，记事者乃无法度如此。请归与尊翁讲之，老夫诵师之言，亦未能无失，且斷斷自守耳。"（《木钟集》

---

[1] 周梦江：《叶适与永嘉学派》，浙江古籍出版社，2005，页272。
[2] 对陈埴哲学思想，已有的研究，参见董平《浙江思想学术史》第三章第五节相关内容，浙江人民出版社，2005，页191～192。该书将陈埴思想概括为重视对"性即理"的阐明，强调天理与人性的同一。

卷一，页596）① 陈埴用"断断自守"一语，表示他虽然受到晚辈的质疑，作为长者仍然固执朱熹师说不变。

下文举《论语集注》中《学而》"有子曰：礼之用，和为贵。先王之道，斯为美，小大由之。有所不行，知和而和，不以礼节之，亦不可行也"一章为例，说明陈埴对朱子学学术方法的运用。

朱熹《论语集注》对本章的解释是："礼者，天理之节文，人事之仪则也。和者，从容不迫之意。盖礼之为体虽严，而皆出于自然之理，故其用必从容而不迫，乃为可贵。先王之道，此其所以为美，而小事大事无不由之也。"但朱熹在《论语集注》下文又引了程颐的话："程子曰：礼胜则离，故礼之用，和为贵，先王之道，以斯为美，而小大由之。乐胜则流，故有所不行者，知和而和，不以礼节之，亦不可行。"② 此章经文，《论语集注》中朱熹的解释和所引程颐之说，微有区别。朱熹认为此章专门论礼，礼以和为贵，和是礼的本质属性，与"乐"无关。程颐则认为此章兼及礼乐。"礼之用，和为贵。先王之道，斯为美，小大由之"一句讲"礼"如果"太过"则"离"，因此要强调"和"，克服这种"离"的倾向；"有所不行，知和而和，不以礼节之，亦不可行也"一句专讲"乐"，认为"有所不行"是因为礼偏向了乐的属性"流"（流荡而不返），也必须以"和"来克服。

因此朱熹在引完"程子曰""范氏曰"后，以"愚谓"结以己意："严而泰，和而节，此理之自然，礼之全体也。毫厘有差，则失其中正，而各倚于一偏，其不可行均矣。"③ 朱熹再次强调本章专门论礼的两种偏向"严"与"泰"，而"和"是礼的完美状态，虽未显斥程颐，却已暗驳程说。

朱熹与程颐的这种细小区别被陈埴的弟子所发现，遂提问："'礼之用，和为贵'，程先生皆以和作乐说，朱先生独作礼说，何所折衷？"陈埴回答："说经且看大字者。小字者，只说大字理出。今大字只言和，即非乐可知。小字却言乐者，盖礼之和处便是乐，所谓'行而乐之，乐也'，故以乐事衬贴和字，非于礼之外别取一物来解和也。"（《木钟集》

---

① 本章引用《木钟集》见《文渊阁四库全书》册703，一律随文注出卷数、页数。
② 朱熹：《论语集注》卷一，第51页。
③ 赵顺孙：《四书纂疏·论语纂疏》卷一，《文渊阁四库全书》册201，页223。

卷一，页 583~584）陈埴的回答反映了两个问题。第一，尽管现存的《四书章句集注》版本中，朱熹的注文和他所引用的诸家之说，是排成同样字体和行款的，但在陈埴那个时代，可能存在着把朱熹注文排成大字、把诸家之说排成小字的版本，譬如蔡节的《论语集说》就是把诸家之说排成小字的。朱熹注文之所以排成大字，是为了凸显此为定论、纲领，而诸家之说排成小字，仅具有参考功能，故陈埴提醒学生应该以大字排印的朱熹之说为主。

第二，当朱熹与程颐有出入时，陈埴主张首先须认朱熹注文为定论、为主脑，而诸家之说服务于朱熹注文。本着此一原则，再去虚心理解程颐之意。由此，陈埴提出了"礼之和处便是乐"，即礼乐本都本于天理，因此礼的最高境界、完美状态（"和为贵"）即天理，乐的最高境界、完美状态，也是天理。换言之，陈埴是把"乐"当作"礼"的题中应有之义，这样程说与朱说非但不矛盾，程说反而成了朱说的引申和阐发，即所谓"小字者，只说大字理出"。《论语纂疏》下文引用"真氏曰"则主张礼乐相资为用，其实仍倾向程颐，但最后他说："然精粗本末，亦初无二理。"① 其义与陈埴相近。

二　陈埴的工夫论

朱熹去世之后，陈埴将心性义理之学作为朱子学的命脉看待，他在与弟子讲学时，把"生熟"作为工夫的核心理念，反复加以强调。当然，在朱熹那里，"熟"也经常被用来描述工夫的水准，陈埴在继承这一用法的基础上，更加侧重于以"生熟"来贯通不同的境界。其要点有二：第一，下学是工夫未熟，上达是纯熟工夫，自下学而上达是工夫由生入熟，贯穿始终的是下学工夫。第二，生是"二"，熟是"一"，由生到熟，是"合二为一"。

（一）下学贯穿始终

从日常语言来看，从生到熟是同一个主体的状态的渐变过程，促使由生到熟的变化发生的推动力是同一物质（譬如火）。陈埴把下学阶段比喻为生，上达状态比喻为熟，由生到熟所需要的"火"就是工夫，而

---

① 赵顺孙：《四书纂疏·论语纂疏》卷一，《文渊阁四库全书》册201。

且这个工夫特指"下学工夫"。

陈埴在解释《论语》"下学上达"章时,以生熟来贯穿下学与上达:

> "下学上达",如言曲礼三百,威仪三千,无一事而非仁也。理会得底,则一部《论语》,圣人虽就人事上说,却无非言性与天道处;理会不得底,虽皓首穷经,钻破故纸,仍旧不闻道。此处只关系自家心里存在与不存在耳。心才存在,则见其然,必知其所以然;若不存,是谓习之而不察。今人只说事理一贯,然亦须分别次序,始得如程子言形而上为道,形而下为器。须着如此,就下学人事,自然上达天理。若不下下学工夫,直欲上达,则如释氏觉之之说是也。吾儒有一分学问,则磨得一分障碍去,心里便见得一分道理;有二分学问工夫,则磨得二分障蔽去,心里便见得二分道理,从此惺惺恁地,不令走作,则心里统体光明,渣滓净尽,便是上达境界。(《木钟集》卷一,页572)

"就下学人事,自然上达天理",从下学到上达,只有一个工夫,就是下学,此所谓"彻上彻下"。那么,下学工夫的具体内容是什么呢?

> 有弟子问:"'居处恭,执事敬,与人忠',程子以为是彻上彻下语,如何?"陈埴答:"彻上彻下,谓凡、圣皆是此理。圣人一语,小则樊迟可用,大则尧、舜不过,程子所谓语有浅近而无包容不尽是也。……未纯熟时,但曰下学;已纯熟后,即是上达,无两个涂辙。"(《木钟集》卷一,页565~566)

陈埴说,圣人与凡人的工夫路线并无二致,区别是前者纯熟,后者为未熟,工夫的内容也完全一致,都不外乎"居处恭,执事敬,与人忠"。陈埴还认为"不思而得,不勉而中"的境界,就是工夫成熟,工夫未熟,则仍要通过意志的控制和理性的调度,"呼唤方来"。他说:"君子持敬成熟,开眼便见此理,更不待旋次安排。谓如一动容貌,当下即无一点暴慢;一动颜色,则便近信;一出辞气,即便远鄙悖,盖持敬效验如此。若待言动之后,旋次点检,安得相应之速如此?学者持敬工

夫，当其未成熟时，须着呼唤方来，及工夫熟后，须见此等境界，然后谓之成熟。"（卷一，页582）

（二）熟是"心"与"理"合二为一

生为二，熟为一，由生到熟是合二为一，这是陈埴工夫论的第二个特色。所谓"二"，即工夫不熟时，心与理为二，虽然心具万理，但因为气禀之偏、私欲蒙蔽，本心不能觉悟天理；当工夫熟后，本心恢复天理，心与理合二为一。陈埴这样解释《论语》的"志道据德依仁"章：

> 志于道，是一心向圣人路上行，欲学做圣人事。据德，即志道工夫既成，凡向之所志者，今则实得于己，如有物可执据然。依于仁，则据德工夫既熟，天理与心为一，不可脱离于片时，如衣之在人身，不可脱舍也。只是一个做圣人之心，但初来生而后转熟，初来犹是两片，后来方是一物耳。（《木钟集》卷一，页594）

"据德"是工夫未成熟，"依仁"是工夫成熟，区别在于天理与本心是否合一。在"据德"阶段，人心已经领悟天理，但仍可能出现因工夫间断而"违仁"的意外，故需要长期存心涵养。待到涵养成熟，天理与人心浑然一体，或者说人心的义理之性完全显露，气质之性彻底销去，则是工夫成熟。

有学者提问，"孔颜所乐何事"，周敦颐以此点化二程悟道，二程却从不向学者直言，朱熹也是如此。陈埴答：

> 凡说所乐在道，以道为乐，此固学道者之言，不学道人固不识此滋味。但已得道人，则此味与我两忘，乐处即是道，固不待以彼之道乐我之心也。……盖行处即是道，道处即是乐，初非以道为可乐而乐之也。故濂溪必欲学者寻孔、颜所乐何事，岂以其乐不可名，使学者耽空嗜寂，而后为乐耶？濂溪以此点化二程，二程因此醒悟，后却一向不肯说破与学者，至今晦翁亦不敢说破，岂秘其事谓不可言传邪？盖学者才说此事，动口便要说道，谓道不是，固不可，但才说所乐在道，以道为乐，则又非孔、颜气象。惟知孔、颜乐处便是道，道处便是乐，则德盛仁熟之事也。要知颜子之与诸子，但有

生熟之分耳。工夫生，则乐与道为二，不妨以此而乐彼；及工夫纯熟之后，则乐与道为一，自不可分彼此矣。前贤不肯说破此事，正要看人语下气味生熟耳。（《木钟集》卷一，页593~594）

陈埴认为，如果简单回答，"所乐何事"就是乐道。但二程、朱熹对"所乐何事"秘而不宣，是因为讲"以道为乐"，仍是将道对象化，道与心未能融合，这并不是"孔颜乐处"的境界。故二程、朱熹在接引弟子时，以"孔颜所乐何事"这一问题，测试弟子的工夫进阶如何，"正要看人语下气味生熟耳"。工夫纯熟，则心与道合二为一。

对《论语》中"忠恕一贯"章，陈埴也以生熟来界定"忠、恕"和"一贯"的区别。工夫生时，忠恕为两种工夫，根据程颐的解说，忠是以己及物，恕是推己及物，虽是二事，实则都是一心在做工夫：

一贯忠恕，虽有大小之不同，大要都是心上做出。圣人之心，渣滓净尽，统体光明，具众理而该万用，故虽事物之来，千条万目，圣人只是那一个心印将去，全不费力，如绳索之贯钱然。《易》所谓"何思何虑，殊途而同归，百虑而一致"者，正圣人一贯之说也。彼学者之心，被私欲障蔽，未便得他玲珑，须是逐一荡涤，以类而推，方能自己及物。……使学者工夫纯熟，则一旦雾除云散，自是一贯境界。是知一贯乃圣人事也，忠恕特学者事，但圣人见快，学者见迟，一贯是熟底忠恕，忠恕是生底一贯，本非有二道也。曾子恐门人晓一贯未过，故借忠恕以明一贯，是将一贯放下说了。（《木钟集》卷一，页568~569）

当工夫成熟后，心早已贯通物、我，是所谓"一贯"，因此说"忠恕"是生，"一贯"是熟，工夫纯熟后，忠、恕合二为一，此为一贯。

不但忠/恕、心/道、心/理可以"合二为一"，心与敬也是如此。有弟子问："明道曰：'敬以直内，义以方外，仁也。若以敬直内，则便不直矣。'敬义如何是仁？以敬直内如何便不直？"陈埴回答："持敬、行义两相夹持，则私意自无所容，无私意，即恻隐之心流动矣，皆心学也，故谓之仁。敬以直内，则敬与心为一；以敬直内，则敬与心为二，生熟之分耳。"(《木钟集》卷四,页645)"以敬直内",是把主敬工夫作为外在的规矩引入,被动地实践,这是工夫未熟;而"敬以直内"则是领悟到主敬是本心天然所具有的良知良能,此则可见工夫纯熟矣。

"工夫生熟"是朱熹常用的一个术语,并不是陈埴的发明。但是仔细分辨,陈埴对"生熟"的用法偏向于"下学"工夫,即由"下学"一直到"上达"的工夫是一贯的、连续的、同质的。这样一来,"上达"工夫就不具备独立的存在价值了。在朱熹的弟子中,陈淳明确提出"上达"工夫与"下学"工夫是不同的,单靠"下学"工夫并不能自然而然地达到"上达",而需要施以特殊的"上达工夫"[①],此种区别值得进一步探索。

三 对《孟子·尽其心者知其性》章的理解

陈埴在思想上第二个值得注意的地方,是他对穷理与涵养关系的理解,强化了朱熹思想中"知先于行"的原则,而弱化了"知行交相进"的一面。

为了更直观地反映陈埴观点的特色,先将朱熹《孟子》"尽其心者知其性"章(以下简称《孟子·尽心章》)的集注,以及朱熹的知行观做一简单介绍。朱熹《孟子·尽心章注》云:

> 心者,人之神明,所以具众理而应万事者也。性则心之所具之理,而天又理之所从以出者也。人有是心,莫非全体,然不穷理,则有所蔽而无以尽乎此心之量。故能极其心之全体而无不尽者,必其能穷夫理而无不知者也。既知其理,则其所从出亦不外是矣。以《大学》之序言之,知性则"物格"之谓,尽心则"知至"之谓也。……程子曰:"心也、性也、天也,一理也。自理而言谓之天,自禀受而言谓之性,自存诸人而言谓之心。"张子曰:"由太虚,有天之名;由气化,有道之名;合虚与气,有性之名;合性与知觉,有心之名。"愚谓尽心知性而知天,所以造其理也;存心养性以事天,所以履其事也。不知其理,固不能履其事;然徒造其理而不履

[①] 参见张加才《诠释与建构——陈淳与朱子学》,人民出版社,2004,页94~95。

其事，则亦无以有诸己矣。知天而不以夭寿贰其心，智之尽也；事天而能修身以俟死，仁之至也。智有不尽，固不知所以为仁；然智而不仁，则亦将流荡不法，而不足以为智矣。①

这段注释大旨有二。第一是以"知、行"来区分"尽心知性"与"存心养性"。通过穷理，达到知性，知性之后，才能尽心之全体，此所谓"造其理"，属"知"的范畴；"存其心，养其性，所以事天也"，则是"履其事"，是"行"的范畴，相当于《大学》的"正心、诚意"。第二是指出了"知"（智）与"行"（仁）的顺序，朱熹在《孟子·尽心章》注提出了穷理—知性（物格）—尽心（知至）—存心（正心诚意）—养性的工夫路线图，将"智之尽"（尽心）作为"存养"的前提，"智不尽"肯定无法达到"仁之至"，而"智之尽"却可在"仁不至"的前提下实现，只是朱熹赶紧补充：这将导致"流荡不法"。

于是问题就产生了，"智"既然先于"仁"，那么"智"的境界先达到之后才进入陈埴所说的"知行夹持"阶段。从整个工夫过程来看，朱熹倒不执着于知先行后的两段论，而经常提醒学者要且知且行，知行交相发明，相辅而进。② 但是如《尽心章注》所云，知行交进的工夫是不是只能在"智之尽"之后展开呢？在《朱子语类》中朱熹多次否认这一点："不能存得心，不能穷得理；不能穷得理，不能尽得心。"③ 又说："若曰须待见得个道理然后做去，则'利而行之、勉强而行之'工夫皆为无用矣。顿悟之说，非学者所宜尽心，圣人所不道。"④ 也就是说，穷理的同时也要存心。

现在再看《木钟集》。有学者就《孟子·尽心上》发问："尽心知性则知天"与"存心养性以事天"如何分别？陈埴回答：

> 心体昭融，其大无外，包具许多众理，是之谓性，性即理也。理有未穷，则心为有外，故尽心必本于穷理，盖谓穷究许多众理，

---

① 朱熹：《四书章句集注》，页349。
② 陈来：《朱子哲学研究》，页325。
③ 黎靖德编《朱子语类》卷九，第一册，页155。
④ 黎靖德编《朱子语类》卷九，第一册，页159~160。

则能极心体之昭融而无不尽。性与天只是一理，程子曰："自理而言，谓之天；自禀受而言，谓之性。"语其分则不同耳。既知得性，便知得性所从出，是谓知天。到得知天地位，已是造得此理了。然圣贤学问，却不道我已知得，到这地位，一齐了却，又须知行夹持始得，故必存此心而不舍，养此性而无害。存养工夫，到此愈密愈严，所谓敬以直内，是乃吾之所以事天，此时直是常在天理上行，天不在天而在我矣。知行二字，不可缺一，且如自家欲事天，向使未知天为何物，不知事个甚么；到得知天，却不下存养工夫，则亦非实有诸己矣。（《木钟集》卷二，页 615~616）

从陈埴这段话，可以看出两个问题。首先，他对"造其理"之后心体"能极心体之昭融而无不尽"的描述，受了朱熹《孟子·尽心章注》的影响，而不是他自己的发明，因为正是《孟子·尽心章注》提出了"故能极其心之全体而无不尽者，必其能穷夫理而无不知者也"。朱熹在这里十分巧妙地使用了一个必要条件的表述："能尽心者必能穷理。"因此可以推论"不穷理则不能尽心"，可是朱熹没有正面说"惟穷理可以尽心"。但是在《朱子语类》中，朱熹确实讲过类似的话："万事皆在穷理后。经不正，理不明，看如何地持守，也只是空。"又说："痛理会一番，如血战相似，然后涵养将去。"[①] 这两条语录都明白无疑地把涵养置于穷理之后。朱熹之所以如此表示，是为了强调穷理在他的思想体系中的特殊功能，正是关于穷理的地位与作用的认识不同，使他与陆九渊划清了界线。

于是，陈埴根据自己对《孟子·尽心章注》的理解，做了一个正面的表述："故尽心必本于穷理，盖谓穷究许多众理，则能极心体之昭融而无不尽。"这等于说"穷理为尽心之本"，虽然没有排除"穷理"以外的其他途径的作用，但是与朱熹的原意微有不同。仅就这一段话看，陈埴在讲"穷理知性尽心"时完全没有提到"存心"工夫必须相辅而行，"知"绝对地先于"行"。在另外一个地方，有弟子问："尽心、知性、存心、养性，上是知工夫，下是行工夫，然上一节知性在先，尽心在后；

---

① 黎靖德编《朱子语类》卷九，第一册，页152。

下一节存心在先，养性在后，何也？"陈氏回答："知性即穷理格物之学，是工夫最先者。尽心即大学知至境界。存心即诚意正心之谓，养性在中矣，非存心外别有所谓养性工夫，故养性在存心下。"（《木钟集》卷二，页629）他明确地说，"知性"是工夫之最先者。这种独立于"存养"的穷理，命名为"片面穷理"。

但是，有弟子提问："（程子）云先立诚意始去格物，毋乃反经意欤？若以为敬者圣学成始成终之事，则诚意一节于八者当无不该，则不当复次于八者之中，经中乃格物而后诚意，不能无疑。"陈埴回答：

> 诚敬二字，贯通动静始末，安有格物致知时，诚意不存，曰我且理会格物致知，当此之时，不知所格者何物？所致者何知？要之，欲格物时且理会此二字为第一义，自然欲住不得，所格、所致方有主人，不然皆妄。到得知至之后，所知之理皆实，则诚敬至此时节方始事事皆实。气候既至，合下缜密工夫。故诚意之章系知至之下，虽是次第如此，又须知其为一书之关隘、众条之枢纽，方可。（《木钟集》卷八，页680~681）

陈氏此答存在明显的纰漏。他先是承认如果"诚意不存"，格物致知不可能开始，否则就是盲目的格物致知。但陈氏又不承认在格物致知之外另有一"存诚意"的工夫，他所理解的"存诚意"只是"欲格物时且理会此二字为第一义"，所谓"理会"只能解释为"理解、领悟"，也就是说，仍然是"知"的工夫范畴。

同样的问题在《木钟集》里出现过两次，提问者显然是不同的人，陈埴的另一处回答是："程门此类甚多，如致知须用敬，亦是先侵了正心诚意地位，不是于格物致知之先更有一级工夫在上，只是欲立个主人翁耳。但常得此心存在，物可从此格，知可从此致，此程子所以言'格物穷理，但立诚意以格之'。"（《木钟集》卷八，页680）所谓"欲立个主人翁"的比喻令人难解，如果说"立个主人翁"也只是理会"正心诚意"的道理，那么它仍属于格物致知工夫的一部分；如果说"立个主人翁"是一种强大的理想信念，必然别有一种工夫才能获得，但问题是这种工夫如果不是出现在格物致知之先，那么"立个主人翁"怎样才能实现？

曾有学者问陈埴："明道谓：'学者能识仁体，实有诸己，只要义理栽培，如讲求经义，皆栽培之意。'若仁之在人心一耳，不学之人，独无仁乎？"程颢此语层次分明，"识得仁体"，并且"实有诸己"，也就是本心纯乎为仁，还要继续涵养，程颢的"识得仁体"其实是正心、诚意，已属于"行"的范畴。这位弟子的疑问在于，程颢并未在"识仁体"前先格物致知，这就违背了知先行后的顺序。陈埴的回答是："识得仁体，谓满腔子是恻隐之心。既体认得分明，无私意夹杂，又须读书，涵泳义理，以灌溉滋养之；不尔，便枯燥入空门去。"（《木钟集》卷十，页717）陈埴将"识得仁体"解释为"满腔子是恻隐之心"，可是"满腔子是恻隐之心"已经是一种很高的工夫境界了，几乎等同于"正心诚意"，这样的境界可能出现在如此早的阶段吗？针对程颢同一段话，朱熹在《朱子语类》中就做了不同的解说："'学者识得仁体，实有诸己，只要义理栽培。'识得与实有，须做两句看。识得，是知之也；实有，是得之也。若只识得，只是知有此物；却须实有诸己，方是己物也。"① 朱熹告诫弟子勿将"识仁"等同于"实有诸己"，须做两句看。盖所谓"识仁"只是"知有此物"，心与理尚未合一，就不可能如陈埴所说"满腔子是恻隐之心"。相比之下可以发现，陈埴的解释漏掉了"实有诸己"一句，而"实有诸己"正是一个艰苦漫长的躬行践履的过程。朱熹洞若观火，他最担心弟子们像后来的陈埴那样，把"识得仁体"等同于"满腔子是恻隐之心"，故而着力强调最艰苦的工夫恰恰在于如何从"识得仁体"前进到"实有诸己"的境界。

实际上，程颢所谓"识得仁体、实有诸己"并非指"理会了仁的道理"，而已经是在"行"的范畴上了，即"行"先于"知"。而朱熹把"识得仁体、实有诸己"拆开为"知""行"两节，并强调从"识得仁体"到"实有诸己"为一漫长的过程。这样一来，似乎陈埴讲工夫论的境界时，比朱熹说得快、发得早，疑似顿悟的观点。但究其实质，则是陈埴过分强调了格物致知是工夫的最先阶段。

格物穷理的同时必须"此心存在""立诚意"，但这种"立诚意"不

---

① 黎靖德编《朱子语类》卷九十五，第六册，页2447。

是独立的工夫,而是为读书穷理提供指针,与自己的身心修养相贯穿。朱熹有很多类似的说法:"读书穷理,当体之于身。凡平日所讲贯穷究者,不知逐日常见得在心目间否?不然,则随文逐义,赶趁期限,不见悦处,恐终无益。""读书不可只专就纸上求理义,须反来就自家身上推究。"① 读书穷理不能只"追逐文义",不可为了读书而读、为了博学而读,而是要切己反省,将读书思考所得与自身的德性修养贯穿起来。

相比之下,陈埴从来没有否定过格物致知之外另有一种正心诚意的工夫,但就工夫的次序来说,他认为格物致知是最先的,当穷理达到"知天地位"后,再转入"知行夹持"的阶段。在具体的论述中,陈埴有意无意地突出了穷理在先,而把存心、主敬定于从属的地位,成为穷理工夫的题中应有之义,摄行于知,这是朱子学发展中的一个微弱的变异。

四 陈埴学说的缺陷

尽管陈埴强调自己严格恪守师说,《木钟集》中所有弟子提出的质疑朱熹的问题,他都站在维护朱熹的立场上加以解释,但这并不意味着他与朱熹观点完全一致,毫无分歧。

首先,陈埴对于《孟子·尽心章注》的观点曾流露出动摇。在《木钟集》中,有学者问:"尽其心者,知其性,知之有次第如此。存其心,养其性,履之有次第如此。又不知知天一节,在尽心前,在尽心后?晦翁以知性为《大学》格物之谓,尽心为《大学》知至之谓,又不知知天在甚地位?"这个问题本身十分肤浅,因为"知天"不是一个独立的环节,没有讨论其在"尽心"前抑或是后的必要。陈埴的回答是:"所以能尽心者,为其知性。天者,性之所从出,知性则必知天,理实一源也。知在先,尽在后,所谓'物格而后知至'也。先存后养,亦是次序。《集注》难说,非于此可尽。"(《木钟集》卷二,页616)陈埴此答只是重复了朱熹的观点,可是为什么最后他突然说"《集注》难说,非于此可尽"?所谓"难说"到底何指?现在已无从考见,只是可以看出,陈埴对《孟子·尽心章注》"知先于行"的次序心存怀疑。

---

① 黎靖德编《朱子语类》卷十一,第一册,页176、181。

如果回到陈埴对《尽心章注》的解释,在"尽心"之后、"存养"之前出现了一个"知天地位",其境界是"穷究许多众理,则能极心体之昭融而无不尽"。"昭融"这个说法朱熹极少使用,就有限的几次出现看,意思为"内外合一"。陈埴认为,存养开始以前,穷理知性就能达到"心体昭融"的"知天"境界,这个说法是朱熹所没有的,也在某种程度上流露出顿悟的倾向。

从理论修养看,陈埴与朱熹的其他高足黄榦、陈淳等存在一定差距,这突出表现在他使用理学术语有时不够严谨。譬如有学者问:"夫学问之道,即曰'收放心'矣,而有所谓'正心''养心''存心''尽心',不知如何头绪恁地多?"陈埴云:"存养专一,即是收放心;存养既熟,则心得其正,而全体昭融,方可言尽心。"(《木钟集》卷二,页627)这里陈埴把"尽心"排在"存其心,养其性"之后,而对知性穷理又不著一语,若孤立地解读,倒接近陆九渊的观点,与他自己其他很多提法存在明显的矛盾。在这里,"全体昭融"还是"尽心"的境界,然而此处的"尽心"却是"存养"的功效,而非"穷理、知性"的功效,与前引"穷究许多众理,则能极心体之昭融而无不尽"大相径庭。

另外,上文所引陈埴对"论语下学上达章"的解释中,提出上达境界是"心里统体光明,渣滓净尽",这与"能极心体之昭融而无不尽"的状态又如何区别?两者到底是等量齐观的关系,还是有境界高下、次序先后之分?如果是等量齐观,则仅仅通过穷理就可以达到最高境界。若是有次序之分,则从理学的术语体系看又十分牵强。从这里也可以看出,陈埴对术语的使用不够严谨。

五 对陈埴工夫论的总结

陈埴工夫论的两个特点——工夫生熟论和穷理在先论——首先是祖述了朱熹的核心观点,但也有他自己的一些发明。这里简单分析一下,为什么陈埴强调这两点。

首先要看到,当朱熹的亲传弟子向他们的弟子(朱熹的再传弟子)传道时,朱熹的工夫论属于"渐修"一路,而陆九渊心学偏于"顿悟",在工夫效验的问题上,朱熹无法给予明确的时间表或者路线图,可以称之为"工夫无期论"。《朱子语类》有这样一条:

叔文问："正心、诚意，莫须操存否？"曰："也须见得后，方始操得。不然，只恁空守，亦不济事。盖谨守则在此，一合眼则便走了。须是格物。盖物格则理明，理明则诚一而心自正矣。不然，则戢戢而生，如何守得他住。"曰："格物最是难事，如何尽格得？"曰："程子谓：'今日格一件，明日又格一件，积习既多，然后脱然有贯通处。'某尝谓，他此语便是真实做工夫来。他也不说格一件后便会通，也不说尽格得天下物理后方始通。只云：'积习既多，然后脱然有个贯通处。'"又曰："今却不用虑其他，只是个'知至而后意诚'，这一转较难。"①

朱熹弟子抱怨说，"格物最是难事"，需要长期的积累，至于什么时间、什么阶段能够收到效验，程颐没有遗训留下。故朱熹警告弟子，以他们的学养程度先不必考虑实现"诚意、正心"之后的问题，而当下的工夫在于"格物、致知"。简言之，朱熹所提出的是"工夫无期论"。同样，陈埴在论学时亦经常告诫学者不能贪多求速。有弟子提问："颜子当博文约礼之时，既竭吾才，直是大段着力；及夫所立卓尔之后，虽欲从之，末由也已，至此又无所用其力，不知合如何下工夫？"此人所问的重点是颜回"无所用其力"的工夫是如何做到的。陈埴当即指出，颜回境界很高，学者只能从"大段着力"处猛下工夫，至于如何才能"无所用其力"，实在无法言传："到此际力无所施，乃冰消雪释、渣滓融化之境，虽圣人不能授颜子，颜子亦不能受之于圣人。今欲学颜子，未须问他此处，且把博文约礼作依据，日积月累，人十己千，备见高坚前后境界，将来不知觉自有豁然融会时。"（《木钟集》卷一，页566~567）所谓"将来不知觉自有豁然融会时"，也是一种"工夫无期论"。

在朱熹在世时，"工夫无期论"不会让朱子学派解体，但在朱熹去世后却成了一个问题。因为当朱熹健在时，他以自己高尚的人格、渊博的学识、深厚的涵养，为弟子立下一个触手可及的典范，使得弟子心目中牢固树立对理学工夫论的信仰，即工夫到处，必有成就。陈埴对朱熹学

---

① 黎靖德编《朱子语类》卷十八，第二册，页392。

说如此服膺，也是基于此种信仰。但是到了陈埴面对他的弟子时，由于他本人的威望、学养都远远不如朱熹，故对于工夫的效验的体证方面，也远不如当年朱熹向他们传道时说得亲切、可信。以陈埴为例，一旦面临自己无法回答但又会动摇师说的问题，他也只能采取"断断自守"的保守态度，而不敢轻易更动师说。

为了解决这个问题，陈埴提出了"工夫生熟论"。"工夫生熟论"把圣人与凡人、下学与上达的区别完全归结于生与熟，取消了上达工夫的独立地位，把下学工夫等同于工夫的全部，从学者心理接受的立场看，这样讲使得工夫的入手处更加平易而朴实。生熟论虽仍然不能给学者以明确的时间表，却能给予他们更大的信心和动力去推动当下的日常渐修工夫。

"穷理在先"论也是如此。从实际教学活动看，穷理的主要形式仍然是读书，陈埴向弟子们传道、授业的主要方式集中在了读书、讲论之上。朱子学工夫论中极其重要的"主敬"，也必须在读书穷理中得到落实，陈埴也只能通过读书讲论察看弟子主敬程度如何。这一情况，是朱熹生前没有料想到的，却是后朱熹时代朱子学传承过程中的普遍形态。到了程端礼推出《读书分年日程》时，读书几乎等同于朱子学工夫的全部：此书卷三总结的朱熹读书六法之中，第六条便是"居敬持志"："及应事时，敬于应事；读书时，敬于读书，便自然该贯动静，心无不在。"① 在实际教学过程中，则主要通过读书来考察主敬，而非应事接物。

两浙朱子学对朱子学的继承，大大强化了"道问学"（包括穷理）的一翼，这从陈埴这位朱熹亲传弟子那里已经有所萌动。但是，陈埴的《木钟集》中充满了对义理的探讨、论辩，而几乎没有训诂、考据的成分；到了跨越宋元的北山四先生，不但"道问学"作为朱子学的主潮被推向极致，训诂、考据又成为"道问学"的主潮。由此，两浙朱子学走出了一条独具两浙地区特色的朱子学新形态。

第二节 赵顺孙与《四书纂疏》

赵顺孙（1215~1276），字和仲，处州松阳（今丽水市缙云县）人，

---

① 程端礼：《程氏家塾读书分年日程》卷三《集庆路江东书院讲义》，黄山书社，1992，页171。

淳祐十年（1250）进士。度宗咸淳八年（1272），官至参知政事、同知枢密院事，因中风，以资政殿大学士奉祠。至元十三年（1276）卒。生平见黄溍《文献集》卷十《格庵先生赵公阡表》。① 赵顺孙的父亲赵雷师从朱熹亲传弟子滕璘，顺孙幼承家学，是朱熹的三传。

现代理学大师马一浮先生高度重视《四书纂疏》的学术价值，不但精读此书并写出了《四书纂疏札记》（已佚），还在《跋》文中指出，有志通晓朱熹的"四书"学的学者，如果无力备览朱熹的《四书精义》《中庸辑略》《四书或问》《朱子语类》，那么《四书纂疏》是其首选："学者欲通'四书'……苟得赵氏《纂疏》而详究之，则于朱子之说，亦思过半矣。"并称赞此书："其有功于朱子，譬犹行远之赖车航，入室之由门户。"② 后来在策划《群经统类》时亦收录此书，马先生主持的复性书院在1944年以《通志堂经解》本为底本，校正讹误，刊刻此书，目前通行常见的黄珅点校本《大学纂疏　中庸纂疏》就是以复性书院本为底本点校整理的。③

遗憾的是，与马先生的重视形成反差的是，目前学界对这部书尚缺乏专门的深入研究。本节拟以《四书纂疏》在宋元四书学史上的地位为切入口，讨论本书的学术史价值，并认为，赵顺孙在《四书纂疏》中并未提出多么新颖的创见，其贡献在于对朱熹去世以后朱熹亲传弟子对"四书"、《四书章句集注》的研究成果，进行了一次细致的搜讨和精心编纂，从而将朱子学在第一代弟子中传承的情况作了一次全景式的反映。

一　《四书纂疏》的编纂方法

今本《四书纂疏》中的《中庸纂疏》有理宗宝祐四年（1256）十一月牟子才序，全书的完工时间大致可以推定。《四书纂疏》的文体虽然是传统意义上的解经之作，但赵氏在纂集各家著作时所引用的文献体裁却五花八门，有文集、语录、讲义，更有单行的解经之作。赵氏的工作是，将那些有助于理解《四书章句集注》的"信息"从这些不同的文体

---

① 收入《黄溍全集》，天津古籍出版社，2008，第734~738页。
② 马一浮：《四书纂疏札记跋》（1925年），吴光主编《马一浮全集》第二册（上），浙江古籍出版社，2013，第73页。
③ 黄珅：《大学纂疏　中庸纂疏整理前言》，华东师范大学出版社，1992，页3。

结构中抽离出来，再散入"四书"各条经文、《四书章句集注》各条注文之下，用他自己的话说："因遍取子朱子诸书，及诸高第讲解有可发明注意者，悉汇于下，以便观省，间亦以鄙见一二附焉，因名曰纂疏。"①

（一）《四书集注》与《四书纂疏》之间的解释空间

朱熹编著《四书章句集注》时，基本思路是"断以己意，博采众长"，他本人对"四书"经文做了非常简明的解释，并在自己的解释后面引用各家之说，使用的也是南宋通行的书面语言，对当时的读书人而言近乎白话，从语言学层面看却没有难解之处，那么还有必要对《四书章句集注》再加以解释吗？这可以从两个方面考察。

1. 《四书章句集注》行文简严需要解释

朱熹在撰写《四书章句集注》时有意识地控制注文的信息量，力求简明。朱熹自称，《论孟集注》比《论孟精义》要精炼很多："且说《精义》是许多言语，而《集注》能有几何言语！一字是一字。其间有一字当百十字底，公都把做等闲看了。"② 因此《四书章句集注》可以解释，也需要解释。赵顺孙说："朱子'四书'注释，其意精密，其语简严，浑然犹经也。"③ 赵顺孙将《四书章句集注》视同"经"，和经一样，具有"其语简严"的特点，故有注释疏通的必要。

2. 《四书章句集注》所引各家之说需要解释

《四书章句集注》虽然是从《论孟精义》《四书或问》中"刮"出来的，删繁就简，拣择极精，但是，朱熹在引用各家之说时，保留了一些明显互相矛盾的解释。朱熹说："《集注》中有两说相似而少异者，亦要相资。有说全别者，是未定也。"又有学者问："《集注》有两存者，何者为长？"朱熹答："使某见得长底时，岂复存其短底？只为是二说皆通，故并存之。然必有一说合得圣人之本意，但不可知尔。"他又补充说："大率两说，前一说胜。"④ 现在朱熹已经去世，那些他生前都没有来得及思考成熟、确定去取的歧异之说，给朱熹门人们留下了解读的空间。洪天锡说："如援先儒与诸家之说，有随文直解，不以先后为高下

---

① 赵顺孙：《四书纂疏序》，《大学纂疏 中庸纂疏》页1，华东师范大学出版社，1992。
② 黎靖德编《朱子语类》卷十九，第二册，页440。
③ 赵顺孙：《四书纂疏序》，《大学纂疏 中庸纂疏》，页1。
④ 赵顺孙：《四书纂疏序》，《大学纂疏 中庸纂疏》，页438。

者；有二说俱通，终以前说为正者；有二说相须，其义始备，不可分先后者。故非亲闻，未易意逆，此《纂疏》所以有功于后学也。"①洪天锡指出，虽然无法起朱熹于地下叩问之，但其弟子亲聆师训，从他们的著作、语录中，读者能够得到最纯正、最符合朱熹本意的解读。因此，对于《四书章句集注》中那些并存的异说，朱子学传人可从以下三个方面进行解释。

第一，二说俱通者，需要解释何以俱通，何以不能存此去彼；

第二，二说有高下之分者，需要解释何以此说胜于彼说；

第三，二说可以互相补充者（洪天锡所谓"相须"），需要说明各自从哪一方面阐释了经文。

这样一来，朱熹弟子的解释在后朱熹时代的重要性就不言而喻了，而《四书纂疏》对于《四书章句集注》而言，无疑能发挥羽翼之功。

（二）《四书纂疏》的取材所反映的南宋朱子学图景

《四书纂疏》取材的时候，对于朱熹以前的"四书"研究著作，因为朱熹本人在编著《四书章句集注》时已经挑选拣择过，一概不录。元人胡炳文编纂《四书通》时，以《四书纂疏》为主要取材，其《凡例》云："集注，谓集诸家之注而为之也，或融其意，或举其辞，字字称停，不可增减。今集成，复举朱子以前诸议论，是朱子当时犹有遗者也，今并不复出。或张氏敬夫、洪氏庆善诸说有能发朱子之意者，间存之。"②虽然赵顺孙没有明示，但实际操作与胡炳文一致。至于朱熹去世后的著作，亦只取发明《四书章句集注》的朱门弟子的作品。总之，《四书纂疏》的中心是阐释、羽翼朱熹的《四书章句集注》。

因此，《四书纂疏》的取材，完全由朱熹、朱熹亲传弟子、再传弟子构成。洪天锡在《四书纂疏序》中提到了如此取材的必要性："格庵赵公复取文公口授，及门人高第退而私淑，与《集注》相发者，纂而疏之，间以所闻附于其后，使读之者如侍考亭师友之侧，所问非一人，所答非一日，一开卷尽得之。"③《四书纂疏》载录朱熹亲传弟子之说和朱

---

① 洪天锡：《四书纂疏序》，《大学纂疏　中庸纂疏》，页2。
② 胡炳文：《四书通凡例》，《文渊阁四库全书》册203，页3。
③ 洪天锡：《四书纂疏序》，《大学纂疏　中庸纂疏》，页2。

熹本人的答问之语，可以最大限度地复现当年朱熹与弟子在考亭授业问难的场景，读者于此可以汲取最纯正的朱子学养分。

《四书纂疏》共吸收了13位朱子学人士的著作，其卷首《四书纂疏引书总目》详细开列了被引用者的姓名、籍贯和著作名。这13人中，黄榦到黄士毅11人系朱子亲传弟子；真德秀系私淑弟子，与朱子没有亲相授受的关系，蔡模（蔡沈之子）则是再传弟子（见表5-1）。

表5-1 《四书纂疏引书总目》简表

序号	姓名	籍贯	著作名
1	黄榦	三山	《论语通释》《孟子讲义》《诸经讲义》 文集 语录
2	辅广	庆源	《论语答问》《孟子答问》
3	陈淳	临漳	《大学口义》《中庸口义》 字义 文集 语录
4	陈孔硕	三山	《大学讲义》《中庸讲义》
5	蔡渊	建安	《易传》《中庸通旨》《中庸思问》《大学思问》《化原问辨》《性情几要》
6	蔡沈	建安	书传
7	叶味道	括苍	讲义 文集
8	胡泳	南康	《论语衍说》
9	陈埴	永嘉	《经说》《木钟集》
10	潘柄	三山	讲说
11	黄士毅	莆田	讲义
12	真德秀	建安	《大学衍义》《读书记》 文集
13	蔡模	建安	《大学演说》《论语集疏》《孟子集疏》 讲义

11位亲传弟子的排序，首先可以肯定不是按照去世的时间排列的，陈埴去世就远早于叶味道、胡泳，却排在叶氏的后面。而且，虽然陈埴和陈淳同姓，但《四书纂疏》中的"陈氏"特指陈淳，"永嘉陈氏"才是陈埴，说明陈淳在朱熹门人群体中的地位高于陈埴。这反映了赵顺孙当时对朱熹各位高足学术水准和师门地位的认识。

《四书纂疏引书总目》下还有一段说明文字，被点校本《大学纂疏 中庸纂疏》删去，然而十分重要："《纂疏》所载二'黄氏'、三'陈氏'，惟勉斋、北溪不书郡，余以郡书，若三'蔡氏'则一门之言，更不别异。"①

---

① 《四书纂疏》卷首《四书纂疏引书总目》，《影印文渊阁四库全书》第201册，第5页。

《四书纂疏》引用了两个"黄氏"、三个"陈氏"的作品,其中只有黄榦、陈淳的知名度和在师门中的地位突出,获得了不书籍贯的特殊待遇。这段文字未必是赵顺孙所撰,但揆之《四书纂疏》正文,则完全符合。可见同为朱熹亲传,在《四书纂疏引书总目》中的排序以影响力为先后,而那些再传弟子又排在亲传弟子之后,私淑弟子更在其次。特别明显的例子是排在第12位的真德秀,若论学术影响和社会影响力,真德秀超过不少排在前面的朱熹弟子,却屈居倒数第二位,原因是他按照辈分属于再传。《四书纂疏引书总目》的顺序与《四书纂疏》正文引用各家之说的先后次序完全一致。下举《论语·里仁》"一贯忠恕章"的《集注》,说明其层次顺序:

【经文】子出,门人问曰:"何谓也?"曾子曰:"夫子之道,忠恕而已矣。"

【集注】程子曰:以己及物,仁也;推己及物,恕也。违道不远是也。忠恕一以贯之。忠者,天道;恕者,人道。忠者无妄,恕者所以行乎忠也。忠者体,恕者用,大本达道也。此与违道不远异者,动以天尔。

【纂疏】○《或问》:(略)。/○《语录》曰:(略)/○黄氏曰:(略)/○辅氏曰:(略)/○陈氏曰:(略)/○永嘉陈氏曰:(略)○愚谓:(略)[①]

其顺序依次是,朱熹、黄榦、辅广、陈淳、陈埴、赵顺孙,与《四书纂疏引书总目》完全一致。这个顺序是根据各人在传授统绪中与朱熹的亲疏关系而排列形成的,即首先是亲传弟子,然后是真德秀、蔡模等再传弟子的身份;赵顺孙把自己置于最后,除了表示谦虚外,也显示作为朱熹三传弟子的身份。

再看地域分布,全部13人中,属福建朱子学的9人,其中真德秀、蔡模(蔡沈之子)为朱子学再传;两浙朱子学3人(辅广、陈埴、叶味道),江西朱子学1人(胡泳),可见朱熹亲传弟子群体中,闽中朱学岿然为第一重镇,两浙朱子学共有3人(叶味道、辅广、陈埴)也显示了一定的分量,其他地区的朱子学(如新安朱学、四川朱学)尚未出现强劲的领军人物。赵顺孙虽然自己属于两浙朱学,但并未特别表彰两浙朱

---

① 赵顺孙:《四书纂疏·论语纂疏》卷二,《影印文渊阁四库全书》册201,页268~270。

子学，譬如朱熹的婺州籍门人徐侨的语录就没有得到引用。

二 《四书纂疏》的解释层次

《四书纂疏》的解释层次结构非常独特。它将朱熹《四书章句集注》放到了解释的中心，而为了凸显《四书章句集注》，更是向朱熹致敬，《四书纂疏》通过文本结构的安排放弃取消了他本人，乃至整个朱学弟子群体直接解释"四书"经文的空间，这在"四书"学历史上具有里程碑式的地位。

（一）《大学》《中庸》章句与《论语孟子集注》的解释层次之别

首先对《四书章句集注》的注文部分做一分析。《大学章句》《中庸章句》与《论语集注》《孟子集注》不同，前二者极少引用诸家之说。《大学章句》只在篇首引用了"子程子曰"，在经一章、传七章、传十章下引用"程子曰"各一次，传十章下引用"吕氏曰"一次、"郑氏云"一次，这五次引用除了传十章的"吕氏曰"是发明义理外，其他四处都是训诂字词、考订错简，如"程子曰：亲当作新"① 之类。《中庸章句》引用诸家之说稍多，据邱汉生统计，引用他人观点共十五处，而其中引吕氏的就有五处，其次引二程的四处，包括卷首总论在内，引郑氏的三处，其他杨氏、游氏、张子各一处。② 虽说《中庸》篇幅是《大学》的一倍多，但引用如此之多，颇能反映朱熹对《中庸章句》的自信程度不如《大学章句》。朱熹自道：

> 或问："《大学》解已定否？"曰："据某而今自谓稳矣。只恐数年后又见不稳，这个不由自家。"问《中庸》解。曰："此书难看。《大学》本文未详者，某于《或问》则详之。此书在章句，其《或问》中皆是辨诸家说理，未必是。有疑处，皆以'盖'言之。"③

由此可见，朱熹对《大学》解释已经反复打磨，而对《中庸》各家

---

① 朱熹：《四书章句集注》，页3。
② 邱汉生：《四书集注简论》中国社会科学出版社，1980，页15。
③ 黎靖德编《朱子语类》卷十四，第一册，页257。

注释的去取，乃至《中庸》经文，尚不能完全无疑。朱熹还曾说："《大学》章句次第得皆明白易晓，不必《或问》。但致知、格物与诚意较难理会，不得不明辨之耳。"① 而《中庸》则不同："游丈开问：'《中庸》编集得如何？'曰：'便是难说。缘前辈诸公说得多了，其间尽有差舛处，又不欲尽驳难他底，所以难下手，不比《大学》，都未曾有人说。'"②《中庸》历代注家甚多，《大学》则注者甚少，因此朱熹在《中庸章句》中引用诸家之说较多。然而这与《论语集注》《孟子集注》相比，仍然瞠乎其后，盖此二书几乎每章必引诸家之说。

考虑到《大学章句》《中庸章句》引用诸家之说较少，而《大学或问》《中庸或问》又备载诸家之说，故赵顺孙在《大学纂疏》、《中庸纂疏》中摘录了《四书或问》引用诸家的内容，排成与朱熹《四书章句集注》同样的字体、行款，同为双行小字夹注。牟子才《中庸纂疏序》云："至于《或问》，则取其评论诸子之说而附注之，是亦文公之意也。"③

同时凡是《四书或问》中朱熹的文字，用朱熹本人的语录、文集或其弟子著作可以相互发明者解释之；凡是《四书或问》引用诸家之说，如是节引的、撮取大义的，则于其下注出原文。

譬如，《中庸或问》引"侯氏曰：鬼神形而下者，非诚也，鬼神之德，则诚也"，朱熹接着以"案"的形式对此语有所评论。赵顺孙在此段《四书或问》下出《纂疏》，先引侯氏曰："只是鬼神，非诚也。经不曰鬼神，而曰：'鬼神之为德，其盛矣乎！'鬼神之德，诚也。《易》曰：'形而上者谓之道，形而下者谓之器。'鬼神亦器也，形而下者也，学者心得之可也。"接着又引"《语录》曰：'侯氏解鬼神'"云云，显示朱熹在语录中有对侯氏意思相近的批评。④ 可见，朱熹《四书或问》引"侯氏曰"时是做了大量删节的，《纂疏》将其恢复原貌，使读者备见始末，更加容易理解朱熹当年去取的理由。

在《论语集注》《孟子集注》中，经文之下，先是训诂；再是朱熹

---

① 黎靖德编《朱子语类》卷十四，第一册，页257。
② 黎靖德编《朱子语类》卷六十二，第四册，页1485。
③ 《大学纂疏 中庸纂疏》，页108。
④ 《大学纂疏 中庸纂疏》，页195~196。

对经文的阐释；然后是诸家之说，通常以○标示，所谓"某氏曰"；最后可能还会安排朱熹对诸家之说的分析总结，所谓"愚按"。而且，因为集注原文已经备载诸家之说，因此《论语或问》《孟子或问》的内容虽然也被大量编入，其格式、字体和朱熹的文集、语录以及各位朱熹弟子的著作一样，同为双行小字夹注。

（二）《四书纂疏》解释层次的构成

《四书纂疏》所蕴含的诠释层次复杂，但逻辑关系清晰，基本上分为三层：①《四书集注》（《章句》）解释《四书》经文；②朱熹《文集》《语录》《或问》、朱门弟子解释《四书集注》（《章句》）。③赵顺孙的按语，即对上面两个层次的所有文本都有所解释。《四书纂疏》的解释层次与此前面世的朱子学"四书"著作相比，根本上提升了朱熹《四书章句集注》（乃至《或问》）在"四书"学著作中的地位。下举三例加以比较说明。

1. 真德秀《论语集编》

真德秀此书以"集"字入名，可见与《四书纂疏》一样，都是引用诸家、断以己意的编纂原则。其体例是，以《论语》经文分句出注，注文排成双行小字夹注，内容则先《四书章句集注》，后《四书或问》，最后附以己意。①

2. 蔡节《论语集说》

蔡节，永嘉人，蔡幼学之子。此书于淳祐五年（1245）进呈。现存宋淳祐六年（1246）刻本前镌有文学掾姜文龙于是年冬至所作跋文："晦庵先生尝语门人曰：'看《集注》熟了，更看《集义》，方始无疑。'又曰：'不看《集义》，终是不浃洽。'永嘉蔡先生《集说》之作，自《集义》中来，本之明道、伊川二先生，参以晦庵《或问》。而于晦庵、南轩先生，尤得其骨髓。盖南轩学于五峰先生，又与晦庵相讲磨，故语说多精切。是书也，说虽博，而所会者约；文虽约，而所该者博，大有益于后学，遂请刊于湖叛。"可见此书不是以《四书集注》为解释对象，而主要取材于朱熹《论语集义》《论语或问》。此书的编纂原则与《四书纂疏》大致一样，但将经文一律大字顶格，《四书集注》（"集曰"）退

---

① 此处所据版本为《通志堂经解》本。

两格大字，蔡节自己的解释（"节谓"）同样退两格大字，但并不提行重起，遂与《四书集注》之文羼杂一起。最奇怪的是，蔡节引用的《论语集注》只取其中朱熹的注文，《四书集注》所引诸家之说（如"程子曰""谢氏曰"）则视情况存留，有价值者排成双行小字夹注。这种做法实际上是肢解了朱熹《四书集注》原貌，不符合朱熹的本意。

3. 蔡模《孟子集疏》

蔡模（1188~1246），字仲觉，蔡沈之子。此书于淳祐六年（1246）蔡模去世时尚未脱稿。① 蔡模把《集注》排成双行小字，把"集疏"接续于《集注》之后，不另提行，仅以〇标识"集疏曰"。"集疏"的内容也是引用朱熹的《四书或问》《文集》《语录》，乃至其弟子的著作，来发明经文或者《集注》。这种排法将朱子弟子乃至蔡模自己置于与朱熹并列的层次。

与以上三种南宋四书学著作相比，《四书纂疏》的独特性就非常明显了：赵顺孙谨守汉唐经学"疏不破注"的原则，坚持以《四书章句集注》羽翼经文，对于《四书章句集注》中简奥难通之处，先之以《或问》，因为《或问》是《四书章句集注》形成过程中的副产品，对《四书章句集注》有着强烈的针对性；次之以朱熹文集，然后是语录，因为文集是书面成文的定说，而《语录》是一时问答之语，其权威性较文集稍差，即便如此，语录仍排在所有亲传弟子的前面，这一顺序强调了"以朱解朱""以朱补朱""以朱正朱"，努力用朱熹自己的作品来解释《四书章句集注》。

具体而言，赵顺孙将经文付之《四书章句集注》，在亲传弟子中，又根据（赵顺孙所理解的）与朱熹的亲疏关系排列，而不是根据其内容的重要性排列，形成由近及远的解释顺序。赵顺孙本人的见解附于最后。此种层次安排形成了"筛选型"的次序：每一个层次就是一层筛子，筛去理解经文、理解《集注》的疑难问题，漏下来的疑难进入下一层筛子，经此数道筛选，到赵顺孙那里应该所存无几。因此，赵顺孙的"愚按"在《四书纂疏》中出现频率很低，这与蔡节《论语集说》中每条必有"节谓"形成了鲜明的反差。

---

① 此处所据版本为《通志堂经解》影印康熙丙辰纳兰性德序刊本。

总之,《四书纂疏》对朱熹一生心血之作《四书章句集注》的推崇达到了无以复加的地步,打一个不恰当的比喻,"四书"经文的地位相当于《春秋》,朱熹《集注》的地位则相当于《三传》,众所周知,《春秋》经、传都获得了"经"的地位,赵顺孙推崇《集注》的目的可能真正在于此。这一创新一经面世便受到朱子学人士普遍的认同。元人胡炳文的《孟子通》、倪士毅的《四书辑释》、明永乐年间编辑的《四书大全》,都沿袭了《四书纂疏》将《集注》排成大字,朱熹文集、语录、弟子之说排成双行小字夹注于《集注》注文之下的体例。

当然,《四书纂疏》的价值绝不仅仅在于体例的创新,而在于它所构建的宏大精密、秩然不紊的朱子学解释体系。下文就以陈埴《木钟集》为个案,讨论《四书纂疏》(以《论语纂疏》为个案)是如何羽翼《四书章句集注》的。

第三节 从《木钟集》到《四书纂疏》

按照朱熹的说法,《四书或问》本身已经是"注脚之注脚"[①],《大学纂疏》《中庸纂疏》因为把《或问》置于与《章句》同等地位加以解释,由此产生了"注脚之注脚之注脚",这个繁衍推阐的过程反映了朱子学迅速扩张的势头,解释了何以朱子学文献在后朱熹时代以惊人的速度增长着。

《木钟集》卷一是陈埴与弟子讨论《论语》的内容,也是全书各卷中篇幅最大、分量最重的。《四书纂疏引书总目》著录了陈埴的《木钟集》、《经说》(已佚),从《论语纂疏》引用陈埴作品("永嘉陈氏曰")32条看,主要是来源于《木钟集》(见表5-2)。

表5-2

序号	经文位置	提问	答语	《木钟集》位置	《四书纂疏》位置
1	有子曰其为人也孝弟(《学而》)	全录	全录	页583	卷一,页211

---

① 黎靖德编《朱子语类》卷十四,第一册,页257。

第五章　陈埴和赵顺孙：亲传门人、再传门人与学统的结合

续表

序号	经文位置	提问	答语	《木钟集》位置	《四书纂疏》位置
2	有子曰君子务本（《学而》）	全录	节录	页583	卷一，页213
3	子曰道千乘之国（《学而》）	全录	全录	页583	卷一，页216
4	子贡曰夫子温良恭俭让（《学而》）	删	全录	页576	卷一，页221
5	子曰父在观其志（《学而》）	删	节录	页603	卷一，页221
6	子曰父在观其志（《学而》）	删	全录	页580	卷一，页222
7	有子曰有所不行知和而和（《学而》）	删	节录	页584	卷一，页223
8	有子曰信近于义（《学而》）	删	节录	页583	卷一，页224
9	子曰温故而知新（《为政》）	删	节录	页573	卷一，页236
10	子曰非其鬼而祭之（《为政》）	删	全录	页586	卷一，页242
11	子曰苟志于仁（《里仁》）	删	节录	页562	卷二，页261~262
12	子曰我未见好仁者（《里仁》）	全录	全录	页561~562	卷二，页263
13	子曰人之过也（《里仁》）	全录	全录	页561	卷二，页264
14	曾子曰夫子之道（《里仁》）	删	节录	页588、570	卷二，页270
15	季文子三思而后行（《公冶长》）	删	节录（省略）	页590	卷三，页286
16	子谓仲弓曰（《雍也》）	删	节录	页591	卷三，页295
17	子曰回也其心三月不违仁（《雍也》）	删	节录	页591	卷三，页296
18	子曰回也其心三月不违仁（《雍也》）	删	节录	页594	卷三，页297
19	子曰游于艺（《述而》）	节录	节录	页594	卷四，页313
20	子与人歌而善（《述而》）	删	全录	页576	卷四，页325
21	子曰成于乐（《泰伯》）	节录	全录	页595	卷四，页334
22	子曰如有周公之才之美（《泰伯》）	删	节录	页604	卷四，页336
23	子曰可与共学（《子罕》）	删	全录	页557	卷五，页353
24	季路问事鬼神（《先进》）	删	全录	页575	卷六，页372
25	子曰唯赤则非邦也（《先进》）	删	不详	页575	卷六，页384
26	仲弓问仁（《颜渊》）	删	全录	页564	卷六，页390

续表

序号	经文位置	提问	答语	《木钟集》位置	《四书纂疏》位置
27	子曰邦有道危言危行（《宪问》）	删	节录	页580	卷七，页418
28	子曰桓公九合诸侯（《宪问》）	删	节录（删"必如三仁乃可耳"一句）	页559	卷七，页424
29	子曰以直报怨（《宪问》）	删	全录	页557	卷七，页431
30	子曰服周之冕（《卫灵公》）	删	全录	页601	卷八，页443
31	子曰君子义以为质（《卫灵公》）	删	全录	页565	卷八，页445
32	子夏曰博学而笃志（《子张》）	删	节录（中省）	页562	卷十，页484

进一步对比，可知《四书纂疏》对《木钟集》的编辑可分为三种形式：①问答俱录；②去问录答；③节录答语。以下分别举例讨论之。

一 《四书纂疏》引用《木钟集》时保留问答的情况

尽管提问者水平参差不齐，至有被陈埴斥为"浅学浪问"者，但也有一些提问却能切中肯綮，直指学者理解《集注》的难点、盲区。下举3例。

例1：《论语纂疏》卷一，页210～211。

【经文】有子曰：其为人也孝弟，而好犯上者，鲜矣。不好犯上，而好作乱者，未之有也。

【集注】鲜，少也。

【纂疏】《文集》曰：鲜，只是少。圣贤之言，大概宽裕，不似今人蹙迫，便说杀了。

〇《语录》曰：此鲜字，只训少，与"鲜矣仁"鲜字不同。鲜矣仁，非只是少，直是无了。

〇问：朱子谓鲜是少，则未以为绝无，孝弟之人犹有犯上之意邪？永嘉陈氏曰："孝弟之人，资质粹美，虽未尝学问，自是无世俗一等粗暴气象，纵是有之，终是罕见到得。粗恶太过，可保其决无。言孝弟之人占得好处多，不好处少。"

第五章　陈埴和赵顺孙：亲传门人、再传门人与学统的结合

【按】此条将《木钟集》问答原文（《木钟集》页583）全部移录。《四书纂疏》先引朱熹《文集》、次引朱熹《语录》，《文集》只是从修辞学的角度解释古人的语气不会过于绝对，《语录》则区别此"鲜"与《论语·学而》"巧言令色鲜矣仁"的意义差别。与此相比，陈埴与弟子的问答正面回答了这个问题：孝弟之人何以还不能免于犯上作乱。故而《四书纂疏》全部移录。

例2：《论语纂疏》卷一，页211~213。

【经文】君子务本，本立而道生。孝弟也者，其为仁之本与。

【集注】或问：孝弟为仁之本，此是由孝弟可以至仁否？曰：非也，谓行仁自孝弟始。孝弟是仁之一事，谓之行仁之本，则可，谓是仁之本，则不可。盖仁是性也，孝弟是用也，性中只有个仁义礼智四者而已，曷尝有孝弟来？然仁主于爱，爱莫大于爱亲，故曰："孝弟也者，其为仁之本与！"

【纂疏】○《或问》：性中有仁义礼智，而无孝弟？曰：此亦以为自性而言，则始有四者之名，而未有孝弟之目耳。非谓仁与孝弟自为别物，孝弟之理不本于性而生于外也。

○《文集》曰："性中只有仁义礼智，曷尝有孝弟来？"此语亦要体会得是，若差了，即不成道理。盖天下无性外之物，岂性外别有一物名孝弟乎？但方在性中，则但见仁义礼智四者而已。仁便包摄了孝弟在其中，但未发出来，未有孝弟之名耳。非孝弟与仁各是一物，性中只有仁而无孝弟也，所包摄不止孝弟，凡慈爱恻隐之心皆所包也。犹天地一元之气，只有水火木金土，言水而不曰江河淮济，言木而不曰梧槚樲棘，非有彼而无此也。

○《语录》曰：仁不可言至。仁者，义理之言，不是地位之言，地位则可以言至。又不是孝弟在这里，仁在那里，便由孝弟可以至仁，无此理。如所谓"何事于仁，必也圣乎"，圣却是地位之言。问："仁是性也"，仁便是性否？曰：如所谓乾卦相似，卦便有乾坤之类，性便有仁义礼智，却不是把性便作仁看。性其理，情其用。孝弟者，性之用也。恻隐、羞恶、是非、辞逊，皆情也。问："仁主乎爱"，爱便是仁否？曰：仁主乎爱者，仁发出来便做那慈爱底事，如灯有光。若把光做灯，又不得。○又曰：仁便是本，仁更无本了。若说孝弟是仁之本，则是头上安头，以脚为头。伊川所以将为字属仁字读，盖孝弟是仁里面发出来底。

"性中只有个仁义礼智,何尝有个孝弟来?"他所以恁地说时,缘是这四者是本,发出来却有许多事,千条万绪,皆只是从这四个物事里面发出来。○又曰:仁是理之在心者,孝弟是此心之发见者。孝弟即仁之属,但方其未发,则此心所存只是有爱之理而已,未有所谓孝弟各件,故曰"何曾有孝弟来"。

○叶氏曰:须看性字透,方得。性中只具四端之理,无形无影,随感而见。当其未发,止是爱之理,既发为孝弟,方是着在事为上,乃是仁之用。所以止可谓行仁自孝弟始。盖仁是根本,孝弟是枝叶,若谓孝弟便是仁之本,则是以枝叶为根本,却颠倒了道理也。

○问:今人生则知爱其亲,长则知敬其兄,皆是心中流出,略无一毫勉强意思,恶知其非性中所有邪?永嘉陈氏曰:此不待说,但先儒虑学者以仁从孝弟入,先有孝弟而后有仁,故特转此语以别之。盖孝弟乃是仁流出,不是仁从孝弟中入。性只是四者,其他众善皆四者之支分派别也。仁是性,孝弟是用,用便是情,情便是发出来底。(《木钟集》,页583)

【按】从字面意思看,"孝弟为仁之本"就是说孝弟为仁之根本,但是此说与程朱理学的思想体系有冲突,程朱主张仁是孝弟之根本。因此《集注》增字解经,释为"孝弟行仁之本"。这一字面上明显的冲突,朱熹当然不会放过,他在《集注》中特意以"或问"的方式来加以解释。《四书纂疏》对此心领神会,于此条《集注》下引用《论语或问》文集语录加以发明。如果比较《论语或问》《文集》《语录》,可知相互之间很多话是重复的,且下引叶味道、陈埴之语在意义上并没有创新,对朱熹本人的发挥不尽处也未补充。但是《四书纂疏》仍然不厌其烦地逐字照录,其目的是造成一种"理一分殊"的效果,即朱熹的思想,被他的众多弟子毫无保留地继承、主张,朱熹是"理一",弟子是"分殊","理一"与"分殊"相互表彰,相互发明,以证明"人同此心,心同此理"。因此,《四书纂疏》中保留了不少意义重复的引文。后来元人胡炳文编纂《四书通凡例》时虽取材于《四书纂疏》,却对这种不厌其烦的做法深感不满而加以删削。①

---

① 胡炳文:《四书通凡例》,《文渊阁四库全书》册203,页3。

例3：《论语纂疏》卷一，页215~216。

【经文】子曰：道千乘之国，敬事而信，节用而爱人，使民以时。

【集注】杨氏曰：上不敬则下慢，不信则下疑。下慢而疑，事不立矣。敬事而信，以身先之也。《易》曰："节以制度，不伤财，不害民。"盖侈用则伤财，伤财必至于害民，故爱民必先于节用。然使之不以其时，则力本者不获自尽，虽有爱人之心，而人不被其泽矣。然此特论其所存而已，未及为政也。苟无是心，则虽有政，不行焉。

【纂疏】杨氏，名时，延平人。

○《语录》曰：杨氏最说得好，须看此五者是要紧。古先圣王所以必如此者，盖有是五者，而后上之意接于下，下之情方始得亲于上。上下相关，方始可以为治。若无此五者，则君抗然于上，而民不知所向。有此五者，方始得上下交接。

○问："未及为政"，今观使民以时，又似为政。曰：孟子说不违农时，只言王道之始末，大段是政事。

○辅氏曰：朱子正解此一句之义，故以敬主于事而言，信主于民而言。杨氏则推言其反此之弊。故曰："上不敬则下慢，不信则下疑。"两说相须，其义始备。

○问：此章似皆就政事上说，《集注》谓"此特论其所存，未及为政"。永嘉陈氏曰：治国有刑政礼乐、纪纲文章，万目皆当开张。此条且论他存心处，乃为政之本，其他未暇及。(《木钟集》，页583)

【按】"未及为政"一句，是理解《集注》的难点。《语录》中有弟子问及此句，但朱熹不直接道破，答以孟子"使民以时"，其意让问者自己领会。辅广亦没有针对此点发挥，而指出朱熹的注文是正说，所引杨时之说为反说，角度不同，互相补充。陈埴的问答却正面澄清了这个难点，指出"然此特论其所存而已，未及为政也"的"存"是"存心"，即存心不正，则政事千头万绪都无从谈起，故此章经文重心在于说明"正心诚意"为根本。

二 《四书纂疏》引用《木钟集》时进行编辑的情况

在大多数情况下，《四书纂疏》删去了陈埴弟子的提问，而只保存了答语。见下例。

例1：《论语纂疏》卷一，页221~222。

【经文】子曰：父在观其志，父没观其行，三年无改于父之道，可谓孝矣。

【集注】行，去声。

父在，子不得自专，而志则可知；父没，然后其行可见，故观此足以知其人之善恶。

【纂疏】《语录》曰：父在时，使父贤而子不肖，虽欲为不肖之事，犹以父在而不敢为。然虽无甚不肖之行，而其志可知矣。使子贤而父不肖，虽欲为善事，而父有所不从，时有勉强而从父之为者。此虽未见其善行，而要其志之所存，则亦不害其为贤矣。至于父没，则已自得为，于是其行之善恶可于此而见矣。父在时，子非无行也，而其所主在志；父没时，子非无志也，所主在行。

○永嘉陈氏曰：旧说"父在观其父之志，父没观其父之行"。若如此说，连下面"三年无改于父之道，可谓孝矣"说不通。盖才说孝，便主子说了。所以上面志与行都就子边说。（《木钟集》，页603）

【按】《木钟集》中此条是弟子就经文提问，而不是就《集注》注文提问，"永嘉陈氏曰"是答语的节选。《木钟集》下文还有："非独如此，盖父在时岂无志之可观，父既没岂无行之可见？此说亦通。"语意模糊，不知"此说亦通"到底是谁的观点，故《四书纂疏》不取。所节的一段则足以分辨旧说何以不通，显示朱说与旧说的优劣高下。

例2：《论语纂疏》卷一，页221。

【经文】子曰：父在观其志，父没观其行，三年无改于父之道，可谓孝矣。

【集注】游氏曰：三年无改，亦谓在所当改而可以未改者耳。

【纂疏】○叶氏曰：须思"当改而可以未改"是多少含容精微意思。若说大段有害于物，不待三年，此是在上位者，关系民物，如元祐欲改新法之类，不容不改。若其他未至于大害，当常存不忍之心可也。

○永嘉陈氏曰：事变随宜，虽孝子继父，岂能无当改处？但方哀戚之中，虽所当改，亦未暇改。盖哀戚之心有以胜之耳。（《木钟集》，页580）

【按】此条《木钟集》中，问者就"游氏曰"发问，故《四书纂疏》删去提问，将陈埴答语全部移录于此。

大体来说，《四书纂疏》在编辑诸家之说时，尽量保持原文原貌，在引用《木钟集》的32条中，没有发现赵顺孙在引用时大幅改动字句。但有一个例子，采取了"截搭"的办法进行编辑，即把两句不连续的话组合在一起。

例3：《论语纂疏》卷十，页483~484。

【经文】子夏曰：博学而笃志，切问而近思，仁在其中矣。

【集注】四者皆学问思辨之事耳，未及乎力行而为仁也。然从事于此，则心不外驰，而所存自熟，故曰仁在其中矣。

【纂疏】《语录》曰：此四者只是为学功夫，未是为仁，必如夫子所以语颜冉者，乃正言为仁耳。然人能博学而笃志、切问而近思，则心不放逸，天理可存，故曰仁在其中。

○黄氏曰：（略）。

○胡氏曰：（略）

○永嘉陈氏曰：博而能笃，切而又近，如此学问尽鞭辟向里，心不外驰，故言仁在其中。盖心存则仁便存。指存心便唤做仁，固不可，但离了心外，便何处求仁？

【集注】程子曰：博学而笃志，切问而近思，何以言仁在其中矣？学者要思得之，了此便是彻上彻下之道。

【纂疏】《语录》曰：于是四者中见得个仁底道理，便是彻上彻下之道。○又曰：彻上彻下是这个道理，深说浅说都如此。

○永嘉陈氏曰：彻上彻下，谓下学中天理便在此，无两个涂辙。

【按】此章有两条《集注》下都引了《木钟集》，且看《木钟集》原文：

（问）博学而笃志，切问而近思，何以言仁在其中？程子云"了此便是彻上彻下之意"，未知这意思如何？

（答）<u>博而能笃，切而又近，如此学问尽鞭辟向里，心不外驰，故言仁在其中，盖心存则仁便存。彻上彻下，谓下学中天理便在此，无两个涂辙。</u>学虽博而志则笃，问既切而思又近，是其日用之间近理，鞭辟不向外驰，心既存在，则仁亦在是矣。<u>指存心便唤做仁，固不可，但离了心外，便何处求仁？</u>（《木钟集》，页562）

画线部分就是《四书纂疏》所节选的句子,赵顺孙把第一句和最后一句拼成一段,来解释《集注》中朱熹的注文;又将"彻上彻下,谓下学中天理便在此,无两个涂辙"单独提出,解释《集注》所引"程子曰"的"彻上彻下之道"。就前者而言,陈埴的话未出前引黄榦、胡泳之说的范围,没有提出什么有新意的观点。但在后一处,赵顺孙截取此句却颇为巧妙,因为朱熹的语录解释"彻上彻下"是"深说浅说都如此",看不出程颐此言理学上的理论意义,让人难以把握,朱熹其他弟子也未解释其意,只有陈埴把"彻上""彻下"与"上学""下达"对应起来,指出"下学中天理便在此",做了一个理论性很强的注解。从这个例子可以看出,赵顺孙对他所取材的原书的研读是十分精细的。

小　结

作为朱子学的三传,赵顺孙的学术任务重心不但完全转到了《四书章句集注》,而且把整理、总结朱熹亲传弟子的著作也当成一项重要任务。他把《集注》的全文完全独立出来,成为直接面向经文的唯一解释层次,凸显了《集注》不可动摇的核心地位。至于《集注》之外的朱熹著作,以及朱熹亲传弟子的著作,即便在原来的文本结构中其内容是直接指向经文的,赵顺孙仍然将其附注于《四书章句集注》之下,成为"注脚之注脚"。在《大学纂疏》《中庸纂疏》中,赵氏甚至把《四书或问》也作为"疏"的对象,衍生出"注脚之注脚之注脚",很符合端平更化、淳祐更化以来全社会的尊朱、崇朱、述朱气氛。

但是问题的要害尚不在于"尊朱",而在于所"尊"之"朱",是朱熹的"朱子之学",还是"朱子学"。在《木钟集》时代,陈埴所孜孜不倦传播的是"朱子之学"。到了《四书纂疏》时代,赵顺孙努力构建一个自洽的学术体系,这个体系的核心与灵魂是朱熹之学,朱熹亲传弟子对朱熹之学的解释构成了这一核心的外围,他们不但能够补充、完善朱熹之学,而且可以"重复"朱熹之学,成为朱熹之学在历史过程中的"回声"。赵顺孙在编辑《四书纂疏》时,没有删去那些意思明显雷同的弟子之说,使得读者产生一种"人同此心,心同此理"的感觉,从而坚定了对朱子之学的信仰。回到陈埴"木钟"的比喻,如果说朱熹是一口钟，朱熹弟子就是撞钟的钟杵，朱子之学就是撞钟的钟声，后朱熹时代的朱门弟子，各自单独传道，竭力模仿朱熹的钟声，这就是《木钟集》的由来。然而，朱熹的亲传弟子散处各地，他们向朱熹致敬的钟声是零星的、分散的。为此，赵顺孙营造了《四书纂疏》这一历史的隧道，在这个隧道中，朱熹生前的钟声、朱熹亲传弟子的钟声，在未来的历史中获得巨大的回响，此起彼和，经久不衰。《四书纂疏》中那些字面重复的弟子之说，就是赵顺孙心目中朱子学"历史的回声"。

而且，赵顺孙通过编纂《四书纂疏》这一文本建设，还构建了一个完整的朱子学的"四书"学体系，从而丰富和加强了朱子学的学统。同时，体现学统的《四书纂疏》又清晰地展示了朱熹亲传门人对朱熹的羽翼、继承，故此书也可以看作对师统的记录。

不过，历史的发展与《四书纂疏》的设计思想相反，对"四书"经文、对朱子之学的每一次解释，都会产生新的术语、新的错误、新的分歧。从程颐开始，"增字解经"成为常态，因为不增字，就不能实现理学的观念与原始儒家经典的无缝对接。二程所增的这些字，又成为朱熹的解释对象。朱熹说："《大学》一书，有正经，有注解，有《或问》。看来看去，不用《或问》，只看注解便了；久之，又只看正经便了。"① 朱熹的理想是，通过《四书或问》理解《集注》，通过《集注》达到经文本旨，完成一个由博返约的认知过程。但事实正相反，朱熹说："某作《或问》，恐人有疑，所以设此，要他通晓。而今学者未有疑，却反被这个生出疑。"② 《或问》固然羽翼了《集注》，但《或问》本身却衍生新的疑问。从这个意义上说，《四书纂疏》的出现本身就是朱子学发展历程中的一个悖论："由博返约"之功未见，"博而更博"之势愈演愈烈。

当洪天锡为《四书纂疏》作序文时，引用了朱熹"《大学》一书，有正经，有注解……"这段话，并接着说："此文公吃紧教人处也，仆于《集注》《纂疏》亦云。"③ 洪天锡希望《四书纂疏》能够成为"博而更博"的历史终结者，但事实会让他失望。《四书纂疏》的编纂体例和赵顺孙对《集注》理解的"愚按"都受到了元代朱子学者胡炳文的批

---

① 黎靖德编《朱子语类》卷十四，第一册，页257。
② 黎靖德编《朱子语类》卷十四，第一册，页258。
③ 赵顺孙：《四书纂疏序》，《大学纂疏 中庸纂疏》，页3。

评。胡炳文说：

> 《纂疏》《集成》有舛谬者。如"子游洒扫应对"章，《集注》记程子之说凡五条，末曰："后四条皆以明精粗本末，其分虽殊，其理则一，学者当循序而渐进，不可厌末而求本。盖与第一条之意实相表里，非谓末即是本，但学其末而本便在此也。"赵氏曰："学其末而本便在此者，理贯于万事，不以事之近小而理有不该也。"其说正与《集注》相反，盖不看上文有"非谓"两字，即以下文"学其末而本便在此"为是也。他似此不可胜举，皆删之。①

胡炳文批评赵氏学力不足，错误领会朱熹本意，其"愚按"反成画蛇添足。为此，胡炳文的《四书通》以《四书纂疏》的改革者的面貌出现于元代，延续着宋元朱子学"博而不返"的历史悖论。

---

① 胡炳文：《四书通凡例》，《文渊阁四库全书》册203，页4。所论赵氏之失见《论语纂疏》卷十，页488。

第六章 黄震：彻底的学统传道论者

黄震（1213~1281），字东发，一字汝震，号文洁先生，祖籍温州乐清，南宋嘉定六年（1213）出生于慈溪，44岁考中宝祐四年（1256）进士。黄震进入仕途后，主要担任的都是地方官，如县尉、通判、知州、提举、提刑等。南宋灭亡后，他入山隐居，保持了气节。黄震的主要著作是《日抄》《古今纪要》《古今纪要逸编》《戊辰修史传》，今人编有《黄震全集》。① 黄震著作宏富，学识渊博，在很多领域都取得了杰出的成就，但本章所要讨论的黄震，则是他作为宋元之际最彻底的"师统"否定者的思想观点。

按照朱熹在《中庸章句序》中所下的"因其语而得其心"的定义，朱熹的"因其语"即指明语言文字是明道的唯一途径；而"得其心"则是有惩于汉唐儒者拘泥于语言文字而不知向形而上的道之本体探索，故提出"传道即传心"。可见，"因其语"是途径，"得其心"是目的，二者密不可分。同时，"因其语"与"得其心"二者之间也是相互抑制的关系：前者抑制了后者沦于空无、流入佛老的倾向，后者抑制了前者拘泥于章句训诂、不知求道的弊端。而到了黄震所处的理宗朝后期，情况更加复杂。在朱子学内部，从"得其心"中发展出来了不立文字、单传直指之弊，从"因其语"中发展出空谈义理、拘泥文字、不事躬行践履之弊。

本章的讨论主要围绕三个问题展开，第一节讨论黄震是如何通过贬低"道南一脉"的历史地位来贬低师统在朱子学传播过程中的地位的，以及怎样旗帜鲜明地反对"以自得为己之独得"，认为应该始终不渝地"尊朱"，从而抑制朱子学内部随着世代推移而不断增衍的师统崇拜；第二节讨论黄震对"不立文字、单传直指"的批判；第三节讨论黄震对"各师其师不以孔子为师"的批判。以下分别论述之。

---

① 黄震著，张伟、何忠礼主编《黄震全集》全十册，浙江大学出版社，2013。

第一节 反对以"自得"为"己之独得"

同时代人对黄震的记载绝大多数是正面的，但周密《癸辛杂识》续集上《罗椅》一条却是个例外。据说，江西朱子学的代表人物饶鲁（余干人，号双峰，1193~1264）死后，他的弟子江西新淦县的董敬庵、韩秋岩得到死讯之后，"匍匐往哭"，前往吊唁，一路上披麻戴孝。进入抚州境内时，守关卡的官吏报告知州黄震，黄震闻讯后以礼相迎，并在郡府正厅设置饶鲁灵位，三人一起大哭，对外宣称是"先师之丧"。① 但董、韩二人吊唁之事当发生在饶鲁去世的景定五年（1264），而黄震知抚州则在咸淳七年（1271），故黄震不可能于饶鲁死去的当年在抚州见到这两位"双峰门人"，更不可能在他们奔丧回程经过抚州时聘任他们为书院主讲和州学教官。虽然这条纪事本身子虚乌有，但文末周密所批判的"道学先牌人欲行"却正是黄震所强烈反对的。

事实上，黄震对自己的老师王文贯非常尊敬，《日抄》中多处引用其经说，但黄震强调，他的老师教导他要原原本本研读朱子著作，烂熟于心，而不是盲目创新。② 换言之，一方面治学应该以"自得"为主，即真正理解消化师说，落实于自己的身心实践之中，另一方面，绝不能为了抬高自己的地位，于不应疑处生疑，背叛师说，自创新说，或者低级重复，剿袭成说，遂将"自得"等同于"己之独得"。

一 《日抄》所反映的朱子学师统谱系

《日抄》是黄震阅读儒家经典和理学著作的读书笔记，全书卷帙繁重，编排严谨，其中宋代学者被分别为三种类型：本朝诸儒书、本朝诸儒理学书、文集，从中可以看出黄震对道统和朱子学师统谱系的认识。

《日抄》卷三十三到卷四十五这十三卷为"读本朝诸儒书"系列，其中卷四十二之前的九卷，被称为"读本朝诸儒理学书"，分别是读周

---

① 周密：《癸辛杂识》，页116。
② 黄震：《黄氏日抄》卷二，《文渊阁四库全书》册707，页5。

敦颐、二程、张载（卷三十三）、朱熹（卷三十四至三十八）、张栻（卷三十九）、吕祖谦、黄榦（卷四十）和杨时、谢显道、尹焞（卷四十一）等人的文集和语录。到第四十二卷，卷名一变为《读本朝诸儒书十》，为读张九成、陆九渊、陈宓著作的笔记；卷四十三《读本朝诸儒书十一》，所读对象为司马光、刘安世著作等；卷四十四，则是读李侗著作语录和《延平答问》；卷四十五，读石介、胡瑗的著作。

可以看出，黄震的编排绝不是按照生活时代的先后，而是根据在道统谱系中的地位。其中，卷三十三到卷四十一的周敦颐、二程、张载、朱熹、张栻、吕祖谦、黄榦、杨时、谢显道和尹焞，都属于黄震所认可的"理学"人物。卷四十二以下诸人，黄震只承认其为"诸儒"，而非"理学"。至于欧阳修、曾巩、王安石、黄庭坚、叶适、范成大，则根本不被视为"诸儒"，而归于卷五十九至卷六十八的"读文集"系列，地位只是文士而已。

这样的安排表面上看突出了理学人物，但结合南宋后期朱子学师统崇拜泛滥的历史背景，就可以看出对所谓"道南一脉"的师传谱系有着明显的贬抑。

首先，李侗作为朱熹的本师，仅被排入了"诸儒"；其次，"道南一脉"的创始人、程学的所谓正宗传人杨时虽列入"理学"的最后一卷，排名却在朱熹弟子黄榦之后，即便这种编排是随意的，也显得对道南一脉缺乏敬意。何况黄震还声称，这样的编排是经过深思熟虑的结果，反映了他本人对宋代理学发展的思考和总结。黄震说：

> 愚按，程门高弟如谢上蔡、杨龟山，末流皆不免略染禅学，惟尹和靖坚守不变。其后龟山幸三传而得朱文公，始裒萃诸家而辨析之，程门之学因以大明。故愚所读先儒诸书，始于濂溪，终于文公所传之勉斋，以究正学之终始焉。次以龟山、上蔡，以见其流虽异，而源则同焉。又次以和靖，以见源虽异，而其流有不变者焉。次以横浦、三陆，以见其源流之益别焉。①

---

① 黄震：《黄氏日抄》卷四十三，《文渊阁四库全书》册708，页228~229。

这里所谓的"源"和"流",实际上是指师徒授受的统绪:如果以黄榦为终点的话,那么朱熹、黄榦与杨时开创的道南一脉存在师承关系,杨时为"源",而朱熹、黄榦为"流"。但黄震指出:"次以龟山、上蔡,以见其流虽异,而源则同焉。"即朱熹、黄榦之学思想上的源头并不是杨时,而是直接二程,因此形成了"其流虽异";从事实上的师徒授受关系来说,朱熹确为杨时之三传,因此"而源则同焉"。另一个二程门人尹焞刚好相反,他与朱熹没有直接的师承关系,思想旨趣反而与朱熹较近,此所谓"见源虽异,而其流有不变者焉"。这里所谓的"不变",是以二程的核心思想为标准来衡量的。因此,师徒授受关系并不能保证思想继承的准确性。在第四十一卷末,黄震又论述了将杨、谢、尹三人置于乾淳三先生(朱熹、张栻、吕祖谦)和黄榦之后的原因:

> 本朝理学发于周子,盛于程子。程子之门人以其学传世者,龟山杨氏、上蔡谢氏、和靖尹氏为最显。龟山不免杂于佛,幸而传之罗仲素,罗仲素传之李愿中,李愿中传之朱晦翁,晦翁遂能大明程子之学,故以晦翁继程子,而次龟山于此,以明其自来焉。①

黄震在这里区别了两个概念,一是"道统",二是师统。根据对道的理解的准确度和完整性,只有朱熹有资格直接二程之道统(这一点与黄榦一致),而不是由道南一脉而来,因为杨时已经"不免杂于佛",此所谓"晦翁遂能大明程子之学,故以晦翁继程子"。但是,道南一脉确乎是朱熹的直接师承,这一事实又必须正视,故云"次龟山于此,以明其自来焉"。黄震不但认为杨时不是程学正宗,且认为整个二程门人群体都不能传道。唯一的例外是尹焞:"和靖虽亦以母命诵佛书,而未尝谈禅,能恪守其师说而不变。且高宗中兴、崇尚儒学之初,程门弟子惟和靖在。故以和靖次上蔡,以明斯道之硕果不食,而程门之学固有不流于佛者焉。"② 可是,尹焞认为当时流行的二程语录并不可靠,更不必根据二程语录理解其思想,朱熹在编辑《河南程氏遗书》《外书》时专门针

---

① 黄震:《黄氏日抄》卷四十一,《文渊阁四库全书》册708,页201~202。
② 黄震:《黄氏日抄》卷四十一,《文渊阁四库全书》册708,页202。

对尹焞的说法提出了辩驳。但黄震认为尹焞是正确的:"然晦翁搜拾于散亡,其功固大,和靖亲得于见闻,其说尤的。今观程录,凡禅学之所有而孔门之所无者,往往窜入其间,安知非程氏既殁,杨谢诸人附益耶?是虽晦翁不敢自保,其于编录,犹深致其意,谓失之毫厘,其弊将有不可胜言者。然则和靖力辨语录之说,其可废也哉!"① 二程语录全部是各位程门弟子所记,既然程门弟子在整体上不能传道,那么整部语录自然都不能正确反映二程思想。

李侗作为朱熹的直接师承,却未被列入《日抄》"理学"各卷,黄震做了解释:

> 然上蔡、龟山虽均为略染禅学,而龟山传之罗仲素,罗仲素传之李延平,延平亦主澄心静坐,乃反能救文公之几陷禅学,一转为大中至正之归,致知之学,毫厘之辨不可不精盖如此。故又次延平于此,以明心学虽易流于禅,而自有心学之正者焉。此书(宇按:指《延平答问》)文公所亲集。延平之学以涵养为工夫,以常在心目之间为效验,以脱然洒落处为超诣之地,文公之问多本《论语》,多先孝弟,此皆学者所当熟味。②

李侗虽然也主张"澄心静坐",但与杨时、谢显道相比,属于"心学之正者",所以才能够把陷溺佛老的青年朱熹引导到理学路数上来,完成了老师的职责。但是,黄震又说:

> 序此书(宇按:指《延平答问》)者廖德明,载文公之言谓:"先生(宇按:指李侗)隐居不仕,燕闲体察,默而成之,非他人能及。若夫经纶天下之大经,措诸事业,时有劳逸之殊遇。故二程因发明敬字,合内外,贯动静。"③

廖德明所转述的朱熹之语,并不见于朱熹为李侗所撰的《延平先生

---

① 黄震:《黄氏日抄》卷四十一,《文渊阁四库全书》册708,页202。
② 黄震:《黄氏日抄》卷四十三,《文渊阁四库全书》册708,页229。
③ 黄震:《黄氏日抄》卷四十一,《文渊阁四库全书》册708,页229。

李公行状》和两篇《祭文》中,应该是师徒讲论时的口谈。但《朱子语类》卷一百三中,朱熹曾向廖德明说起,自己对李侗的静坐说颇不以为然。朱熹认为"静坐"工夫的重点在于"静"而不是坐,而"静"的本质是"心静",并不是肢体言语的安静:"静坐理会道理,自不妨;只是讨要静坐,则不可。理会得道理明透,自然是静。……所谓静坐,只是打叠得心下无事,则道理始出;道理既出,则心下愈明静矣。"① 为了"心下无事",不必单纯依赖静坐,更不能与世隔绝,不应世务。李侗一生没有出仕,故他的学问没有机会付诸实践("措诸事业"),而终生以"澄心静坐"为基本工夫,在朱熹看来,李侗所主张的"静坐"恐怕更侧重"坐",而忽视了"心静"这一根本。朱熹在《延平先生李公行状》中赞扬李侗的工夫论是:"终日危坐,以验夫喜怒哀乐之前气象为如何,而求所谓中者。"晚年他对学生承认,《延平先生李公行状》中这些话对李侗颇有溢美:"这处是旧日下得语太重。今以伊川之语格之,则其下工夫处,亦是有些子偏。"如果只是终日危坐:"又似坐禅入定。"② 所谓"伊川之语",应该就是廖德明所引用的"故二程因发明敬字,合内外,贯动静"。李侗工夫论的弊端显然在于有静无动,不能贯通。朱熹在《语类》中还说过类似的话:"李先生当时说学,已有许多意思,只为说'敬'字不分明,所以许多时无捉摸处。"③ 即是此意。当然,由于李侗毕竟是朱熹的直接师承,黄震只是以转述朱熹告廖德明之语的方式,委婉地解释了何以李侗不能入"理学"系列。

朱熹之后,理学正统的归属再次成为问题。黄震分析朱熹去世后门人群体的总体情况:"晦庵既没,门人如闽中则潘谦之、杨志仁、林正卿、林子武、李守约、李公晦,江西则甘吉父、黄去私、张元德,江东则李敬子、胡伯量、蔡元思,浙中则叶味道、潘子善、黄子洪,皆号高弟。"这其中,黄子洪并非两浙人士,黄震可能记错了。但这些高足都无法与黄榦相比。黄震举出了朱熹属意黄榦为正统传人的标志:"然则晦庵于门人弟子中,独授之屋,妻之女,奏之官,亲倚独切,夫岂无见而然

---

① 黎靖德编《朱子语类》卷一百三,第七册,页2602。
② 黎靖德编《朱子语类》卷一百三,第七册,页2603~2604。
③ 黎靖德编《朱子语类》卷一百三,第七册,页2603。

哉？"① 而从黄榦本人的学术和事业成就看，他也是当之无愧的朱学嫡传。黄震从四个方面论证了这一点。

首先，朱熹去世后，朱子门人们出现了各种偏离、违背朱子教诲的倾向，而黄榦能一一为之驳正："又独勉斋先生强毅自立，足任负荷。如辅汉卿疑恶亦不可不谓性；如李公晦疑喜怒哀乐由声色臭味者为人心，由仁义礼智者为道心；如林正卿疑大《易》本为垂教，而伏羲文王特借之以卜筮；如真公刊《近思后语》，先《近思》而后'四书'，先生皆一一辨明，不少恕。"② 黄榦维护了朱子学的纯洁性，而朱门弟子也普遍地尊重黄榦的权威性。

其次，黄榦还大力传播朱子学，留下大量讲义："勉斋之文宏肆畅达，髣髴晦翁。晦翁不为讲义，而勉斋讲义三十二章，皆足发明斯道。"③ 黄震平生最反对登台讲学，也不撰写讲义，他的理由有二。首先，朱熹平生不喜登台讲学，而主张学生有疑则问，老师有问必答，讲学只是单方面的灌输，无助于义理的理解："故五十年为天下儒宗，而未尝登讲席。"④ 朱熹所余《玉山讲义》一篇，实际上也是与程珙的问答之语。其次，既然发明义理的工作已经由朱熹完成，这个时代的学者只需要躬行践履："吾侪何幸，获享其成。入耳着心，以正躬行，此正今日紧事。"⑤ 可是，黄榦留下的讲义达32篇之多，却得到了黄震的推重，这是因为黄震认为这些讲义"皆足发明斯道"，而且黄榦的躬行践履已然纯熟，确有资格登台讲学，黄震说："其诲学者尝曰：'人不知理义，则无以自别于物，周旋斯出，自少至老，不过情欲利害之间，甚至三纲沦、九法致，亦将何所不至？'其言哀痛至此，其为天下后世虑也亦远矣。"⑥ 总之，黄榦讲说义理并未影响他的躬行践履，二者反而能够相辅而行。

再次，黄榦不但敢于纠正同门师兄弟的错误，且能不株守师说，纠正朱熹之失误。黄震说："甚至晦庵谓《春秋》止是直书，勉斋则谓其

---

① 黄震：《黄氏日抄》卷四十，《文渊阁四库全书》册708，页180、181。
② 黄震：《黄氏日抄》卷四十，《文渊阁四库全书》册708，页180。
③ 黄震：《黄氏日抄》卷四十，《文渊阁四库全书》册708，页181。
④ 黄震：《黄氏日抄》卷四十，《文渊阁四库全书》册708，卷八十四《答抚州程教授请冬至讲书札》，页872。
⑤ 黄震：《黄氏日抄》卷四十，《文渊阁四库全书》册708，页871。
⑥ 黄震：《黄氏日抄》卷四十，《文渊阁四库全书》册708，页181。

间亦有晓然若出于微意者；晦庵论《近思》先太极说，勉斋则谓'名近思，反若远思者'；晦庵解'人不知而不愠'，惟成德者能之，勉斋提云'是君子然后能不愠，非不愠然后为君子'；晦庵解'敏于事而慎于言'，以慎为不敢尽其所有余，勉斋提'慎'字本无不敢尽之意，特以言易肆故当谨耳。凡其于晦庵殁后，讲学精审不苟如此，岂惟确守其师之说而已哉？"① 下文将指出，黄震在《日抄》中最反对后世学者标新立异，求胜于朱子、求多于朱子，但对黄榦纠正朱子，却赞之不容口，称誉为朱门正传，这说明黄震并不是一个愚忠于朱熹的保守派。

最后，黄震认为黄榦还有"措诸事业"的事功可以称道："若其见之行事，则如宰临川、新淦，推行实政；守安庆、汉阳，慷慨事功，又皆卓卓在人耳目。"② 黄榦自嘉定元年（1208）任临川县令开始真正登上仕途，前后累积在州县任职超过十年。黄震认为这些出仕经历证明黄榦能够学以致用。与黄榦相比，朱熹的仕宦实践显得十分单薄，黄震说："先生（按指朱熹）以千载之道统为任，不以一时之遇合为意，出仕五十年，居官才五考，世不患不见其明理之书，患不见其论政之书耳。"这在朱熹本人并无遗憾，但由于后生看不到朱熹的政治实践方面的著作，因此就轻忽了学以致用："凡门人事先生于武夷山中者，片言只字，一皆讲学而不及政，所居之势然也。自是哀集类聚，积而汗牛充栋，至今流布于天下者，无非言理之书，不善学者遂或流而为空言矣。不知古之正心诚意者，正将推之治国平天下，言语文字云乎哉？"③ 朱熹在和弟子讲学时鲜言政事，客观上影响了南宋后期朱子学走向"流而为空言"，只知正心诚意，讲说义理，而不知治国平天下。

总之，无论治学、躬行还是事功，黄榦全面、完整、准确地继承了朱熹的思想学术，而且在朱熹的基础上有所创新，成为当之无愧的朱门正统，故黄震在《日抄》"理学"系列中，位列朱熹之后，杨时、谢显道、尹焞之前："勉斋之生虽在诸儒后，故以居乾淳三先生之次，明晦庵之传在焉。"这当然不是对师徒授受系统的客观描述，而是对于朱子学典

---

① 黄震：《黄氏日抄》卷四十，《文渊阁四库全书》册708，页180~181。
② 黄震：《黄氏日抄》卷四十，《文渊阁四库全书》册708，页181。
③ 黄震：《黄氏日抄》卷四十，《文渊阁四库全书》册708，卷九十《晦庵与江玉汝往复帖序》，页960。此处黄震所言不确，《朱子语类》中有朱熹与弟子评论时政的记载。

破真德秀在"人心道心之辨"中提出的"盖《中庸章句序》《尚书·大禹谟传》乃亲笔著述,而《语录》《文集》特一时问答之辞故也"的规定(详参本书第二章第三节)。

第二节 批判"传道即传心说"和"不立文字"

本书第一章第四节已经讨论了朱熹对"传心说"和"不立文字"之弊的批判,而这些弊端在南宋后期愈演愈烈,引起了黄震的批判。

黄震首先注意到"传道即传心"说与《尚书·大禹谟》的"十六字箴"和《论语·尧曰》章有着密切关系,即所谓"三圣传心"。理宗朝,蔡沈《书集传》被进献于皇帝时,进书的官员就以"三圣传心"作为《尚书》的核心要旨:"其后进此《书传》于朝者,乃因以三圣传心为说,世之学者遂指此书十六字为传心之要,而禅学者借以为据依矣。"黄震认为,"执中"(而不是"人心道心")才是贯穿于"十六字箴"和《论语·尧曰》章始末的主轴,尧、舜、禹三圣人相互之间谆谆告诫者亦为此:

> 此章(按:即人心惟危一章)即尧尝授舜之辞,舜申之以授禹,而加详焉耳。尧之授舜,曰:"允执厥中。"今舜加"危微""精一"之语于"允执厥中"之上,盖所以使之审择而能执中者也。此训之之辞也,皆主于尧之执中一语而发也。尧之授舜,曰:"四海困穷,天禄永终。"今舜加"无稽之言勿听"以至"敬修其可愿"于"天禄永终"之上,又所以防警之,使勿至于困穷而永终者也。此戒之之辞也,皆主于帝尧永终数语而发也。执中之训,正说也;永终之戒,反说也。正反相因,章旨该贯。盖舜以始初所得于尧之训戒,并平日所尝用力于尧之训戒而自得之者,尽以授禹,使知所以执中而不至于永终耳,岂为言心设哉?①

然理学兴起以来,尤其是朱熹去世之后,不少学者将此章的重点解

---

① 黄震:《黄氏日抄》卷五,《文渊阁四库全书》册707,页65。

释为"传心":"近世喜言心学,舍全章本旨而独论人心道心,甚者单撅道心二字而直谓即心是道,盖陷于禅学而不自知,其去尧舜禹授受天下之本旨远矣。"① 这样一来,传道就等同于传心,道即是心。黄震认为,"道"并不是一个有限的"物",而是修身、齐家、治国、平天下的最高境界,心虽然在明道过程中发挥了关键的认识功能,但是以心明道只是起点,而非终点。黄震说:

> 蔡九峰之作《书传》,尝述朱文公之言曰:"古之圣人将以天下与人,未尝不以治之之法而并传之。"可谓深得此章之本旨者。九峰虽亦以是明帝王之心,而心者,治国平天下之本,其说固理之正也。……纵以舜之授禹有人心道心之说,可曰传心;若尧之授舜,止云执中,未尝言及于心也,又安得以传心言哉?俗说浸淫,虽贤者或不能不袭用其语,故僭书其所见如此。②

三圣相传的本质是"执中",而"中"是"天理":"愚按心不待传也,流行天地间、贯彻古今而无不同者,理也。理具于吾心而验于事物,心者所以统宗此理而别白其是非,人之贤否、事之得失、天下之治乱,皆于此乎判。此圣人所以致察于危微精一之间,而相传以执中之道,使无一事之不合乎理,而皆无过不及之偏者也。"只有"心"把握了天理,才能够做出正确的价值判断,达到"允执厥中"。黄震此处所认为的"心"只是形而下的、个体化的人心,而不是形而上的、公共的"道心","理"先天地存在于此一形而下、个体化的心中,而"心"又具有认识"理"功能:"理具于吾心而验于事物,心者所以统宗此理而别白其是非,人之贤否、事之得失、天下之治乱,皆于此乎判。"形而下的、个体的心不可能在个体与个体之间传承道,故黄震指出:"心不待传也,流行天地间、贯彻古今而无不同者,理也。"③ 如果说先圣、后圣、今人、古人所认识的"理"是一致的就可以称之为"传"的话,那么此种所谓"传"只是譬喻性的,譬喻"理"是跨越时间和空间而普遍适用、

---

① 黄震:《黄氏日抄》卷五,《文渊阁四库全书》册707。
② 黄震:《黄氏日抄》卷五,《文渊阁四库全书》册707,页65~66。
③ 黄震:《黄氏日抄》卷五,《文渊阁四库全书》册707,页65~66。

亘古不变的："圣贤之学由一心而达之天下国家之用，无非至理之流行，明白洞达，人人所同，历千载，越宇宙，有不期而同，何传之云？"① 儒家之道，根本就不是通过"传心"而得到传承，甚至根本不能称之为"传"。不同时代、不同地域的主体都能认识到同样的"理"，是基于道（或天理）的公共普适性和可认识性，"道"可能在这个时代没有被发现，但在另外一个时代被另外的学者所发现，这种跳跃式的对道的体认发现，根本就不能被称作是"传"。

黄震进一步指出，关于道的言说被记载于经籍之中，才可能被后人所认识、所发现，离开语言文字而寻求其他途径是完全错误的。在师徒授受的关系中，师傅的主要职责也是引导学生进入经典、理解经典。"传心"说却主张"不立文字""心心相印"，即个体与个体之间不需要通过语言文字，而以其他中介沟通，禅宗恰恰对此最为擅长："禅学源于庄列滑稽戏剧肆无忌惮之语，惧理之形彼丑谬，而凡圣贤经传之言理者，皆害己之具也，故以理为障，而独指其心，曰不立文字、单传心印。此盖不欲言理，为此遁辞，付之不可究诘云耳。"然而，这种存在严重理论缺陷的"传心"说得到了很多儒学学者的支持："俗说浸淫，虽贤者或不能不袭用其语。"②

可是，"道可以传"正是韩愈《原道》一文的主要贡献之一，如果"道不可言传"，则《原道》所主张的道统论岂不顿成虚语？二程对韩愈多有批评，但特重其道统论："退之晚年为文，所得处甚多。……如曰'轲之死，不得其传'，似此言语，非是蹈袭前人，又非凿空撰得出，必有所见。若无所见，不知言所传者何事？"③ 二程所谓"必有所见"，意思是韩愈定然领悟到了道统所传的本质（所传者何事），但又无法以语言表达。黄震对此非常反感，指出韩愈对道统的理解已经清晰地表达为"道之实"，绝无语言文字无法表达之奥义，二程这则语录本身的来源就很值得怀疑：

> 所谓道者，即《原道》之书所谓其位君臣父子，其教礼乐刑

---

① 黄震：《黄氏日抄》卷五，《文渊阁四库全书》册707，页65~66。
② 黄震：《黄氏日抄》卷五，《文渊阁四库全书》册707，页65~66。
③ 《河南程氏遗书》卷十八《伊川先生语四》，《二程集》第一册，页232。

政，其文诗书易春秋，以至丝麻、宫室、粟米、蔬果、鱼肉，皆道之实也。故曰以是而传，以是者，指《原道》之书所谓道者而言之，以明中国圣人皆以此道而为治也。故他日论异端又曰："果孰为而孰传之耶？"正言此之所谓道者无非实，而其传具有自来；彼之所谓道者无非虚，而初无所自传云尔，非他有面相授受之密传也。托附《程录》者乃发为异说，称誉原道以为此必有所见，若无所见，所谓传者传个甚么？①

韩愈在《原道》中正确地指出，儒家之道落实为物质、制度和典籍，不是个体与个体之间的玄妙的"密传"。黄震认为，这段语录很有可能是那些流入佛老的程门弟子伪造的，最大的嫌疑人是谢显道："愚故意其为上蔡谢氏之门依仿而托于《程录》也。"他们伪造的目的，是希望造成这样一种印象，儒家之道与佛教之道一样，不可言传；同时抹黑韩愈，为当年韩愈谏佛骨一事报仇。黄震批评道："呜呼异哉！尧舜禹汤文武周公孔孟相传之道，备见于《原道》一书，岂复他有险怪歇后语，阴幽不可名言，如异端所谓不立文字，单传心印之传者哉？"②

"传心"说的第二个弊端则是内倾化和形而上的倾向。黄震引用朱熹的话说："蔡九峰之作《书传》，尝述朱文公之言曰：'古之圣人将以天下与人，未尝不以治之之法而并传之。'可谓深得此章之本旨者。"朱熹在《中庸章句序》中已经指出，三代圣人是"以天下相传"，道统在这一时期表现为"治统"，尧、舜、禹三圣之间不仅传心，更是传"治天下之法"，但是"治天下之法"在三代以后已经失传，重新恢复"治天下之法"仍是需要通过"心"来明理。黄震仍然强调"理具于心"，认为："九峰虽亦以是明帝王之心，而心者，治国平天下之本，其说固理之正也。"虽然没有否定"心"在儒学中的核心地位，但黄震又提出了一个更加严峻的问题，"心"应该可以开出"治天下之法"，儒学也应该以治国平天下为最终的目标，如果只是片面地强调"古圣相传只此心"，则会迷失这一终极目标。他引用韩愈《原道》，指出韩愈所称"道"，既

---

① 黄震：《黄氏日抄》卷五十九，《文渊阁四库全书》册708，页468。
② 黄震：《黄氏日抄》卷五十九，《文渊阁四库全书》册708，页468。

是形而上的道之本体，也指道在历史时空的实践形态——"道之实"，也可以说是"治道"（本书则称之为"治统"）。黄震认为，儒学真正构成对佛教威胁的，不仅是宋代理学所揭示的儒学的形而上的道之本体，更是儒学之道在历史上曾被真正加以实践的社会形态，只有曾经在现实社会中实行过的"道"，才称得上"道者无非实"，而佛教所谓"道"从未见诸社会实践。①

如果道的内涵是治国平天下的"道之实"，那么道就不可能在个体与个体之间发生传承。韩愈在《原道》中提出"传道"说，并不是描述"道"在师傅与弟子之间传承，而仅仅是一个时间概念，意指儒家之道早在尧、舜、禹三代就已经实践于历史时空之中，其来源依据如此，而佛教之道的来源却无迹可寻。

《论语》"二三子言志章"也被解读为"不立文字、单传心印"。二程门人谢显道的《上蔡语录》云："子路、冉子被曾子将冷眼看，他只管独对春风吟咏，肚皮里浑没些能解，岂不快活？"所谓"肚皮里浑没些能解"，即是不可言传，"独对春风吟咏"则是一种隐喻。谢显道认为曾点之志表现出的神秘性和隐喻性受到了孔子的赞许，因为"道"正是如此神秘而不可言传、如此形而上地得以传承。黄震则认为："孔子本以行道济世为心，故使二三子言志。子路、冉子之对，皆正也。"曾点之志则让孔子感到的更多是诧异："孔子当道不行，私相讲明，而忽闻其言独异，故一时叹赏之，已即历举子路、冉有之说皆足为邦，孔子之本心终在此而不在彼。"孔子之志是行道济世，故子路、冉子实得孔子之心，曾点之志"无心于仕而自言中心之乐，其说虽潇洒出尘，然非当时问答之正也"，并非孔子之志。如此，谢显道的解释则有明显的好高之弊：

> 上蔡又演为"独对春风、没些能解"之言，且曾点此时特自言意欲如此而已，何尝果对春风？曾点又岂没些能解者耶？善乎，近世南轩先生（宇按：指张栻）作《风雩亭》之词曰："希踪兮奈何，盍务勉乎敬恭。"必若此，斯可明孔门之本旨，绝异端之影借。②

---

① 黄震：《黄氏日抄》卷五十九，《文渊阁四库全书》册708，页468。
② 黄震：《黄氏日抄》卷四十一，《文渊阁四库全书》册708，页198。

曾点之言只就其字面上的意义理解即可，绝无形而上的玄妙高超之意，也不存在谢显道所谓的"没些能解"。张栻《风雩亭》认为曾点之志虽然潇洒脱俗，但并非孔门宗旨，学者仍必须从"敬恭"的下学工夫下手，不要追求曾点的那种超凡脱俗的境界。黄震的批评则更进一步，孔门宗旨是"行道济世"，而不仅仅是像曾点那样独善其身：

> 曾点，孔门之狂者也。……学者必尽取一章玩味始末，然后孔子之本心可得而见。自禅学既兴，黜实崇虚，尽《论语》二十篇皆无可为禅学之证，独曾子浴沂咏归数语迹类脱去世俗者，遂除去一章之始末，独摘数语牵合影傍，好异慕高之士翕然附和之。①

黄震还批评杨时："《论语序》以伯乐论马为证，谓道不可以言传。愚恐以禅学阴移正论也。"② 杨时的《论语序》中有这样一段话：

> 夫《论语》之书，孔子所以告其门人，群弟子所以学于孔子者也。圣学之传，其不在兹乎？然而其言近，其指远。世儒以其近也易之，以为童子之习而莫之究，入德之途背而去之。如在荒墟之中，曾无蘧庐以托宿焉，况能宅天下之广居乎？善夫，伯乐之论马也，以为天下马不可以形容筋骨相，视其所视而遗其所不视，则马之绝尘弭辙者无遗矣。余于是得为学之方焉，夫道之不可以言传也审矣！士欲窥圣学渊源，而区区于章句之末，是犹以形容筋骨而求天下马也，其可得乎？③

杨时指出，学者若只是"区区于章句之末"，是不能理解《论语》中的圣人之道的。此论并无问题，也符合朱熹的"心传道统"说。黄震所反对的是杨时的另一句话："夫道之不可以言传也审矣！"这与朱熹在《中庸章句序》中主张的"因其语而得其心"南辕北辙。在朱熹看来，求道的终极目的是"得其心"，但求道途径和方法却是理解语言文字，

---

① 黄震：《黄氏日抄》卷四十一，《文渊阁四库全书》册708，页198。
② 黄震：《黄氏日抄》卷四十一，《文渊阁四库全书》册708，页187。
③ 杨时：《龟山集》卷二十五《论语义序》，《文渊阁四库全书》册1125，页346~347。

不能用目的来取消途径。因此杨时的观点受到了黄震的批评。

可是，杨时的"不立文字"在理宗朝颇为流行。杨时《语录》云："有僧入僧堂，不言而出。或曰：莫道不言，其声如雷。"黄震对此批评道："龟山以此证知微之显，却恐未然。近世徐霖以不语为传道，未必非此等语误之。"① 徐霖（1214~1261），字景说，西安（今衢县）人，系理宗淳祐四年（1244）省元，他的科举时文在南宋后期名气很大。周密说："淳祐甲辰，徐霖以书学魁南省，全尚性理，时竞趋之，即可以钓致科第功名，自此非'四书'《东西铭》《太极图》《通书》《语录》不复道矣。"② 可见其对当时士风和学风的影响之大。

同样是出现于南宋后期的家颐（眉山人）的《子家子》，黄震评论其"多律己处世之言，有补世俗"，但也存在着"不立文字"的倾向，黄震说："惟其言'理义勿于传注中求，但于性根上求'，却恐未安。夫六经所以载理，传注所以明经，以此为戒而求之性，此不立文字而见性成佛也。"③ "性根"到底何在，仍需要从"传注"中求，一味"不立文字"，只会流入禅说。

在黄震看来，不立文字和师徒授受崇拜是密切联系的：如果承认了朱子学要义的首要来源、最权威的依据是朱熹著作、语录，那么学者只能通过研读朱熹著作而"深造而自得"，师徒授受只能发挥引导的、辅助的功能。反之，如果以师徒授受为传道的首要途径，朱熹本人著作的重要性自然退居其次，在师徒授受的过程中就容易滋生不立文字、单传心印的弊病。因此，为了克服不立文字、单传心印的弊病，黄震必须进一步维护朱熹著作的权威性和不可怀疑性，同时贬低师统在传道中的地位。

第三节　讲说已备，正当体行

上一节已经指出，片面强调"得其心"在朱子学的流传中已暴露了

---

① 黄震：《黄氏日抄》卷四十一，《文渊阁四库全书》册708，页195。此语出自《龟山集》卷十二《语录三·余杭所闻》（《文渊阁四库全书》册1125，页231），当时向杨时提问的正是罗从彦。
② 周密：《癸辛杂识》后集"太学文变"，页65。
③ 黄震：《黄氏日抄》卷五十五，《文渊阁四库全书》册708，页420。

弊端，这一节主要讨论"因其语"带来的弊端。

本书第五章讨论赵顺孙《四书纂疏》时就提到，纵观整个宋代理学史的发展，随着理论创新的不断突破，相关理论文献和著述的积累十分迅速，即以朱熹一人为例，他留下来的著作（包括单行著作、文集、语录）体量大致相当于北宋五子的总和，这种文献迅速增加的势头不仅象征着理学的繁荣和传播，也反映了学者对于讲说义理、著书立说的喜爱，相应而来的问题就是脱离了躬行践履。这一弊端在黄震的时代愈演愈烈。

一 "不得已"说与强调躬行实践

黄震多次强调，以著书立说的方式进行理论构建的工作已经由朱熹完成，后世学者的主要任务是躬行践履。本章第一节已经讨论了黄震对学力不足的后学轻率质疑朱熹的批评，而之所以有这么多后学醉心于质疑、驳正朱熹，恰恰暴露了他们并未认真地对待躬行践履，而只在语言文字上做工夫。

> 晦翁"四书"虽颇习诵，但有敬信，不敢辄发一语。世之读是书者多有辩说，以为自得。且谓若无自得之功，而徒信纸上语，非学也。某愚意妄谓，若止挑别一两语为新意便谓自得，则世之自得者多矣。讲说已备于前人，体行正属于我辈。且不论自做人如何，而尚腾口说。今世所少者，正不在言语间，但得不杂禅学，便得。①

南宋末期的学者普遍地以"自得者"自诩，但"自得"不仅是"徒信纸上语"，更是"体行"，缺乏躬行践履工夫而获得的所谓"自得"，是一种"伪自得"。

可是，朱子学再传、三传学者中出现重讲说、轻践履的倾向，可以单纯地归罪于他们本身吗？黄震指出，孔子以后曾子和思孟学派思想的发展趋势，都是着力于揭示形而上的道之本体，宋代理学更是以此对抗佛老的虚无乱道，纠正汉唐儒学的质实而不见道之弊。这种日益远离形而下世界的"高远"趋势，无疑严重影响了南宋末期的学者。而由于躬

---

① 黄震：《黄氏日抄》卷八十四《与唐仲华》，《文渊阁四库全书》册708，页867~868。

行践履的工夫并非直接面向形而上的"道之本体",而是面向形而下的世界的;于是讲说义理、空谈性命,便被很多人视为真正面向"道之本体"的工夫。黄震在《日抄》中多处论述了儒学(实则为理学)日趋高远的发展趋势,并批评了这一趋势存在的弊端。

黄震首先认为,在孔子时代,形而上的道之本体从未被公开地揭示过,孔子在《论语》中反复强调的只是"孝弟忠信、躬行为本"。这并非因为孔子学力不足,不能领会道之本体,而是担心揭示了形而上的道之本体之后,学者可能好高骛远,不事躬行:"盖理虽历万世而无变,讲之者每随世变而辄易,要当常以孔子为准的耳。孔子教人以孝弟忠信,躬行为本,至子思则言诚,至孟子则言性,已渐发其秘,视孔子之说为已深。"① 孔子以下,子思、孟子对形上本体的讨论已经有所萌芽("渐发其秘")。到了宋代,周敦颐、张载诸儒为了对抗佛老,纠正汉唐儒学之弊,大大丰富了对道之本体的论述:"自孔孟殁,异端纷扰者千四百年,中间惟董仲舒正谊、明道二语,与韩文公原道一篇,为得议论之正。迨二程得周子之传,然后有以穷极性命之根底,发挥义理之精微,议者谓比汉唐诸儒说得向上一层。愚谓岂特视汉唐为然?风气日开,议论日精,濂洛之言,虽孔孟亦所未发,特推其旨要,不越于孔孟云耳。"② 北宋理学诸儒发展出的"无极太极""太虚""清虚一大"等形而上本体的理论是儒学的一部分,二程阐明这一部分秘密也有其正当理由:"至濂洛穷思力索,极而至性以上不可说处,其意固将指义理之所从来,以归之讲学之实用。"可是对形而上本体讨论得越多,就越接近于佛老,二程门人又不能将形而上的道之本体的理论贯彻于形而下的工夫之中,就难免流于佛老:"适不幸与禅学之遁辞言识心而见性者,虽所出异源而同湍激之冲,故二程甫殁,门人高弟多陷溺焉。"③ 二程门人不能传道,根本问题在于受到"向上一层"的倾向的误导而流于佛老之学。

到了南宋,朱熹自北宋理学诸儒上溯至孔子,恢复了践履躬行工夫的地位,成为理学的集大成者:"不有晦翁,孰与救止,呜呼危哉!故二

---

① 黄震:《黄氏日抄》卷四十,《文渊阁四库全书》册708,卷四十,页174~175。
② 黄震:《黄氏日抄》卷三十三,《文渊阁四库全书》册708,页18。
③ 黄震:《黄氏日抄》卷三十三,《文渊阁四库全书》册708,页18。

程固大有功于圣门,而晦翁尤大有功于程子。"① 即便如此,朱熹也深受北宋理学诸儒影响,譬如,他将《近思录》第一卷安排为"无极太极阴阳造化":

> 至晦庵先生出,始会萃濂洛之说,以上达洙泗之传,取本朝诸儒议论之切于后学者,为《近思录》矣。然犹以无极太极阴阳造化冠之篇首,则亦以本朝之议论为本也。……先生之垂训虽严,而学者之谈虚滋甚。呜呼,此吾孔子之所以不轻泄其秘欤,抑诸儒亦岂得已而泄其秘欤?呜呼士乎,奈之何不近思!②

《近思录》中以形而上的"阴阳性命"置于卷首,其本意在于"特使之知所向",即揭示工夫的最终境界;实际上,"阴阳性命"是功夫的很高境界,已经脱离了"近思"的本意:"讲学具有科级,若躐等陵节,流于虚空,岂所谓'近思'?呜呼,学者可以观矣。然人情好高,谁守科级?"③ 而后生学者受此暗示,以为谈论阴阳性命只是工夫的初阶,忽略了《近思录》其他各卷所标示的工夫环节:"然人情好高,谁守科级?"黄震感叹,关于"阴阳性命"的秘密,经过了子思、孟子、周、张、二程的层层披露,到南宋后期已经发露无余:"汉唐老师宿儒泥于训诂,多不精义理。近世三尺童子承袭绪余,皆能言义理,然能言而不能行,反出汉唐诸儒下,是不痛省而速反之流弊,当何如也?"④ 黄震甚至认为,对于形而上道之本体的讨论其实并非儒学工夫所不可缺少者:"然尝念之古者风俗淳厚,能行者未必能言,往往或暗合于道而不自知。近世道学大明性与天道之妙,敏如子贡,所亲炙夫子而不得闻者,今童子亦类能诵习其辞而不差。然议论日工,躬行日慊,夫乃徒知择之云尔而已乎?"⑤ 在宋代濂洛关闽诸儒发明道之本体之前,学者虽然对本体懵然无知,但尚能谨守孔子《论语》之教躬行践履,反而"往往或暗合于道

---

① 黄震:《黄氏日抄》卷三十三,《文渊阁四库全书》册708,页18。
② 黄震:《黄氏日抄》卷三十三,《文渊阁四库全书》册708,卷四十,页174~175。
③ 黄震:《黄氏日抄》卷三十三,《文渊阁四库全书》册708,卷四十,页174~175。
④ 黄震:《黄氏日抄》卷八十二《抚州辛未冬至讲义》,《文渊阁四库全书》册708,页841。
⑤ 黄震:《黄氏日报》卷九十一《书择轩集后》,《文渊阁四库全书》册708,页969。

而不自知"。宋代理学诸儒发明此道之后，躬行践履反而大大萎缩了，"议论日工，躬行日慊"。

总之，考察理学发展的已有成果和南宋后期面临的现实问题，黄震的结论是："今日吾侪之所少者，非讲说也，躬行也。……入耳著心，以正躬行，此正今日紧事。"①

值得讨论的是，黄震关于思孟、濂洛关闽"不得已"发明形而上本体的观点，正来源于朱熹。朱熹在《朱子语类》中有这样一段话："近世学者，大抵皆然。圣人语言甚实，且即吾身日用常行之间可见，惟能审求经义，将圣贤言语虚心以观之……只为汉儒一向寻求训诂，更不看圣贤意思，所以二程先生不得不发明道理，开示学者，使激昂向上，求圣人用心处，故放得稍高。不期今日学者乃舍近求远，处下窥高，一向悬空说了，扛得两脚都不着地，其为害反甚于向者之未知寻求道理。"②朱熹所谓"不得不"，已暗示了他对"发明道理"可能导致好高骛远之流弊的担心。此外，程洵在问目中提出："'天何言哉？四时行焉，百物生焉，天何言哉？'洵窃谓四时行、百物生，皆天命之流行，其理甚著，不待言而后明。圣人之道亦犹是也，行止语默，无非道者，不为言之有无而损益也。有言，乃不得已为学者发耳。"程洵的意思是，道已经见于发用、流行于天地之间，学者随处可以体察，不待圣人说出："其理甚著，不待言而后明。"若学者资质愚钝不得其门而入，圣人不得已为之揭示。朱熹回答道："如此辨别甚善。近世甚有病此言者，每以此意晓之，然不能如是之快也。"③既然对道之本体的论述会带来如此种种流弊，而宋代理学最早、最集中地论述形而上本体的又是周敦颐《太极图说》，为什么朱熹还要注解、传播周敦颐《太极图说》，刊布《太极图说解》呢？程洵就此发问："'程氏之言性与天道，多出此图，然卒未尝明以此图示人者，疑当时未有能受之者也。'是则然矣。然今乃遽为之说以传之，是岂先生之意耶？"朱熹回答道："当时此书未行，故可隐。今日流

---

① 同上，卷八十四《答抚州程教授请冬至讲书札》，页871。
② 黎靖德编《朱子语类》卷一百一十三，第七册，页2748。
③ 朱熹：《晦庵集》卷四十一《答程允夫》，《朱子全书》第二十二册，页1875。

布已广，若不说破，却令学者枉生疑惑，故不得已而为之说尔。"① 由于二程感到此图无人可传，故秘而不宣，但在朱熹的时代，《太极图说》已经广泛流行，已非如二程时代那样无人知晓，故朱熹不得已要加以解释，否则会引发更多的曲解。

可见，黄震的"不得已"说完全本自朱熹，这说明朱熹时代理学所遇到的问题与黄震时代大同小异。当理学面对外部敌人（佛老）时，必须以形而上本体的论述加以对抗；但形而上本体的论述又会干扰儒学的躬行践履。朱熹、黄震的"不得已"论就反映了这一两难。本来，朱熹已经给予了完美的解决方案："文公朱先生于是力主知行之说，必使先明义理，别白是非，然后见之躬行，可免陷入异端之弊。此其救世之心甚切，析理之说甚精。学者因其言之已明，正其身之所行，为圣为贤，何所不可？"朱熹的工夫论采取"先知后行"的路线，强调通过讲说义理、读书穷理的道问学工夫，解决主观认识上的问题，而反对盲目的践履躬行；同时，朱熹也反对"知而不行"，即只有讲说义理，而不检点自己的身心。可是，在工夫实践中，讲说义理与躬行践履总是难以结合在一起："顾乃掇拾绪余，增衍浮说，徒有终身之议论，竟无一日之躬行。甚至借以文奸，转以欺世，风俗大坏，甚不忍言。文公所以讲明之初意，夫岂若是？"②

二 陆学片面"尊德性"之弊

可是，在当年朱熹、陆九渊鹅湖之辩中，陆九渊主张尊德性为多，而朱熹则更倾向道问学，如果黄震认为义理探索的工作已经完成，学者只须躬行践履的主张（"讲说已备于前人，体行正属于我辈"），岂不与陆九渊的心学派合流了吗？何况，杨简、袁燮等陆学传人在躬行践履方面确有过人之处，黄震就承认："且如慈湖之实行劲节，某岂不朝夕师尊之？"③ 但是，正因为他们的操行践履为人所敬仰，其错误学说便能赢得更大的市场，危害也更大："其人愈贤，则其说愈行。因其人而信其说，

---

① 朱熹：《晦庵集》卷四十一《答程允夫》（"太极解义"），《朱子全书》第二十二册页 1888~1889。
② 黄震：《黄氏日抄》卷八十二《余姚县学讲义》，《文渊阁四库全书》册708，页844。
③ 黄震：《黄氏日抄》卷八十五《回楼新恩》，页883。

先入为主，自少已熟，人苦不自觉耳。"黄震认为，在"甬上四先生"的影响下，明州出现了"说理必求高"的"隐然之弊"。

意识到了这一危险，黄震进一步强调，躬行践履工夫应该以孔子在《论语》中的教导为标准，而与孔子的教导相比较，陆九渊心学派所主张的躬行践履又有简易、顿悟的弊端。杨简认为"心不必正，意不可有"，从而否定《大学》"正心诚意"的必要性，黄震批驳道："若人必有心，心动处便是意，孔子故教人正心诚意，此天下万世学士大夫之所同者也。慈湖独说心不必正，意不可有，因辟《大学》为非圣之书。一时学者同声附和，更不回头看孔夫子面，最是面前去愚弄此老先生，出门便反夸得此道于老先生。不学他做人好处，却学他说话偏处，自说一边话，不知天下以为非。"① 杨简名为尊孔，实则处处违反孔子的教诲，而世间学者又喜新厌旧，背弃孔子，故一时颇有声势。

除了"甬上四先生"自身躬行操履令人敬仰之外，鼓吹简易工夫也是陆学在理宗朝流行的重要原因。譬如，袁燮不满《论语》"吾道一以贯之"说，提出了"吾以一道贯之"，黄震对此批评道："孔子云吾道一以贯之，此句先揳道字在上，为一句之主，则下面云一以贯之者，指道而言也，贯此道也。今若移道字在一字之下，则将此一道欲贯何物？"② 从张载、二程"理一分殊"的规定而言，袁燮的这种改变将"分殊"化约为"理一"，黄震说：

> 圣贤之学首尾该贯，昭然甚明，初未尝单出而为一贯之说。奈何异端之学既兴，荡空之说肆行，尽《论语》二十篇无一可借为荡空之证者，始节略忠恕之说，单摘一贯之语，矫诬圣言，自证己说，以为天下之理自成一贯，初无事于他求，是不从事于博文而径欲约礼也。不从事于博学详说而径欲反说约也，已非圣贤教人本旨矣，甚至挑剔新说，谓不必言贯，此道不必贯而本一。呜呼，此有物混成之说也，而可以乱圣言哉？③

---

① 黄震：《黄氏日抄》卷八十五《回楼新恩》，页883。
② 黄震：《黄氏日抄》卷八十五《回楼新恩》，页883。
③ 黄震：《黄氏日抄》卷八十二《临汝书堂癸酉岁旦讲义》，《文渊阁四库全书》册708，页842。

黄震认为，孔子"博文约礼"、孟子"博学详说反约"，都强调通过对具体的事事物物的"格物致知"，达到融会贯通，从而认识"一贯"，因此不存在不经由"博文"和"博学详说"而直接"约礼"、直接"反约"，直接面向"一贯"的工夫，更不可能在"博文"和"博学详说"之前就已经得到了一个"一道"。袁燮所主张的"一道贯之"，就是在工夫次序上，先确立一个"一道"，然而用其贯穿、融会具体的事事物物，此是倒果为因，把工夫的最高境界误认为工夫的起点。袁燮有这种错误认识，是因为其无限拔高了"心"的功能的原因，认为只要面对本心作工夫就能够在"博文""博学详说"之外获得对"一道"的认识，这种工夫在黄震看来不但过于简易，而且与佛老之说同流。

陆九渊心学派对"一以贯之"的另外一种理解，则是"谓不必言贯，此道不必贯而本一"。黄震批评道：

> 且贯者，串物之名也；而绳者，所以串物者也。必有物之可贯也，然后得以绳而贯之。必有积学之功、讲明之素也，然后得以理而贯之，故曰"一以贯之"，"以"云者，用此以贯之之名也。今直曰一贯，并与以之一辞而去之，是自成一贯，他无讲求，已大不可；况可并去贯字，单出言一？《论语》本文何尝如此，而天下亦安有此理哉？①

"贯"是功夫的过程，如果说"不必言贯"的话，就是主张人的身心不必加以后天的修养，自然已经达到"忠恕"的状态，则根本不需要探索"道"的工夫，这自然反映了简易、顿悟的倾向。黄震还指出，曾子所谓"贯"是相对于"贯"的对象——"物"而言，如果没有"物"，"贯"就不可能成立。陆九渊心学派"不必贯而本一"完全忽略了客观世界的存在。

三 回归孔子的"性相近"论

韩愈的很多主张堪为宋代理学崛起的先声，但他在《原性》中提出

---

① 黄震：《黄氏日抄》卷八十二《临汝书堂癸酉岁旦讲义》，《文渊阁四库全书》册708，页843。

"性三品说",与北宋张载、二程提出的"天地之性""气质之性"不合,这引起了二程的批评。黄震却为韩愈辩护:"性有三品之说,正从孔子上智下愚不移中来,于理无毫发之悖。至伊洛添气质说,又较精微,盖风气日开,议论日精,得气质之性与天地之性对说。而后孟子专指性善之说,举以属之天地之性,其说方始无偏。此于孟子之说有功,而于孔子之说无伤。实则孔子言性,包举大体,孟子之说特指本源而言性,无出于孔子者矣。奈何三品之说本于上智下愚之说,而后进喜闻伊洛近日之说,或至攻诋昌黎耶?"① 黄震认为,韩愈"性三品说"更接近于孔子的"唯上智与下愚不移"说,而千余年来对"性"的最权威、最本质的论述皆出于孔子,因此宋代学者对韩愈的批评是没有道理的。

孔子论"性"的另一重要表述是:"性相近,习相远。"黄震认为:"此六个字,参之圣人、稽之众庶、求之往古、验之当今,无人不然,无往不合,此平实语也。"此后的孟子性善论已不能无弊:"自孟子出来便是立议论,但其所以立论之心,无非欲教人为善尔。"而张载、二程的"天地之性、气质之性",都只是解释孟子。也就是说,孟子以下的论性都不免于支离繁琐,已经不如孔子平实:"人生而有性,已是气质之性,天地之性已自付与在其中。所谓天地之性,既非未生以前虚空中别可言性,则亦不逃乎性相近之说也。自此以后,诸儒翻倒得一新说,一方便归之为宗师,孔夫子《论语》反成堂前太公说古老言语,无复顾之者矣。若各师其师而不以孔子为师,流弊安有穷已哉?"② 这段话的要害是"各师其师而不以孔子为师",黄震用孔子这个空前绝后的"师"否定了孔子以后的后世学者所尊信的"各师其师",从而削弱了师统。

在理论上,黄震认为"性"只是后天的、属人的禀赋,假如一定要用"天地之性""气质之性"这对概念来表示的话,人在降生以后,就只有气质之性与天地之性的糅杂,已经呈现出个体之间的具体差异,因此人性既不可能不纯乎为善,也不可能纯乎为恶,因为纯善和纯恶都无法解释人性的千差万别:"窃意天命之谓性。所谓天地之性,是推天命流行之初而言也,推性之所从来也。所谓气质之性,是指既属诸人而言也,

---

① 黄震:《黄氏日抄》卷八十二《临汝书堂癸酉岁旦讲义》,《文渊阁四库全书》册708,卷五十九,页468。
② 黄震:《黄氏日抄》卷八十五《回陈总领》,《文渊阁四库全书》册708,页880~881。

斯其谓之性者也。夫子之言性，亦指此而已耳。本朝之言性，特因孟子性善之说揆之人而不能尽合，故推测其已上者以完其义耳。言性岂有加于夫子之一语哉？"但是程朱理学的信徒们虽然表面上不敢指斥孔子，却指出"性相近"只是"气质之性"，隐晦地批评孔子不懂得"天地之性"，"天地之性"的发现是宋代理学的专利："世之学者，乃因此阴陋吾夫子之说，而不敢明言其为非，则曰性相近是指气质而言，若曲为之回护者。然则孟子之言性何其精，而夫子之言性何其粗耶？"① 如果仔细比较黄震和朱熹的"性论"，则可以看出他基本上没有超出朱熹对"性"的基本规定，即人性是受理与气共同制约的，而不是纯粹由理或纯粹由气所决定。② 但是，朱熹更倾向于主张人出生之后，"性之本体"（天理）尽管与气质相糅杂，但并未消失：

> 大抵人有此形气，则是此理始具于形气之中，而谓之性。才是说性，便已涉乎有生而兼乎气质，不得为性之本体也。然性之本体亦未尝杂，要人就此上面见得其本体元未尝离，亦未尝杂耳。"凡人说性，只是说继之者善也"者，言性不可形容，而善言性者不过即其发见之端而言之，而性之理固可默识矣。③

朱熹强调人出生后，"性之本体"并未消失，只是没有被人所体悟而已，从工夫的角度说，不需要强调把握"性之本体"，而只要在"发见之端"用力。黄震则强调"天地之性"只是一个发生学意义上的概念："是推天命流行之初而言也，推性之所从来也。"而人出生之后只有"气质之性"："所谓气质之性，是指既属诸人而言也，斯其谓之性者也。夫子之言性，亦指此而已耳。"这就突破了朱熹的人出生后"本然之性"与"气质之性""不离不杂"的规定，而强调了"气质之性"反映在具体个人身上的千差万别。

诚然，黄震认为孔子"性相近、习相远"已经准确、完整地论述了"性"，立论未必妥帖。因为，"性相近"论不过是一种十分模糊的人性

---

① 黄震：《黄氏日抄》卷二，《文渊阁四库全书》册707，页18。
② 陈来：《朱子哲学研究》，页203～204。
③ 黎靖德编《朱子语类》卷九十五，第六册，页2430。

论，恰恰是宋代理学做出"天地之性""气质之性"的区别，完善、阐明了孔子和孟子的性论。① 但也应看到，黄震反复强调孔子性论已经完备，意在巩固孔子及其《论语》在（学统形态的）道统中的地位，批判晚宋学者"各师其师而不以孔子为师"的流弊。而孔子与晚宋学者时间相距悬远，不可能发生师徒授受关系，所谓"以孔子为师"在本质上便是重视从学统的脉络，而非现实的师徒授受关系来把握道。

四 反对过分"疑古"

对孔子以下的汉唐儒学，黄震也肯定其历史贡献，他举《论语·君子无争章》为例："（此章）辞义晓然，本无可注，近世立高论者回护争字，其说杂然。晦庵本注疏旧说射礼为证，其说始平。于是知好议论而忽注疏者可戒也。"② 朱熹对此章的解释就是基于"注疏旧说"，说明他从来不轻视汉唐旧疏，而朱熹以后的学者"好议论而忽注疏"，恰恰没有在这一点上追随朱熹。黄震在讨论《尚书》各篇的注释时，多次指出"古注"较蔡沈《书集传》更准确，他还批评《高宗肜日》"天既孚命正厥德"一句古注已详，相比之下，蔡沈注"恐皆意之耳"，缺乏依据，根本原因是："近世忽汉唐古注，而欲自生义理，故或思索之过如此。"③

黄震不但批评南宋后期学者轻视古注疏的风气，且对朱熹的某些疑古做法也有非议。宋代学者如程颐、欧阳修、张栻、吕祖谦、戴溪都没有否定《毛诗序》，而是在其基础上"又为发其理趣，诗益焕然矣"。④ 但是到了南宋，有部分学者怀疑《诗经》序和郑玄注、孔颖达疏，朱熹是其中的代表人物："雪山王公质、夹漈郑公樵，始皆去《序》而言《诗》，与诸家之说不同。晦庵先生因郑公之说，尽去美刺，探求古始，其说颇惊俗，虽东莱不能无疑焉。"黄震认为，朱熹《诗集传》的怀疑批判精神值得肯定，也有不少见解是完全正确的：

> 然其指《桑中》《溱洧》为郑卫之音，则其辞晓然，诸儒安得

---

① 张伟：《黄震与东发学派》，人民出版社，2003，页192~193。
② 黄震：《黄氏日抄》卷五，《文渊阁四库全书》册707，页9。
③ 黄震：《黄氏日抄》卷五，《文渊阁四库全书》册707页69~70。
④ 黄震：《黄氏日抄》卷四，《文渊阁四库全书》册707页27。

回护而谓之雅音？若谓《甫田》《大田》诸篇皆非刺诗，自今读之，皆蔼然治世之音。若谓"成王不敢康"之成王为周成王，则其说实出于《国语》，亦文义之晓然者。其余改易，固不可一一尽知，若其发理之精到，措辞之简洁，读之使人了然，亦孰有加于晦庵之《诗传》者哉？①

但他又委婉地表示，不可否认朱熹也有"疑古"太过之弊，《毛诗序》的历史地位是不可取代的："夫诗非《序》，莫知其所自作。去之千载之下，欲一旦尽去自昔相传之说，别求其说于茫冥之中，诚亦难事。……学者当以晦庵《诗传》为主，至其改易古说，间有于意未能遽晓者，则以诸家参之，庶乎得之矣。"② 一方面学者要以《诗集传》为主，同时，对于其中否定《毛诗序》和汉唐注疏之处，则不应该盲从，而应该参考程颐、欧阳修、张栻、吕祖谦、戴溪诸家之说，独立思考，自己得出结论。

从"一以贯之"、韩愈"性三品说"两个个案可以看出，在黄震看来，陆九渊、杨简不但反对朱熹《四书章句集注》，而且敢于质疑孔子，直指《论语》本文错误，显示其已流入异端。黄震因此批评杨简等人："盖孔子平日只是平说实理。若有先达特立于乡曲，必有新奇之说自立门庭，学者方翕然响应。因此一番前辈出，一番议论改，孔夫子遂变成堂前放世老说古老□话，名虽尊之，实则违之，检点起来，全不相似。天下到处皆有此弊。"③ 黄震不但主张回到朱熹，而且主张回到孔子，表现出了"返祖"的倾向。

黄震贬低形而上理论建构的"不得已"说，在本质上祖述了朱熹，但是与朱熹的侧重点略有不同。与朱熹一样，黄震认为宋代理学，乃至从思孟学派开始的儒学，其发展的总体趋向是更加重视形而上学的理论构建，与此同时，孔子在《论语》中垂教示范最多的躬行践履工夫被忽视了；而由于缺乏躬行践履工夫，理论构建就变成了标新立异，甚至成为个人博取虚名的工具，理论创新成为"为创新而创新"的行为艺术，

---

① 黄震：《黄氏日抄》卷四，《文渊阁四库全书》册707，页28。
② 黄震：《黄氏日抄》卷四，《文渊阁四库全书》册707，页28、27～28。
③ 黄震：《黄氏日抄》卷八十五《回楼新恩》，《文渊阁四库全书》册708，页883。

而不再是有意义的理论发展。

与朱熹不同的是，在黄震的时代，师徒授受代表的师统成为朱子学传承的主流，而这一师统内部也存在矛盾。一方面，当代学者为了能与朱熹发生传授关系，对朱熹及其亲传弟子进行吹捧；另一方面，为了凸显自己在师承谱系中"突出"的地位，又敢于进行一些离经叛道的"创新"。正如黄震批评杨简背叛孔子所说的："最是面前去愚弄此老先生，出门便反夸得此道于老先生。"为了博得同时代后生学者的追捧，不惜"各师其师而不以孔子为师"，更不可能"以朱熹为师"。

如果对黄震的观点稍加引申的话，那就是：以孔子为师、以朱熹为师，其本质就是尊重学统，而不是强调师统。原因很简单，孔子、朱熹距离南宋后期已远，对孔子和朱熹的崇拜尊信并不会带来直接的、具体的现实利益；而且，以孔子、朱熹为师，意味着只能以他们的著作（孔子的《论语》，朱熹的著作、语录）为对象来进行研究，反而回归了儒学求道的真精神、真面目，而屏绝了现实人际关系和功名利禄的干扰。

由此可以理解，尽管黄震在《日抄》中不止一次承认"义理无穷"，即朱熹不可能是理论创新的终结者，儒学理论探索的脚步仍要向前迈进，但他又激烈地主张"讲说已备于前人，体行正属于我辈"，反对新的理论探索，而不顾由此可能带来的引发僵化保守的弊病。显然，面对南宋后期朱子学泥沙俱下的严峻形势，黄震不得不强调理论建构的工作已经由朱熹历史性地完成，后学根本不必在这个方向上徒劳，而只需要把朱熹所发现的理论付诸躬行践履即可。

小　结

纵观本章的讨论，黄震对朱子学发展趋势的批评和焦虑可以总结为这样一句话："若各师其师而不以孔子为师，流弊安有穷已哉？"所谓"各师其师"，就是膜拜尊信与自己同时代、耳目相接的老师；"不以孔子为师"，是指轻视前代圣贤的教诲，如孔子、朱熹等。同时代的老师是活生生的存在，师徒授受主要是人与人的交流，而前代圣贤留下来的只有文献。因此，"以孔子为师"本质上就是提倡学统。

从第一节的讨论可以看出，黄震首先察觉到朱子学内部涌动着一股表面上尊崇朱熹，而在讲学治学实践中却违背朱熹教诲，甚至公然挑战朱熹权威的背叛之风。这种风气兴起的内在动因，是南宋末期朱子学学者企图建立托名发源于朱子、实则以自我为起点的新师统，遂不断增衍新说，标新立异，无形中轻视了朱熹的著作和语录。而通过对两宋理学史的梳理，尤其是对道南一脉的批评，黄震论证了这样一种现象：理学道统主要不是通过师徒授受关系，而主要是通过文献（学统）来传承的；关于"道"的学说的最可靠的记载也只能是文献。在第二节中，黄震更论证了师徒授受的过程中，容易（并非绝对）滋生不立文字的弊病，而不立文字的理论依据就是"传道即传心"说。在第三节中，黄震强化了其"羽翼朱子"的立场，极而言之地提出了"讲说已备于前人，体行正属于我辈"的保守主张，认为应该停止对理学形而上道体的讨论，而致力于将朱熹的教诲贯彻在躬行践履之中。同时黄震坚定维护朱熹"先知后行"的基本理路，据此批判了陆九渊心学派，尤其是明州陆学，认为这一派学者企图略去"博文""博学详说"的道问学工夫，而倡导直面心体（心体即道体）的简易工夫、顿悟工夫，乃是流入佛老的征兆。

如果回顾本书第一章对朱熹道统观的讨论，则可以清晰地看到，正是朱熹已深具预见性地指出师徒授受应该以文本建设为主要内容，反对空谈性理，反对不立文字。故黄震在南宋末期所主张的师统与学统的关系，完全是秉承了朱熹的理路。

但是矫枉不得不过正，黄震提出了三个非常激进的论点，从而违背了朱熹的道统观立场。

第一，黄震主张"道不可言传"。黄震否定了道在师徒授受之际传承的可能性，而认为历史上所有对道的认识，都是基于道的超越时空的普适性和公共性前提下，通过自我摸索而获得的，并不依赖老师的启发："圣贤之学由一心而达之天下国家之用，无非至理之流行，明白洞达，人人所同，历千载，越宇宙，有不期而同，何传之云？"① 而在朱熹的道统论中，师统虽然被看作一种有缺陷的传道方式，历史上也发生了程门不

---

① 黄震：《黄氏日抄》卷五，《文渊阁四库全书》册707，页65~66。

能传道这样的失败案例，他也从未如此决绝地否定师统的传道功能，毕竟，孔子与曾子、曾子与子思，甚至子思与孟子之间，都是以师徒授受关系传道的。实际上，黄震亦承认朱熹最正统的传人是黄榦，而不是其他未曾亲炙朱熹的朱子学人士。

第二，黄震的"以孔子为师"说和"不得已泄其密"说，虽然源出朱熹，却在某种程度上否定了整个宋代理学崛起的必要性。因为黄震一再指出：只有孔子在《论语》中的教诲是完美无缺的，孔子以下各家都存在这样或那样的缺陷。循此逻辑，子思不必发明《中庸》性命之理，孟子不必阐明性善，韩愈乃至两宋理学更不必出现，因为思孟学派至程朱理学发展所显示的轨迹，就是在与佛老思想的斗争中持续地形而上化、持续地远离孔子在《论语》中的教导，最终被佛老所"污染"的。黄震多次在《日抄》中肯定汉唐儒学虽然"不见道"，但不至于流入释老，同样循此逻辑，在批判汉唐章句训诂之学基础上崛起的北宋理学自身就存在重大的理论缺陷。黄震的这一判断，与叶适在《习学记言序目》卷四十九《总述讲学大旨》中对理学的批评完全一致。因此可以断言，黄震的"不得已"说已经突破了朱熹的"不得不"说。可是，黄震随即陷入了新的困境：他极端推崇《论语》这一学统，鼓吹以孔子为师、以《论语》为法，那么学统自身也就不必发展、不必继续丰富了，这样一来，学统实际上是被他大大削弱了。

第三，"讲说已备于前人，体行正属于我辈"。朱熹向来主张穷理与躬行两翼齐飞，而讲说义理正是穷理格物工夫；黄震一方面在《日抄》中不止一次承认"义理无穷"，即朱熹不可能是理论创新的终结者，儒学理论探索的脚步仍要向前迈进，另一方面又主张"讲说已备于前人"，只需要躬行实践，这就难免左支右绌，自相矛盾了。

第七章 王应麟：融通汉宋及其对道统论造成的破坏

王应麟（1223~1296），字伯厚，号深宁居士，又号厚斋。祖籍河南开封，后迁居庆元府鄞县（今浙江鄞县）。理宗淳祐元年（1241）进士，宝祐四年（1256）中博学宏词科。历官太常寺主簿、通判台州，召为秘书监、权中书舍人，知徽州、礼部尚书兼给事中等职。由于屡次冒犯权臣丁大全、贾似道而曾遭罢斥。恭帝德祐元年（1275）十一月，时任礼部尚书的王应麟不满宰相留梦炎，辞官回乡。次年南宋灭亡，从此居家专意著述20年。

王应麟是宋末元初文化遗民的代表人物。"遗民"是一个难以界定的概念。① 但就其思想特征和行为特征而言，遗民应具有强烈的民族情怀，对南宋文化怀有追念怀想之情，以各种消极或积极的文化活动反抗、批评元的统治。由于两浙地区是原南宋统治的中心地区，传承南宋文化最为完整，文化水平也较高，历史人文积淀较为深厚，对南宋政权的感情也比较深，因此，在元以后关于南宋遗民的研究专著中，两浙遗民具有突出重要的地位。

明人程敏政编的《宋遗民录》②，共十五卷，其中卷十五为《宋遗事》，其余十四卷皆为介绍遗民个人事迹和诗文。这其中，卷一介绍王炎午（字鼎翁，江西吉安人），卷二至卷五介绍谢翱（字皋羽，福安人），卷六介绍唐珏（字玉潜，会稽人），卷七介绍张千载（字毅父，江西吉安人），卷八介绍方凤（字韶卿，浦江人），卷九介绍吴思齐（字子善，永康人），卷十介绍龚开（字圣与，一作圣予，淮阴人），卷十一介绍汪元量（字大有，杭州人），卷十二介绍梁栋（字隆吉，鄂州人），卷十三介绍郑思肖（字所南，连江人），卷十四介绍林景熙（字德阳，永嘉

---

① 关于两浙地区遗民概念的界定的各种意见，参见徐雷《元初杭州宋遗民研究》，浙江师范大学2013年硕士学位论文，页2~7。
② 有《知不足斋丛书》本。

人)。从篇幅看,全部十四卷中,一共介绍了11位遗民,其中唐珏、方凤、吴思齐、汪元量、林景熙五人均为浙籍士人;谢翱虽为福建人,但他最重要的遗民文化活动都在两浙地区进行;梁栋出生于鄂州,但至元十三年(1276)南宋灭亡后,就避居于杭州。因此,唐珏、方凤、吴思齐、汪元量、林景熙、谢翱、梁栋,均属于两浙遗民。清人邵廷采的《宋遗民所知传》,著录了谢翱、王炎午、张千载、郑思肖、王英孙(山阴人)、唐珏、林景熙、郑宗仁(平阳人)八人,其中五人属于两浙遗民。①

显然,程敏政、邵廷采的著作只是为南宋遗民群体中的精英分子树碑立传,现存体量最大、著录人数最多的宋遗民资料汇编当推万斯同纂辑的《宋季忠义录》。②《宋季忠义录》所称"忠义",既包括了在宋元战争时期殉国就义的南宋军民,也包括了南宋灭亡后从事遗民文化活动的遗民,合计人数544人(不含附录)。其中,卷一、卷二为南宋末年各帝(恭帝、端宗等)的本纪,卷三至卷九为在宋元战争中殉难就义的烈士。从卷十开始至卷十六,著录了入元后继续各种反元思宋的文化活动的南宋遗民。两浙籍贯的宋遗民集中著录于卷十三、卷十四,此外亦有散见于其余各卷者。不过,万斯同著录的许谦(1269~1337,临海人)、韩性(1266~1341,绍兴人)、史伯璿、张枢(1292~1348,东阳人)、陈樵(1278~1365,东阳人)、周润祖(生卒年不详,临海人)等都成长于元代,但不能算作遗民。

按照《宋季忠义录》著录的顺序,根据上文确定的标准,共获得两浙文化遗民95人,其中70人具有南宋科举经历或出仕经历,地位最高者曾任尚书,地位最低者只是举人或太学生,也就是说,他们在南宋政权的统治下获得了一定的政治地位。正因为有这样的政治地位,其入元后是否出仕才成为一个道德问题。因此,在南宋的政治地位和社会身份是他们入元后选择成为遗民的首要因素。

除了不能出仕、从事科举以外,遗民的日常生活方式与南宋时区

---

① 收入邵廷采《思复堂文集》卷三,祝鸿杰点校整理,浙江古籍出版社,2012,页199~211。
② 此书有《四明丛书》本。另有朱明德《广宋遗民录》,在程敏政《宋遗民录》的基础上搜录了四百余位遗民,但此书已佚。

别并不大,即诗歌唱和、结社集会、旅游观光、鉴赏古玩书画等。在个别情况下,遗民们在新政权下因承担苛捐杂税或长期不出仕而缺乏生活来源而陷入窘迫。但是,这些改变都不曾导致遗民们采取具有政治意义的行动,他们只是在书画、诗文中发泄对现实的不满和对故国的思念。

宋遗民是元代文化的重要组成部分,是南宋文化与元中期(以皇庆重开科举为界)文化复兴的传承桥梁。南宋灭亡后,王应麟主要从事学术研究。他说:

> "凡百君子,各敬尔身。胡不相畏?不畏于天?"荆公谓:"世虽昏乱,君子不可以为恶。自敬故也,畏人故也,畏天故也。"愚谓:《诗》云"周宗既灭",哀痛深矣,犹以敬畏相戒。圣贤心学,守而勿失。中夏虽亡,而义理未尝亡;世道虽坏,而本心未尝坏,君子修身以俟命而已。(《困学纪闻》卷三,页365)①

这段话总结了文化遗民在宋元易代这个巨大的历史漩涡中的使命和任务:异族入侵,社稷灭亡,"君子"失去了赖以生存的社会组织和政治生态,但"君子"仍然必须"修身以俟命"。因为天理并未随着南宋的灭亡而灭亡,天理具于人心,人心不死,则天理不灭,只要天理不灭,华夏定有光复之日,亡国定有复仇之日。天理将为光复华夏提供强大的精神动力和价值信仰,因此对于朱熹所传承的"圣贤心学",一定要"守而勿失",并且发扬光大。王应麟在《困学纪闻》题词中说:"幼承义方,晚遇艰屯。炳烛之明,用志不分。困而学之,庶自别于下民。开卷有得,述为纪闻。"(《困学纪闻》上册,页8)在异族统治下,王应麟的心情是压抑的,但对于南宋政权以及宋代文化(宋学)的忠诚和信仰却是不会改变的,此所谓"炳烛之明,用志不分"。传播和弘扬两宋文化,就是遗民在元统治下的主要使命。

继承两宋文化,首先是继承宋学,而继承宋学就不能不从思想学术

---

① 本章引用王应麟《困学纪闻》一律随文夹注,注明卷数和页码,书名不再重出,版本采用《全校本困学纪闻》,上海古籍出版社,2008。

的角度反思总结赵宋政权两次灭国的文化原因。本章主要讨论王应麟从思想学术层面对宋学的反思、总结和提升。

第一节 尊德性与道问学的再平衡

南宋思想之争，可以概括为朱学、陆学和浙学的三足鼎立，其中浙学最早式微，陆学偏重尊德性，朱学偏重道问学，那么二者谁对于南宋灭亡要负更大的责任呢？袁桷于泰定二年（1325）为王应麟《困学纪闻》作的序中写道："礼部尚书王先生出，知濂洛之学淑于吾徒之功至溥，然简便日趋，偷薄固陋，瞠目拱手，面墙背芒，滔滔相承，恬不以为耻。于是为《困学纪闻》二十卷，具训以警，原其旨要，扬雄氏之志也。"① 袁桷还说："自宋末年尊朱熹之学，唇腐舌弊止于四书之注，故凡刑狱簿书、金谷户口麋密出入，皆以为俗吏而争鄙弃，清谈危坐，卒至国亡而莫可救。"② 按照袁桷的逻辑，朱子学是导致南宋灭亡的原因，而王应麟正是看到了朱子学在南宋末期出现的流弊，才撰写了《困学纪闻》二十卷加以拯救。在今人的研究中也有类似的观点，认为王应麟与黄震相比，很少谈义理，且对南宋末期社会空谈义理的风气十分反感。③

可是，尽管王应麟在《困学纪闻》中多次批评了南宋末期的政治乱象，他并未像宋元之际的其他人那样认为南宋末期士大夫当中出现了"空谈性理"的现象，而认为导致南宋灭亡的原因之一在于"尊德性"的缺失。王应麟三次引用了下面这段朱熹的话：

> 朱文公《答项平父书》云："子思以来，教人之法，惟以尊德性、道问学两事为用力之要。子静所说专是尊德性事，而某平日所论，问学上多。所以为彼学者，多持守可观，而看义理不细。而某自觉于为己为人，多不得力，今当反身用力，去短集长，庶几不堕一边。"即此书观之，文公未尝不取陆氏之所长也。《太极》之书，

---

① 袁桷：《清容居士集》卷二十一《王先生困学纪闻序》，《四部备要》册81，中华书局，1936，页187。
② 袁桷：《清容居士集》卷四十一《国学议》，页321。
③ 马丽丽：《王应麟学术思想研究》，南开大学2009年博士学位论文，页99。

岂好辩哉！（卷五，上册，页653）①

这段话承认了陆九渊心学在"尊德性"方面是其特长。在理论上，朱熹认为应该"不堕一边"，"尊德性"与"道问学"两翼齐飞；但在实践层面，朱熹承认自己"自觉于为己为人，多不得力"，需要纠偏。在王应麟看来，祖述陆九渊的袁燮之学"未尝失于一偏"，达到了朱熹理想状态的"不堕一边"，其学已经偏离陆九渊而靠近（理论状态的）朱熹。当然，王应麟也承认，尊德性与道问学固然是车之两轮、鸟之双翼，但"尊德性根本于学问"，二者在工夫的顺序上还是有先后之别的。

需要纠偏的不止朱熹自己，陆学内部对"不读书"的倾向也有修正，这方面的代表就是"甬上四先生"。王应麟曾引述袁燮一封书信的话并加以评价：

> 所谓"但慕高远，不览古今，务为高论，不在书策"者，箴末俗之膏肓，至深至切。所谓"古人多识前言往行，日课一经一史"，斯言也，学者当书绅铭几，昼诵夜思，尊所闻、行所知，可不勉欤！至于因晚杨梅之馈，推之于大才晚成，此格物之学，一草一木之理，必致其极。②

王应麟心目中的"道问学"，就是："此格物之学，一草一木之理，必致其极。"最后他说："嗟尔后进，惟宪法是式，沉潜乎经术，贯穿乎史籍，外以致用，内以崇德，费隐一原，敬义俱立，庶正学之不坠，尚前修之可及。"③ 王应麟试图把朱子学和陆学统一为《中庸》所谓的"合外内之道"，故他用了一系列"内"与"外"对举的概念：经术是内，史籍为外；致用是外，崇德是内；费（广大）是外，隐（精微）是内（《中庸》："君子之道费而隐。"）；敬以直内，义以方外（语出《系辞传》）。贯通内外，进而合内外为一，才能把"正学"传承下去。

---

① 还有两次引用分别见《四明文献集》卷一《跋袁洁斋答舒和仲书》，中华书局，2010，页47；《深宁先生文钞摭余编》卷三《四明七观》，页369。
② 王应麟：《四明文献集》卷一《跋袁洁斋答舒和仲书》，页47。
③ 王应麟：《四明文献集》卷一《跋袁洁斋答舒和仲书》，页48。

总之，在王应麟看来，朱子学是全面的、稳健的，而陆学则"专于尊德性""为己之学"，但是明州的陆学传人"甬上四先生"中，沈焕、舒璘、袁燮都具有鲜明的"尊德性根本于道问学"的特征。似乎是为了证明这一点，王应麟为"甬上四先生"都写了小传，对各人的学术特点都有画龙点睛的评点，不但突出四先生在"尊德性"方面的造诣，亦表彰了他们在"道问学"方面的成就。

但是，从在本章开头袁桷对南宋末年"尊朱熹之学"的批评中可以看出，南宋后期总的倾向是重视"尊德性"而忽视了"道问学"，在"道问学"的范畴中，学者又局限于研究"四书"，对于具体的事事物物之理并不究心。在上引《跋袁洁斋答舒和仲书》中，王应麟已经提出："此格物之学，一草一木之理，必致其极。"在其他文章里，王应麟还说："惟《大学》始教，格物致知，万物备于我，广大精微，一草木皆有理，可以类推。卓尔先觉，即物精思，体用相涵，本末靡遗。"[1] 强调了研究"一草一木"之理的重要性。

"格物"的对象不仅是"一草一木"，更包括了世间万物。王应麟反复提出："君子耻一物之不知。"在《困学纪闻》中，王应麟谈及博物之学的重要性时说："学者耻一物之不知，其可忽诸？"（卷八，第二册，页1033）在《小学绀珠序》中则说："君子耻一物不知，讥五谷不分。七穆之对以为洽闻，束帛之误谓之寡学，其可不素习乎？"[2]

《急就篇》是一部语言文字训诂的入门书，王应麟认为此书虽然在汉代是为儿童开蒙用的，却保留了字体、字音、字义变化的源流，非常精深，他在《急就篇后序》中说："盖君子耻一物之不知，伦类不通，不足谓善学。"[3] "耻一物之不知"，语出扬雄《法言·君子》："或曰：'……圣人之于天下，耻一物之不知；仙人之于天下，耻一日之不生。'"[4]《后汉书·张衡传》亦云："仲尼不遇，故论六经以俟来辟，耻一物之不知，有事之无范。"[5] 扬雄的话用理学术语加以转换，变成了：

---

[1] 王应麟：《深宁先生文钞摭余编》卷二《尔雅翼后序》，《四明文献集》，中华书局，2009年版，页309。
[2] 《深宁先生文钞摭余编》卷一《小学绀珠序》，页294
[3] 《深宁先生文钞摭余编》卷二《急就篇后序》，页307。
[4] 扬雄著，汪荣宝义疏：《法言义疏》卷十八，下册，中华书局，1987，页517。
[5] 范晔：《后汉书》卷五十九，第七册，中华书局，1965，页1903。

"器无非道，学无非事，其义不可须臾舍也。鸿生钜儒，不敢以小书（宇按：指《急就篇》）忽焉。"① 在实际生活中，文字训诂已经受到轻视："俗书溢于简牍，讹音流于讽诵，袭浮踵陋，视名物数度若弁髦，而大学之基不立。"最后，他以一种自嘲的口吻写道："夫物有本末，理无大小，循序致精，学之始事也。虽然，耄学而为童习，其能免玩物爱奇之失乎？"王应麟在论述历史地理的重要性时说："（历史上的地名沿革）或若异而同，或似是而非，不可谓博识为玩物而不之考也。"② 显然，王应麟清楚地知道有人把研究名物、地理、训诂贬低为"玩物"，但他坚信"物有本末，理无大小"，对世间任何一具体事物的研究，都可以通向最高的真理。

表面上看，王应麟对"一草一木"之理的研究似乎得到了朱熹的支持。譬如，《急就篇后序》中提到朱熹曾引用过《急就篇》，《尔雅翼后序》还提到了朱熹对《尔雅》表示肯定，并曾有意为其作传注："朱子称经纬缜密，惜其先萎，《小集》仅传。"③ 朱熹在治学中确实表现出强烈的博物兴趣，尤其是注意运用训诂、考证、辨伪来纠正宋学空疏的学风。④ 但是，无论对"耻一物之不知"，还是"一草一木之理"，朱熹都表示过明确的否定。首先看朱熹如何看待"一草一木之理"。

在《杂学辨》中，朱熹曾引用吕大临的一段话："草木之微，器用之别，皆物之理也。求其所以为草木器用之理，则为格物；草木器用之理，吾心存焉，忽然识之，此为物格。"然后对此进行了如下批评：

> 愚按：伊川先生尝言："凡一物上有一理，物之微者亦有理。"又曰："大而天地之所以高厚，小而一物之所以然，学者皆当理会。"吕氏盖推此以为说而失之者。程子之为是言也，特以明夫理之所在无间于大小精粗而已。若夫学者之所以用功，则必有先后缓急之序、区别体验之方，然后积习贯通，驯致其极。岂以为直存心于一草木器用之间，而与尧舜同者无故忽然自识之哉？此又释氏闻声

---

① 《深宁先生文钞摭余编》卷二《通鉴地理通释后序》，页306。
② 《深宁先生文钞摭余编》卷二《急就篇后序》，页308。
③ 《深宁先生文钞摭余编》卷二《急就篇后序》，页308。
④ 参见马丽丽《王应麟学术思想研究》，页100。

悟道、见色明心之说，殊非孔氏遗经、程氏发明之本意也。向以吕氏之博闻强识，而不为是说所迷，则其用力于此事半而功必倍矣。今乃以其习熟见闻者为余事，而不复精察其理之所自来，顾欲置心草木器用之间，以伺其忽然而一悟，此其所以始终本末判为两途，而不自知其非也。①

吕大临之所以认为世间万物无论大小粗精，皆为有"理"，其依据是程颐的两段话，即"伊川先生尝言"，"凡一物上有一理，物之微者亦有理"；"大而天地之所以高厚，小而一物之所以然，学者皆当理会"。二者都出自《河南程氏遗书》卷十八。② 从字面上看，这两段话都认为"物"的具体形态的差别并不决定其所具之"理"也有差别，"天地"与"小而一物"，其理并无不同。既然如此，"格天地之理"与"格一草一木之理"，也没有分别。

朱熹指出，程颐之语并不错，但其语境是指"天理之所在"，即"天理"的"本体"状态，就人的认识过程而言，特指人对"天理"的认识的完成状态。在本体状态，物与物，人与物，天与人都由一"理"贯通，从这个意义上说，吕大临所说的"草木之微，器用之别，皆物之理也"是成立的。但对学者来说，在其工夫的过程中，选择"格物"的对象却是至关重要的，一定要遵循"先后缓急"之序，修身则要将自我的身心作为首要的对象，读书也要反复涵泳"四书""五经"，反对无方向的泛观博览，至于把精力用在穷究"一草一木之理"上（"置心草木器用之间"），更是不智。

朱熹不但反对穷究"一草一木之理"，也反对"耻一物之不知"。当学者邓绚（字卫老）问朱熹，一方面自己厌恶佛教义理，不愿看"异端之书"，另一方面又担心对佛教一无所知，如果遇到佛教徒发生辩论，"词必穷矣"，因此虽然自信不会"陷溺"于佛教，却担心"然一物不知，君子所耻也，不知于此当何以处之"？朱熹回答："理有未穷，则胸中不能无疑碍，虽不陷溺，亦偶然耳，况未必不陷溺耶？至于欲骋辩而

---

① 朱熹：《晦庵集》卷七十二，《朱子全书》第二十四册，页 3493~3494。
② 前者见《二程集》第一册，页 188，后者见页 193。

耻不知,尤是末节,不足言。但穷理功夫不可有所遗,然又当审其缓急之序也。"① 朱熹重点批评了邓绚把与佛教徒"骋辩"看得太重,实则当以"穷理"为首要工夫。至于"耻一物之不知"也是穷理工夫之一,但与《杂学辩》一样,朱熹认为"耻一物之不知"的弊端是容易失去"缓急之序"。同样的,陆九渊也认为"耻一物之不知"会颠倒工夫的次序:

> 物有本末,事有终始,知所先后,则近道矣。于其端绪,知之不至,悉精毕力求多于末,沟浍皆盈,涸可立待,要之其终,本末俱失。夫子曰:"知之为知之,不知为不知,是知也。"后世耻一物之不知者,亦耻非其耻矣。人情物理之变,何可胜穷?若其标末,虽古圣人不能尽知也。稷之不能审于八音,夔之不能详于五种,可以理揆。夫子之圣,自以少贱而多能,然稼不如老农,圃不如老圃,虽其老于论道,亦日学而不厌……学未知至,自用其私者,乃至于乱原委之伦,颠萌蘖之序,穷年卒岁,靡所底丽,犹焦焦然思以易天下,岂不谬哉?②

学者不必为"一物之不知"感到羞愧。因为"人情物理之变,何可胜穷","人情物理"中很多根本不值得去钻研考订,古代圣人也从不"耻一物之不知",但不妨碍其为圣人。对于普通学者而言,尤其重要的是明确工夫的顺序和重点,不要将有限的精力和年华浪费在细枝末节上。在这一点上,陆九渊与朱熹完全一致。

总之,朱熹(包括陆九渊)可以在本体论的意义上肯定王应麟所谓的"物有本末,理无大小",但在工夫论的意义上则完全不能接受"耻一物之不知",而是强调身心工夫是高于一切认知行为的。

尽管认为"尊德性根本于学问",王应麟在总体上仍肯定陆九渊心学并非理学异端:"泗沂绝学,阐自关洛,朱、张、吕子,绪承先觉。临川一陆,自得于心,若异而同,为己功深。"③ 陆学与朱子学有异曲同工、殊途同归之似,并且特别赞赏陆九渊心学对"为己之学"的强调。

---

① 朱熹:《晦庵集》卷五十八《答邓卫老》,《朱子全书》第二十三册,页2796。
② 《陆九渊集》卷一《与邵叔谊》,中华书局,1980,页2~3。
③ 《深宁先生文钞摭余编》卷三《四明七观》,页369。

但是，王应麟对陆九渊以直觉顿悟的方式"发明本心"并无太大兴趣，几乎在作品中没有提及。他所感兴趣的是陆九渊心学严格的道德操守，并引用杨简"学者孝而已矣，自孝之外无他道也"，以概括他对陆九渊心学的理解，因为这一主张既适合了宋元之际的历史环境，也与他所主张的"耻一物之不知"的格物论不相冲突。

"孝弟务本"论的提出者是杨简。在《乐平县学讲堂训》中，杨简先是指出"学"的古字"斅"即后来的"孝"字，因此："以谓学者孝而已矣，自孝之外无他道也。时有古今，道无古今；时有古今，性无古今；时有古今，学无古今。"① 在《汪文子请书》中，杨简重申孝敬父母的语言神态、礼仪细节："无非道者，即天之经、地之义也……学者不知道，往往求道于孝之外。"② 王应麟在《慈湖书院记》中直接将"学者，孝而已矣"看作杨简的"一贯之道"：

> 于《讲堂训》之言孝，见先生一贯之道焉。……居先生之居，学先生之学，则何以哉？由事亲从兄而尽性至命，由洒扫应对而精义入神，由内省不疚而极无声无臭之妙，下学上达，不求人知而求天知，庶几识其大者，而无一言一行之有愧。可以欺其乡，不可以欺其家；可以欺其家，不可以欺其心。无体之礼，此心之敬；无声之乐，此心之和，训诂章句云乎哉？③

在《慈湖杨先生传》中，王应麟也引用了这一句："学者孝而已矣。时有古今，道无古今；时有古今，性无古今。"④ 王应麟反复引用杨简"学者，孝而已矣"的观点，认为"孝"所蕴含的生活细节（"晨省昏定"、起居饮食、言语举止），"无非道者"，说明对"道体"的追求落实为日常生活中的操守践履之中。这就是杨简的"一贯之道"："于《讲堂训》之言孝，见先生一贯之道焉。"

---

① 杨简：《慈湖遗书》卷十八《乐平县学讲堂训》，《文渊阁四库全书》册1156，页899~900。
② 杨简：《慈湖遗书》卷三，页636。
③ 王应麟：《四明文献集》卷一，页30。
④ 《深宁先生文钞摭余编》卷一，页280。

除了从杨简那里获得启示外，王应麟还暗示《论语》中有若就是"学者，孝而已矣"的先驱。王应麟比较了有若和曾参两位孔门高第（也是程颐认为的《论语》的记录者），认为曾参笃实质鲁，从而领悟了"一贯之旨"，有子"智足以知圣人，而未能力行也"，不如曾子那样努力，因此，"道统"之传归于曾子、子思、孟子一系，而非有子。但王应麟自设问答，如果有人问："学者学有子可乎？"那么王应麟的回答是："孝弟务本，此入道之门、积德之基，学圣人之学莫先焉。未能服行斯言，而欲凌高厉空，造一贯忠恕之域，吾见其自大而无得也。学曾子者，当自有子孝弟之言始。"（《困学纪闻》卷七，中册，页923）有子在《论语·学而》中说："其为人也孝弟，而好犯上者，鲜矣。不好犯上，而好作乱者，未之有也。"① 故有若能够以"孝弟为本"，而这正是"入道之门、积德之基"，是工夫的第一顺序。曾子的"一贯忠恕"代表了形而上的"道体"，这是最高的本体境界，但必须通过"孝弟务本"来达到，否则就是"凌高厉空"，自大而无所得。王应麟还说："夫子雅言《诗》《书》，执《礼》，而性与天道，高第不得闻。程子教人《大学》《中庸》，而无极、太极，一语未尝及。"（《困学纪闻》卷二十，下册，页2174）"无极太极"正是当年朱熹、陆九渊辩论的焦点，王应麟却认为，与现实生活中的操行践履相比，辩论这些形而上的命题并非学者之急务，这一点与黄震颇有暗合。

王应麟的"孝弟务本"论当然谈不上是理论创新，不过有三个趋向值得注意。第一他强调了渐修的重要性，即对"一贯之道"的把握不是顿悟的，而是在日积月累的日常生活操守中逐渐获得的；第二，在"上学"（"一贯之道"）与"下达"（"孝弟"）这一对关系中，王应麟把"上学"收摄于"下达"之中，认为"一贯之道"是从"下达"循序达到的，不需要像陆九渊那样以"发明本心"为直面本体的工夫路径。第三，也是最重要的一点，王应麟所提倡的"孝弟务本"，具有鲜明的时代特色。在南宋，士可以通过科举入仕，然后到全国各地当官，其讲学授徒的活动也不拘于籍贯地，由于常年在外游学入仕，"乡里"无法评价其道德操守，更不可能知道其是否"孝弟务本"。这种现象，王应麟

---

① 《十三经注疏》下册，页2457中。

在《困学纪闻》中引用陈傅良的话概括为："止斋曰：'国初以科举诱致偏方之士，而聚之中都，由是家不尚谱牒，身不重乡贯。'"（《困学纪闻》卷十五，下册，页1741）在入元后，失去科举入仕机会的士人的生活空间被局限在籍贯地，即所谓"乡里"，"乡里"既可以养成士子的道德操守，也可以对其进行褒贬评价，这倒接近于古代的"乡举里选"的察举制度。因此，王应麟多次表达了这样的观点，即"愈近愈不可欺"，人的真实品质和道德水平在乡里社会中才能得到最准确的评议与最全面的观察。他说："古者，士有常心，家无殊俗。……汉唐之盛，流风犹存，经生守家法，世族重宗谱，子弟彬彬多贤。然金籯之谚，城南之劝，识者谓诱以利禄，非天爵之贵。"① 所谓"金籯之谚"，指《汉书·韦贤传》："故邹鲁谚曰：遗子黄金满籯，不如一经。"② 即把学术当作利禄进取的阶梯，这是暗示了宋代科举之学的弊端是忽视了对道德操守的养成和评议。现在，"孝弟"可以在"乡里"这个社会环境内得到全面的评议，因为在"乡里"这个士子长期生活的场域中，假道学或掩饰都是不能得逞的，瞒不过民众的眼睛。王应麟说："义者，天理之公、人心之正，《大学》以是平天下，然而行之一乡，愈近而愈不可欺。"③ 在《困学纪闻》卷二十"古者有常心曰士"条中，王应麟详细阐发了"士"的必要操守之后，最后指出："无其实而窃其名，可以欺其心，不可以欺其乡。"（《困学纪闻》卷二十，下册，页2144）总之，"不可欺其乡"的观念反映了宋元易代后士人返回基层社会的无奈姿态。

在异族入侵、故国沦亡的情况下，王应麟必须坚守民族气节和价值立场，强调"中夏虽亡，而义理未尝亡"，强调"圣贤心学，守而勿失"，因此表现出鲜明的"尊德性"的特征。全祖望说王应麟兼综了江西陆九渊心学，亦源于此。但另一方面，王应麟又在"耻一物之不知"的方向上片面地发展了"道问学"，以致不知不觉中越出了朱熹"格物致知"说的规范。这一点使他与南宋思想的"朱、陆、浙"（朱子学、陆学、浙东学派）三大板块，有着明显的区别。

---

① 王应麟：《四明文献集》卷一《广平书院记》，页33。
② 班固：《汉书》卷七十三，第十册，中华书局，1962，页3107。
③ 《深宁先生文钞摭余编》卷一《义田庄先贤祠记》，页259。

第二节　融通汉宋经学与赓续学统

在历史上，儒家所谓"经"一直有两个形态。第一种形态实为"理想型"，即由圣人（包括文王、周公）制作，并经过孔子亲手整理的经，可称"圣人之经"，这被认为是最完美、最正确的版本，但这一版本从未在历史上出现过。即便到了21世纪的今天，我们能看到的最早的经的片段，也已经是战国时代的竹简。第二种形态的"经"，就是经汉儒口授、发现、整理的经的形态，这也是宋人所能看到的版本。尽管这一形态的经也存在着古文与今文之争，但即使是古文经，也已经经过汉唐诸儒的编辑、整理、注释，特别是将古文经中先秦的六国古文字进行了"隶定"。

从时间上看，尽管经历了秦代的"焚书"，汉儒仍去"古"未远，必然仍保留了一部分三代经典文献以及圣人对儒家经典的正确解释。从现存的汉儒著作贾谊《新书》《淮南子》所引用的片段看，汉儒还能看到一些三代典籍，这些典籍的片段有助于后人理解《尚书》："汉初去圣未远，帝王遗书犹有存者。……此帝王大训之存于汉者。若高帝能除挟书之律，萧相国能收秦博士官之书，则倚相所读者必不坠矣。幸而绪言尚在，知者鲜焉，好古之士盍玩绎于斯？"（《困学纪闻》卷二，上册，页144~145）如果汉高祖不推行"挟书律"，萧何能把秦博士官所藏之书保存下来，那么春秋时代楚国左史倚相能够看到的"《三坟》《五典》《八索》《九丘》"，汉儒也能读到。何况，王应麟并不认为秦之"焚书坑儒"中断了一切先秦学术思想的传承。譬如秦始皇时吕不韦召集门人编辑的《吕氏春秋》，其中的部分篇章成书于始皇帝八年（前239），即"焚书坑儒"之前，故有无法替代的文献价值："上古之书犹存，前圣传道之渊源犹可考也。"（《困学纪闻》卷一，页142）他说："召平、董公、四皓、鲁两生之流，士不以秦而贱也。伏生、浮丘伯之徒，经不以秦而亡也。万石君之家，俗不以秦而坏也。《剥》之终曰：'硕果不食。'阳非阴之所能剥。"（《困学纪闻》卷一，上册，页17）士的社会地位、经学的传授、风俗的继承，都没有因为秦的"焚书坑儒"而遭到彻底破坏，圣人之学象征着"阳"，而"阳非阴之所能剥"，暴政不能彻底消灭圣人之学的传授。王应麟此说也是针对宋元之际的情况慨乎言之。

不但汉儒需要尊重，先秦学者对经典的解释也以碎片的形式散见于文献中，王应麟认为吉光片羽，弥足珍视：

> 春秋时，郤缺之言"九功《九歌》"，穆姜之言"元亨利贞"，子服惠伯之言"黄裳元吉"，叔向之言"《昊天有成命》"，单穆公之言"《旱麓》"，叔孙穆子之言"《鹿鸣》之三"，成鱄之言"《皇矣》之《雅》"，闵马父之言"商《那》之《颂》"，左史倚相之言"《懿》戒"，观射父之言"重、黎"，白公子张之言"《说命》"，其有功于经学，在汉儒训故之先。盖自迟任、史佚以来，统绪相承，气脉未尝绝也。（卷二，上册，页262~263）

王应麟所举的这些例子，都是《左传》《国语》中保存的士大夫解释经典的片段，形成于汉儒之前，与商朝贤人迟任（盘庚在迁都时曾引用他的话）、周文王太史官史佚代表的三代圣人之经的传统，有着一脉相承的联系。

由于相信三代圣人之学没有中断，王应麟流露出某种程度的"好古"倾向，即只要是汉唐学者提到的观点，他会因为其年代早于宋人，所能见到的古代文献也多于宋人，而倾向于采信之。譬如郑玄《礼记·坊记》注中引用《孟子》一处，与今本不同，王应麟说："康成注《礼》，必有所据。"（《困学纪闻》卷五，页650）

而且，汉儒的学术风气是"述而不作"的，偏重继承而轻视创新，此种风气在保存三代经典以及圣人对经典的解释方面发挥了特殊的作用：

> 然而《五经》有家法，孟喜以改师法不用，秦恭以增师法见讥。训故是守，不为凿说；章句是通，不为浮辞。经学犹近古也。生徒亲受业者为弟子，转相传受者为门生，事其师如事君，亲笃在三之谊，非若近世以师弟子之称为讳也。经无师，士无学，道谊微

而风教薄，汉儒可轻议哉！①

汉儒注重家法，尊重老师，笃守师说，绝不轻易自创新说，这种"故步自封"的做法，更利于保存、传承"圣人之经"的本义。相应的，王应麟批评了南宋的学风则是以创新和疑经的名义制造了大量"凿说""浮辞"，而且轻视学术传统："经无师，士无学，道谊微而风教薄。"他还指出：

> 自汉儒至于庆历间，谈经者守训故而不凿。《七经小传》出，而稍尚新奇矣。至《三经义》行，视汉儒之学若土梗。古之讲经者，执卷而口说，未尝有讲义也。元丰间，陆农师在经筵，始进讲义。自时厥后，上而经筵，下而学校，皆为支离曼衍之词。说者徒以资口耳，听者不复相问难，道愈散而习愈薄矣。陆务观曰："唐及国初，学者不敢议孔安国、郑康成，况圣人乎？自庆历后，诸儒发明经旨，非前人所及，然排《系辞》，毁《周礼》，疑《孟子》，讥《书》之《胤征》《顾命》，黜《诗》之《序》，不难于议经，况传注乎？"斯言可以箴谈经者之膏肓。（《困学纪闻》卷八，中册，页1094~1095）

在这段被研究者广泛引用的话中，王应麟承认宋学的独特价值是敢于怀疑汉唐旧疏："自庆历后，诸儒发明经旨，非前人所及。"（卷八，中册，页1095）但也指出两个弊端，一是怀疑精神过于强烈，不但否定汉唐传注，且进而怀疑经典本身；二是发明了以讲义说经的形式，这种形式长于阐发义理，但由于追求文字辞章之美，其学术上的严谨程度，反而远远不如汉唐注疏。郑玄注《礼记》时，将所引《诗·崧高》"维岳降神，生甫及申"一句的"甫"注为"仲山甫"，其实是郑玄注《礼》在前，还未仔细研究《诗传》，以致有误。后来郑氏在《毛诗郑笺》中就弃用此说了。但宋代人说《诗》却因爱好新奇而采郑玄《礼

---

① 王应麟：《通鉴答问》卷四《为博士置弟子五十人》，中华书局，2012，页376。

记》注的错误说法，反舍弃《毛诗郑笺》之说。王应麟认为："近世说《诗》取此而舍笺、传，爱奇之过也。"（《困学纪闻》卷三，上册，页386~387）清人翁元圻注认为，爱奇太过的"近世说《诗》"包括了吕祖谦、朱熹等南宋重要的《诗经》学者。王应麟还引用司马光的《论风俗札子》和朱熹的话：

> 司马文正公曰："新进后生，口传耳剽，读《易》未识卦爻，已谓《十翼》非孔子之言；读《礼》未知篇数，已谓《周官》为战国之书；读《诗》未尽《周南》、《召南》，已谓毛、郑为章句之学；读《春秋》未知十二公，已谓三《传》可束之高阁。"朱文公曰："近日学者，病在好高，《论语》未问'学而时习'，便说'一贯'；《孟子》未言'梁惠王问利'，便说'尽心'；《易》未看六十四卦，便读《系辞》。此皆躐等之病。"（《困学纪闻》卷八，中册，页1092~1093）

《春秋三传》《十翼》《周礼》都还属于先秦文献，同样遭到宋人的质疑，而毛公、郑玄等汉儒自然更不入他们的法眼。朱熹指出，这种风气是"病在好高""躐等"。

在王应麟看来，对汉儒学术工作的继承与研究应该在两个层面上展开。第一，要对现存先秦至两汉的文献中的古代经典片段进行辑佚，从而彰显汉儒对三代文化的保存之功；第二，汉儒自己的学术成果亡佚的情况也很严重，很多重要的经学著作只有"碎片化"的状态，其全书佚失已久，只有零星片段散见于同时代他人的著作，或两汉直到北宋初期的文献中。以《诗经》为例，汉儒有齐、鲁、韩、毛四家，这四家的传授都源自先秦儒生，可谓源远流长。但到了宋代，只有《毛诗》完整保留下来，《韩诗》惟存《外传》六卷，齐、鲁两家已经失传。但朱熹撰《诗集传》时能够在《毛诗》之外，煞费苦心地搜集齐、鲁、韩三家的佚篇，片言只语，亦不放过。王应麟说：

> 诸儒说《诗》，一以毛、郑为宗，未有参考三家者。独朱文公《集传》，闳意眇指，卓然千载之上。……一洗末师专己守残之陋，

学者讽咏涵濡而自得之，跃如也。文公语门人："《文选注》多《韩诗》章句，尝欲写出。"①

朱熹从《文选注》中发现了大量《韩诗》的片段，但他没有精力专门进行辑佚，故嘱咐门人着手这项工作。实际上，朱熹没有哪个门人接手此事，倒是王应麟在他的《诗考》中弥补了朱熹的遗憾。朱熹《诗集传》取材极广，能从先秦诸子、经史杂著中广泛搜集只言片语，丰富自己的解释。《困学纪闻》卷一中有这样一条："《未济》'三阳失位'，程子得之成都隐者，朱子谓：'《火珠林》已有，盖伊川未曾看杂书。'"（《困学纪闻》上册，页121）《火珠林》是卖卜算卦之书，不是严肃的学术著作，但成书时间较早，朱熹认为："《火珠林》犹是汉人遗法。"②譬如这里对《易·未济》解释为"三阳失位"，就出自《火珠林》。程颐不看这些杂书，不知道这一出处，故称得自成都隐者。这个例子与朱熹从《文选注》中辑佚《韩诗》章句一样，都说明了朱熹之伟大并不在于他否定了《诗序》、质疑了《毛传》《郑笺》，而在于他"一洗末师专己守残之陋"，抛开门户之见，广收博览，断以己意。

可以最明显地看出朱熹尊重汉唐经学、善于取其所长的是下面这个例子：

> 《临》所谓'八月'，其说有三：一云自丑至申为《否》，一云自子至未为《遁》，一云自寅至酉为《观》。《本义》兼取《遁》《观》二说。《复》所谓"七日"，其说有三：一谓卦气起《中孚》，六日七分之后为《复》；一谓过《坤》六位，至《复》为七日；一谓自五月《姤》一阴生，至十一月一阳生。《本义》取自《姤》至《复》之说。（《困学纪闻》卷一，上册，页67~68）

据清人翁元圻考证，"《临》所谓'八月'"的三种解释，"自丑至申为《否》"出自李鼎祚《周易集解》、孔颖达《周易正义》，"自子至

---

① 王应麟：《四明文献集》卷一《诗考语略序》，页45。
② 黎靖德编《朱子语类》卷六十六，第四册，页1638。

未为《遁》"出自李鼎祚《周易集解》引虞翻说，"自寅至酉为《观》"出自孔颖达《周易正义》引褚氏说。朱熹《周易本义》兼取了后两者。"《复》所谓'七日'"的三种解释，"一谓卦气起《中孚》，六日七分之后为《复》"出自王弼注、《周易正义》引《易稽览图》，"过《坤》六位，至《复》为七日"出朱震《汉上易传》，"自五月《姤》一阴生，至十一月一阳生"出自李鼎祚《周易集解》引侯果说。可以看出，朱熹《周易本义》是在对汉唐旧疏乃至本朝学者成果都进行深入研究的基础上取精用宏、断以己意的。

因此，以朱熹为典范，王应麟高度肯定孔孟以下，尤其是汉儒的学术工作，认为汉儒的成果不仅不是宋人"复古"的障碍，而是"复古"的起点。因为，"圣人之经"不得见其全体，是一个自秦汉以来就不能改变的客观事实。尽管汉儒已经不能见到"全经"，但他们"去古未远"，他们还以极其保守的方式继承了先秦学者的经学，那么他们对圣人的理解、对经典的注释也就更准确、更完整。

在《困学纪闻》中，王应麟通过以下几种形式来接续宋学与宋以前学术史的血脉联系。（1）前人已有质疑，宋人没有明确引用、却与前人有暗合的，王应麟将二者联系起来，并加以证明；（2）宋人只是提出怀疑，尚未加以合理论证，王应麟从宋以前的学术史中找到相应的论据证成之；（3）尽管宋人对其怀疑进行了论证，但其论证并不严密，特别是缺乏文献学依据，而只是逻辑推断，王应麟从宋以前的学术史中找到文献证据；（4）宋人的疑经明确地引用了宋以前学者的成果，王应麟将其原始出处标示出来，甚至提出更多的例证。

这四种情况中，第四种其实只是"示例"，即筛选、呈现出学术研究的完美个案，学术创新性最为欠缺，但王应麟非常重视，因为正是在这些示例反映出，杰出的宋代学者无不是从孔孟以下至宋以前的学术史中汲取营养、获得启发的。由于朱熹是宋元之际最高的思想权威，王应麟本人又笃信朱子学，故《困学纪闻》以朱熹的治学成果作为"示例"的个案数量最多。这种示例旨在说明，朱熹作为宋学的集大成者，高度重视孔孟以下的学术史，自觉地吸收其成果，也不断从中得到启发，产生新见。下举四例。

例一：

> 《泰》初九"拔茅茹，以其汇，征吉"，《本义》云："郭璞《洞林》读至'汇'字绝句，下卦仿此。"愚按：《正义》曰："以其汇者，汇，类也，以类相从。征吉者，征，行也。上《坤》而顺，下应于《乾》，已去则纳，故征行则吉。"亦以"汇"字绝句。《泰》之征吉，引其类以有为；《否》之贞吉，絜其身以有待。（《困学纪闻》卷一，上册，页47）

《泰卦》初九爻辞："拔茅茹以其汇征吉。"朱熹《周易本义》引郭璞《洞林》，断为"拔茅茹以其汇，征吉"。而郑玄、王弼都断作："拔茅茹，以其汇，征吉。"王应麟指出，孔颖达《周易正义》即于"汇"字断句。这说明朱熹撰《周易本义》时所提出的新见，都是在前人（郭璞，东晋人）研究的基础上提出来的，持之有故。王应麟则强化了对朱熹观点的论证。

例二：

> 《易正义》云："四月纯阳，阴在其中，而靡草死；十月纯阴，阳在其中，而荠麦生。"《汉和帝纪》"有司奏以为夏至则微阴起，靡草死，可以决小事"，与《月令》不同。张文饶曰："阳虽生于子，实兆于亥，故十月荠麦生。阴虽生于午，实兆于巳，故四月靡草死。"原注：《参同契》："二月榆死，八月麦生。"（《困学纪闻》卷一，页69）

南宋学者张行成（字文饶）在《皇极经世观物外篇衍义》卷七中云："阳虽生于子，实兆于亥，故十月荠麦生。阴虽生于午，实兆于巳，故四月靡草死。"张氏并未提及他的依据是什么。王应麟引用孔颖达《周易·贲·象传》正义、范晔《后汉书·和帝纪》、魏伯阳《周易参同契》，指出在宋以前就有类似的观点，并非张行成首创。即使张行成看到了班固、魏伯阳、孔颖达三家之说，虽未公开引证，却也证明只要是正确的观点，就会获致"人同此心，心同此理"的认同；如果张氏没有看

第七章　王应麟：融通汉宋及其对道统论造成的破坏

到过三家之说，完全是独立的创见，则更加证明真理是"殊途同归"。总之，王应麟关心的是，只要是正确的观点，就会在不同的历史时期得到一致的回应。回应越多，说明其可靠性越强。至于是像朱熹那样公开的引用，还是匿名的引用（譬如"前辈云"之类），或者根本不提前人成说，反而无关宏旨。

例三：

> "初六履霜，阴始凝也。"见于《魏·文帝纪》注，太史丞许芝引《易传》之言。沙随程氏、朱文公皆从之。郭京本无"初六"字。（《困学纪闻》卷一，页70）

《坤》卦初六《象传》，通行本作："履霜，坚冰，阴始凝也。"《魏书·文帝纪》注中，太史丞许芝奏云："《易传》曰：初六，履霜，阴始凝也。"可见三国魏时代的人看到的《周易》版本中《象传》是没有"坚冰"两字。南宋学者程迥、朱熹都引用这一证据，认为"坚冰"两字是衍文。王应麟则引用唐人郭京《周易举正》本无此二字为据，强化程迥、朱熹的论证。

例四：

> "病从口入，祸从口出"，傅玄《口铭》也。《颐》"慎言语，节饮食"，《正义》用其语。（《困学纪闻》卷一，页71）

王应麟指出，"病从口入，祸从口出"出自西晋傅玄《口铭》（保存于《太平御览》中），孔颖达《周易正义》已经引用此语解"颐卦"之"象传"："慎言语，节饮食。"清人翁元圻案语指出，《朱子语类》中有："或曰：谚有'祸从口出，病从口入'，甚好。曰：'此语前辈曾用以解颐卦之象传。'"故朱熹所谓"前辈"就是孔颖达，而"谚"则是傅玄《口铭》。此处王应麟是受到了朱熹的提示，才去文献中寻找线索的，而朱熹则是从孔颖达那里得到启发。

此外，《困学纪闻》卷一《易》还有很多类似的例子，下面简单罗列之（上文已举《周易》四例从略）。

页码	对象	宋人之说	王应麟引证宋前学者之说	备注
8	《坤》之六五	程子（程颐）以为羿、莽、娲、武，非常之变	干宝之说曰："柔居尊位，若成昭之主，周霍之臣也。百官总己，专断万机，虽情体信顺而貌近僭疑。言必忠信，行必笃敬，然后可以取信于神明，无尤于四海。"愚（宇按：指王应麟，下文同）谓此说（干宝说）为长	
31	《左传》疏引"《易》"云云	朱子发（震）以为郑康成之语	愚谓："正其本而万物理，失之毫厘，差以千里"，见于《易纬通卦验》，汉儒皆谓之《易》。则此所谓"《易》"云者，盖纬书也	
36	卦辞、爻辞、《十翼》作者	朱子谓：《系辞》，本文王、周公所作之辞，系于卦爻之下者。《上系》《下系》，乃孔子所述《系辞》之传也。《彖》即文王所系之辞。《象》者，卦之上下两象及两象之六爻，周公所系之辞也。《彖》、《象》上、下《传》者，孔子释经之辞也	1.《易正义》云："伏牺制卦，文王系辞，孔子作十翼。" 2. 愚按：《释文》云："王肃本作'《系辞上传》'，讫于《杂卦》，皆有'传'字。"《本义》从之。《汉书·儒林传》云："孔子晚而好《易》，读之韦编三绝，而为之传。"王肃本是也	朱熹说本陆德明《经典释文》，《经典释文》本王肃，王肃之说见《汉书·儒林传》
38	《易》中所见商周史事	朱子发云："《革》存乎汤、武，《明夷》存乎文王、箕子，《复》存乎颜氏之子，故曰'存乎其人'。"朱文公谓："疑皆帝乙、高宗、箕子占得此爻。"	阮逸云："《易》著人事，皆举商、周。'帝乙归妹'、'高宗伐鬼方'、'箕子之明夷'，商事也。'密云不雨，自我西郊'、'王用亨于岐山'，周事也。"	阮逸、朱震、朱熹说相通
46	利贞者，性情也	程子《颜子好学论》"性其情"之语本此	王辅嗣注："不性其情，何能久行其正？"	程颐说本王弼
47	《泰》初九"拔茅茹"	略	略	
61~62	艮，万物之所终始也	沙随程氏云："医家《难经》为《百刻图》，一岁阴阳升降会于立春，一日阴阳昏晓会于艮时。此说与《易》合。"又云："北方之气，至阴而阳生焉。《象》曰：'习坎，重险也。'于物为龟、为蛇，于方为朔、为北，于《太玄》配罔与冥，所以八纯卦中独冠以'习'。"	八风始于不周，卦气始于《中孚》。冬至为历元，黄钟为律本。北方终阴而始阳，故谓之朔方。《太玄》纪日于牛宿，纪气于中首，而以罔冥为元，艮之终始万物也。虞仲翔云："万物成始《乾》甲，成终《坤》癸。《艮》东北，是甲、癸之间。"	程迥说本扬雄、虞翻

第七章　王应麟：融通汉宋及其对道统论造成的破坏

续表

页码	对象	宋人之说	王应麟引证宋前学者之说	备注
67~68	《临》所谓"八月"、《复》所谓"七日"	1.《本义》兼取《遁》《观》二说。2.《本义》取自《姤》至《复》之说	1.《临》所谓八月，其说有三：一云自丑至申为《否》，一云自子至未为《遁》，一云自寅至酉为《观》。2.《复》所谓七日，其说有三：一谓卦气起《中孚》，六日七分之后为《复》；一谓过《坤》六位，至《复》为七日；一谓自五月《姤》一阴生，至十一月一阳生	"其说有三"都出自汉唐经疏
69	《易·贲·象传》正义	略	略	
70	《易传》："初六履霜，阴始凝也。"	略	略	
82~83	《易》论礼、乐	吕成公："'上天下泽，《履》'，此《易》之言礼。'雷出地奋，《豫》'，此《易》之言乐。"吕成公之说，本于《汉书》……	《汉书叙传》："上天下泽，春雷奋作，先王观象，爰制礼乐。"	吕祖谦说本《汉书叙传》
86	内景外景	薛士龙诗云："尝闻曾子书，金火中外明。圆方递含施，二景参黄庭。"	《曾子·天圆篇》："火日外景，金水内景。"愚按《周髀》云："日犹火，月犹水。火则外光，水则含景。"其说本于《易》之《坎》《离》。坎内阳外阴，故为水、为月；离内阴外阳，故为火、为日	王应麟以为《周髀算经》、曾子、薛季宣说相通
90	伏羲之《易》当以图观，文王以后始有书	艾轩云："《易》不画，《诗》不歌，无悟入处。"诚斋云："卦者其名，画者非卦也，此伏羲氏初制之字也。"	愚按：《易纬乾凿度》以八卦之画为古文天、地、风、山、水、火、雷、泽字	杨万里、林希逸说本《易纬乾凿度》
92~93	《系辞传》"何以守位曰人"	《本义》作"人"，云："吕氏从古，盖所谓'非众罔与守邦'。"	"何以守位曰人"，《释文》云："桓玄、明僧绍作'仁'。"今本乃从桓玄，误矣	朱熹、吕祖谦说本《经典释文》
126	《河图》《洛书》出处	刘牧谓：《河图》《洛书》同出于伏羲之世	扬雄《核灵赋》曰："《大易》之始，河序龙马，洛贡龟书。"	刘牧说本扬雄
133~134	《夬》："莧陆夬夬。"	项氏《玩辞》曰："莧音丸，山羊也。陆，其所行之路也，犹'鸿渐于陆'之陆。兑为羊，在上卦有山羊之象。"	愚按《说文》："莧，山羊细角也。从兔足，苜声，读若丸。'宽'字从此。"徐锴按："《本草注》：莧羊似麢羊，角有文，俗作羱。"	项安世说本《说文解字》徐锴注

第三节　宋学的价值

王应麟认为，汉儒对儒家经典的整理、编辑、注释是宋学无可估量的财富，而不是质疑、否定的对象。这一立场表面上与两宋三百年的"疑经"浪潮是完全背离的。如果宋人已经不可能比汉儒更加接近于"圣人之经"的原貌，宋学还有什么存在价值呢？

一　汉儒的不足和宋学的创造性

王应麟没有盲目地崇拜汉儒，在"求其古"与"求其是"的二元张力中，"求古"只是手段，绝不能为了求古而求古。譬如据《皇览·冢墓记》记载，汉明帝朝有人上言，秦昭王、吕不韦陵墓有焚书坑儒以前的《诗经》《尚书》全本，请求下令发掘。王应麟说："'儒以《诗》《礼》发冢'，《庄子》讥假经以文奸者尔。乃欲发冢以求《诗》《书》，汉儒之陋至此！"（卷八，中册，页1082）王应麟一方面辛辛苦苦地在文献中寻找三代经典的断编残简，另一方面又对这种"发冢以求全经"的做法嗤之以鼻，这表明求古并非他的终极追求。

其次，汉儒不能通经致用，不如宋学。王应麟批评汉儒魏相、匡衡通经而不能致用，虽然官拜丞相却不敢抵制朝中恶势力。他说："魏相以《易》相汉，能上阴阳之奏，而不能防戚宦之萌，不知'系于金柅'之戒也。匡衡以《诗》相汉，能陈《关雎》之义，而不能止奄寺之恶，不知'昏椓靡共'之戒也。经术虽明，奚益焉？"（卷一，上册，页26）魏相是西汉宣帝时宰相，曾经整理《易阴阳》《明堂月令》等书上奏，但当时外戚霍光一党专权，他却不敢弹劾；匡衡擅长《诗经》学，但元帝时中书令石显乱政，他却畏惧顺从。他们二人都缺乏将经学义理运用于实际政治中的勇气。他又批评汉代经学兴废取决于帝王的好恶，而缺乏实事求是的精神："汉武帝好《公羊》，宣帝善《穀梁》，皆立学官。《左氏》尝立而复废。贾逵以为明刘氏之为尧后，始得立。不以学之是非，而以时之好恶，末哉汉儒之言《经》也！"（《困学纪闻》卷六，中册，页788）

有时汉儒也能运用经义治国理政，但总体而言水平不高，原因是西汉长期以"阳儒阴法"治国，帝王从未真正地服膺儒学。譬如汉儒曾大量地以《春秋》决狱：

> 汉以《春秋》决事，如隽不疑引"蒯聩违命出奔，辄拒而不纳，《春秋》是之"；萧望之引"士匄侵齐，闻齐侯卒，引师而还。君子大其不伐丧"；丞相、御史议封冯奉世，引"大夫出疆，有可以安国家，颛之可也"，皆本《公羊》。虽于经旨有得有失，然不失制事之宜。至于严助以《春秋》对，乃引"天王出居于郑，不能事母，故绝之"，其谬甚矣。（《困学纪闻》卷七，页898~899）

尽管得失互见，但总体上汉人都以《春秋》为"司空城旦书"，即在法家思想指导下，用于兴起大狱，打击政敌，而王应麟引胡安国"《春秋》立法谨严，而宅心忠恕"一语，认为"斯言足以正汉儒之失"，汉人误用经典，背离了儒学思想的本质（《困学纪闻》卷六，页759）。

发明人臣"九赐"之说，是汉儒经学的另一具体失误。王应麟认为，《周礼》《尚书大传》只有"九命""三赐"之说，"九赐"之说起于汉武帝元朔元年（前128）有司奏议，产生于哀、平之际的纬书《礼纬含文嘉》也有九锡之说，王莽更将其作为"篡臣窃国之资"。王应麟指出："饰经文奸以覆邦家，汉儒之罪大矣！"（《困学纪闻》卷五，上册，页665）这个批评是极其严厉的。

在《通鉴答问》中，王应麟对汉代经学也有类似的批评。譬如："吁！上不闻大道之要，下不被至治之泽，汉无真儒故也。"[1] 又如："汉终于杂霸道，而士以经术为禄利之资。程子曰：'道不行，百世无善治；学不传，千载无真儒。'亦可叹夫！"[2] 汉儒所暴露出来的上述弊病，恰恰为宋学的成长和创新留下了空间。

二 对宋学创造性的褒扬

王应麟在《困学纪闻》中多方面赞扬了宋学的创造性。

---

[1] 王应麟：《通鉴答问》卷三《过鲁祠孔子》，页323。
[2] 王应麟：《通鉴答问》卷三《陆贾前说称诗书》，页321。

首先，王应麟认为宋人擅长活用经典，重视把握精神实质，而避免了汉唐儒者以辞害意，拘泥文字不知变通的弊端。譬如《大学》五次引用《诗经》《中庸》，八次引用《诗经》，《孝经》引《诗》十次，其所表达的意义与《诗经》本义已经有很大不同，王应麟引张九成之语云："张子韶云：'多与《诗》《书》意不相类，直取圣人之意而用之。是《六经》与圣人合，非圣人合《六经》也。或引或否，卷舒自然，非先考《诗》、《书》而后立意也。《六经》即圣人之心，随其所用，皆切事理。此用经之法。'"（《困学纪闻》卷三，上册，页 446）"圣人之心"的重要性高于经典本身，经典的意义取决于"圣人之心"如何理解，而不是古代传注。王应麟引用张九成的这段话，表明他对宋学特质的认同。

其次，宋儒敢于提出新见，不随声附和，胜于汉儒。王应麟说：

> 欧阳公以《河图》、《洛书》为怪妄。东坡云："著于《易》，见于《论语》，不可诬也。"南丰云："以非所习见，则果于以为不然，是以天地万物之变为可尽于耳目之所及，亦可谓过矣。"苏、曾皆欧阳公门人，而论议不苟同如此。（《困学纪闻》卷一，上册，页 116）

苏轼、曾巩都是欧阳修的学生，但在《河图》《洛书》真伪的问题上，苏、曾并未盲从老师的主张，而能坚持己见。王应麟还称赞王安石解《井》之九三"文意精妙，诸儒所不及"（《困学纪闻》卷一，上册，页 41~42），超越了前代经师。他还认为蔡渊（字伯静）解《离》之九三："长于古注。"（《困学纪闻》卷一，上册，页 82）这两个例子都是明确指出了宋人之解高于前代。

而且，王应麟还表彰了宋儒对前代经说的批评，认为这种批评代表了宋学的进步。王弼《复·象传》注曾受到北宋人苏舜钦《复辨》的批评。王应麟根据周敦颐《太极图说》、王安石说，进一步论证了苏舜钦的批评的正确性，指出王弼受到了老庄思想的影响，歪曲了儒家经典的本义（卷一，上册，页 42）。关于"易有四《易》"，他批评京房《京氏易·积算法》引用的"夫子曰"是伪托的："此占候之学，决非孔子之

第七章　王应麟：融通汉宋及其对道统论造成的破坏

言也。"然后介绍了南宋张行成的"四易"说（《困学纪闻》卷一，上册，页110）。

三　王应麟从宋学中汲取的营养

王应麟自己的学术考证，也经常是从宋代学者，特别是朱熹那里获得启发或者线索，下举一例。

> "高宗伐鬼方"，《后汉·西羌传》："武丁征西羌鬼方，三年乃克。"《竹书纪年》："武丁三十五年，周王季伐西落鬼戎。"然则鬼方即鬼戎与？《诗·殷武》"奋伐荆楚"，朱子《集传》云："《易》曰：'高宗伐鬼方，三年克之。'盖谓此。"愚按：《大戴礼·帝系篇》"陆终氏娶于鬼方氏"，《楚世家》"陆终生子六人，六曰季连，芈姓，楚其后也"，可以证《集传》之说。（卷一，上册，页120）

这个例子的推理考证过程非常完整，能够看出王应麟的学术方法的基本特征。朱熹《诗集传》解"奋伐荆楚"一句时，联想到了《周易》中的"高宗伐鬼方，三年克之"。但是"鬼方"与"荆楚"有何联系，朱熹并未明言。王应麟却从中得到启发，乃引用《大戴礼记·帝系篇》和《史记·楚世家》考证出陆终氏娶了鬼方氏，而陆终有六个儿子，其中一个儿子季连（芈姓）就是楚人的祖先，鬼方氏与楚人的关系就清楚了。

在《困学纪闻》中，大量存在这样的例子，即朱熹提出了某一观点、某一想法，但没有来得及论证，或者论证并不严密周详，王应麟通过自己的考据方法，从文献中寻找证据，从而证明朱熹的观点，这种模式可以命名为"朱子出题，深宁解题"。

这样的例子有不少。如：《诗集传》称"未知召亭的在何县"，王应麟据《史记正义》引《括地志》指出了召亭所属的是（卷三，上册，页325）；北宋董逌《广川诗故》曾引侯包"卫武公作《抑》诗，使人日诵于其侧"，朱熹《诗集传》中引用了此语，但在《朱子语类》中却表示："不知此出在何处，他读书多，想见是如此。"[1] 王应麟则找到此说出自

---

[1] 黎靖德编《朱子语类》卷八十，第六册，页2087。

孔颖达《诗·大雅·抑》正义（《困学纪闻》卷三，上册，页418）；朱熹在书信中表示，《孙子》曹操、杜牧注提到的车乘人数，"诸儒皆所未言"，其源流不明，王应麟则引用《左传》、吕祖谦说、唐仲友说加以解释（卷四，上册，页499）。又如，《考工记·磬氏》贾公彦疏有"按《乐》云"云云，朱熹致蔡元定信中说："不知所谓《乐》云者是何书？"王应麟考证认为是西汉所立《乐经》，失传已久（卷五，上册，页697~698）。又比如，朱熹致信蔡元定，问："十二相属起于何时？首见何书？"并在《韩文考异》中再次提出："未见所从来（宇按：指十二相属）。"王应麟引征蔡邕《明堂月令论》、孔颖达《月令正义》、王充《论衡》、许慎《说文解字》，推断至晚在东汉已经出现了将天干地支与动物匹配的现象（卷九，中册，页1144）。

王应麟注意从朱熹那里获得灵感，挖掘问题，还暗含了一个前提：朱熹所提出来的问题本身就是有意义的，值得进一步发掘；完善对朱熹提出的命题或观点的论证，或解答朱熹没有解决的疑难，是对朱熹思想学术最好的继承。从自我身份确认的意义上说，王应麟堪称是最忠实的朱子学传人之一。

在介绍宋人的成就时，王应麟特别重视对宋学内部的学术史的梳理，强调一些新的观点并不是个别人的创见，而是在两宋近三百年的长时段内得到了学者的认同。

譬如，关于日月与"阴阳"的对应关系，王应麟认为"日月为《易》，一奇一偶，阴阳之象"是宋儒的共识，为此他罗列了王安石《诗说》、李舜臣说和程迥说（卷一，上册，页64~65）。又如，关于卦、爻的数量变化："一卦变六十四，六十四卦变四千九十有六。六爻不变与六爻皆变者，其别各六十有四。一爻变与五爻变者，其别各三百八十有四。二爻变与四爻变者，其别各九百有六十。三爻变者，其别一千二百有八十。"王应麟罗列了朱震、张震、张行成三家的解释，集中介绍了宋儒在这个问题上的新进展（卷一，上册，页66）。关于"天地气运"与南北地域的关系，王应麟集中介绍了邵雍、张行成、陈瓘的观点（卷一，上册，页115）。

至于朱熹本人，更是能够放弃门户之见，以开放的心态吸收各个派别的宋代学者的新说新见。《困学纪闻》卷一中就有多个例证。如《易·涣》

之六四爻辞："涣其群。"苏洵《仲兄字文甫说》云："群者，圣人所欲涣以一天下者也。"王应麟指出："《本义》取之，谓《程传》有所不及。"（上册，页83）"《本义》"是朱熹《周易本义》，"《程传》"即程颐《伊川易传》。

又如，陆佃《八卦解》云："《离》言'明两作'，《坎》言'水洊至'。起而上者作也，趋而下者至也。"王应麟说："朱文公《语类》取之。"（上册，页74）张载《正蒙·大易》曰："《易》为君子谋，不为小人谋。"玉泉喻氏云："《泰》'小人道消'，非消小人也，化小人为君子也。"朱熹《答陈文蔚》云："君子道盛，小人自化，故舜、汤举皋、伊而不仁者远。"（上册，页47）玉泉喻氏即南宋人喻樗，杨时弟子，王应麟暗示，朱熹的观点与其有相通处。朱熹还采用了北宋耿南仲对《屯》之六二"女子贞不字"的解释（上册，页124）。

总之，宋儒的很多观点要么是对前人成说的进一步阐释，要么与前人成说暗合，要么就是祖述了前人的成说。而在科学运用古人注疏以及吸收本朝学术成果方面，朱熹无疑是典范。

四　坚持"义理"说经

王应麟不但表彰宋儒勇于提出一系列具体的新观点，还能运用"义理之学"（具体而言是程朱理学的逻辑和术语）对《六经》进行再解释，这也体现了宋学的特色。下面以《困学纪闻》卷一为例，说明王应麟是如何以理学术语解释《周易》的。

早在程颐的《伊川易传》那里，已经出现《周易》解释"理学化"的倾向。由于程颐受到王弼《周易注》的"义理"派方法的影响，故注重分析《易经》中的"辞"（爻辞、传辞）的思想内涵和价值取向，而对《周易》中"象"的维度重视不够，很少分析爻与爻、卦与卦之间的位置关系、生克关系，这与邵雍、朱熹的"图书象数"派有很大不同。程颐还将《周易》（尤其是《易传》）与"四书"相互印证，朱熹也认同这一方法。王应麟作为朱子学的笃信者，既重视分析"易象"，也重视引用"四书"发明"易理"。

譬如，王应麟用《论语·述而》的"不义而富且贵，于我如浮云"解释《易·贲卦》的《象辞》："舍车而徒，义弗乘也。"用《孟子·告子上》的"万钟则不辨礼义而受之,万钟于我何加焉"解释《颐·彖传》的"自求口实,观其自养也"(上册,页17)。

《周易》中未见"中庸"之语,但有"诚""敬"。王应麟说:"闻之前修曰:'中庸、诚、敬,自有乾坤,即具此理。《乾》九二言:龙德正中,庸言之信,庸行之谨,闲邪存其诚。《坤》六二言:敬以直内。'"(上册,页24)王应麟所引用的"前修"(翁元圻认为是魏了翁《简州四先生祠堂记》)的观点,以《乾》九二"庸言、庸行"印证"中庸"。

又如,以《论语·宪问》"下学而上达"解《大畜》上九:"何天之衢,亨。"(上册,页26)。再比如:"《易》言'积善'曰家,《大学》言'兴仁''兴让'曰家,家可以不正乎?"(上册,页29)证明《易》与《大学》相通之处。

王应麟还把《乾》"元亨利贞"中的"利""贞"分别与理学话语中的"性""情"相对应,指出这种对应开始于王弼,程颐《颜子好学论》"性其情"一语就本乎此(上册,页46)。又比如:"龟灵而焦,雉文而翳,是以'衣锦尚䌹';兰薰而摧,玉刚而折,是以'危行言孙'。此'白贲''素履',所以无咎。"(上册,页52)"衣锦尚䌹"出自《中庸》;"危行言孙"出自《论语·宪问》,故此条以《中庸》、《论语》解《贲》《履》二卦。王应麟还把《坤》卦的"早辩"和《解》卦的"夙吉",与周敦颐提倡的"几"和张载提倡的"豫"联系起来(上册,页129)。《困》九五曰:"利用祭祀。"王应麟引李公晦说:"明虽困于人,而幽可感于神。岂不以人不能知,而鬼神独知之乎?"然后指出,孔子在《论语》中说:"知我者,其天乎?"韩愈说:"惟乖于时,乃与天通。"二者都可以帮助理解"利用祭祀"的本质是:"不求人知而求天知,处困之道也。"(上册,页132)

"敬"和"义"的关系,是理学的一个重要内容。《坤》六二《文言传》说:"直其正也,方其义也。君子敬以直内,义以方外。敬义立而德不孤。直方大,不习无不利,则不疑其所行也。"[1] 历来受到理学家重视。王应麟更补充《大戴礼记·武王践阼》:"太公道《丹书》之言

---

[1] 《十三经注疏》上册,页19上。

曰：'敬胜怠者吉，怠胜敬者灭；义胜欲者从，欲胜义者凶。'"① 此文也是将"敬"与"义"对举。由此可见，张栻强调"居敬""集义"为工夫的两翼（"工夫并进，相须而相成"）是符合圣人教导的（上册，页55）。

王应麟还认为，理学的"道统"传授也可以从《周易》中得到印证："《明夷》之《象》曰文王、箕子者，《易》《洪范》道统在焉。'用晦'，所以明道也。象、数相为经纬，皆演于商之季世。"（上册，页39）

《大学》在篇末提出"国不以利为利，以义为利"，《孟子》首篇（《梁惠王上》）就提出"何必曰利"，因为"义利之辨"足以"正人心，塞乱原"，这正符合《益》之上九："莫益之，或击之。"（上册，页59）

王应麟说："知止而后有定，故观身于《艮》。恻隐之心，仁之端也，故观心于《复》。"（上册，页53）前者是以《大学》证《艮》卦，后者以《孟子》证《复》卦。

理学的工夫论最重视践履，即言行一致。而历史上有些经学家言行相悖，这也受到王应麟的批评："虞翻梦吞三爻而通《易》，陆希声梦三圣人而舍象数作传。然翻未知'言有序'之戒，希声未知'比之匪人'之训，践履与《易》相违。"（上册，页121）虞翻为三国孙吴大臣，出言不逊；陆希声为晚唐昭宗朝宰相，结交宦官得到进用，因此王应麟认为二人行为不检。

众所周知，好发议论是宋人解经的方法特点。但宋人认为用经典的义理点评历史、月旦人物，也是通经致用。王应麟对此完全认同，认为《周易》的爻辞、《易传》蕴含的历史规律和客观真理，可与具体的历史事件、历史人物相联系，总结成败得失，但是汉儒恰恰没有做到这一点。宋人最重践履，也敢于根据经义干预政治，故王应麟在《困学纪闻》全书中特表而出之，例子不胜枚举，仅卷一中就有11例：

（1）《坤》之六五，程子以为羿、莽、娲、武，非常之变。干宝之说曰："柔居尊位，若成昭之主、周霍之臣也。百官总己，专断万机，虽情体信顺而貌近僭疑。言必忠信，行必笃敬，然后可以取

---

① 黄怀信：《大戴礼记汇校集注》下册，三秦出版社，2004，页646。

信于神明，无尤于四海。"愚谓此说为长。（上册，页8）

（2）《乾》《坤》之次《屯》，曰"建侯"。封建与天地并立。一旅复夏，共和存周，封建之效也。匹夫亡秦，五胡覆晋，郡县之失也。（上册，页8）

（3）下阳举而虢亡，虎牢城而郑惧，西河失而魏戚，大岘度而燕危，故曰："设险以守其国。"狄患攘而民怨结，宗藩弱而戚党颉，柄臣揃而宦寺恣，寇叛平而方镇强，故曰："思患而豫防之。"（上册，页19）

（4）五阳之盛而一阴生，是以圣人谨于微。齐桓公七年始霸，十四年陈完奔齐，亡齐者已至矣。汉宣帝甘露三年，匈奴来朝，而王政君已在太子宫。唐太宗以武德丙戌即位，而武氏已生于前二年。我艺祖受命之二年，女真来贡，而宣和之祸乃作于女真。张芸叟曰："《易》者极深而研几。当潜而勿用之时，必知有亢；当履霜之时，必知有战。"（上册，页27~28）

（5）世之治也，君子以直胜小人之邪。《易》曰："田获三狐，得黄矢。"世之乱也，小人以狡胜君子之介。《诗》曰："有兔爰爰，雉离于罗。"（上册，页30）

（6）一许敬宗在文馆，唐为武氏矣。一杨畏居言路，元祐为绍圣矣。羸豕之孚，左腹之入，可不戒哉！（上册，页49）

（7）家声之隤隤，陇西以为愧；城角之缺，新平以为耻。清议，所以维持风俗也。清议废，风俗坏，则有毁宗泽而誉张邦昌者，有贬张浚而褒秦桧者。观民风设教，居贤德善俗，可不谨哉！（上册，页50）

（8）齐德衰于召陵，晋志怠于萧鱼；淮平而异、镈用，潞定而归真惑。《易》曰："日中则昃。"《玄》曰："月阙其抟，不如开明于西。"（上册，页51）

（9）惟进贤可以正君，故公仲进牛畜、欣、越，而歌者之田止；孔明进攸之、祎、允，而宫府之体一。惟正己可以格君，故管仲有三归不能谏六嬖之惑；魏相因许伯不能遏弘石之恶。《泰》曰"拔茅"，《渐》曰"进以正"。（上册，页53）

（10）"城复于隍，其命乱也"，汤伯纪云："乱，如'疾病则乱'之'乱'。"愚谓：唐玄宗极炽而丰，泰之极也。以李林甫、杨国忠为周、召，以安禄山、哥舒翰为方、虎，非"命乱"而何？（上册，页98）

（11）迂斋讲《易》……又《策问》谓：种明逸以易学名，而其后世衡至师道，累叶为名将。郭逵以将帅显，而其后兼山、白云皆明《易》。盖《易》之为书，兵法尽备，其理一也。愚闻之先君云。（上册，页117）

这11个例子中，既有对前代兴衰的点评，也有对本朝史事的总结，点评的内容涉及封建郡县优劣、君子小人消长、政治治乱的周期、用人进贤等，第十一例更引用楼昉的话指出，《周易》还可以用于指导兵法。总之，《周易》义理精深广大，适用广泛。

五　王应麟对朱熹的纠正

正如四库馆臣指出的那样，王应麟虽然服膺朱子学，却没有门户之见，更没有迷信朱熹的一切学术观点。他通过独立的思考，经常能对朱熹的错误加以指正，在《困学纪闻》全书中，有13个例子是比较典型的。

（1）朱熹学生问："康王释丧服而被衮冕，且受黄朱圭币之献，诸儒以为礼之变，苏氏以为失礼。"朱熹答书认为，天子诸侯之礼与士庶人不同，后者于服丧期间不能行吉礼，天子不受此拘束，汉唐在大行皇帝丧服期内举行即位行册礼的例子。但是蔡沈《书集传》取苏氏而不用朱熹之说。王应麟考证了唐宪宗上顺宗哀册的时间，以及南宋孝宗初年上太上帝后尊号时刘韶美的反对意见，认为唐代皇帝行服以日易月（二十七天相当于二十七个月），大行皇帝下葬之日即为终丧，故唐宪宗上顺宗册时已不在服丧期间，南宋的孝宗则坚持服三年丧，因此不能类比。王应麟说："《语录》所云'汉唐册礼'，乃一时答问，未为定说也。"（《困学纪闻》卷二，上册，页251）蔡沈的选择是有道理的。

（2）《大学》"知止而后有定"，《四书章句集注》与《四书或问》解释不同，王应麟指出："当以《章句》为正。"（《困学纪闻》卷五，上册，页659）

（3）朱熹《书河图洛书后》一文中引《大戴礼记·明堂篇》云：

"而郑氏注云：法龟文也。"王应麟指出，此句实为北周人卢辩注，朱熹"未考《北史》也"。(《困学纪闻》卷五，上册，页 675)

（4）《朱子语类》云："《汉·礼乐志》刘歆说乐处亦好。"王应麟指出，最早关于刘歆论乐的记载出于东汉应劭的《风俗通》，隋代牛弘曾引用之，《汉书·礼乐志》并无刘歆说乐的记载："此（朱熹门人）记录之误，《近思续录》亦误取之。"(《困学纪闻》卷五，上册，页 705)

（5）唐中宗被武则天流放到房州 11 年之久，范祖禹《唐鉴》根据《春秋》"公在乾侯"（鲁昭公被季氏流放至乾侯）之例，书此事为"帝在房陵"，表示尊重唐室正统在中宗，武则天是篡位。朱熹诗《斋居感兴二十首》之七云："侃侃范太史，受说伊川翁。《春秋》二三策，万古开群蒙。"①认为范祖禹是受到了程颐的影响。王应麟指出，唐人沈既济已奏请将武则天史事置于国史的《中宗纪》中，中宗流放期间，每年的纪事都要载明："皇帝在房陵，太后行某事，改某制。"范祖禹是受了沈既济的影响，朱熹之说不确。(《困学纪闻》卷六，中册，页 778)

（6）《论语·乡党》："君子不以绀緅饰。"孔安国注：一入曰"緅"。朱熹《四书章句集注》从之。叶梦得引《考工记》《尔雅》认为，"五入为緅"，"一入为縓"。王应麟认为孔安国误"縓"为"緅"："当以石林之说为正。"(《困学纪闻》卷七，中册，页 940～941)

（7）《论语·宪问》中孔子提到"卞庄子之勇"，朱熹《四书或问》云："事见《新序》。"王应麟认为，《荀子·大略》载："齐人欲伐鲁，忌卞庄子，不敢过卞。"相比之下，西汉刘向《新序》已属晚出。(《困学纪闻》卷七，中册，页 954)

（8）《四书章句集注》注《论语·卫灵公》"君子哉蘧伯玉"云："蘧伯玉于孙林父、宁殖放弑之谋，不对而出。"王应麟根据《左传》认为："宁殖当为宁喜。"朱熹有误。(《困学纪闻》卷七，中册，页 965)

（9）《尔雅》："西至于邠国，谓之四极。"朱熹认为："邠国近在秦陇，非绝远之地。"朱熹此语出处不详。王应麟根据《说文解字》引《尔雅》："西至汃国，谓四极。汃，西极之水也。""邠"通"汃"，朱

---

① 朱熹：《晦庵集》卷四，《朱子全书》第二十册，页 361。

熹未暇深考。(卷八，中册，页1028)

(10) 朱熹《诗集传》卷六《秦一之十一》注云："雍，今京兆府兴平县是也。"王应麟据《舆地广记》认为行政隶属已有变化，当作："雍，今凤翔府天兴县。"(《困学纪闻》卷十，中册，页1160)

(11)《资治通鉴》晋孝武帝大元八年："秦兵既盛，谢玄入问计于谢安。安夷然答曰：'已别有旨。'既而寂然。玄不敢复言，乃令张玄重请。安遂命驾出游山墅，与玄围棋赌墅。"朱熹《资治通鉴纲目》删去了"玄不敢复言，乃令张玄重请"二句。王应麟指出，这两句被删后，与谢安下围棋的到底是张玄还是谢玄，就弄不清楚了。(《困学纪闻》卷十三，下册，页1538)

(12) 南朝梁元帝有一子名萧方等，《资治通鉴》晋安帝元兴三年引"萧方等曰"，《资治通鉴纲目》转录时误删了"等"字，变成"萧方"。(《困学纪闻》卷十三，下册，页1571)

(13) 韩愈《曹王皋碑》："王亲教之抟力、句卒、嬴越之法。"朱熹《韩文考异》称找不到"抟力、句卒"的出处。王应麟指出，"句卒"典出《左传》哀公十七年，"抟力"则仍不清楚。清人阎若璩按语云：姚令威（南宋人）已考出"抟力"典出《商君书·农战篇》。(《困学纪闻》卷十七，下册，页1841)

分析这13个例子可以看出，例(3)(4)(5)(7)(13)都属于朱熹没有彻底地"求其古"，即朱熹所举的书证和典故不是最早的，或考证不出典故。其他的8个例子中，例(11)(12)是《资治通鉴纲目》的技术性错误，但此书朱熹在世时就未能定稿，大量工作是朱熹弟子在他去世后完成的。例(2)属于朱熹自我矛盾，王应麟根据朱熹著作体系内部权威性的分类作出判断。余下5个例子都是考证失误。

总之，王应麟继承了宋儒的怀疑精神，他不但从学术史的角度表彰宋学这一精神，还在自己的治学实践中贯穿了这一精神，王应麟对朱熹的批评就证明了这一点。

小 结

由于"道"在长达数个世纪的时段内没有传承者，朱熹干脆在王霸义利之辩中声称:"千五百年之间,正坐如此,所以只是架漏牵补过了时日,其间虽或不无小康,而尧、舜、三王、周公、孔子所传之道,未尝一日得行于天地之间也。"① 既然"道"的传承是以如此跳跃的、断点的方式展开的,那么对承载"道"的《六经》的理解(经学)必然也是循着相同的轨迹发展的,换言之,经学之脉络与道统应该完全一致,才能证明"道统"论是成立的。为了证明经学与道统的脉络完全一致,就必须贬低孟子以下"千五百年之间"的经学传统。于是朱子学北山学派的代表人物王柏(1197~1274)写道:

> 惟教化有时而衰,学校有时而废,道之托于人者,始不得其传。然后笔于言,存于简册,以开后之学者,而书之功大矣。及其专门之学兴而各主其传,训诂之义作而各是其说,或胶于浅陋,或骛于高远,援据傅会,穿凿支离,诡受以饰私,驾古以借重,执其词而害于意者有之,袭其讹而诬其义者有之,圣人之道反晦蚀残毁,卒不得大明于天下,故曰以书而晦。此无他,识不足以破其妄,力不足以排其非,后世任道者之通病也。紫阳朱夫子出,而推伊洛之精蕴,取圣经于晦蚀残毁之中,专以"四书"为义理之渊薮,于《易》则分还三圣之旧,于《诗》则掇去《小序》之失,此皆千有余年之惑,一旦汛扫平荡,其功过孟氏远矣。然道之明晦也皆有其渐,盖非一日之积,集其成者不能无赖于其始,则前贤之功有不可废;正其大者不能无遗于其小,则后学之责有不可辞。大抵有探讨之实者不能无所疑,有是非之见者不容无所辨。苟轻于改而不知存古以缺疑,固学者之可罪;狃于旧而不知按理以复古,岂先儒所望于后之学者?虽后世皆破裂不完之经,而人心有明白不磨之理,纵未能推人心之理以正破裂不完之经,何忍徇破裂不完之经以坏明白不磨之理乎?②

在王柏看来,汉儒之学("专门之学")是在"道之托于人者,始不

---

① 朱熹:《晦庵集》卷三十六《答陈同甫》("夏中朱同人归"),《朱子全书》第二十一册,页1583。
② 王柏:《鲁斋集》卷十六《诗十辨序》,《文渊阁四库全书》册1186,页228~229。

得其传"的前提下兴起的,其对六经的整理、解释不是继承,而是破坏,经汉儒整理过的儒家经典是"破裂不完之经"。进而,由于"破裂不完之经"居于主流正统地位,"圣人之道反晦蚀残毁,卒不得大明于天下"。"千五百年之间"(用朱熹的话说),"道"未曾一日行于天地之间的罪魁祸首就是汉儒。因此,要使得"道"重见天日,再次行于天地之间,第一要务就是把汉儒对经典的歪曲、改造从经典中剥离出来,以此恢复"圣人之经"的原貌。王柏指出,朱熹根据"四书"所蕴含的义理,大胆质疑、修订了汉儒所定的经典版本,恢复了所谓"古《周易》"的原貌,否定了《诗小序》对《诗经》的解释,"此皆千有余年之惑,一旦汛扫平荡,其功过孟氏远矣"。王柏表示决心循着朱熹指明的方向,将"疑经复古"的未竟事业进行到底。

与王柏形成鲜明反差的是,王应麟一再强调朱熹辉煌的学术成就是建筑在他对汉唐学术成果充分吸收的基础之上的,朱熹以一种连续的、而非断裂的"学统"观念来对待自先秦到两宋的学术发展脉络,这迥异于王柏所强调的与"道统"传承轨迹吻合的跳跃的、断点式的图景。同时,王应麟反复论证了"道"(或者"天理")没有因为秦代焚书坑儒这样的政治转折而在历史时空中中断传承,反复强调汉儒以及先秦学者因为在时间上接近圣人,其对经典的解释也因而具有了不容忽视的权威性。这就在客观上(并非主观地宣称)论证了:"千五百年之间","道"("天理")以碎片化的形式散见于汉唐注疏、子史诸书、各种类书之中,而有待于学者去拼接、连缀,复原"圣人之学"。

接着,王应麟在《困学纪闻》中把大量精力放在了融通宋学与汉学、汉学与先秦上,通过"求其古"的方法,极力循流溯源,将宋学的很多"新观点"的来源追溯到汉唐乃至先秦文献。王应麟还指出,在宋学内部,优秀的学者往往能够打破两宋各个时期的学派纷争,相互借鉴、取长补短,表现了开放的学术胸襟,特别是作为宋学的集大成者的朱熹,博采众长,广泛接纳来自汉唐诸儒乃至宋代蜀学、王学等非正统学派的正确观点。

王应麟把汉宋之别视为历史长河中客观呈现的发展现象,即:尽管宋学优于汉学,但这属于"前修未密,后出转精","譬如积薪,后来居上",宋学是在吸收汉学的基础上超越汉学的;何况,宋学对汉学的发掘、利用还远远不够。在本章第二节中，王应麟举出朱熹有志于《韩诗》辑佚而未能如愿的例子，证明汉学这座学术宝库还有很多未为人知的珍宝，等待后人去发掘。清代考据学正是在这一点上受到了王应麟的启发。

如果把王应麟与王柏做一个比较的话，就可发现：王柏认为孟子以后至宋代的"道"的传承（学术发展）是一个空白，而朱熹之后，学者循着朱熹开创的学术方法和学术方向，却可以延续"道"，因此王柏在《诗十辨序》中说："然道之明晦也皆有其渐，盖非一日之积，集其成者不能无赖于其始，则前贤之功有不可废；正其大者不能无遗于其小，则后学之责有不可辞。大抵有探讨之实者不能无所疑，有是非之见者不容无所辨。"王柏认为，对"道"的阐明需要一个很长的过程，而朱熹的工作留下了一些小的空白（"不能无遗于其小"），这就为他这样的"后学"留下了"探讨""不容无所辨"的空间。这样，朱熹之后，"道"在历史时空中的存续由宋以前的跳跃的、断点式的轨迹，变成了连续的、线性的"学统"。这好比是说，"道"的传承尽管在历史上多次中断过，但在朱熹使得"斯道大明"之后，就永远不会再中断了，原因很简单，因为朱子学迎来了王柏这样的继承人。王应麟当然不会反对王柏的观点，只不过他会将这种连续的、线性的学统上推到孟子以下至两宋的"千五百年之间"。

经王应麟这一番论证，宋学以及朱子学的创新性被削弱了。而"道统"论者们反复强调宋代是道学极盛的时代，一下子涌现了四位"道统"的承受者：周敦颐、二程、朱熹，因此这个时代对"道"的探索的造诣，远远超过此前的"千五百年"。因此，王应麟不断地强化"学统"的连续性和各个时代之间的继承性，在客观上削弱了"道统"的跳跃性。

当然，王应麟仅仅是"客观上"，而非有意去削弱如此，相反，他为"道统"在两宋的延续而感到自豪。譬如他在《困学纪闻》中写道："周元公生于道州，二程子生于明道元、二间，天所以续斯道之绪也。"（卷十五，下册，页1692）王应麟强调周敦颐的出生地和二程出生的时间都占一"道"字，代表了"斯道"在北宋的延续。正如本章第三节所呈现的那样，王应麟不但充分体认了宋学尤其是朱子学的创新性，这包括通经致用、义理说经等，而且深入抨击了汉儒之学存在的弊端。

第八章 《读书分年日程》与元代朱子学的科举化

程端礼（1271~1345），鄞县人，字敬叔，号长斋，人称畏斋先生。程端礼是史蒙卿的弟子。① 程端礼的一生是作为教师的一生，约在元武宗至大（1308~1311）、仁宗皇庆（1312~1313）间，因人保荐，任广德建平县教谕。此后，他历任池州建德县儒学教谕、信州稼轩书院山长、建康江东书院山长、铅山州儒学教授，终以台州路儒学教授致仕。其任教职期间，所到之处，复学田、增学舍、修庙学，积极推动地方教育的发展。②

程端礼的老师史蒙卿（1247~1306），鄞县人，字景吕，后易为景正，号果斋，人称静清处士。程端礼在《读书分年日程》（下简称"《日程》"）中称其为"先师果斋史先生"，并在卷首摘录了史蒙卿的一段论学之语，又在文末附注："果斋先生名蒙卿，字景正，鄞人早师常德小阳先生名岊，号字溪、大阳先生名枋，号存斋。阳先生师涪陵曇先生名渊，字亚父，曇先生师朱子。"③ 史蒙卿大约在景定年间（1260~1264）师从阳岊④，从而皈依朱子学，后来还曾问学于王应麟。⑤ 程端礼之所以在卷首的末尾作这样的说明，是要标示自己在朱子学传授系统中的地位。

---

① 关于程端礼《读书分年日程》的研究，侯外庐主编的《宋明理学史》在第十八章第三节进行了专节讨论（页546~555），张伟、邢舒绪《程端礼及其〈读书分年日程〉》[《宁波大学学报》（教育科学版）2004年第6期]，李兵《元代书院与程朱理学的传播》[《浙江大学学报》（人文社会科学版）2007年第1期]也有相当篇幅的讨论。
② 程端礼生平，见黄溍《金华黄先生文集》卷三十三《将仕佐郎台州路儒学教授致仕程先生墓志铭》，《黄溍集》第三册，浙江古籍出版社，2013，页804~806。
③ 《程氏家塾读书分年日程·纲领》（以下简称"《日程》"），黄山书社，1992，页20、21。
④ 张伟：《黄震与东发学派》，人民出版社，2003，页263。
⑤ 史蒙卿生平，详见袁桷《清容居士集》卷二十八《静清处士史君墓志铭》，另可参考张伟《史蒙卿与静清学派研究》，宁波出版社，2007，页37。

程端礼出生于宋度宗咸淳七年、元世祖至元八年（1271），卒于元顺帝至正五年（1345），南宋灭亡时（1279）他才八岁，因此在思想感情上已经脱离了王应麟、史蒙卿那一代人的"遗民"情结。

程端礼生活在一个朱子学逐渐受到重视的年代。从忽必烈中统二年（1261）开始，元朝廷命令诸路置学校官；至元十九年（1282）、二十八年（1291），先后命云南、江南诸路路学、县学内，设立小学，鼓励民间于"先儒过化之地、名贤经行之所"建设书院。① 而朱子学一向赖以为学术教育和传播基地的书院，显示了其深深植根基层、自给自足的优点。② 加上官方的大力扶持，元代书院大多数是朱学一脉的。③ 到了元仁宗爱育黎拔力八达（1285～1320）即位之后，元廷更是重开科举，并明确以程朱理学特别是朱熹的著作作为科举考试的标准，从而完成朱子学科举化的历史进程。面对这一浪潮，朱子学自身也需要做出适应全新科举环境的调整，程端礼《读书分年日程》正反映了朱子学在这个方向上的努力。

第一节　两浙朱子学与元代科举

元灭南宋后，从未举行过科举，但也没有正式声明取消科举，故在世祖朝还多次有人建议重启科举，朝廷也曾郑重其事地下旨研究讨论过，但因元最高统治者对汉文化的接受水平有限，因此一直没有举行。科举的重启，一直要等到元仁宗爱育黎拔力八达（1285～1320）即位之后。仁宗对汉文化有相当深的造诣，对于儒家的价值伦理也比较认同。仁宗皇庆二年（1313）十月，中书省奏上议行科举之疏。延祐元年（1314）八月，举行了江浙行省乡试，二年（1315）二月初一、初三、初五日在大都翰林国史院举行会试，三月七日举行廷试。

---

① 周良霄：《程朱理学在南宋、金、元时期的传播及其统治地位的确立》，《文史》第37辑，中华书局，1993，页161。有关诏书亦见《庙学典礼》，浙江古籍出版社，1992。
② 参见刘子健《宋末所谓道统的成立·朱子学派的教学和社会活动》，见《两宋史研究汇编》，联经出版事业公司，1987，页261～268。
③ 参见徐梓《元代书院研究》第十章、"结语"，社会科学文献出版社，2000，页162～182。

一 两浙士人与元代科举

两浙士人在推动科举重开的过程中发挥了推动作用。由于科举停罢40年，很多制度细节已经无人知道，袁桷（1266～1327，鄞县人）参与了制度设计："贡举旧法，时人无能知者，有司率咨于公（按指袁桷）而后行。及廷试，公为读卷官二，会试考官一，乡试考官二，取文务求实学，士论咸服。"① 袁桷不但设计了制度，而且还亲身实践，他先后担任了元代科举第一科（延祐二年）的廷试、会试考官，此后还担任了两次乡试考官。而在元代，延祐二年科是公认的取士质量最高、最公正的一科。在设计制度时，自然要大量参考南宋科举考试，而健在的南宋进士就成了最权威的解释者，苏天爵说："昔皇庆初，朝廷讲求贡举旧法，而故宋进士之在者则有姚君登孙、熊君朋来、牟君应龙。"② 苏天爵列举的三名健在的南宋进士中，姚登孙（慈溪人）和牟应龙（淳安人）都是两浙人士。

开科取士对江南士人而言，是一个前所未有的发展机遇。徐明善（江西德兴人）说："四十年来，东南士或消声林薮，或未忘爵禄，然材学兼茂者亦无有几人。故东南之人望日以轻，余甚病之。今幸科目搜真儒，使得敬舆一二辈，则科目重，人望丘山，东南增气矣。故凡以科第奋者，余同一钦迟，而尤在幼元也。"③ 江南是南宋的文化中心，但入元后地位直线下降，南人在官场处于边缘地位，受到歧视。科举重开后，南人似乎获得了重新回到文化中心的机会。

延祐二年（1315）三月七日，会试在大都举行，本科会试考官中，集贤学士浙人赵孟頫为读卷官。本科乡试考试，江浙行省1200人，最后录取了33人，9人通过了会试，其中两浙籍贯的举人达到了6人，据萧启庆《元代进士辑考》，他们分别是：

（1）忻都（？～1335），右榜，字显中，贯杭州，胡长孺弟子，江

---

① 苏天爵：《滋溪文稿》卷九《元故翰林侍讲学士知制诰同修国史赠江浙行中书省参知政事袁文清公墓志铭》，中华书局，1997，页135。
② 苏天爵：《滋溪文稿》卷二十九《题咸淳四年进士题名》，页492。
③ 徐明善：《芳谷集》卷二《送彭幼元赞府序》，《豫章丛书·集部7》，江西教育出版社，2006，页581～582。

浙乡试第一。元统元年（1333）庆元市舶提举；至元元年（1335）卒。（页137）

（2）杨载（1271~1323），字仲宏，贯浦城，寓居杭州，生平见黄溍《金华黄先生文集》卷三十三《杨仲弘墓志铭》。（页143）

（3）朱㟁，字山甫，乌程人，江浙乡试第九名，会试第二十六名。（页144）

（4）黄溍（1277~1357），字晋卿，义乌人。先举教官，举宪吏。习诗经，乡试第三名，会试第十六名。（页145）

（5）曹敏中（1265~1334），字子讷，龙游人。先补儒学官。本科二甲进士。（页145）

（6）张士元（1266~1329），字弘道，山阴人。习诗经，乡试第十一名，会试第十三名，三甲进士。（页146）①

这六人当中，黄溍、杨载是佼佼者。王礼（庐陵人）曾这样评价延祐二年科取士之盛："某尝求我朝科目得人之盛，无如延祐首榜。圣继神传，累朝参错。"并胪述其中的佼佼者，特别提道："文章之懿如马祖常、许有壬、欧阳玄、黄溍，政事之美如汪泽民、杨景行、干文传辈，不可枚举。"② 在王礼看来，首科得人之盛主要原因是前40年不开科的情况下积累的一大批文化精英在本年喷薄而出，蔚为大观。

在两浙地区，庞大的遗民群体传承了南宋科举的传统，积累了深厚的朱子学学养，因此科举初开之时，两浙举子的准备比较充分。王瑞来指出，元代科举的一时废止，对士人来说，在失望之余，不啻是一种解脱或解放。士人可以不必身为形役，顾虑与科举考试是否合范，而是自由地研究学问，自由地吟诗作文，总之可以去做自己喜欢的事。③ 他举陈栎（字寿翁，休宁人）为例："宋亡，科举废，栎慨然发愤，致力于圣人之学。涵濡玩索，贯穿古今。尝以谓有功于圣门者莫若朱熹氏，熹没未久，而诸家之说往往乱其本真，乃著《四书发明》《书传纂疏》《礼

---

① 六人中举的具体情况见萧启庆《元代进士辑考》第137、143、144、145、145、146页。
② 王礼：《麟原文集·前集》卷十《跋张文忠公帖》，《文渊阁四库全书》册1220，页438~439。
③ 王瑞来：《科举停废的历史：立足于元代的考察》，《科举制的终结与科举学的兴起》，华中师范大学出版社，2006，页161。

记集义》等书,亡虑数十万言。凡诸儒之说,有畔于朱氏者,刊而去之;其微辞隐义,则引而伸之;而其所未备者,复为说以补其阙。于是朱熹之说大明于世。"① 像陈栎这样的人还可以举出一些,如对《周礼》学做出重大贡献的邱葵(1244~1333),北山四先生中的金履祥、许谦,江西朱子学的代表吴澄(1249~1333)和新安朱子学的代表胡炳文(1250~1333),他们的主要学术成就都是在南宋灭亡后直到科举重开前这近40年间(1279~1315)取得的。下文就以韩性、黄叔英、黄溍、邓文原四位两浙士人为例子,讨论朱子学积累对参加元代科举考试的正面推动作用。

韩性(1266~1341),字明善,会稽人。宋亡时,韩性已经11岁,初步学习了时文写作。科举废罢40年间,他肆力于"为己之学",笃信朱子学,同时博览群书,成为有名的学者。科举重开后,向他求教的人蜂拥而至:"延祐初,有诏以科目取士,四方学者不远千里负笈而来,以文法为请。先生语之曰:'今之贡举悉本朱文公《私议》,欲为贡举之文而不知文公之学,可乎?四书六经,千载不传之学,自程氏两夫子至文公而发明无余蕴矣,顾力行何如耳。有德者必有言,施之场屋,直其末事,岂有他法哉?'"韩性认为元代科举制度是根据朱熹的《学校贡举私议》设计的,精通朱子学就能够在科举考试获得优胜。据黄溍说:"盖先生之文一主于理,凡经其口授指画,不为甚高论而义理自胜,不期文之工而不能不工,以应有司之求,亦未始不合其绳尺,预荐送取科级者,彬彬多佳士焉。"② 韩性的个案说明,由于朱子学在两浙地区有着深厚的基础,构成了两浙士人参加科举考试的先天优势。

黄叔英(1273~1327),字彦实,慈溪人,黄震之子,南宋灭亡时他虽然只有7岁,但已开蒙,又得到了家学的传承,因此指导了一大批士子备战科举考试:"初,朝廷既新贡举法,而场屋事久废,老生宿学,多已物故。后进之士,无所依承,则相率之彦实,受弟子业。凡彦实所指授,取科名、预荐书相望,否者亦且去而补儒学官。"③ 这些人中不少通过了乡试,有的还中了进士,出任教职学官。

---

① 宋濂等:《元史》卷一八九《陈栎传》,第十四册,页4321。
② 宋濂等:《元史》卷三十二《安阳韩先生墓志铭》,《黄溍集》第三册,页768。
③ 宋濂等:《元史》卷三十三《黄彦实墓志铭》,页811。

黄溍也得益于南宋的科举传统和朱子学积淀。他在12岁（1288）前后师从了王炎泽（1253～1332，字威仲，义乌人），王氏的家族在两宋出过多位进士，宋亡时他已经24岁，"治举子业，颖出侪辈间"，科举停罢后，"得专意探索圣贤之微旨"①，治朱子学，并教授生徒。据说前后师从王氏的弟子百余人，只有黄溍登第出仕。黄溍的另外一位老师石一鳌（1230～1311，字晋卿，义乌人），是南宋乡贡进士，在南宋末期就是著名的科举时文教师："故先生之门，名贤书、升学馆者相望。"南宋最后一个状元（咸淳十年科，1274）王龙泽就是他的弟子。石一鳌又是朱熹弟子徐侨的再传，继承了徐侨的学问，黄溍说他晚年精通《易》学，但并不为青年学子所知。黄溍于21岁（1297）前后向其问学②，所学也是举子业。在南宋，教授举子业是石一鳌赖以谋生的工具，宋灭后科举停罢40年，石一鳌的兴趣转移到朱子学研究上，而像黄溍这样坚信科举必将重开的青年学子仍向他请教科举时文，石一鳌逝世4年后，元政权方才举行了第一次科举，黄溍一举中第，强化了石一鳌作为高超的科举写手和指导者的声誉。但黄溍认为这是石一鳌的悲哀，因为石先生真正的思想和学术并未得到继承："间乃掇其弃余，以充有司之求。向之累先生者，阅四十年而固在也。呜呼，不又可哀乎！"③

邓文原（1259～1328），字善之，其先蜀人，其父于南宋末年迁居杭州，遂定居。邓文原于至大三年（1310）出任江浙儒学提举，皇庆元年（1312）任国子司业。④ 延祐元年（1314）被任命为江浙行省乡试考官，此后的延祐七年（1320）乡试，他也充任了考官。邓文原对浙江文化的影响力前后持续十年，是元中期浙江文化史上的一个标志性人物，同时也是朱子学的捍卫者："士子或为私书以非考亭之学，公命毁其书，曰：'吾以息邪说也。'"⑤

---

① 宋濂等：《元史》《南稜先生墓志铭》，页807。
② 徐永明：《黄溍年谱》，《元代至明初婺州作家群研究》，页205。
③ 黄溍：《金华黄先生文集》卷三十《石先生墓表》，《黄溍集》第四册，页1202。
④ 吴澄：《吴文正集》卷六十四《邓文原神道碑》，《文渊阁四库全书》册1197，页631。
⑤ 黄溍：《金华黄先生文集》卷二十六《岭北湖南道肃政廉访使赠中奉大夫江浙等处行中书省参知政事护军追封南阳郡公谥文肃邓公神道碑铭》，《黄溍集》第四册，页1143、1144。

第八章 《读书分年日程》与元代朱子学的科举化

既然时代对朱子学的科举化提出了如此迫切的要求，在元仁宗延祐二年（1315）完成初稿的《日程》可谓应运而生。由于受到广泛欢迎，《日程》此后经程端礼多次修订，流布广泛，刻本甚多；至顺帝元统三年（1335），又经程氏增补重刻于家塾。直到临终前，程端礼还在修改《日程》①。这20年间，儒士和朱子学的地位和境遇持续得到改善。在延祐二年（1315）首次开科，到元统三年（1335）时，已经举行了7次。科举的连续举行，表明元朝政权对儒学的态度发生了根本转变，而儒士的生活境遇也得到一定的改善。这是《日程》产生的政治背景。

二 《日程》所勾勒的宋元朱子学图景

作为一部指导手册，《日程》指导学者如何根据年龄和学力，由浅入深地学习朱子学思想，因此《日程》提到了大量的宋元朱子学著作。这其中，程端礼不但将朱熹的著作自作为《日程》取材的中心，还吸收历代朱子学学者的"四书"学研究成果，这些著作根据难易程度和读书生童的学力水平，被妥帖地安排到各个学习阶段中去。为了讨论的方便，下文把《日程》中所提及的朱子学人物及其著作罗列出来，制成表8-1《日程》所见朱子学人物与著作简表，该表除了反映这些人物的籍贯、活动时间、所引著作，还附注其学派属性。考虑到有些人转益多师，或者其师与他本人分属不同地域，特别是黄榦的弟子遍布天下，因此黄榦本人归入闽中朱子学，而其弟子各以其本人籍贯或活动地域为断；新安朱子学与江西朱子学之间相互接引弟子，瓜葛颇多，故学派属性一般以本人籍贯为断，以昭划一。此外，卫湜不是朱子学系统中的人物，但因其书出版于朱熹去世之后，故将其列入。人物的活动时间一般在朱熹去世之后，例外是程端蒙、董铢二人，他们虽与朱熹同时代，但曾师从朱熹，故亦列入。

---

① 程端礼：《畏斋集》卷四《送冯彦思序》："此余于二生之来既为之喜，今其归也，以余再删《分年日程》书赠之，以勖其守而不能忘言也。"（《丛书集成续编》册109，页58）。文中有"余自延祐三年（1316）别彦思，至今二十有九年不得再见"之语，则此序作于1345年（即程端礼卒年）。

表8-1 《日程》所见朱子学人物与著作简表

朱子学人物	《日程》所见著作	籍贯	生卒年或活动时间	学派属性
程端蒙	性理字训	鄱阳	1143~1191	江西朱子学（朱熹亲传）
董铢	程董二先生学则	德兴	1152~？	江西朱子学（朱熹亲传）
卫湜	礼记集说	吴郡	活动于宁宗朝（1195~1224）	
黄榦	论语通释 五经讲义	闽县	1152~1221	闽中朱子学（朱熹亲传）
尹起莘	资治通鉴纲目发明	遂昌	嘉定十七年（1224）前后在世	两浙朱子学
蔡沈	书集传	建阳	1167~1230	闽中朱子学（朱熹亲传）
辅广	朱子读书法 诗童子问	崇德	活动于宁宗朝（1195~1203）	两浙朱子学（朱熹亲传）
陈淳	北溪字义、续字义	漳州	1159~1223	闽中朱子学（朱熹亲传）
杨复	仪礼图	福州	不详	闽中朱子学（朱熹亲传）
张洽	历代郡县地理沿革表	临江	1161~1237	江西朱子学（朱熹亲传）
真德秀	四书集编 西山读书记 大学衍义 文章正宗	建宁	1178~1235	闽中朱子学（朱熹再传）
蔡模	近思续录	建阳	1188~1246	闽中朱子学（朱熹再传）
陈柏	夙兴夜寐箴	天台	不详	两浙朱子学
王柏	正始之音 诗疑辩 批抹画截表	婺州	1197~1274	两浙朱子学（北山学派，黄榦再传）
董楷	周易传义附录	临海	活动于1265~1274	两浙朱子学（朱熹再传）
朱鉴	文公易说	建阳	不详	闽中朱子学
熊禾	文公先生小学集注大成	建阳	1247~1312	闽中朱子学（朱熹再传）

续表

朱子学人物	《日程》所见著作	籍贯	生卒年或活动时间	学派属性
程若庸	增广性理字训	休宁	不详	新安朱子学（黄榦再传，饶鲁亲传）
赵顺孙	四书纂疏	缙云	1215～1276	两浙朱子学
叶采	近思录集解	建阳	淳祐元年（1241）进士，理宗景定初年卒	闽中朱子学
黄震	日抄	明州	1213～1281	两浙朱子学（朱熹四传）
饶鲁	学庸纂述 饶双峰讲义 语录	余干	1193～1264	江西朱子学（黄榦亲传）
董鼎	尚书辑录纂注	鄱阳	活动于宋元之际	江西朱子学（黄榦再传）
何基	四书句读 四书发挥 易学启蒙发挥 易学系辞发挥	婺州	1188～1269	两浙朱子学（黄榦亲传）
谢枋得	批点韩文例	信州	1226～1289	江西朱子学
王应麟	玉海	明州	1223～1296	两浙朱子学
金履祥	大学疏义 论孟集注考证 尚书表注 通鉴前编	婺州	1232～1303	两浙朱子学（黄榦三传）
张翌	注音考	祖籍导江，侨寓江南	活动于至元年间	两浙朱子学（王柏亲传）
胡炳文	四书通 易通	婺源	1250～1333	新安朱子学
张存中	四书通证	新安		新安朱子学
马端临	文献通考	乐平	1245～1340	江西朱子学
胡一桂	周易本义附录纂疏 古今通要	婺源	1247～?	新安朱子学
程端学	春秋或问 春秋三传辨疑	明州	1312年前后在世	两浙朱子学
陈栎	礼记详解	休宁	1252～1334	新安朱子学

从表 8-1 可以看出，闽中朱子学的高潮出现于朱熹的亲传弟子中，到了再传弟子便开始显现颓势。而距离《日程》成书的时代越近，新安朱子学、江西朱子学的分量就越重，何况此时吴澄尚未崛起，否则江西朱子学的阵容更加华丽。至于两浙朱子学，由于北山学派和黄震、王应麟、史蒙卿等人的活跃，在南宋末年到元初期间迎来了一个繁荣的时期。

由此可见，《日程》从初刻到"终刻本"（家塾本）的 20 年间，元代朱子学迎来了一个高峰。程端礼在编写《日程》时，充分吸收了朱熹去世以至元代中期的朱子学成果。这是《日程》产生的学术背景。

第二节　朱子学"四书"学的课程化

在朱子学全面渗透到各级官学、私学教育系统，全面占领科举考场的同时，元朝廷并未颁示统一的教材与教范，程端礼说："第因方今学校教法未立，不过随其师之所知所能，以之为教为学。凡读书才挟册开卷，已准拟作程文用，则是未明道已计功，未正谊已谋利。其始不过因循苟且，失先后本末之宜而已，岂知此实儒之君子小人所由以分，其有害士习，乃如此之大。"①《日程》将朱子学的知识加以"课程化"，突出了面向学童的针对性，具有很强的可操作性。

从朱熹开始，蒙学教育就受到高度重视，朱熹带头编写《小学》《童子须知》，并为《程董二先生学则》作序。此后朱子学重要人物都深耕这一领域。程端礼首先是总结了此前的成果，在卷首摘录了朱熹《白鹿洞学规》《程董二先生学则》，真德秀《教子斋规》，以及朱熹"文集""语录"中关于读书方法的一些论述。当然，这些单篇的学规、读书法文字简约抽象，且没有清晰地划分学习的阶段性，可操作性欠佳，于是，程端礼根据以往的朱子学蒙学文献，制订了从 8 岁入学以前直到 25 岁应举的读书学习计划，详细阐述了各个阶段读什么书、怎样读书，见表 8-2。

---

① 《日程》卷二，页 69。

表 8-2

年龄段	日间课程	夜间课程
8 岁入学以前	读《增广性理字训》	
8~15 岁	读《小学》书、"四书"、诸经正文；习字	单日之夜，玩索"四书"《小学》；双日之夜，背读平日已读书一遍。随双、只日之夜附读看玩索性理书，性理毕，次治道，次制度
15~18 岁	读"四书"经注、《四书或问》、本经传注、性理群书	玩索背读已读书，玩索读看性理书
18~21 岁	读《资治通鉴》、韩愈文、《楚辞》；每五日内分二日，玩索温习"四书"经注、《四书或问》、本经传注、诸经正文	玩索、读看、温看性理书
21~25 岁	专力学作文；每日早饭前循环温习"四书"经注、《四书或问》、本经传注、诸经正文，温看史，温读韩文、楚辞	温看性理书，性理毕，次考制度
25 岁以后	习举子业	

为了控制学习进度、监督学习质量，程端礼又提出用"簿记法"，按照日程，每天制定本日学习计划，印成"日程簿"：

> 以前日程，依序分日，定其节目，写作空眼，刊定印板，使生徒每人各置一簿，以凭用工。次日早，于师前试验，亲笔勾销。师复亲标所授起止于簿。庶日有常守，心力整眼，积日而月，积月而岁，师生两尽，皆可自见。施之学校公教，尤便有司钧铃考察。①

"簿记法"不但便于教授监督学生，还便于路、州各级学官管理教师的教学质量，所谓"师生两尽"，可以大规模推行，具有很强的可操作性。《日程》甚至提出了这样自信的口号："人若依法读得十余个簿，则为大儒也，孰御？他年亦须自填以自检束，则岁月不虚掷矣。今将已刊定空眼式连于次卷，学者诚能刊印，置簿日填，功效自见也。"② 从朱

---

① 《日程》卷一，页 32~33。
② 《日程》卷一，页 33。

熹以来，朱子学只强调用功顺序以及循序渐进，但到底何时可以收获工夫的效验，则无人敢于轻易断言。只有程端礼敢于说"人若依法读得十余个簿，则为大儒也"，在朱子学历史上具有标志性的意义，意味着朱子学实现了课程化。

关于 8 岁到 15 岁学习"四书"的方法，《日程》提出要以背诵和"点抹"相结合。背诵，就是反复背诵正文和"集注"，直到滚瓜烂熟为止。其法，先是将经文划成小段落，然后置簿记号起止，控制进度，再由学生根据馆阁校勘法、点抹法做好记号，然后由教师授读正文、章句、或问，篇幅为六七百字到千字不等；授读毕，学生回书案，自行背诵。

> 每行二十字，五十行则千字，细段约四五行则得矣。还案每细段读二百遍，内一百遍看读，内一百遍背读。句句字字要分明，不可太快，读须声实，如讲说然。句尽字重道则句完，不可添虚声，致句读不明，且难足遍数。他日信口难举，须用数珠或记数板子记数，每细段二百遍足，即以墨销朱点，即换读如前。尽一日之力，须足六七百字。日永年长，可近一千字。宁剩段数，不可省遍数。仍通大段背读二三十遍，或止通背读全章正经并《注》、《或问》所尽亦可。必待一书毕，然后方换一书，并不得兼读他书及省遍数。①

程端礼指出，背诵的质量是第一位的，要以"小段"（约 100 字）为单位，逐段牢记；当质量与进度冲突时，宁可牺牲后者；看读、背读的次数更是机械要求，不得自行增减。如此计算，一个 8 岁学童每日的背诵量达到 10 万字（包括看读和背读）。清人陆世仪说："四明程端礼有家塾分年读书法，教童子读四书五经，先令读正文，既毕然后却读注，亦可。盖子弟读书，大约十岁以前有记性，以后渐否。若令先读正文，虽子弟至愚，未有不于十岁以前完过者，此亦读书之一法。况孟子一书，分章甚长，今子弟读孟子连《集注》读，多不知首尾，每每易于漏脱。若先读正文，亦可免此病。"② 在陆氏看来，10 岁以前学童记忆力较强，

---

① 《日程》卷一，页 30。
② 陆世仪：《思辨录辑要》卷一，《文渊阁四库全书》册 724，页 5~6。

机械记忆经文是一个好办法。如果10岁以前不能牢固背诵，以后读的内容越来越多，记忆只会越来越模糊。

15岁之后，学习的重点虽然转移到五经、史书、作文，但在每天晨起或者晚上，都要抽出专门时间温习背诵，以巩固成果。温习的办法的第一要义仍然是背诵："凡温书，必要背读，才放看读，永无可再背之日，前功废矣，切戒！如防误处，宁以书安于案，疑处正之，再背读。背读熟书时，必须先背读本章正文，毕，以目视本章正文，背读尽本章注文，就思玩涵泳本章理趣。凡背读训诂时，视此字正文。凡背读通解时，视此节正文。此法不唯得所以释此章之深意，且免经文、注文混记无别之患。"① 其法是先背诵经文，然后看着经文背相应的注文；背训诂之法，则是看字背出字音字义。程端礼强调，看着经文背注文，可以避免将经文与注文记忆混淆。

不过，程端礼强调机械记忆归根到底是为了理解。理解力随着年龄而增长，他注意引导学生在理解（"玩索义理"）的基础上记忆，在理解的基础上准确复述，在复述的基础上能够发挥成文："只日之夜，大学，令玩索已读《大学》，字求其训，句求其义，章求其旨。每一节十数次涵泳思索，以求其通，又须虚心以为之本。每正文一节，先考索《章句》明透，然后撼《章句》之旨以说上正文，每句要说得精确成文，钞记旨要。又考索《或问》明透，以参《章句》。如遇说性理深奥精微处，不计数看，直要晓得、记得烂熟，乃止。"② 这里所谓的"说"，就是用自己的话，复述《四书章句集注》的意思解说正文，其标准是"每句要说得精确成文"，"精确"就是符合朱熹原义，所谓"成文"，就是书面化的语言，为今后学习作科举经义打下良好的基础。

除了背诵以外，《日程》还引入了以"点抹法"读"四书"的方法。程端礼以为此法源自黄榦，由何基、王柏发扬光大。而金华朱子学学者吴师道见到《日程》后，特别对这一点提出了辨正，认为此法为吕祖谦发明，而金华学者踵继之。

---

① 《日程》卷一，页32。
② 《日程》卷一，页31。

> 某顷年在宣城，见人谈《四书集注》批点本，亟称黄勉斋，因语之曰："此书出吾金华，子知之乎？"其人怫然怒而不复问也。盖自东莱吕成公用工诸书，点正句读，加以标抹，后儒因之。北山何先生基子恭，鲁斋王先生柏会之，俱用其法。北山师勉斋，鲁斋师北山，其学则勉斋学也。二公所标点不止于"四书"，而"四书"为显。鲁斋自早岁迄晚年，又不一令，视北山尤详，学者所传多鲁斋本也。仁山金履祥吉父并游何、王之门，导江张翌达善则鲁斋高弟，其学行于北方，故鲁斋之名因导江而益著。金、张亦皆有所点书，其渊源有自来矣。①

吴师道认为，点抹法是北山学派乃至婺学的发明，此法虽是读书的通则，但以"四书"点抹名气最著。具体的记号，北山四先生之间微有不同，由于金履祥和金履祥弟子张翌等人的传扬，王柏之法最为流行。《日程》所用"点抹法"就是王柏之法，用红、黑两种颜色的笔，在经书上标出不同的记号，以凸显重点、难点。请看表8-3：

表8-3 点抹法

符号	对象
红中抹	纲、凡例
红旁抹	警语、要语
红点	字义、字眼
黑抹	考订、制度
黑点	补不足

经此点抹之后，学生看读、背读时，容易捕捉到关键的信息。点抹法直面经典本文，最大限度地尊重经典本文，从而保证了学者对经典信息解读的纯正性。这种对纯正性的追求，显示了北山学派的学风，也论证了北山学派的正统地位（所谓"朱学世嫡"）。可是，程端礼并未明言这种点抹法来源于北山学派，吴师道认为，程端礼很重视金华朱子学，

---

① 吴师道：《礼部集》卷十七《题程敬叔读书工程后》，《文渊阁四库全书》册1212，页240~241。

《日程》提到了何基、王柏、金履祥的很多著作，"则于吾乡诸公之学尊信深至"，却将"点抹法"的发明权归于黄榦，实在是一个遗憾："凡其言论风旨，固所乐闻，而惜无以告之者。"吴师道希望能与程端礼交流，"倘各出所有以相参订，而求其用于心，则往者有知，亦忻于异世之有同于我者矣"。① 遗憾的是，二人的直接交流最终没有实现。尽管如此，《日程》对提高北山学派在朱子学各支派中的地位，仍然起到了积极推动的作用。

《日程》所设计的"四书"读法，迥然不同于宋学乃至朱子学重视义理的学风，而倾注全力于机械背诵，以及在背诵基础上的复述，此种"记诵之学"正是北宋中期科举改革时被废除的明经科的考法：因为明经科考试的主要内容就是以默写（或者填空）的方式复述汉唐注疏，而《日程》要求学者不但烂熟"四书"经文，并且要以同等强度背诵朱熹《四书章句集注》，这是向汉唐经学的回归。对于用如此拙朴的方法引导生童进入朱子学，当时学者亦有微词。程端礼墓志铭的作者黄溍，先是肯定《日程》按照年龄梯次安排课程的做法符合《礼记·学记》的"七年小成""九年大成"之法，又委婉地指出了记诵之学层次实在太低，有可能让人怀疑程端礼对朱子学的造诣是否仅止于背诵《四书章句集注》："敬叔以文学行谊高一时，其传盖本于考亭门人晏氏，进修之功不必尽出是书。夫亦度中人以下所可企及，姑为是以诱掖之云尔。"他相信，学者按照《日程》完成学业后，程端礼还有更加精深高级的思想可以传授："者苟能因今人之所可及，而求古人之所必至，敬叔将于是书之外有私淑艾焉。行远自迩，登高自卑，在乎勉之而已！"② 在黄氏看来，《日程》是为了天资、学力属于"中人以下"者而设，如此方能最大限度地普及推广朱子学，至于程端礼本人的学术造诣，"进修之功不必尽出是书"。

然而，这种回归的苗头并不始于程端礼。朱熹晚年撰写《学校贡举私议》时，就已经痛感南宋科场的经义之弊在于无所依傍、敢于立言，最后发展出了废书不观的空洞学风。因此朱熹建议考试经义时，允许举

---

① 吴师道：《礼部集》卷十七《题程敬叔读书工程后》，《文渊阁四库全书》册1212，页241。
② 黄溍：《金华黄先生文集》卷二十一《跋进学工程》，《黄溍集》第二册，页339。

子采用不同的解释（譬如他认为《尚书》可用王安石解释），而不独尊一家，但必须在文章开始处说明自己所依据的是哪一家的传注，其正文论说亦不得离开此家传注之义随意发挥。这能引导学者认真钻研经文和传注，弄通吃透，而考官也可以根据考生所声明的传注考核其文是否符合原义，从而建立相对客观的评分标准。程端礼正是将《学校贡举私议》奉为圭臬，在《日程》卷三全录此文。在程端礼看来，吃透《四书章句集注》必须从背诵入手，做到一字一句严丝合缝，毫不走样，才谈得上玩索义理，最终开笔作文，否则，当朱子学统治科场之后，南宋科场遗留下来的"文妖经贼"的文风会将朱子学异化、扭曲。

《日程》流行之后，也有学者声称按照它所设计的课程体系而自学成才。元末明初的陶安（1315～1371，当涂人），是朱元璋在文化方面十分倚重的一位儒士，自称在年轻求学时颇得力于《日程》：

> 余因自念弱冠时，闭门独坐研讨经籍，颇涉诸家，慕古人修词章，病未达其要，乃从朋友间得四明畏斋程氏《读书日程》，放考亭六条法及吕舍人规节目次第，筋联脉贯，使攻儒术者有楷式，遂遵效其略，持循累岁，真若承严师而亲畏友也。既长，为童稚师，独爱导以程说。①

陶安的个案说明，《日程》特别适合在缺乏良师益友的学习环境中独自摸索的读书人。

第三节　朱子学经学的科举化

《日程》初稿完成之前，元代已经发布了举行科举的诏书——皇庆二年（1313）科举诏②，且在《日程》刊刻的当年三月初七日完成了第一次御试③，《日程》自序作于当年八月，因此必然受到科举政策的影响。

---

① 陶安：《陶学士集》卷十二《送王生序》，《文渊阁四库全书》册1225，页731。
② 《元婚礼贡举考·皇庆科举诏》，《庙学典礼（外二种）》，页155～156。
③ 《元婚礼贡举考·御试程式》，《庙学典礼（外二种）》，页164。

最明显的一点是，《日程》中从8岁到18岁的学习内容核心都是"四书"，把"四书"的授读放在最重要的位置；而"五经"的学习则只要求达到熟读诸经正文，至于"五经"传注，则只需要精通科举考试时所占习的"本经"传注即可。元代科举制度规定，汉人、南人第一场考明经，共三问：其中"四书"经疑两问，在"四书"范围内随机出题，因此举子对"四书"经文、注文必须精通烂熟；接着考本经义一问，举子投考时在《家状》中即声明占习何经①，入场后只考此经经义。因此，准备科举考试时，有限的学习时间必须集中在"四书"和本经上，至于其他诸经，则属于终身学习或者个人爱好的范畴了。此外，南宋科举考试的热门《周礼》，在元代并非考试科目。因此，《日程》虽然在8岁到15岁期间要求诵读的"诸经正文"中包括了《周礼》，但在15岁到18岁阶段，却只介绍了《周易》《尚书》《诗经》《礼记》《春秋》五经的治经方法，已经略去了《周礼》，这也可以看出科举制度对《日程》内容的影响。

元代科举还取消了南宋科举中的诗赋科，其第二场考古赋、诏诰、表章一道，第三场考策论，南宋科场中十分重要的律诗至此无足轻重。相应的，《日程》安排了四项"作文"训练，即经问、经义、古赋、策论，而没有律诗的训练。非但如此，程端礼还批评旧式蒙学教育在8~15岁阶段太重视"作诗作对"，而忽视了尽早安排"四书"教学：

> 小学不得令日日作诗作对，虚费日力。今世俗之教，十五岁前不能读记《九经》正文，皆是此弊。但令习字演文之日，将已说《小学》书作口义，以学演文。每句先逐字训之，然后通解一句之意，又通结一章之意。相接续作去，明理、演文，一举两得。更令记对类单字，使知虚实死活字。更记类首长天永日字，但临放学时，面属一对便行，使略知对偶、轻重、虚实足矣。此正为己为人、务内务外、君子儒小人儒之所由分。此心先入者为主，终此身不可夺，不唯妨工，最是夺志，朱子谆谆言之，切戒！②

---

① 《元婚礼贡举考·中书省部定到乡试程式（延祐元年）》，《庙学典礼（外二种）》页160。
② 《日程》卷一，页31。

在程端礼看来，小学阶段过分强调"作诗作对"危害很大，"不唯妨工，最是夺志"。他认为学童对这一方面"略知对偶、轻重、虚实足矣"，粗通即可。在训练中，还必须以朱熹《小学》书作为材料，从而"明理、演文，一举两得"。在15岁以后，《日程》不再专门安排诗歌学习的项目。

总体来看，《日程》为适应科举要求对研习朱子学的方法进行了很大调整。另一方面，皇庆科举诏书对考试内容和应试文体的要求十分简略，这为《日程》留下了很大的空间。在《日程》编写的时代，朱子学科举化的程度虽较南宋已大大推进，但是朱子学自身仍存在一些矛盾，这些矛盾主要集中在经学领域。程端礼要求学子们自行编写适用的教材，此所谓"抄法"；然后反复诵读、钻研，即所谓"读法"。下面就《周易》《尚书》《诗经》《礼记》《春秋》的研读方法逐一介绍。

一　《周易》

根据皇庆科举诏，《易》经义以"程氏、朱氏为主"，兼用古注疏。"程氏"指程颐的《易传》，朱熹的易学著作则主要是《周易本义》《易学启蒙》。问题在于，程颐和朱熹的易学观点存在不容忽视的分歧，这种分歧与作为一种标准化考试的科举显然是格格不入的。作为朱子学传人，程端礼自然倾向于朱熹，《日程》采用了吕祖谦所序定、为朱熹认可的《古易》十二篇。朱熹《易学启蒙》是独立于《易经》正文结构的专论著作，并非《四书章句集注》式的传注体；朱熹的《周易本义》虽然是传统的传注体，但惜墨如金，朱熹在世时已经有读者抱怨："说《语》《孟》极详，《易》说却太略。"① 对初学者而言，依经文展开的传注体著作和专论著作都不可少，但前者尤为急需。

为此，在后朱熹时代，不少朱子学人士在调和程朱《易》学分歧、完善朱子学《易》学方面做了大量研究工作。程端礼的对策是要求学者自行编写教材，把程朱《易》说与朱子学后学的著作勒成一编，文本结构仍然按照经文的结构展开，具体做法见《日程》"治《周易》"条。

---

① 束景南：《朱子大传》下册，商务印书馆，2003，页792。见《朱子语类》卷六十七，第五册，页1655。

抄法，一依《古易》十二篇。勿抄《彖传》，《彖传》附每段经文之后。先手抄四圣经传正文，依《古易》读之。别用纸依次抄每段正文。次低正文一字，钞所主朱子《本义》。次低正文一字，钞所主程子《传》。其连解《彖传》《象传》者，须截在《彖传》《象传》正文后抄。次低正文一字，节抄所兼用古注疏。次低正文二字，附节抄陆氏《音义》。次节抄胡庭芳所附朱子《语录》《文集》，何北山《启蒙》《系辞发挥》，朱子孙鉴所集《易遗说》，去其重者。次低正文二字，节抄董氏所附程子《语录》《文集》。次低正文三字，节抄胡庭芳所纂朱子解及胡云峰《易通》，及诸说精确而有裨朱子《本义》者。其正文分段，以朱子《本义》为主。每段正文既抄诸说，仍空余纸，使可续抄。其读《易》纲领及先儒诸图及说，抄于卷首。图在《启蒙》者，不可移。①

这里提及的易学著作，都从不同角度"羽翼"了朱熹《周易本义》和《易学启蒙》。其中，朱熹的孙子朱鉴为了弥补《周易本义》过于简略的不足，撮取朱熹《文集》《语录》中关于易学的大量论述，编纂了《文公易说》；两浙朱子学的董楷编写了《周易传义附录》，企图会通程、朱；何基的《易学启蒙发挥》针对《易学启蒙》专论体的特点加以解释，使其中的观点与具体的卦义、爻辞结合起来。

程端礼还对"抄经"的体例作了具体的规定，《易经》正文（含《易传》）以下分成七个层次：①朱子《本义》；②程子《传》；③古注疏（程颐《易传》、朱熹《周易本义》所节取者）；④陆德明《音义》；⑤朱熹对具体卦、爻的解释（采自何基、朱鉴、胡一桂等书）；⑥程颐对具体卦、爻的解释（采自董楷书）；⑦朱子学传人的解释（胡一桂、胡炳文等书）。《日程》还规定了抄写的行款，①②③三个层次低正文一字抄写；④⑤⑥三个层次都低正文二字抄写；⑦低正文三字抄写。可以看出，这种"抄写"的体例、行款实际上沿袭了朱熹《四书章句集注》，相当于重编一部朱子学的《周易章句集注》。编完之后，就需要用心研读。《日程》云：

---

① 《日程》卷一，页42。

读法，其朱子《本义》、程子《传》所节古注疏，并依读"四书"例，尽填读经空眼簿如前法。须令先读《五赞》、《启蒙》及《发挥》，次《本义》，毕，然后读程子《传》，毕，然后读所节古注疏。其所附抄，亦玩读其所当读者，余止熟看参考。①

程氏认为，朱子后学的见解仅属于"熟看参考"性质。既然参考了程、朱、古注释和朱学后人等多家之说，必然会发现分歧之处，程端礼并不以此为忤，反而要求学者以"考异"之法另册记载："其程子《传》、古注疏与朱子《本义》训诂指义同异，以玩索精熟为度。异者以异色笔批抹。每卦作一册。"②

值得注意的是，明成祖永乐十二年（1414）、十三年（1415）间胡广等人编纂《五经大全·周易大全》时，主要取材于"天台、鄱阳二董氏""双湖、云峰二胡氏"，即董真卿、董楷、胡一桂、胡炳文，其中除了董真卿《周易会通》以外，其他三人著作都被《日程》采纳，四库馆臣评价："然董楷、胡一桂、胡炳文笃守朱子，其说颇谨严。董真卿则以程、朱为主而博采诸家以翼之，其说颇为赅备。取材于四家之书，而刊除重复，勒为一编，虽不免守匮抱残，要其宗旨则尚可谓不失其正。且二百余年以此取士，一代之令甲在焉。录存其书，见有明儒者之经学，其初之不敢放轶者由于此，其后之不免固陋者亦由于此。"③ 可见，《日程》对朱子学《易》学著作的挑选标准是"笃守朱子，其说颇为谨严"，这个思路与明代编纂《周易大全》暗合。

在科举要求的五经之中，《周易》是特别难的一经，程端礼的设计也煞费苦心，上文对其抄法、读法的介绍也较详细，下文《尚书》《诗经》《礼记》《春秋》与之大同小异。

---

① 《日程》卷一，页42。
② 《日程》卷一，页42。
③ 永瑢等：《四库全书总目提要》卷五《周易大全》，上册，页28中。董真卿《周易会通》成书时间不详，但此书是在胡一桂《纂疏》基础上形成的（据《四库全书总目提要》卷四《周易会通》，上册，页26下），亦可能程端礼写作《日程》时此书尚未完成。

二 《尚书》

首先看《尚书》正文以下的层次。

表8-4 抄读《尚书》法

层次	内容	行款	备注
1	蔡沈《书集传》	低正文一字	
2	所兼用古注疏	低正文一字	
3	陆德明《音义》	低正文二字	
4	朱熹论《尚书》	低正文二字	节取自朱熹《语录》《文集》中与篇章相关者
5	诸儒解《尚书》	低正文三字	节取自金履祥、董鼎诸书及诸说精确而有裨于蔡沈《书集传》者

皇庆科举诏规定《尚书》用蔡沈《书集传》，兼用古注疏。蔡沈《书集传》属传统的传注体，且解释详瞻，无论体例还是解释的覆盖面，都是十分成熟的经学著作。当然，此书面世后，受到不少批评。《日程》对《尚书》仍然采取《章句集注》法：蔡沈《书集传》直接"羽翼"经文，其地位相当于朱熹亲自撰写的《诗集传》，而古注释只是用来"羽翼"蔡沈《书集传》之用。

至于读法，则依次是蔡沈《书集传》、古注释。考异法，与《周易》同。

三 《诗经》

《诗经》学领域，朱熹有《诗集传》，属于形式上较为完备的传注体经学著作，皇庆科举诏规定以此为主，兼用古注释。《日程》对《诗经》的抄法规定如下。

表8-5 抄读《诗经》法

层次	内容	行款	备注
1	朱熹《诗集传》	低正文一字	
2	所兼用古注疏	低正文一字	
3	陆德明《音义》	低正文二字	
4	朱熹论《诗经》	低正文二字	节取自朱熹《语录》《文集》中与篇章相关者

层次	内容	行款	备注
5	诸儒解《诗经》	低正文三字	节取自辅广、王柏诸书及诸说精确而有裨于朱《诗集传》者

读法依次是朱熹《诗集传》、古注释。考异法与《周易》同。

四 《礼记》

皇庆科举诏规定，《礼记》纯用古注疏，因为程颐、朱熹都没有注释过此经。因此，程端礼所设计的"抄法"与以上三经完全不同：

表8-6 抄读《礼记》法

层次	内容	行款	备注
1	郑玄注	低正文一字	
2	古疏	低正文一字	
3	陆德明《音义》	低正文一字	
4	朱熹《仪礼经传通解》	低正文一字	节取其中与《礼记》各篇章相关者
5	朱熹论《礼记》	低正文一字	节取自朱熹《语录》《文集》中与篇章相关者
6	诸儒解《礼记》	低正文二字	节取自卫湜《礼记集说》、黄震《日抄》、陈栎《礼记详解》

不难看出，《礼记》是朱子学经学体系中的一个软肋，在程端礼的时代，虽然已经出现了黄震《黄氏日抄》、陈栎《礼记详体》，但是相比《尚书》《诗经》，它们不是典型的解经著作，学者不能由博反约，缺乏解释（"羽翼"）的层次性。而且，元代科举中以《礼记》为本经的人非常少。在《元统元年进士录》所见汉人南人榜五十名进士中，只有三甲三十一名张本占习了《礼记》[①]，就反映了这个现象。

五 《春秋》

皇庆科举诏规定，《春秋》许用《三传》与胡安国《春秋传》。朱熹虽然对胡安国《春秋传》也不满意，但直到程端礼的时代，朱子学内部

[①] 《元统元年进士录》，《庙学典礼（外二种）》，页215。

尚没有出现它的替代者。和存在程朱分歧的《周易》一样，胡安国《春秋传》与左、公、穀"三传"也存在不少分歧，而科举诏书却要求并用，这给应试准备带来了很大的麻烦。为此，程端礼设计了以下抄法。

表8-7 抄读《春秋》法

层次	内容	行款	备注
1	"三传"、胡安国《春秋传》	低正文一字	节抄其合于经之本义者
2	"三传"、胡安国《春秋传》	低正文一字	节抄两者不合者
3	陆德明《音义》	低正文二字	
4	程端学《春秋辩疑》、《春秋或问》	低正文二字	

由于科举诏书把分歧不小的"三传"、胡安国《春秋传》并列，程端礼遂将两者不合之处，在醒目的位置上标识出来，引起学者的注意。程端礼还将其弟程端学（至治元年进士）的《春秋》学著作列入主要参考书。这两部书的缘起据说是："（程端学）慨《春秋》一经未有归一之说，遍索前代说《春秋》者凡百三十家，折衷异同，湛思二十余年，作《春秋本义》三十卷，《三传辩疑》二十卷，《或问》十卷。"① 实际上，程端学的很多观点与胡《传》抵牾。② 程端礼此举虽不能完全排除有私心在，但在《日程》初稿完成的时代，元代《春秋》学重量级的著作如吴澄的《春秋纂言》、汪克宽（1301~1372）的《春秋胡传附录纂疏》、赵汸（1319~1369）的《春秋集传》都尚未面世，程端学的这两部书也算差强人意。

值得注意的是，明洪武科举诏规定，《春秋》并用胡安国《春秋传》、张洽《春秋集注》。③ 四库馆臣认为，因张洽是朱熹高足故被采纳，并非其书水平所决定。④ 此书在程端礼的时代并不稀见，且《日程》提到过张洽《历代郡县地理沿革表》，说明程端礼注意到了张洽的著作。但《日程》（包括皇庆科举诏）只用胡安国《春秋传》，不用张洽《春

---

① 《宋元学案》卷八十七《静清学案》，《黄宗羲全集》第六册，页453。
② 永瑢等：《四库全书总目提要》卷二十八《春秋本义》有"以其尚颇能纠正胡《传》"之语，上册，页226中。
③ 王世贞：《弇山堂别集》卷八十一《科试考一》第四册，中华书局，1985，页1540。
④ 永瑢等：《四库全书总目提要》卷二十七《春秋传》上册，页219下。

秋集注》，原因不详。张洽在编撰《春秋集注》前，曾编纂了一部《春秋集传》。《春秋集传》博采诸家之说，《春秋集注》则仿照朱熹《四书章句集注》的体例，在《春秋集传》基础上"会其精意，诠次其说"。①但《春秋集注》与蔡沈《书集传》、黄榦《仪礼经传通解》不同，后二书的设计曾得到朱熹的指导，且朱熹亲自动手撰写了部分篇章，张洽《春秋集注》则是朱熹去世之后开始撰写的，没有朱熹的"光环"，仅为张洽的个人作品。而且，本来张洽的《春秋集传》《春秋集注》可以相辅而行，但《春秋集传》在元代已经亡佚，《春秋集注》长期单行，其价值未免大打折扣。故明永乐年间编纂《五经大全·春秋大全》时，以解释胡安国《春秋传》的汪克宽《春秋胡传附录纂疏》为蓝本，而《春秋大全》颁行之后成为科场功令，明代科场恢复了元代胡安国《春秋传》一家独美的格局，张洽《春秋集注》重归于消歇。

由于程端礼的《日程》契合了科举政策框架，严格按照《日程》循序渐进学习的士子在参加元代首次科举时惊喜地发现二者的高度重合。如程端礼的弟子冯勉（字彦思）在池州就师从程端礼，适逢延祐开科，为此深受其利："越二年，改元延祐，而设科取士之制行，喜与余之所教明经作义之法大略相同。盖科举取《贡举私议》。汉左雄明经守家法之说，某经主某说，兼用古注疏作义，不拘格律，条举所主所用之说，发明其于经旨之得失而论断之也。"在程端礼看来，这种重合并不是他主动迎合了朝廷，而是因为无论科举政策还是《日程》，都遵循了朱熹《学校贡举私议》的精神。后来冯勉顺利登科："彦思寻中江浙乡试，冠左榜，擢第南归，录事常州。"②冯勉仕宦期间，又以"所刊教法训诸生"，其门人嵒哲台舜臣中江浙乡试蒙古、色目人榜第一名。这一系列成功，都反映了《日程》完全适应了备考科举的需要。

但也应看到，《日程》还只是朱子学走向科举化的一个中间产物。尽管元代开科就宣布以朱熹《学校贡举私议》为指南，然而，随着时间的推移，程端礼发现元代科举的走势越来越偏离了这一方向。这是因为，南宋时文所固有的"格律"继续统治着元代科场。元人袁桷曾指出：

---

① 永瑢等：《四库全书总目提要》卷二十七《春秋传》，上册，页223上。
② 程端礼：《畏斋集》卷四《送冯彦思序》，《丛书集成续编》册109，页57、58。

"皇朝酌准之制，秀士得以自励。溺于前者，则曰：'非格律不可，格律焉自出哉。'其诞漫不统，则又曰：'法何自立？'窬窃腐语，率意直志，文益弊矣，经益何自而明矣？"① 所谓的"自励"，指延祐开科诏要求经义的写法可以不拘泥定式。可是，当时的士子分成两派，一派认为经义必须用"格律"，一派则"诞漫不统"，反对格律。在袁桷看来，两派都有流弊，前者"窬窃腐语"，后者"率意直志"。

元人许有壬也说："贡举未行，士之力学者，积厚资深，发而为文章，决江河、经沟池，至即盈溢。利禄一启，人重得失，始有欲速而求捷者，假步蹈律，寸跬模仿，爨而始籴，规规乎其不裕也。"② 这段话表明，最终占据主流的是"假步蹈律，寸跬模仿"的"格律"派。许氏还曾引用时人李秋谷的话评价元代科举取才的效果："乙卯迄今六科，内而才学名者可数也，外而政治闻者可数也。……且言四书赋题，世已括尽，宜兼五经为疑问。又言首科士无宿备，而号得人。今为师者教人以躐等，为弟子者但事套括，侥幸一中。其学如此，其施可知。"③ "套括"就是对策和经义的程式，李氏认为只有延祐二年（1315）首科号称得人。持此观点者并非个别，程端礼也赞叹只有首科举子的经义真正突破了宋末以来的程式："今日乡试经义，欲如初举方希愿《礼记》义者，不可得矣。科制明白不拘格律，盖欲学者直写胸中所学耳，奈何阴用冒、原、讲、证、结格律，死守而不变。"④ 这充分反映了"格律"的积习是多么根深蒂固。可见，在元初不开科的数十年中，南宋科场的文风、文法得到了遗民们的重视，保持了相当的生命力。所以重新开科之后，首科以下，"格律"就恢复了对科场的统治。

那么元代科场经义的模范是什么呢？朱瑞熙认为，当时占主流地位的是北宋末年的张庭坚（字才叔）体。⑤ 正如一位元代的科举参考教材的编写者所说："宋之盛时，如张公才叔《自靖义》，正今日作经义者所

---

① 袁桷：《清容居士集》卷四十九《书凌生功课历后》，《四部备要》册81，页376。
② 许有壬：《至正集》卷三十三《林春野文集序》，《元人文集珍本丛刊》第七册，新文丰出版社公司，1985，页171。
③ 许有壬：《至正集》卷三十二《送冯照磨序》，页167。
④ 《日程》卷二《学作文》，页55。
⑤ 见朱瑞熙《宋元的时文——八股文的雏形》，《暨城集》，华东师范大学出版社，2001。关于张庭坚体的解释，见该书页4。

当以为标准。"① 这种体裁是后来南宋永嘉陈傅良的"止斋体"的之始，恰是朱熹在思想战线上的论敌，不符合延祐开科诏独尊朱子的要求。事情发展到这种地步，是元代理学家们始料不及的。程端礼说：

> 方今科制，明经以一家之说为主，兼用古注疏，乃是用朱子《贡举私议》之说。……窃谓今之试中经义既用张庭坚体，亦不得不略仿之也。考试者是亦不思之甚也。张庭坚体已具冒、原、讲、证、结，特未如宋末所谓文妖经贼之弊耳。致使累举所取程文，未尝有一篇能尽依今制明举所主、所用、所兼用之说者。此皆考官不能推明设科初意、预防末流轻浅虚衍之弊，致使举业相承，以中为式。②

程端礼的话说明，现实是宋代时文（即程端礼所说的"格律"）一直没有被广大士子抛弃，彻底消灭它是非常困难的。程端礼把朱学盛行的宋末时文称为"文妖经贼"，表明程端礼在这些时文中嗅出了异端的味道。同时他又提出了"考官"的职责问题，不过此时考官的失误不是采用非程朱的经解，而是在时文作法方面没有把关。因此，当程端礼晚年有机会出任乡试考官时，他断然拒绝了当局的邀请："行省屡聘先生较文乡闱，先生以为：国朝设科初意专取朱子贡举私议，今多违之，吾往，宜不合。力辞不往。其源流本末可概见也。"③ 从这个意义上说，朱子学彻底完成科举化还有很长的一段路要走。

小　结

就本书所要讨论的朱子学学统与朱子学师统的关系，程端礼《读书分年日程》是不应该被忽视的。

---

① 倪士毅：《作义要诀自序》，《文渊阁四库全书》册1482，页372。
② 《日程》卷二，页54~55。
③ 黄溍：《金华黄先生文集》卷三十三《将仕佐郎台州路儒学教授致仕程先生墓志铭》，《黄溍集》第三册，页806。

1. "自修"挑战"面授"

朱熹向来强调,亲炙良师、同学共勉与书院教学相结合,在朱子学历史上,背井离乡、千里求师的例子比比皆是。但在程端礼的时代,朱子学完全主导科举,全社会将迎来一个读书人钻研、学习朱子学知识的高潮。在这种背景下,朱子学的传播应该走向标准化、程序化,教师个人学养高下对学习质量的影响已经大大降低,程端礼说:"窃谓方今惟宜以朱子《白鹿洞学规》正其宏纲,以所订《程董学校》有其节目,又以辅氏所粹《读书法》六条确守而不遗其一焉,则庶乎学校有造士之实。有以上裨宾兴之制,志道之士无择乎学院,而皆可以为藏修游息之所矣!"① 所谓"无择乎学院",就是说即使读书人无力进入高水准的官学、著名书院师从名师,只要严格遵循《日程》规定的课程方案和学习进度,仍然能够卓然有所成就。可以预见,程端礼《日程》所倡导的自学模式,必将大大降低"面授"的重要性。进而,如果面授的重要性受到冲击,那么师徒授受在朱子学传承中的重要性也会相应下降,只读其书不见其人的"私淑之学",乃至"自得之学"会在朱子学传承中占据越来越大的比重,而传授统绪的概念自然会被淡化了。

2. 强调记诵和回归文本

本书第一章的小结中指出,朱熹认为穷理在躬行之先,而在程端礼的《日程》中,记诵又是穷理之先务,所有对义理的体认、研索,都必须建立在熟练背诵经典(《四书章句集注》)的基础上。这并不是说程端礼之前的朱子学人士忽视背诵,但确实没有一个人像程端礼这样细致地设计背诵内容的方案和背诵进度。在程端礼看来,对朱熹的著作,尤其是反映其思想核心的经典著作,不但要在"字面"上加以尊重、维护,而且要对"字面"反复熟读、背诵,在初学阶段,由背诵形成的机械记忆被置于第一位。"点抹法"也是一种回归文本的学习方法,是朱熹"吾道之所寄不越乎言语文字之间"的具体体现。

3. 服务于增衍朱子学学统的方法论

《日程》开列的参考书大部分是集注、集解、集传类的著作,此类著作的模式是博采众说、断以己意,即便在"断以己意"方面无法提出

---

① 程端礼:《畏斋集》卷五《弋阳县新修蓝山书院记》,《丛书集成续编》册109,页65。

新的见解，只要采纳的各家之说卓有见识，其书便有很大的参考价值。对于学者而言，集注、集解类的书是一种经济、方便的选择，免去了寻找各种单行本的麻烦和经济成本。既然是集成诸家之说，各家之说必然存在歧异，既然存在歧异，就存在学术研究的空间。因此，朱子学起码不会演变为"独断之学"，《日程》要求在读"四书"时"诸说有异处，标贴以待思问"①，读"五经"时"异者以异色笔批抹"，无不鼓励学生独立思考、勇于质疑。

更加重要的是，《日程》所设计的"五经"抄读法，其宗旨本源于朱熹编辑《四书章句集注》的方法和体例，按照此法抄读五经经文、传注，相当于重新编纂一部《五经集注》。若对比明代《五经大全》的体例，可以看出二者高度的相似性。可见《日程》所推崇的《集注》抄读法符合了朱子学发展的内在规律。而资质出众、学力深厚的学者，如果严格遵循这一方法，自然可以阐发出新解。似乎可以说，《日程》的抄读法是对朱熹去世以来朱子学文献"层累"的历史做了方法论的总结，而且那些缺乏师承、无缘就读著名书院的自修学子也可以遵循此一方法，绵绵不绝地扩充朱子学文献的规模，继而实现学统的增衍。

---

① 《日程》卷一，页31。

第九章 《内外服制通释》和《家礼》的大众化

车垓的《内外服制通释》（本章下文简称《通释》）是一部专门解释《家礼》丧服部分的著作。但是在已有的朱熹《家礼》研究中，此书未受到重视。吾妻重二教授在介绍元代《家礼》相关文献时，提到了吴霞举的《文公丧礼考异》、龚端礼《五服图解》、武林应氏《家礼辨》、浦江郑义门的《郑氏家仪》、汪汝懋《深衣图考》，唯独没有注意到车垓的这部《内外服制通释》。① 实际上，此书在南宋灭亡的1276年已经完成，但刊刻流行则在元顺帝至元四年（1338），从成书到传播横跨了宋元两代，与上述元代《家礼》相关文献相比，《通释》堪称致力于推动朱熹《家礼》丧礼部分的通俗化、大众化的先行者，在《家礼》研究史上具有独特的历史地位。

第一节 朱子《家礼》丧礼部分在元代的应用

朱熹《家礼》全书由《通礼》《冠礼》《昏礼》《丧礼》《祭礼》五部分组成。此书确系朱熹亲撰，但并未定稿。② 朱熹去世后，《家礼》在社会上就迅速流行开来。《家礼》最早的刻本是廖德明宁宗嘉定四年（1211）的五羊本，而福州人黄振龙已经"以朱文公《家礼》帅其家人，使守之"。黄振龙去世于嘉定十二年（1219），则他奉行《家礼》的时间应该只是在五羊本面世之后的短短几年中。③ 杨复《家礼附录》中引黄鳌云："先生易箦，其书始出，今行于世。"④ 方大琮理宗淳祐二年

---

① 〔日〕吾妻重二：《朱熹〈家礼〉实证研究》，吴震、郭海良译，华东师范大学出版社，2012，页92~93。
② 〔日〕吾妻重二：《朱熹〈家礼〉实证研究》，页15。
③ 黄榦：《勉斋先生黄文肃公文集》卷三十三《行状·贡士黄君仲玉》，页679~680。
④ 朱熹：《家礼》附录，《朱子全书》第七册，页947。

(1242)序云:"文公先生《家礼》,今士大夫家有之。"① 可见,当时在社会上已极为流行。

在《家礼》五个部分中,丧礼是朱熹构思最早、修订最多的部分。早在孝宗乾道六年丁母忧期间,朱熹就动手编辑:"盖自始死至祥禫,参酌古今,咸尽其变,因成《丧葬祭礼》,又推之于《冠》《昏》,共为一编,命曰《家礼》。"② 可见,《丧礼》《祭礼》是朱熹最早动手的,《冠礼》《昏礼》则是此后陆续撰成的。朱熹一生经历了父亲、母亲、妻子、长子四位重要亲人的丧事,随着实践经验的深化,其对丧礼的修订持续到去世前,尽管这些修订未被吸收到今本《家礼》中去。《家礼》的《丧礼》部分位于卷四,主要由三个部分组成。第一为制作。即丧礼所需的各种服装、器物的材料、规格尺寸、制作工艺,如縗、绖、杖、深衣等。第二为环节。从始死到成服、居丧,到最后除服的各个环节,成服以前的初终、小敛、大敛,成服后的治葬、反哭、虞祭、卒哭、祔,居丧期间的小祥、大祥、禫,各个环节的仪式、服装、器物准备等。第三为服纪。服纪即服制是指死者与丧主之间的亲疏关系,确定相应的服丧时间和礼仪。这是丧礼最核心、最繁难、争议最多的部分,服纪不定,则上述两个部分随之出错。朱熹于丧礼用功最深,其重要性是婚礼、冠礼无法相比的。虞集说:

> 至于朱子,将观于会通以行其典礼,故使门人辑为《仪礼经传通解》,其志固将有所为也。事有弗遂,终身念之。而所谓《家礼》者,固司马氏之说而粗加隐括,特未成书而世已传之。其门人杨氏,以其师之遗意为之记注者,盖以补其阙也。昔者戴氏之所记,言丧礼者独多,而杨氏之书独丧礼尤备,岂不以人伦之大,死生之际,而凶礼为最重者乎?③

---

① 朱熹:《家礼》附录,《朱子全书》第七册,页948。
② 李方子:《紫阳年谱》,今见真德秀《西山读书记》卷三十一所辑录之片段(《文渊阁四库全书》册706,页122),束景南《朱熹年谱长编》收录(下册,页1513)。
③ 虞集:《道园学古录》卷十一《跋叶振卿丧礼会纪后》,页13,《四部丛刊初编》册235。

他指出，杨复注释《家礼》时，丧礼部分最为详备，原因与《礼记》中关于丧礼服制的内容特别丰富的道理完全一样，因为"人伦之大，死生之际，而凶礼为最重者"。

牟楷为《通释》所撰的序（顺帝至元五年，1339）指出：

> 然礼有冠、昏、丧、祭，而此独有取于丧，又何欤？礼之行由于俗之厚，俗之厚由于丧之重也。周公何以成周家忠厚之俗？亦惟丧、祭之重而已。丧、祭之重，民俗之厚也。民俗厚，而后冠、昏之礼可行矣。噫！亲丧固所自尽也。世降俗浇，齐、斩且莫之尽，况期、功乎？期、功之正者且莫之尽，况若义、若降、若加者乎？噫！安得如先生者出，而司风俗之柄，即是书而躬行之，且律天下之人尽行之，则变浇为淳，有不难者矣。①

牟楷指出，丧礼和祭礼的重要性高于婚礼和冠礼。婚礼只是反映两个异姓家族联姻的关系，冠礼更只是个人成长的阶段标志。相比之下，丧礼和祭礼全面呈现了以士为核心的整个家庭、宗族系统的结构，以及系统中各个单位的地位和功能——所谓亲疏隆杀。而以儒家理想重构家族关系，正是朱熹编纂《家礼》、编集《仪礼》的旨趣所在。

入元后，由于朱熹政治地位的上升，《家礼》在民间更加普及，多有士人严格奉行的记载。如王无疾（汉中人，字复亨）："及丁父忧，年几五十矣，其哀毁有过，自初丧至葬祭一遵文公家礼，虽期功之丧亦必自尽而不苟。亲党及乡里有丧者必就正而取法焉。"② 可是，尽管丧礼祭礼相对于婚礼冠礼更加重要，在元灭南宋后至顺帝（1276～1333）的近六十年间受到更多重视的却是后两者。元世祖至元八年（1271）九月，尚书礼部提议整顿婚礼，革去了"女真风俗"的拜门之礼，大体依据《家礼》："据汉儿旧来体例，照得朱文公家礼内婚礼，酌古准今，拟到下项事理"呈尚书省，尚书省札付，送翰林院国史院讨论。讨论结果是，《家礼》中"登车乘马，设次之礼，亦贫家不能办，外据其余事，依准

---

① 车垓：《内外服制通释》，《丛书集成续编》第九册，页1。
② 蒲道源：《闲居丛稿》卷二十四《青渠王先生墓志铭》，《文渊阁四库全书》册1210，第759页。

所拟，遍下合属"。① 由此，朝廷颁布了以《家礼·婚礼》为主体的《至元婚礼》，从制度上厘正了民间淆乱的礼俗。相比之下，朝廷对丧礼的整顿和推行并不关心。尽管元廷于成宗大德八年（1304）、大德九年（1305）、武宗至大四年（1311）都下诏强制要求官员（蒙古、色目、军人除外）丁忧守制②，但对于丁忧以外的各种服制，官方并未出台统一的规制。于是，当时民间行服时往往错杂引用《唐律》、宋《五服年月敕》，袁知州《举要》《家礼》等书，具体执行时会碰到匿丧的问题。叶知本在英宗至治三年（1323）为龚端礼（字仁夫，嘉兴路人）《五服图解》所撰的序云："混一后，江南俗薄，儒官有不服父母丧者。今年为儒为吏，急于进取，执《唐律》八母之说，皆以所生母为无服，岂知文公《家礼》明载齐衰条下，匿而不用，是禽犊之不如也。"③ 叶知本自称曾在元仁宗时代上万言书，乞颁行五服，使民知孝以厚风俗，但仁宗驾崩，此事未见回应。元仁宗皇庆二年重开科举时，《仪礼》也未被纳入考试范围，加剧了读书人礼制观念淡漠的现象：

> 科举行时，士以剽窃为学者，至不识《仪礼》为何书。其父师授读《戴记》，以《问丧》诸篇为不祥，废其读，望其毫分缕析，心潜身践，求所以自致自尽，难矣。波流风靡，士大夫或以百日为卒哭，因之饮酒食肉不为异。即有独行之士，反诟病之。④

在龚端礼《五服图解》中，这种制度上的混乱也有所反映。至治三年十一月，嘉兴路耆老张文彬请求颁行《五服图解》，并呈文云："唐有《五服问答》，宋《五服敕疏》，及今官民准用彭仁仲、袁知州《举要》，互相异同，世俗未能易晓。"⑤ 仁宗延祐七年（1320）提控案牍杜文礼已

---

① 《元婚礼贡举考》，《庙学典礼（外二种）》，浙江古籍出版社，1992，页149。
② 《大元圣政国朝典章》吏部卷之五"丁忧"，上册，中国广播电视出版社，1998，页417～418。
③ 龚端礼：《五服图解》卷首，阮元辑《宛委别藏》第十册，江苏古籍出版社，1988，页1。
④ 程敏政辑：《新安文献志》卷十九，曹泾《文公丧礼考异序》第一册，黄山书社，2004，页444。
⑤ 龚端礼：《五服图解·进服书文》，《宛委别藏》第十册，页1。

过继予叔父为后，不为本生父坤美服丧，刑部、翰林国史院、太常礼院在讨论此案时，引用的居然是杜佑《通典》《宋会要服纪》所转录的《假宁令》，并承认本朝对于"过房同宗为后之子"如何解官持服，"未有定制"。龚端礼随后指出，他所编辑的《五服图解》对于这种情况有明晰的规定，可以作为本朝的法式。①

当然，龚端礼的《五服图解》也是以《家礼》为主要参考的。其中抄录了《晦庵丧服制度》，并说："又皇庆二年十月，中书省奏准科举事，内节该四书、五经以程子、朱晦庵注解为主，钦此。朱文公《家礼》所载前项丧服，皆案古宜今，当世士夫家多遵此而为之，惟下俚之人或不能备此衰裳之制。"② 很显然，龚端礼推崇《家礼》的权威性是从朝廷皇庆开科时独尊程朱注解的诏书中引申而来，并非朝廷对于《家礼》的丧礼部分有何推重。《五服图解》主要由《五服八图》《五服义解》组成，前者简明地反映丧主与死者的服制关系，后者是对相关术语的名词解释。《五服图解》内容比较简单，不是完全根据《家礼》丧礼部分展开的。

类似龚端礼《五服图解》丧礼著作的还有吴霞举（字孟阳）的《文公丧礼考异》：

> 自男子至于妇人，自始死至于祥禫，自斩衰至于缌麻，自辟领加领至于苴纆总髽，有说有图有像，为经为纬，为源为委，条理秩然。其为说，本之《仪礼》《礼记》若注疏，而以文公《家礼》与尝言及之者折衷之，稍以己见佐其决。其书视《家礼》为详。③

此书今已亡佚，但从曹泾的介绍看，其结构与《五服图解》颇为相似。清人徐乾学就认为，元代礼学研究中丧礼的部分乏善可陈："元之丧礼无传，仅见于《典章》一编，列图凡六，而为伯叔兄弟期不杖，于姑姊妹则杖；为适（嫡）妇缌麻，而为众妇大功。当时议礼者不应若是之

---

① 龚端礼：《五服图解·进服书文》，《为本生父母丁忧例》，页1~2。
② 龚端礼：《五服图解·进服书文》，《晦庵丧服制度》，页25。
③ 程敏政辑《新安文献志》卷十九，曹泾《文公丧礼考异序》第一册，页444~445。

误,盖未敢信,故宁阙焉。"① 在这样的背景下,《通释》出现了一些值得注意的特色。

第二节 《通释》对《家礼》的捍卫和增补

车垓(1222～1276),字经臣,天台人,初名若绾,号双峰先生。他的叔父车安行是陈埴的弟子。车垓屡试不第,景定年间,与车若水任教台州东湖上蔡书院。度宗咸淳年间,曾以特奏名授建宁府浦城县尉,因年老未赴。其生平概见于《经义考》卷一百三十七马良骥所撰《行状》和柳贯所撰《双峰先生墓表》(收入《待制集》卷十二)。车垓与车若水一起师事车安行,《宋元学案》卷六十五《木钟学案》将其列入"车氏家学",是朱熹的三传。车若水门人张复指出,车垓重视丧礼有家学渊源的影响:

> 因思卯角时,从玉峰先生(宇按:即车若水)于上蔡东湖书院,引试圣则堂,举《孟子》"使契为司徒教以人伦"章为题。先生曰:"此帝尧命契教天下万世以人道之始也。"余对曰:"朱夫子丧礼一书,岂非教天下万世以人道之终乎?"先生喟然曰:"小子真能以隅反矣。"双峰先生,玉峰先生之委也,宜其熟于礼也。②

可见,不但车垓重视《家礼》中的丧礼部分,车若水也是如此,因为丧礼是朱熹"教天下万世以人道之终"。

车垓的《内外服制通释》应有九卷,据其子车瑢跋,南宋灭亡时,车垓曾入山避兵:"先君成此书,未脱稿而更化,及奔窜山谷,竟以疾终。"③ 此书长期没有刊刻,只有抄本流传。直到元文宗天历三年(1330),车瑢寻访到抄本,并于元顺帝至元四年(1338)刻印。因此,车垓此书

---

① 徐乾学:《读礼通考》卷一,《文渊阁四库全书》册112,页59~60。
② 朱彝尊:《经义考》卷一百三十七,《内外服制通释》张复《跋》,《经义考新校》第六册,页2538。
③ 朱彝尊:《经义考》卷一百三十七,《经义考新校》第六册,上海古籍出版社,2010,页2538。

尽管成书于南宋灭亡前夕，但真正流传于世，已经是元朝后期了。现存《通释》的文渊阁四库全书和《丛书集成续编》影印枕碧楼四库馆旧抄本，都只有一至七卷，卷八《三殇以次降服》、卷九《深衣疑议》仅存目录，内容已亡佚。本文主要以七卷本为讨论依据。

《通释》对丧礼细节的讨论主要集中在卷二《五服丧制名义》中，此外五卷都在讨论服制（服纪）的问题。尽管服制规定的重要性不言而喻，《家礼》的相关内容却是极其简略的。《家礼》卷四《丧礼》中，关于服制的记载集中于"成服"一条之下，篇幅不过将近2200字，而《通释》以十倍以上的篇幅解释这两千多字。如果把《家礼》所规定的亲属服制内容，和南宋官方颁布的《庆元条法事类》卷七十七《服制格》比较的话，就可以发现二者基本上是符合的，有出入的只是文字表述，譬如孙为庶祖母服齐衰不杖期，《家礼》名为"庶子之子为父之母"，《庆元条法事类》则称为"父所生庶母"，《通释》则直呼"庶祖母"之类，等等。因此，正如牟楷指出的那样，虽然《家礼》对服制的规定非常清晰，"丧服之制，《家礼》备矣，此书之作，不殆于赘乎哉？"但《通释》仍然必不可少："《家礼》著其所当然，此则释其所以然也。"① 《通释》的写作宗旨就是要对《家礼》的丧服部分进行详细的解释，从而使社会大众不但"知其然"，而且"知其所以然"。

一 《通释》对《家礼》的捍卫

《家礼》在宁宗嘉定年间刊刻流行后，社会上（包括朱子学内部）也出现了一些批评的意见。这其中，来自杨复的批评特别引人瞩目。杨复是朱熹弟子中深通礼学者，曾与黄榦一起继承朱熹遗志编修《仪礼经传通解》，他为《家礼》所作的《附注》是《家礼》最早、最重要的注释本，但杨复对《家礼》颇多异议，且集中在丧礼部分。譬如，杨复认为《家礼》中"妇人用大袖长裙盖头。男子衰服，纯用古制，而妇人不用古制，此则未详"。② 所谓"不用古制"，指不遵《仪礼》，可见杨复对朱熹的质疑大部分是以《仪礼》《礼记》为依据的。周复《家礼附录跋》

---

① 车垓：《内外服制通释》，《丛书集成续编》第九册，页1。
② 杨复、刘垓孙：《文公家礼集注》卷五，页4，第三册，《中华再造善本》影印元刻十卷本，北京图书馆出版社，2005。

（理宗淳祐五年，1245）则认为，朱熹撰作《家礼》的宗旨决定了其与《仪礼》《礼记》必然有不小的出入。

> 抑文公此书欲简便而易行，故与《仪礼》或有不同，如妇人用今之衰裳，吊丧者徇俗而答拜之类。其所同者又不能无详略之异，如昏礼之六礼，丧礼袭敛用衣多少之类。杨氏往往多不满之意。复窃谓《仪礼》存乎古，《家礼》通于今，《仪礼》备其详，《家礼》居其要，盖并行不相悖也。故文公虽著《家礼》，而尤拳拳于编集《仪礼》之书，遗命治丧，必令参酌《仪礼》《书仪》而行之，其意盖可见矣。①

周复指出，杨复的质疑很多情况下背离了朱熹编纂《家礼》的本意，即《家礼》侧重通行适用，而《仪礼经传通解》侧重复原宗周礼制。朱熹对《家礼》《仪礼经传通解》做了清晰的差别定位，杨复似未能领会。

由于《通释》是以服纪为主要讨论对象的，因此对杨复针对器物、材质、制度等方面的质疑，《通释》基本未予回应，但在"妇人不杖"问题上，《通释》给予了针锋相对的回应。《家礼》云："凡妇人皆不杖。"② 杨复、刘垓孙《文公家礼集注》云："《家礼》用《书仪》服制，妇人皆不杖，与《问丧》《丧大记》《丧服小记》不同，恨未得质正。"③ "妇人不杖"说出自司马光《书仪》卷六："妇人何以不杖，亦不能病也。"④ 朱子实际上遵循了司马光之说。车垓《通释》卷二《五服提要》云："凡妇人皆不杖。按《礼》经、图，多有妇人杖文。然此乃文公参酌时宜之特笔也，门人杨复不晓师意，辄加论辩，且以未得是正为恨，何其疏也。"⑤ 车垓认为这属于朱子的创见，杨复作为亲传门人应该虚心领会，而不应轻于质疑。

---

① 朱熹：《家礼》附录，《朱子全书》第七册，页948。
② 朱熹：《家礼》卷四，《朱子全书》第七册，页909。
③ 杨复、刘垓孙：《文公家礼集注》卷五，第三册，页5。
④ 司马光：《书仪》卷六，《文渊阁四库全书》册142，页497。
⑤ 车垓：《内外服制通释》卷二，《丛书集成续编》第九册，页23。

二 《通释》对《家礼》的增补

除了表明尊崇《家礼》的态度，对《家礼》描述不详、只有原则性概述的内容，《通释》根据《家礼》规定的原则尽量增补完善。这主要指降服、义服两种情况。马良骥在为车垓所撰《行状》中说："丧服亲疏之隆杀，文公《家礼》尚或遗略，公乃作《内外服制通释》一篇，其于正、降、义、加，多以义起，以补文公之未备。士之习礼者得之，如指诸掌焉。"① 即是指《通释》对《家礼》降服、义服的增补。

先看《通释》所增补的降服条目。《通释》卷二云："降者，下也，减也，本服重而减之从轻。"② 如，子为父母本服三年，若为人后则为本生父母降服期。《家礼》有两条原则规定，即："凡男为人后，女适人者，为其私亲，皆降一等。"③ 因此，很多具体服纪条目都被省略掉，交由读者自己推论。但是从齐衰杖期开始，出现了大量降服。譬如，齐衰不杖期中的降服，很多是因为子为人后、女出嫁而从三年本服上减轻形式的，《家礼》并无明晰交代。杨复、刘垓孙《集注》卷五说："按：为人后者，为其父母报，女子适人者，为其父母，此是不杖期大节目，何以不书也？盖此条在后'凡男为人后者，与女适人者，为其私亲，皆降一等'中，故不见于此。"④ 按照《集注》的解释，读者只能从这一抽象规定中，推论出降服的具体情形。《通释》却在"不杖期"条下，不厌其烦地详细列举了"男为人后者""女适人者"降服的情形。

关于义服，《通释》卷二云："元非本族，以义相聚而为之服，如夫为妻，舅姑为子妇之类，名曰义服。"⑤ 简而言之，义服就是没有血缘关系者相互之间的服纪关系。

下面，对《通释》与《家礼》在降服、义服以及其他服纪条目方面的差异情况做一概述。

斩衰三年因居于服纪体系的最顶端，没有降服的情况，《家礼》《通

---

① 朱彝尊：《经义考》卷一百三十七，《经义考新校》第六册，页2537。
② 车垓：《内外服制通释》卷二，《丛书集成续编》第九册，页19。
③ 朱熹：《家礼》卷四，《朱子全书》第七册，页912。
④ 杨复、刘垓孙：《文公家礼集注》卷五，第三册，页7。
⑤ 车垓：《内外服制通释》卷二，《丛书集成续编》第九册，页19。

释》二书完全一致。《家礼》和《通释》对齐衰杖期、齐衰五月、齐衰三月降服义服的记载也完全一致，故下文只讨论斩衰三年、齐衰杖期、齐衰五月、齐衰三月以外的各类服纪的降服和义服。

1. 齐衰三年的降服和义服

《通释》在义服中增加了"为养母"，《家礼》无此条。《开元礼》、《通典》、《庆元条法事类》及杨复《仪礼经传通解续》中皆无，当属《通释》创格。所谓"养母"的内涵也和一般理解基本相同："养母者，谓养育同宗之子及异姓三岁以下遗弃之子者也。子得其收养以至长大，恩义非轻，比同亲母，故亦宜为义服齐衰三年也。"① 在齐衰三年义服中还有慈母（父之妾）、继母（父之继室），这些虽非丧子亲生母亲，但与被抚养之子之间同处一个小家庭内，是父亲的配偶，故与己身存在亲属关系。养母的情况更加复杂，有可能与被抚养之子之间同姓同族，也可以异姓无亲。《家礼》何以不为养母立服制，《通释》未加解释，而只是从正面阐述自己的理由："子得其收养以至长大，恩义非轻，比同亲母。"即完全是从"恩义"的角度考虑。《通释》之后，元人龚端礼《五服图解·礼制六父十二母图》中有"养母"："谓过房同宗或乞养义子，及遗弃小儿，齐衰三年。改嫁期服，被出无服。"② 其意义与《通释》同。现存《五服图解》刊刻的时间在《通释》首次付刻之前，似不可能受到《通释》的影响。

2. 齐衰不杖期的降服和义服

《家礼》降服只有"嫁母出母为其子"一条，《通释》则增加了三条：为人后者为本生父母；本生父母为其子之为人后者；女适人者为父母。杨复在《集注》中也曾经提到这三条降服。

3. 大功九月的降服和义服

大功九月项下，《家礼》不载降服，《通释》则著录了7条；相应的义服，《家礼》载录4条，《通释》在此基础上增加了2条。降服和增加的义服都是由"为人后者"和"女适人者"两种情况引起的新的服纪关系，如降服中的"为女适人者""为伯叔父及兄弟及兄弟之子为人后

---

① 车垓：《内外服制通释》卷三，《丛书集成续编》第九册，页27。
② 龚端礼：《五服图解》，《宛委别藏》第十册，页7。

者",义服中的"为人后及女适人者为伯叔母""为夫兄弟之子为人后及女适人者",等等。

4. 小功五月的降服和义服

《家礼》不载降服,《通释》则著录了 8 条,也是属于"为人后者"和"女适人者"的类型。

5. 缌麻三月的降服和义服

由于缌麻三月这一丧期的亲属已比较疏远,故服丧对象众多,服纪条目最为繁多。但《家礼》中降服却只有 1 条、义服 25 条。而在《通释》中,降服达到了 25 条,只有"庶子为父后者为其母"是《家礼》原有的;义服亦多达 32 条,比《家礼》增加了 7 条。经过比较,都属于"为人后者"和"女适人者"的类型。

6. 殇服性质的降服

殇服实际上也是一种降服,即逝者未成年,相应的,以其为中心的各种服纪都要降等。《家礼》对殇服的规定是非常原则性的:"凡为殇服,以次降一等。凡年十九至十六为长殇,十五至十二为中殇,十一至八岁为下殇。应服期者,长殇降服大功九月,中殇七月,下殇小功五月;应服大功以下,以次降等;不满八岁,为无服之殇。"① 《通释》的卷八《三殇以次降服》专门讨论了殇服,对这些原则性的规定进行了具体的解释,本卷今本已亡佚,仅存目录,从中亦可窥见梗概。因为殇者年幼,不可能有子女,因此没有为其服斩衰三年、齐衰三年的情况,故殇服是从期服开始的。

①应服期而殇者降服大功、小功:《通释》规定了正服 3 条,义服 1 条。

②应服大功而殇者降服小功、缌麻:《通释》就具体解释了《家礼》所谓"应服大功以下,以次降等"的含义。计有正服 2 条,降服 3 条,义服 1 条。

③应服小功而殇者降服缌麻:《通释》计有正服 7 条,降服 5 条,义服 4 条。

《通释》除了大量增补《家礼》未载的降服、义服之外,还对一些

---

① 朱熹:《家礼》卷四,《朱子全书》第七册,页 912。

《家礼》中没有体现，但在实践中相当重要的服纪关系做了补充。如，《家礼》未提及姊妹既嫁如何相互持服。杨复、刘垓孙《文公家礼集注》云："愚按，不杖期注，正服当添一条'姊妹既嫁，相为服也'，其义服当添一条'父母在，则为妻不杖也'。"① 同时，《文公家礼集注》在卷四《本宗五服图》中"姊妹"方格中注明："姊妹既嫁，相为服不杖期。"② 但是，《本宗五服图》是以男子为中心的，这里的"相为服"是男子与其姊妹之间的"报服"，姊妹之间的服制虽然可以由此推论，但终属交代不清。杨复所撰《仪礼经传通解续》卷十六上有《女子子适人者为其本宗服图》，但在"兄弟姊妹"一格中，注为"为父后者不杖期，余大功"，表述得也不清楚。③ 车垓显然注意到了这两个问题，在《通释》卷一《女出嫁为本宗降服之图》中"姊妹"一格中注云："姊妹既嫁，相为服不杖期。"与杨复的《女子子适人者为其本宗服图》一样，《通释》的《女出嫁为本宗降服之图》以出嫁之女为中心，因此其相对关系就较《文公家礼集注》明晰很多，而且《文公家礼集注》中并无此图。

又比如，袒免亲（即五服之外，较缌麻亲更为疏远的亲属关系），《家礼》限于篇幅没有交代，车垓详细解释了袒免亲的外延："高祖兄弟、曾祖从父兄弟、祖再从兄弟、父三从兄弟、身之四从兄弟。"④ 同时在《通释》卷一的《服制图》中特制《袒免服图》。

最后，门人为师父持服，官方并没有规定，《家礼》也未提及此种服纪关系。车垓在《通释》卷二中全文转录了王柏的《朋友服议》，认为应以深衣加绖带。本书第十章将集中讨论王柏此文，这里就不加赘述了。

第三节 《通释》促进《家礼》大众化的努力

《通释》是以推广《家礼》为己任的，而《家礼》本身也力求简明、注重在大众中推广实践，无论《通释》的篇幅较《家礼》膨胀了多少

---

① 杨复、刘垓孙：《文公家礼集注》卷五，第三册，页7。
② 杨复、刘垓孙：《文公家礼集注》卷四，第二册，页16。
③ 黄榦、杨复：《仪礼经传通解续》卷十六上，《文渊阁四库全书》册132，页197。
④ 车垓：《内外服制通释》卷二，《丛书集成续编》第九册，页23。

倍，也绝不会在这一点上违背《家礼》。车垓把《家礼》中表述极其简单的服纪条目，逐一阐明其合理性，而只是在他认为极端必要的情况下才引用经、传、律、令。这与朱子学系统中经学研究博引经传律令、特别是《仪礼》《礼记》的经文和注疏的方法（典型者如黄榦、杨复《仪礼经传通解续》）完全不同。这可能是因为他本人的经学功底并不深厚，也可能是《仪礼经传通解》珠玉在前，难以超越。

以下对《通释》推动《家礼》通俗化的努力分别加以论述。

一 重视用图表来描述服制关系

《通释》卷一为《服制图》，共收录了17幅图表，详细勾勒了各种血亲、姻亲所适用的服制。卷二为《五服丧制名义》，主要介绍了各种服制的名称含义，简单介绍了制作各种服制需要的材料、尺寸，也就是《家礼》的丧礼部分的前两个单元。卷三至卷七为《五服图说》，这五卷把《家礼》"成服"部分中提到的所有服制关系，都一一加以文字解释。由于有些亲属的名称比较冷僻拗口，读者可能难以理解，车垓将每一种服制关系画了一张关系图，说明以"己身"为中心，与服丧对象的关系。譬如，"嫡孙父卒为祖母加服齐衰三年"图示如下：

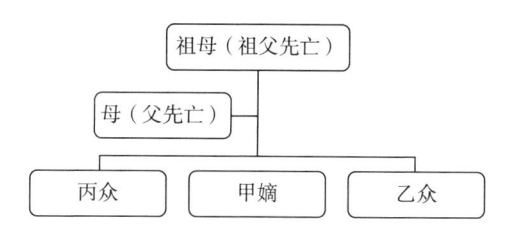

```
              祖母（祖父先亡）
                    │
        母（父先亡）┤
        ┌───────────┼───────────┐
      丙众         甲嫡         乙众
```

所谓"乙众""丙众"，即指庶出之子乙、丙。甲嫡，即嫡子甲，也就是祖母的嫡孙。这样一来，使读者一目了然这一服制关系是在何种情况下成立的。

二 尊重通行习俗

在《通释》卷二《五服丧制名义》中，车垓所介绍的内容与《家礼》有所不同。先看《五服丧制名义·斩衰服》：

> 斩，不缉也。为父丧，痛切至甚，其服上下四旁皆不缉，若刀

斧斩锉而成，故曰斩衰。《五服缞裳制度》云："在上曰缞，在下曰裳。凡衰外削幅，裳内削幅。"外削幅者，谓缝之边幅向外也。内削幅者，谓缝之边幅向内也。五服之制皆准此。又云："衰者，摧也。以孝子有哀摧之心也。"《礼》云："父服用苴。"麻苴。麻，连根麻也，不去根，不浸缉，不择洗，不杀边。其服用三升布为之，升八十缕，布阔二尺二寸，经止二百四十缕，则布极其粗矣，故以为斩衰之服也。不去其根者，谓父子之道不绝其根本也。①

《家礼》"一曰斩衰三年"下云：

斩，不缉也。衣裳皆用极粗生布，旁及下际皆不缉也。裳前三幅、后四幅，缝内向，前后不连。每幅作三䫌，䫌，谓屈其两边，相著而空其中也。衣长过腰，足以掩裳上际，缝外向，背有负版，用布方尺八寸，缀于领下垂之前。当心有衰，用布长六寸、广四寸，缀于左衿之前。左右有辟领，各用布方八寸，屈其两头，相著为广四寸，缀于领下，在负版两旁，各掩负版一寸。两腋下有衽，各用布三尺五寸，上下各留一尺正方，一尺之外，上于左旁裁入六寸，下于右旁裁入六寸，便于尽处相望斜裁，却以两方左右相沓，缀于衣两旁，垂之向下，状如燕尾，以掩裳旁际也。冠比衣裳用布稍细，纸糊为材，广三寸，长足跨顶，前后裹以布，为三䫌，皆向右纵缝之。用麻绳一条，从额上约之，至顶后交过，前各至耳，结之以为武。屈冠两头入武，内向外反屈之，缝于武。武之余绳垂下为缨，结于颐下。首经以有子麻为之，其围九寸，麻本在左，从额前向右围之，从顶过后，以其末加于本上，又以绳为缨以固之，如冠之制。腰经大七寸有余，两股相交，两头结之，各存麻本，散垂三尺，其交结处两旁各缀细绳系之。绞带，用有子麻绳一条，大半腰经，中屈之为两股，各一尺余，乃合之，其大如经，围腰，从左过后至前，乃以其右端穿两股间，而反插于右，在经之下。苴杖用竹，高齐心，本在下。屦亦粗麻为之。妇人则用极粗生布为大袖长裙盖头，皆不

---

① 车垓：《内外服制通释》卷二，《丛书集成续编》第九册，页17。

绖,布头帩,竹钗麻屦。众妾则以背子代大袖。凡妇人皆不杖。其正服,则子为父也。其加服,则嫡孙父卒为祖,若曾高祖,承重者也;父为嫡子,当为后者也。其义服,则妇为舅也,夫承重则从服也;为人后者为所后父也,为所后祖,承重也,夫为人后,则妻从服也;妻为夫也;妾为君也。①

《家礼》这一大段中,自"其正服则子为父也"以下专论服纪,《通释》于卷三相应部分中有详细介绍。而关于丧服本身的制作,《家礼》描述极为详尽,《通释》却删掉了90%的内容。按照常理,《家礼·成服》部分仅2200字,《通释》篇幅达七卷之多,何不保留这些文字呢?这是因为,《家礼》所描述的丧服的尺寸样式,衰、辟领、负版、绖、冠、屦等,在南宋末年已经不大实用,甚至难以仿行。《家礼》所述的"斩,不缉也。……在负版两旁,各攙负版一寸"一段文字,记述了辟领的制作方法,杨复的《文公家礼集注》就认为:"丧服制度,惟辟领一节,沿袭差误,自《通典》始。"② 接着便大段引用《丧服记》及汉唐注疏进行了考证。可见,《家礼》所描述的这些衣裳制度细节都是存在争议的。

相比之下,《通释》论"斩衰服"的内容,回避了这些聚讼千年的学院式争论,而专注于实用性。譬如,《家礼》对斩衰服的材质,只称"极粗生布",对齐衰服的材质,则称"次等粗生布","粗"到何种程度则并未明言。车垓根据有关文献(包括杨复的《家礼附录》)指出,粗布,应该是粗麻苴布,而"麻苴",指连根麻,制作这种粗麻布的工艺是:"不去根,不浸缉,不择洗,不杀边。其服用三升布为之,升八十缕,布阔二尺二寸,经止二百四十缕,则布极其粗矣。"这就具体而详细地解释了,所谓"极粗",是指二尺二寸宽的布只有二百四十缕线头。齐衰服等而次之:"其服用三升半布为之,则其经当二百八十缕矣,所以微异于斩衰之布也。"③ 布料材质与斩衰一样,而稍加细密,由二百四十缕增加为二百八十缕。

---

① 朱熹:《家礼》卷四,《朱子全书》第七册,页908~909。
② 杨复、刘垓孙:《文公家礼集注》卷五,第三册,页1。
③ 车垓:《内外服制通释》卷二,《丛书集成续编》第九册,页17。

又如大功之服："用稍细熟麻布为之。《礼》：用八升九升布。"①《礼》当指《仪礼》《礼记》及其注疏。小功之服则用十升、十一升布。缌麻是服制中最低层次，所持服的对象关系最为疏远，《家礼》仅称用"极细熟布"，《通释》有如下说明：

> 缌即丝之义也。《礼》：布用十五升，抽其半。抽其半者，八十缕为一升，乃千二百缕，抽其半六百缕。世俗以为九升半，升（原本阙文）……如今时单串布，可谓细而疏，最轻也。《白虎通》云：缌麻之布，用麻与丝相兼而成，故曰缌麻。今世俗以落机熟苎布为之，或以生绢为之，盖省约也。然亦未尝用缘裳之制，但为襕衫而已，要亦以其服之至轻故也。②

这段文字介绍了古礼的规定，也介绍了当时社会上流行使用的布料材质，如"单串布""落机熟苎布"，在车垓看来，用这些材质也是可以代替《家礼》规定的麻与丝混编的"缌麻"。这些实用的信息，在杨复、刘垓孙的《文公家礼集注》中也找不到。

又譬如，车垓分析了袒免服的古今制度之殊："袒，谓偏脱一袖也。临丧而袒，所以示哀苦之劳也。免，谓裂布广寸，自项向前交于额上，却绕髻，如着掠头也。古者五服之人将带首绖，必先之以免，故于五世之亲而以袒免为服也。然袒免之仪其废久矣，故今之人虽齐衰带绖，而亦未尝免也。是以于五世之亲不为袒免之服，止于成服之日白襕缟巾吊哭而已。"③ 袒和免的本义都对应着具体的服装安排，但是在南宋后期，"袒免之服"在民间已经不再通行，人们只是在成服之日白襕缟巾吊哭。车垓对这种俗礼给予了客观的介绍而并未加以贬低。

三 以音训义

车垓所引用的典籍既包括《仪礼》《礼记》，也包括大量的训诂性质的著作，如《广雅》《说文解字》。此外，《白虎通》虽然不是以训诂见

---

① 车垓：《内外服制通释》卷二，《丛书集成续编》第九册，页19。
② 车垓：《内外服制通释》卷二，《丛书集成续编》第九册，页20。
③ 车垓：《内外服制通释》卷二，《丛书集成续编》第九册，页20~21。

长的著作，但内有很多以训诂形式解释名义的内容，因此也被车垓引用。车垓所引用的《仪礼》《礼记》中，几乎没有关于服纪本身何以成立的内容，而都是音义训诂性质的字句。

在这些训诂中，数量最多的是以音训义，如"夫者，扶也，以道扶接也。妻者，齐也"，"姊，咨者也"，"妇，服也"等。谐音、一音之转，将本质蕴含在读音之中，使得读者领悟到语言自起源以来就具有相应的伦理本质。

（子为父斩衰三年）释曰：《白虎通》云："父，矩也。"……又云："父者，覆也。谓如天之覆于下也。"（卷三，页24）

（嫡孙父卒为祖斩衰三年）释曰：《广雅》云："孙，顺也。"顺于祖也。许慎云："从子，从系。系，续也。"言顺续先祖之后也。（卷三，页24）

（父为长子斩衰三年）释曰：《广雅》云："子，孜也。"以孝事父，常孜孜也。（卷三，页24）

（妇为舅斩衰三年）释曰：《说文》云："妇，服也。从女，从帚，持帚洒扫也。"《白虎通》云："妇者，服也。以礼屈服于舅姑者也。""舅者，旧也。旧，老人之称也。尊如父而非父者，舅也。"（卷三，页25）

（妻为夫斩衰三年）释曰：《白虎通》云："夫者，扶也，以道扶接也。""妻者，齐也。"《礼》云："夫者，妻之天也。"饮食、存亡、贵贱听于夫命。"夫，至尊也。"马融曰："妇人天夫，故曰至尊。"（卷三，页25）

按：此处的《礼》指《仪礼》，"夫者，妻之天也"，"夫，至尊也"，系《仪礼·丧服》经文，"马融曰"出自杜佑《通典》所引马融注。

（妾为夫君斩衰三年）释曰：妾，接也。接奉夫君，如妻之体也。（卷三，页25）

（子为母齐衰三年）释曰：《广雅》云："母，牧也。"牧，养也。（卷三，页26）

（妇为姑齐衰三年）释曰：《白虎通》云："姑者，故也。故，老人之称也。"（卷三，页26）

（为兄弟齐衰不杖期）释曰：兄弟者，己之亲兄弟也。《广雅》云："'兄，况也。'况于父也。'弟，悌也'，顺于兄也。"故兄为弟、弟为兄，皆服不杖期也。（卷四，页29）

（为姑姊妹女在室及适人无主者齐衰不杖期）释曰：徐锴云："姑，故也，言尊如故也。""姊，咨也，以其先生，可咨问也。"《说文》云："妹，女弟也。"又谓之娚。《广雅》云："女，如也。"《白虎通》云："言如人也。"徐锴云："女子从父之教，从夫之命，故曰如人也。"（卷四，页30）

（为曾祖父母齐衰五月）释曰：曾，重也。谓重祖父母也。（卷四，页33）

上面所举音训的例子，都是用同音字、音近字解释逝者与丧主的关系的伦理本质，从这一伦理本质出发确定服纪关系。当然，这仍然是以客观存在的、古代的文本完成的，无非是这些训诂的文本在明晰简洁方面大大超过了艰涩的《仪礼》《礼记》相关篇章而已。

除了"以音训义"，《通释》也注意以形训义。如"兄，况也"，"夫，天也"，"女，如也"，等等。读音和字形是文字最基本、最原初的属性，从字形的构件和相近的读音中寻找语词的意义，尽管未必十分准确，却最直接、最明白，易为读者接受和理解，避免了给读者造成这些伦理本质是由外部强加的印象。

四　礼以义起，还原生活场景

逝者与丧主的关系决定了服纪，《通释》很少从经传中寻求依据，而是直面这种关系的本质，而是引导读者进入这些生活场景中，领会这些伦理本质之所以成立，是由现实生活中真实的情义浅薄来决定的，从而把服纪关系归结为人人可以理解的"人情物理"。

如，为慈母服齐衰三年，《通释》云："庶母早死，父命他妾无子者养己，是为慈母。慈养义重，比同亲母，故子亦为义服齐衰三年也。"（卷三，页27）为养母服齐衰三年，《通释》云："子得其收养以至长大，恩义非轻，比同亲母。"（卷三，页27）

关于为嫁母出母齐衰杖期的问题，其中"出母"是被父亲所休而离开家庭，并非自愿离开，因此子为亲生母服杖期历来没有争议。所谓

"嫁母"则是父卒后母改嫁的情形,即其母主动离开了家庭,放弃了赡养子女的权利,那么子女是否应该为其持服?车垓引用了《通典》中各方的意见。一派(韦玄成)认为:"父没,则母无出嫁之义,王者不为无义制礼。"母亲既然改嫁,与原家庭恩断义绝,子不必为其持服。另一种意见(萧太傅)则认为当服期。车垓提出了自己的看法:"愚窃谓所议嫁母一节,若子可依而母改嫁,是宜从元成之议;若子不可依,母不得已而改嫁者,则为服杖期不为过也。"(卷四,页28)车垓认为,妇女没有独立的谋生能力,如丈夫先卒,儿子又无力赡养她,就彻底失去了经济来源,在这种情况下的改嫁属迫不得已,其子仍应该为其齐衰杖期;如果明明可以得到儿子的赡养,却因为无法忍受守寡而改嫁,则其子不应为其持服。车垓的分析注意到实际生活的复杂性,难以生硬地套用伦理道德,颇为通达人情。

又比如"为姑姊妹女在室及适人无主者齐衰不杖期",这里包括了两种情况,一种情况是姑姊妹女未嫁而亡,另一种情况是已经出嫁但无依靠者(丧夫且无子可依)。根据降服的原则,女适人者应该在本等服制上降一等,本不应该和姑姊妹女未嫁而亡者同服齐衰不杖期,而应降为大功。车垓的解释是:"或已适人而丧夫无子,是无夫与子为祭主,此乃人之所哀怜,故不忍降之大功,而亦为服不杖期也。"(卷四,页30)本来妇女嫁人后已经在夫家取得了新的社会身份和家庭成员的身份,因此娘家为其降等持服,以显示这种身份和关系的变化;但妇女丧夫无子后,已经失去了所依赖的身份和关系,因此娘家一方应给予同情和关照,不降服上了。

五 亲属称谓的通俗化

俗呼是《通释》在通俗化方面的另一个尝试。如《通释》引《户令》:"妻犯七出,内恶疾,而夫不忍离弃者,明听娶妾,昏如妻礼。"故今俗呼为"小妻"也。① 具体各例详见下表:

《家礼》称谓	《通释》俗称	出处
为夫兄弟之子妇	此则俗所谓伯叔母为孙妇服也	卷五,页37

---

① 车垓:《内外服制通释》卷三,页25。

续表

《家礼》称谓	《通释》俗称	出处
为外祖父母及舅、从母	此即母之父母、兄弟、姊妹也	卷六，页40
为从父兄弟之为人后者	谓亲伯叔之子，即堂兄弟也	卷六，页41
为从祖祖母	乃祖之兄弟之妻，即俗呼为伯叔母、叔祖母者是也	卷六，页42
为从祖母	即父之堂兄弟之妻，俗亦呼为伯母、叔母者也	卷六，页42
女为兄弟侄之妻	女于亲兄弟侄之妻，所谓兄嫂、弟妇及侄妇者也	卷六，页43
为娣姒妇	或云妯娌	卷六，页43
为从母兄弟姊妹	即俗所谓两姨兄弟姊妹者也	卷七，页48
为从祖祖父、从祖父之为人后者	从祖祖父者，祖之兄弟、己之伯祖、叔祖也；从祖父者，父之堂兄弟，己之堂伯堂叔也	卷七，页49
为人后者为从祖祖父、从祖祖姑	祖之兄弟姊妹，己之从祖祖父、从祖祖姑，即俗呼为伯祖父、叔祖父、姑婆者是也	卷七，页49~50
为族曾祖母	曾祖兄弟之妻，俗呼为太伯祖母、太叔祖母者也	卷七，页54

小　结

《通释》脱稿于南宋灭亡前夕（约1276），但付梓刊刻却已经是元顺帝至元四年（1338），因此，此书的社会影响主要是在元后期。在礼学史上，车垓的《内外服制通释》算不上杰出的名著。四库馆臣认为："故垓是书，一仿文公《家礼》而补其所未备，有图有说，有名义有提要，凡正服、义服、加服、降服，皆推阐明晰，具有条理。牟楷《序》谓：'《家礼》著所当然，此释其所以然。'盖不诬也。"① 所谓补《家礼》所未备，并不是车垓的礼学水平超过了朱熹，而只是《家礼》的"丧礼"部分限于体裁和篇幅限制，不能面面俱到地载录相关信息。车垓所做的大量工作只是以"推阐明晰、具有条理"的方式，将那些礼学研究中的成说定论呈现给读者，使得读者能够在日常生活中方便地实践操作。从这个意义上说，《通释》的编撰是将《家礼》"丧礼"部分生活

---

① 车垓《内外服制通释》提要，《丛书集成续编》第九册，页1。

化、大众化的尝试。

当然,车垓并未完全盲从《家礼》,他一方面批评杨复不应怀疑朱熹的"妇人不杖"说,另一方面则对《家礼》卷一所述的《深衣制度》也有怀疑。柳贯说:"订核礼经,分别制度,谓丧服之亲疏隆杀,深衣之续衽钩边,虽《家礼》之证定,注疏之引援,亦庸有所未尽。用广头在下之说以改正深衣,辨内外正降之义,以图列服制。"① 柳贯并未明确提及《内外服制通释》一书,但他所概述的这些内容与今本仅存卷名的《通释》卷九《深衣疑议》颇为吻合,可见此卷是专门针对《家礼》的深衣制度而撰写的。

---

① 柳贯:《待制集》卷十二《双峰先生墓表》,《文渊阁四库全书》册1210,页390~391。

第十章　北山世嫡：朱子学师统崇拜的顶峰

长期以来，北山学派几乎成了宋元两浙朱子学的代表。北山学派号称何、王、金、许"四先生"，实则仅为三代学者：王柏（1197~1274）只小何基（1188~1269）九岁，勉强可以算是一代人；金履祥（1232~1303）经王柏介绍师事何基，何基逝世后，又以王柏为师，故为二代传人；许谦（1270-1337）师事金氏，为第三代。这个学派自何基于嘉定元年（1208）师事黄榦开始，至1337年许谦去世为止，前后延续了将近130年，而且何、王、金、许四人都是有相当成就的学者，留下了比较丰富的著作。许谦去世后，北山学派被称为"朱学世嫡"，这一桂冠还载入了明修正史《元史》（见卷一百八十九《许谦传》）。这在宋元朱子学各个传授分支中是绝无仅有的。因此，北山学派是宋元时代两浙地区朱子学研究无法回避的重要领域。

本章不可能对北山学派的学术成就作全面的梳理考察[①]，而是按照本书的整体逻辑框架，对北山学派"世嫡"说的形成和发展进行考察。

第一，"世嫡"说是如何出现的，"世嫡"说与"的传""真传""正传"有何关系。

第二，本章试图解决北山学派形成发展过程中的一个有趣的现象：已有的研究都指出，北山学派是以谨守师说、羽翼朱熹为最大特色的；但是具体到何、王、金、许每个个体的学术主张，又会发现：王柏对朱熹的观点有很多修正，金履祥又继承了王柏对朱熹的修正，许谦则不敢质疑朱熹、王柏、金履祥。总之，"世嫡"（或"羽翼"）与"抵牾"形成了矛盾。金履祥对这一矛盾的解释是："自我言之则为忠臣，自他人言

[①] 相关研究参见程元敏《王柏之生平与学术》（华东师范大学出版社，2011），侯外庐、邱汉生、张岂之主编《宋明理学史》上册第二十三章《金华朱学的主要特点和历史影响》（人民出版社，1984），徐远和《理学与元代社会》第五章《北山学派》（人民出版社，1992），王锟《朱学正传：北山四先生理学》（上海三联书店，2010），高云萍《宋元北山四先生研究》（浙江大学出版社，2012），周春健《元代四书学研究》第五章第二节《金履祥、许谦与北山学派的四书学》（华东师范大学出版社，2008）。

之则为逸贼尔。"① 四库馆臣据此批评金履祥无实事求是之心，门户之见甚深。黄百家则认为具体学术观点虽有抵牾，但"其明道之心，亦欲如朱子耳。……乃学术之传，在此而不在彼，可以憬然悟矣"。② 黄百家认为，朱子学的真谛不是具体的观点，而是"明道之心"。公允地说，馆臣之说似以"门户"与"明道"水火不能兼容，有失偏颇；黄百家又以北山惟务"明道"，绝无门户，稽之史实，亦非确论。

本章认为，"世嫡"说自身存在着"厚今薄古"的悖论，即：离己身越近的师承，受到的崇拜、羽翼就越多；而离己身越远的师承，则是被超越、被修正的对象。这一悖论就导致了：为了论证和延续"世嫡"，就要不断地挑战朱熹。

本章共分四节，第一节讨论何基和王柏对南宋晚期朱子学内部乱象的批判和反思，第二节讨论王柏的师统观，第三节讨论金履祥具有独占性的师统观念，第四节讨论许谦去世后"朱学世嫡"论的形成和发酵。

第一节　何基、王柏对晚宋朱子学弊端的反思

本书第六章曾提到，黄震拒绝登台讲学、撰写讲义，理由是朱熹平生不撰讲义、不登讲坛。北山学派的开创人何基也是如此。何基长年过着隐居的生活："先生遁世不见知而无闷，闾里鲜有知其学问者，自船山杨先生与立一见之后，人始闻之。"③ 杨与立是朱熹亲传门人，经他宣传，包括王柏在内的后学之士才知道何基是黄榦门人。何基对于开门授徒十分谨慎："好学之士次第汲引，而愿执经门下，先生劳谦固拒，虽后生小子，亦不肯受其北面之礼。"但是对前来请教的后生，"未尝不竭尽无余而与之言"并未主动登台演说。④ 金履祥说："自朱子之梦奠以及勉斋之既徂（殂），口传指授者或浸差其精蕴，好名假实者又务外以多诬。

---

① 金履祥：《论孟集注考证跋》，《全元文》卷二八一，第八册，江苏古籍出版社，1998，页777。
② 《宋元学案》卷八十二《北山四先生学案》，《黄宗羲全集》第六册，页228。
③ 何基：《何北山遗集》卷四附录王柏《何北山先生行状》，金华丛书本，页5 金华丛书，清胡丹凤辑，同治、光绪永康胡氏退补斋刻本。
④ 何基：《何北山遗集》卷四附录王柏《何北山先生行状》，金华丛书本，页5 金华丛书，清胡丹凤辑，同治、光绪永康胡氏退补斋刻本。

惟先生订师言以发挥,剔众说之繁芜,以为朱子之言备矣,学之者惟真实之心地与刻苦之工夫,能此者,虽不及吾门可也,又何有开门而受徒?"① 何基拒绝收徒,他认为只要遵循朱子学工夫的要领,不必口传面授,完全可以通过自修而掌握朱子学的精蕴。当时有些黄榦门人到处应聘讲学,何基对此也有不满:"于其同门宿学犹不满。"他说:"恨某早衰,不如若人强健,遍应聘讲,第恐无益于人,而徒勤于道路尔。"② 何基放弃出仕和拒绝讲学,便是以实际行动批评这种现状。在不事讲学、不撰讲义这一点上,何基与朱熹完全一致。这说明,何基虽不否定朱子学师统传道的意义,但更注重于学统传道。

何基不愿外出登台讲学,王柏则讲学之日甚长,这自然大大便利了师徒授受关系的构建,③ 不过王柏仍高度重视学统的完善。他曾指出:"世无明师,师书可也。师不常有,书不常存,书之功信大矣。"④ 又说:"圣贤吾不得而见之矣,而得见圣贤于书;治乱吾不得而见之矣,而得知治乱于史。事纪于言,理寓于事,非事则理不可见,非言则事不可传。大哉,书与史之功乎!所以关万世之光明,立人心之好恶也。"⑤ 王柏认为,书是记载圣贤真理的唯一载体,而经又是书的精华,对经书进行文本上的厘定和清理,是继承发展理学的基础和前提。因此,王柏所进行的删经、改经的活动,都是从维护学统的角度出发的。金履祥曾著《四书集注管见》一书,自称其宗旨是:"凡有得于《集注》言意之外者,则书。"王柏对此表示"予窃惑焉",并批评道:

> 夫孟子之所谓自得,欲自然得于深造之余,而无强探力索之病,非为脱落先儒之说,必有超然独立之见也。举世误认自得之意,纷

---

① 金履祥:《仁山文集》卷四《祭北山先生文》,《文渊阁四库全书》册1189,页823。
② 吴师道:《吴师道集》卷二十《节录何王二先生行实寄史局诸公》,下册,浙江古籍出版社,2012,页732。
③ 他在理宗端平二年(1235)师从何基前,没有外出讲学的记录。淳祐十一年(1251),应婺州知州蔡杭之聘,任丽泽书院山长;宝祐四年(1256),又应知州杨栋之聘,再任丽泽书院山长;景定三年(1262),应台州知州赵景纬之聘,任台州上蔡书院堂长。王柏主讲书院的时间,考证分别见程元敏《王柏之生平与学术》上册,页91、101、109。
④ 王柏:《鲁斋集》卷十三《复斋书目跋》,《文渊阁四库全书》册1186,页204。
⑤ 王柏:《鲁斋集》卷九《通鉴托始论》,页139。

纷新奇之论，为害不小。且《集注》之书，虽曰开示后学为甚明，其间包含无穷之味，益玩而益深，求之于言意之内尚未能得其髣髴，而欲求于言意之外，可乎？①

王柏这里提出的观点，与黄震有异曲同工之妙：自得是自然而有所得，而不是标新立异式的自有所得；对朱子学的创新必须建立在对《四书集注》的研究玩索之上，没有吃透《四书集注》文本，而去求索所谓"言外之意"，是极为危险的。

对于由师统崇拜而形成的对朱熹的个人崇拜，王柏也有批评。如董槐、车若水等认为《大学》"格物致知传"没有亡佚，只是因为错简而移动了位置，《大学》首章"知止"至"近道矣"即是"格物致知传"本文。此说一出，便遭非议，以车、董二人背叛朱熹。对于这些非议，王柏批评道："考亭后学，一时尊师道之严，不察是否，一切禁止之。此言既出，流传渐广，终不可泯。"② 王柏认同董槐、车若水的观点，并进行了详细论证，他举出朱熹的若干言论，证明朱熹也认识到此章可能可以补《格物致知传》之缺。有意思的是，表面上是王柏、车若水、董槐等人修改了朱熹的成说，发明了新说，但在论述这一观点的《大学沿革后论》一文开头，王柏先义正词严地批评了世人"厌陈言而喜奇论"的弊病：

盖陈言，人之所玩熟，故易厌；奇论，人之所创闻，故易喜。殊不知陈言虽易厌而可常，奇论虽易喜而必不能久也。譬之布帛谷粟，朝夕服食，而终身不能易；譬之日月星辰，终古常见而光景常新，而况圣人之书正大而平实，精确而详明，亘千万世而不可磨灭，平其心、易其气求之，犹虑其不可得，而可以新奇求之哉？后世乃穿凿而好异，傅会而骋巧，不几于侮圣言而坏心术乎？此所以为先儒之所呵斥也，仆鉴此病久矣。③

---

① 王柏：《鲁斋集》卷九《金吉甫管见》，页143。
② 王柏：《鲁斋集》卷十《大学沿革后论》，《文渊阁四库全书》册1186，页152。
③ 王柏：《鲁斋集》卷十《大学沿革后论》，《文渊阁四库全书》册1186，页152。

朱子认为《大学格物致知传》已经永远亡佚，不得已之下选择用南宋的语言重新撰写，这显然是"奇论"；王柏等人仅仅把错乱的文句调整位置，使经得其传，传注其经，不用增加一字一句，反而是"陈言"。事实上，"陈言"虽然保守，但最大限度地在字面上尊重了经典，有可能更加接近《大学》本意；"奇论"则非常危险，有可能"侮圣言而坏心术"。王柏还认为，朱熹虽然意识到"知止章"可以解释八条目中的"格物致知"，但是最终没有下决心改定《大学章句》，朱子门人没有助其一臂之力，也有责任："此固已分明以《知止章》为《致知传》矣，但未决于迁也，惜乎读者未尝玩味，致此疑于沧洲讲席之上耳。"① 换言之，假如王柏自己是朱熹门人，有机会向朱熹问难，获得朱熹的认同，那么此一悬案必然已获解决。

可见，王柏自认学识素养和朱子学造不下于考亭亲传门人，他曾慨叹自己没有机会亲炙朱熹："某生也晚，曾不获侍沧洲之杖履，高山景行，寤寐不忘。"② 不过，王柏强调，读朱熹的著作就可以获得与亲传面授一样的领悟。譬如，展玩何基所书朱熹《远游诗》，可以直观地感受到朱熹的风范："或暇日整衿澄虑，披展玩索，跃然兴起，如相与携杖于沧洲云谷之间，不知古今之远、出处之异，庶不负尊贤之初心云。"③

一方面，王柏自认为学养不逊色于朱熹亲传弟子；另一方面，那些亲炙过朱熹的门人不但在继承弘扬朱子学方面并不令人满意，有的连道德操守都成问题。王柏在《畴依》中说："流泽未远，口耳复迷。篡组断碎，倚托媚时。大本斫丧，扰扰胡为。渊源微矣，予将畴依？"④ 虽然朱子门人遍满天下，朱子之书家藏户有，但这一群体既不能把握朱熹思想学术的精华，又贪慕荣华富贵，屈服于政治权力。个别弟子在朱熹健在时已经背叛了师门："昔紫阳之门，四方之士云集，不旋踵而倍其师说者亦有之，未有一再世之后而能守之而不变者也。科举之坏人心，犹未若今日之甚。……今之士者，方攘窃紫阳之绪言以求进取之利者，纷纷

---

① 王柏：《鲁斋集》卷十《大学沿革后论》，《文渊阁四库全书》册1186，页155。
② 王柏：《鲁斋集》卷十《大学沿革后论》，《文渊阁四库全书》册1186，卷十三《朱子系年录跋》，页203。
③ 王柏：《鲁斋集》卷十，《跋北山画朱子诗送韦轩》，页199。
④ 王柏：《鲁斋集》卷一《畴依》，《文渊阁四库全书》册1186，页7。

皆是。"① 朱熹的再传、三传弟子已经开始背叛朱熹,一般读书人则把朱熹学说当作进取谋利的工具。那些相继出任高官的朱子门人或朱子学人士汲汲用世,但自身学问修养的根本并不牢固,因此一无所成,导致南宋政权的危机日益深重:"世衰道微,学绝教舛。士气不振,风俗不振,正以士大夫体不立而急于用。借济时行道之言,以盖其富贵利欲之私意。近世一二贤者固有以异乎今之人矣,进而未能尽副海内之望,亦以其体未至于无不具,所以用亦有所未周欤?此古今之通患也。"② 所谓"近世一二贤者",当指真德秀、魏了翁、杜范这些出任宰执高位的朱子学人士。当有人批评何基终身不仕,隐居乡里,因此是"有体无用"之学时,王柏指出,用自体出,体不立则无用,科举出仕不能等同于学以致用。自嘉定年间朱子学官学化运动以来,朱子学到底收到了多少学以致用的正面效果呢?他说:"自嘉定以来,党禁既宽,名公巨卿分布内外,不为少矣,然终不足以追乾道、淳熙之盛者,何哉?往往根本不壮,分量易满,爵禄之味深而性命之识浅。失其本心,澜倒而风靡者亦不为少,其间小智纤能,剽略见闻以资口给,亦足以欺世盗名,岂不大有负先帝崇儒重道之心?"③ 由于朱子学人士自身不知振作,辜负了理宗对朱子学的褒扬。

因此,王柏自31岁开始(远在师从何基前)便选择了做一个职业的朱子学学者,而不屑与那些名不副实的朱子学人士往来。他在理宗嘉熙元年(1237,年41)写道:"幼孤失学,颠倒沉迷,浸浸乎小人之归矣。一旦幡然感悟,弃其旧习,杜门谢客,一意读书,屏绝科举之业,克去禄仕之念,日夜探讨洙泗伊洛之渊源,与圣贤相与周旋于简册者,今几十载。然而气质昏惰,而未有人十己千之功以至于必明必强之地。"④ 所谓"周旋于简册者",意思是以研读朱熹著作为主要的学习手段,而很少与朱子学人士们交流。当然,王柏与何基还有一个很大的区别:何基不事著述,完全株守朱熹之说,王柏则大量著述,好立新说。王柏称赞何基读朱子书:"未尝参以己意,不立异以为高,不徇人而少变。盖其思

---

① 王柏:《鲁斋集》卷十一《跋朱子与时逊斋帖》,页167。
② 王柏:《鲁斋集》卷七《上王右司书》,页109。
③ 何基:《何北山遗集》卷四附录王柏《何北山先生行状》,页8~9。
④ 王柏:《鲁斋集》卷七《上王右司书》,《文渊阁四库全书》册1186,页107。

之也精,是以守之也固。"① 何基还认为:"《集注》义理自足,若添入诸家语,反觉散缓。"并说:"诸经既经朱子订定,其未暇者皆非甚切,且当谨守精玩,不必又多起疑论。有欲为后学者言,谨之又谨可也。"② 总之,对朱熹的观点不必怀疑,不必修正。据吴师道记载,王柏师从何基后,何基曾告诫他:"王文宪公柏既师事先生,先生谦抑,不敢以弟子视之。王公高明绝识,序正诸经,宏论英辩,质问难疑,或一事至十往返,先生终不变以待其定。"③ 何基文集三十卷,其中与王柏问答辩论者十八卷。从积极的方面说,王柏与何基的辩论促使何基留下了很多学术作品:"不因王公之问,则先生无一言,孰得而窥之哉?"④ 但也说明何基与王柏是截然不同的两类学者。值得深思的是,这种学术风格上的差异,使得何基与王柏恰好构成了一种互补的学术形态:何基侧重于继承朱熹已经论述的内容,王柏侧重于在方法论上继承朱熹,而完成朱熹的未竟之功。因此,合何、王为一人的话,其整个学术形态恰符合陈淳所说的:"或足其所未尽,或补其所未圆,或白其所未莹,或贯其所未一,其实不离乎程说之中。"⑤ 假如王柏完全遵循何基的学术风格,只知羽翼、继承,而不知修正、突破,那么北山学派也是不可能成立的。

何基和王柏的两种学术风格,对元代北山学派有着深刻的影响。大体而言,何基谨守师说的风格,在许谦那里可以看到更多的印记;金履祥则继承了王柏截断众流、独创新说的风格。许谦在延祐二年(1315)的一封信中写道:

> 道固无所不在,圣人修之以为教,故后欲闻道者,必求诸经。然经非道也,而道以经存;传注非经也,而经以传显。由传注以求经,由经以知道,蕴而为德行,发之为文章事业,皆不倍乎圣人,则所谓行道也。传注固不能尽圣经之意,而自得者亦在熟读精思之后尔。今一切目训诂传注为腐谈,五代以前姑置勿论,则程、张、

---

① 王柏:《鲁斋集》卷七《上王右司书》,《文渊阁四库全书》册1186,页4。
② 吴师道:《吴师道集》卷二十《节录何王二先生行实寄史局诸公》下册,页731~732。
③ 吴师道:《吴师道集》卷二十《节录何王二先生行实寄史局诸公》下册,页731~732。
④ 吴师道:《吴师道集》卷二十《节录何王二先生行实寄史局诸公》下册,页732。
⑤ 陈淳:《北溪大全集》卷三十九《(答陈伯澡)问子张问政章注》,《文渊阁四库全书》册1168,页813。

朱子之书皆赘语尔。又不知吾子屏绝传注，独抱遗经，其果他有得乎未也？不然，则梯接凌虚，而遽为此诃佛骂祖耳。由是观之，吾子之气亦少锐欤？且序文见襃者则为太过，而某平生之学未敢外先哲之言以资玄妙也。①

许谦认为，尽管经典不能记载道的全体大用，但作为进学修业的工夫，学者不可能在经典之外求"道"；而经自先秦以来，形成了汉唐乃至两宋诸儒的一系列传注训诂，这些传注解释是理解经典的必由之路，决不能轻视或扬弃。最后许谦表示，自己的学术研究从来就不敢越过先儒传注，否则将会沦为"以资玄妙"式的空谈心性。许谦的这一观点完全继承了朱熹在《中庸章句序》中提出的"吾道之所寄不越乎言语文字"的基本立场。

而王柏"截断众流"、改经疑传的学术风格，则更多地被金履祥所继承。以《尚书》为例，金履祥认为《尚书》已被汉唐诸儒窜乱破碎："《书》者，二帝三王圣贤君臣之心所以运量，警省通变，敷政施命之文也。君子于此考迹以观其用，察言以求其心，以诚诸身，以措诸其事，大之用天下国家，小之为天下国家用。顾不幸不得见帝王之全书，幸而仅存者，又不幸有差误异同、附会破碎之失。"② 北宋理学崛起之后，周、程、张乃至朱熹都未来得及整理此经，但是"二帝三王之心"已经被他们阐明，因此为整理《尚书》奠定了基本方向："幸而天开斯文，周、程、张、朱子相望继作，虽训传未备，而义理大明，圣贤之心传可窥，帝王之作用易见。"朱熹尽管未有专书解注《尚书》，但已有单篇论文传世（《小序》），主要纲领已经授予蔡沈，其成果就是《书集传》，因此朱熹以前各家传注已经由朱、蔡师徒清理整顿："诸说至此有所折衷矣。"但是《书集传》究非朱熹亲笔，仍有缺憾："但书成于朱子既殁之后，门人语录未萃之前尔。"③ 其他朱熹弟子所记录的朱熹关于《尚书》的观点，未被《书集传》吸收。在这种情况下，金履祥提出了自己撰写

---

① 许谦：《许白云先生文集》卷三《与赵伯器书》，《四部丛刊续编》册71，上海书店，1985，页20～21。
② 金履祥：《仁山文集》卷三《尚书表注序》，《文渊阁四库全书》册1189，页817。
③ 金履祥：《仁山文集》卷三《尚书表注序》，《文渊阁四库全书》册1189，页818。

《尚书表注》的原则：

> 履祥翻阅诸家之说，章解句释，盖亦有年。一日摆脱众说，独抱遗经，复读玩味，则见其节次明整，脉络贯通，中间枝叶与夫讹谬一一易见。因推本父师之意，正句画段，提其章旨与夫义理之微事为之概，考证字文之误，表诸四阑之外，以授子侄，间以示朋从之士。虽为疏略，然苟得其纲要，无所疑碍，则其精详之蕴，固在夫自得之者何如耳。①

金履祥自称对于历代各家注疏反复琢磨，但未得要领，而当他摆脱了所有这些历代学者层累构成的《尚书》解释史（"一日摆脱众说"），"独抱遗经"，直面《尚书》经文时，突然有所领悟。金履祥并未明言被他一日突然摆脱的"众说"中是不是包括《书集传》，但他肯定越过了汉唐诸儒的注疏。显然，金履祥编著《尚书表注》的基础，不是汉唐诸儒，而是朱熹之说和蔡沈《书集传》。朱熹以前各家注疏，已经朱熹和蔡沈清理整顿，定其去留，可取者尽见于《书集传》，不见于《书集传》者可视为无用。

第二节　王柏的师统观

端平二年（1235）冬，已经独自学习朱子学长达8年之久的王柏拜入何基门下。其实，在39岁拜入何基门下前，王柏已经认识了很多朱熹的亲传弟子。程元敏指出，当时金华籍贯或寓居金华的考亭门人，如徐侨、杨与立、刘炎，王柏都曾登门问学；外地的考亭门人如陈文蔚、郑师孟、叶味道，王柏也曾向其通信请教。② 至于再传弟子则更多了，与王柏过从甚密的有赵景纬（字德父，号星渚）③，他师从朱熹门人度正、叶味道，王柏不但与之通信论学，且曾受其聘请主讲隆兴府（今江西南昌市）东湖书院，交往较密。赵景纬去世后，王柏致信其子时提到：

---

① 金履祥：《仁山文集》卷三《尚书表注序》，《文渊阁四库全书》册1189，页817。
② 程元敏：《王柏之生平与学术》，下册，页1005~1006。
③ 生平见《宋史》卷四百二十五本传。

"虽闻诗礼亲传,渊源溥洽,未敢遽修东阁之敬。"① 对自己没能正式向赵景纬拜师感到遗憾。然而,所谓"未敢"只是谦辞,王柏对于拜师实有更深的考虑。

首先,王柏祖父王师愈曾向杨时问学,又是朱熹友人,朱熹曾为其撰神道碑铭。② 王柏之父王瀚、叔父王汉、王洽都是朱熹门人。③ 尽管王瀚在王柏15岁时就去世了,但王柏的家庭与朱熹渊源很深,其家藏朱熹致王师愈手书即有八帖,其中有的书信没有收入当时的朱熹文集之中。④ 相比之下,何基之父何伯慧只是于出仕的过程中结识了黄榦而已。可见,如果仅仅是获得一个进入朱子学传授谱系的资格的话,王柏的家庭背景可谓得天独厚。

因此,王柏拜师何基,显然并不仅仅出于接入朱子——勉斋这一传授系统的考虑。在王柏看来,朱熹去世后:"伊洛之学销毁仅存,孤立无助。勉斋黄先生续遗音于弦断丝绝之余,鼓而和者不过十余人,如大病方苏,元气未复。"幸好到了理宗即位之后,大力表彰朱子学,特别是在端平元年(1234)黄榦作为朱熹正统传人的地位得到了官方的确认,淳祐元年(1241)诏北宋五子从祀孔庙,朱子学迎来了千载难逢的发展机遇。可是,在这个时候朱子学人士群体的主流已经不能继承弘扬朱子学,黄榦、陈淳这样真正的学者又已经去世,何基的重要性就凸显出来了:"先生钟江山清明淳淑之气,涤之以祖父诗书之泽,培之以师友道义之传,磨以岁月,炼其穷理尽性之工;晦以山林,稔其乐天知命之趣,其所成就者,岂一朝一夕之力?"⑤ 何基虽然终身不仕,但其学术工作的意义价值远远超过那种有名无实的"济时行道"。王柏认为,真正能够延续朱熹—黄榦一系正统朱子学的,正是何基这样默默无闻、不求荣利的职业学者,而不是那些与政治高度结合的朱子学人士。

一 被理宗确认的黄榦嫡传地位

黄榦卒于宁宗嘉定十四年(1121),当年的十二月,朝廷给予了转

---

① 王柏:《鲁斋集》卷八《回赵税院》,《文渊阁四库全书》册1186,页127。
② 即《晦庵集》卷八十九《中奉大夫直焕章阁王公神道碑铭》。
③ 程元敏:《王柏之生平与学术》上册,页36。
④ 见《鲁斋集》卷九《朱子帖第七卷》,《文渊阁四库全书》册1186,页136。
⑤ 何基:《何北山遗集》卷四附录王柏《何北山先生行状》,页8。

承议郎致仕的恩典，告词中只是称呼他为"儒者"，①并未凸显其为朱子门人领袖的地位。到了端平元年（1234）五月二十八日，根据御史王遂的请求，理宗诏："黄榦、李燔、李道传、陈宓、楼昉、徐宣、胡梦昱皆厄于权奸，而各行其志，没齿无怨，其赐谥、复官、优赠、存恤，仍各录用其子，以旌忠义。戴野，其复元资，以励士风。"②最终，黄榦以下七人中，只有他一人在端平年间得到了赐谥的恩典。③六月十四日，诏赠黄榦、李燔集英殿修撰。④

黄榦得谥，是理宗筹谋已久的事情。早在绍定五年（1232），李心传就告诉理宗，朱门弟子首推黄榦、李燔，而李氏"经术行义亚黄榦"。⑤据王瓒《覆谥议》，理宗在读到黄榦等人编纂的《礼书》后问大臣："朱某嫡传是黄某，黄某嫡传为谁？又相与编《礼》门人为谁？"⑥端平元年（1234）王遂的奏章中提到："陛下固尝与于赐谥，而中书以其议边事不合，横加论驳。燔殁，虽尝进职，未足示宠。"⑦可见在端平元年（1234）以前，理宗就曾考虑赐予黄榦谥号，因为史弥远等阻挠而作罢。端平元年（1234）九月，叶味道去世，其致仕制词中提及了褒扬黄、李一事："今燔已议礼饬终，榦亦欲尊名赐谥。"⑧可见当时朝廷已经下令太常寺、礼部启动议谥的程序。直到端平三年（1236），正式议定为"文肃"。这样，黄榦就成了朱子门人中因为思想学术的原因（而不是因为其生前的爵位品级）而被特赐谥的第一人，李燔后来也得到了特赐谥"文定"。

理宗皇帝"朱某嫡传是黄某，黄某嫡传为谁？又相与编《礼》门人

---

① 《宋人年谱集目宋人年谱选刊》，页304。
② 脱脱等：《宋史》卷四十一《理宗本纪一》，第三册，页802。
③ 胡知柔《象台首末》卷二《（胡梦昱）行述》："侍御史王公遂因奏乞还黄榦易名之典，厚李燔、娄昉、李道传、陈宓饰终之恩，复徐瑄与公在身之官，优加褒赠，录用其子。"（《文渊阁四库全书》册447，页20）
④ 胡知柔：《象台首末》卷一《褒赠省札》，《文渊阁四库全书》册447，页16。
⑤ 脱脱等：《宋史》卷四三〇《李燔传》，第三十六册，页12784。
⑥ 王瓒时任考功员外郎，他自称曾向黄榦问学。此文收入国家图书馆藏元刻本《勉斋先生黄文肃公文集·年谱》中，点校本见《宋人年谱集目新编宋人年谱选刊》，页305。
⑦ 胡知柔：《象台首末》卷一《殿中侍御史王遂奏札》，《文渊阁四库全书》册447，页15。
⑧ 吴泳：《鹤林集》卷九《著作佐郎兼权屯田兼崇政殿说书叶味道特授朝奉郎致仕制》，《文渊阁四库全书》册1176，页87。

为谁？"之问虽发于端平元年（1234）之前，但在史弥远专权的情况下，理宗又是在小范围内发出此问，故此事在端平元年（1234）以前流传必然不广。而到了端平元年（1234），御史王遂为黄榦等人奏请恩典时，明确提到了理宗曾考虑为黄榦赐谥而未果之事，而王遂此一奏疏必然流传甚广。因此，尽管最终的谥号"文肃"是端平三年（1236）方才确定的，但朝廷为黄榦议谥的程序在端平元年便已启动，且理宗早就考虑赐谥一事也随着本年王遂的奏请而传播出去，这就等于以官方名义承认了黄榦是朱熹的嫡传。

端平三年（1236）定谥之后，王瓒的《覆议状》也在朝野公开，此文中述及的理宗之问："朱某嫡传是黄某，黄某嫡传为谁？"必然在朱子学人士中造成了不小的影响：若黄榦是朱熹（思想学术意义上的）嫡子，则黄榦嫡传便是朱熹嫡孙，如此嫡嫡相承，朱子学的正统脉络，即所谓"朱学世嫡"也就相应成立，这对王柏这样的学者应该有相当的吸引力。

当然，上文已经指出，王柏绝非贪慕荣利之人，否则他就不会闭门读书、谢绝举业，但他确实相当重视朝廷、特别是理宗对程朱理学的褒扬。王柏曾设想在《国史》中增编《道学志》，理由是："国家之所以远迈汉唐者，亦以周子再开万世道学之传，伊洛诸先生义理大明，尽掩前古。今上（按指理宗）圣德巍煌，未易形容，其有关于世道之最大者，莫如封五子列诸从祀，崇尚道学，表章'四书'，斥绝王安石父子之祀也。"理宗为了弘扬程朱理学煞费苦心，居功至伟。因此，王柏建议在《道学志》开头刊载理宗淳祐元年（1241）正月巡幸太学之诏："首载今上临幸辟雍之诏，吾道粲然可以上接夫子世家，下陋东汉党锢，岂不伟欤！此非导谀于君也，将顺其美，是以格其非心。大臣爱君，无所不用其诚，盖如此。"① 王柏认为这并不是向皇帝献谀，而是真心实意地赞美理宗的这一英明决定，希望他能坚持不懈地褒扬程朱理学。因此，端平元年（1234）朝廷下令赐予黄榦谥号的举动，对王柏必然有着强烈的导向作用。

在学术方面，王柏对黄榦的评价也非常高，在拜师何基后，他编辑

---

① 王柏：《鲁斋集》卷十七《复陈本斋》，《文渊阁四库全书》册1186，页251。

了《勉斋北溪文粹》：

> 在昔乾淳之士，登考亭之门而亲传面授者，不知其几人矣。穷乡孤陋，未能徧（遍）求高第弟子遗书而尽观之，但见端的，固守其师说而接引后进、敷畅演绎而不失其本意者，惟二先生之为可敬。勉斋先生辞严任重，充拓光明，而《通释》尤为渊奥。北溪先生辞畅义密，剖晰精微，而《字义》实为阶梯。皆所以为后学之津梁，以达于紫阳之室者也。①

王柏认为，朱子门人虽多，但只有黄榦、陈淳称得上是真正能够继承朱熹的思想学术，后学可以通过演习黄、陈之著作理解朱子之学。

二 何基服制之争

根据程颐的教导，师无定服，即在制度上不需要规定弟子如何为师父持服，而由弟子本人根据与师父的感情和关系决定如何持服。但是，朱熹逝世后，在黄榦带领下，朱子门人以深衣加麻为师服。②咸淳四年（1268）十二月十九日，何基卒，王柏主张应该按照黄榦的示范，以深衣加绖带为服，命金履祥先带口信赶往何基家，征求何基的另外一个弟子张润之（字伯诚，又号思诚子）的意见。张润之表示反对："北山之生，不为绝俗之事，而吾辈之服殊诡于俗，非北山之意也。为吾辈者，以学问躬行自勉，有以发明北山之学，可矣，不必为是服也。生绢白衫加布带，而帛如常，庶可表此心，而亦不甚骇于俗。且今为古服，鲁斋服之可也，今朋友之中有义利不明、出处失节者，见吾辈之服亦服之，则反玷北山矣。"③"为师制服"恐怕引起世俗舆论的诧异，与何基恬淡低调的为人处世风格不符。王柏最后前来会葬时，仍照己意持服，张润之则坚不成服。王柏遂问金履祥："伯诚不俱来成服，是耻与吾人党

---

① 王柏：《鲁斋集》卷十一《跋勉斋北溪文粹》，《文渊阁四库全书》册1186，页176~177。
② 李燔：《鳌峰精舍祠堂记》，收入《勉斋先生黄文肃公文集·附集》，《北京图书馆古籍珍本丛刊》第九十册，书目文献出版社，1988，页862。
③ 金履祥：《仁山文集》卷三《为师吊服加麻议》，《文渊阁四库全书》册1189，页808。

乎？"金履祥意味深长地说："伯诚非耻与先生为党，耻与履祥辈朋友为党耳。"① 虽然金履祥并未因此事与张润之交恶②，但在当时，金氏的怀疑并非空穴来风：张润之从学何基近三十年③，而金履祥经王柏介绍拜入何基门下问学才十五年④，时间较前者为短，且金履祥同时为王柏的弟子，辈分较张润之稍低。

然而，更加深刻的分歧在于对北山先生何基历史地位的认定上。在张润之看来，何基之丧的仪式，只是表达了弟子们追念师父，决心继承北山的道德文章；而何基生前不喜欢违背俗礼，既然世俗不为师制服，北山弟子也不必为何基制服。王柏则是从更高的历史角度定位何基，金履祥如此引述王柏的话："北山先生，当世之巨人也，四方之观瞻系焉。今制门人之服而非古，则无以示四方矣。"⑤ 王柏事后撰写了《朋友服议》一文，更加详细地阐述了自己的论据。文中首先引述了程颐师不立服的教导：

> 自吾夫子之丧，门人不立正服，乃以义起，若丧父而为心丧。程子曰："师不立服，不可立也。当以情之厚薄、事之大小处之。若颜闵之于孔子，虽斩衰三年可也，其成己之功与君父并。其次各有深浅，称其情而已。"仆于北山受教为甚深，岂可自同于流俗？⑥

因为受教之多、相知之深，王柏认为应该为何基专门立服，张润之并不反对王柏的个人选择。但王柏进一步要求张润之、汪开之、金履祥等其他何基门人也如此持服，便遭张润之婉拒。可见，王柏表面上引述了程颐之说，实际做法却要突破程颐。当然，这种突破是有经典依据的，

---

① 金履祥：《仁山文集》卷三《为师吊服加麻议》，《文渊阁四库全书》册1189，页809。
② 《仁山文集》卷二《洞山十咏》是景炎三年（1278）为张润之隐居之山所作，从序文中看，二人关系仍十分亲密。
③ 宋濂：《宋濂全集》卷四十《题北山先生尺牍后》，第二册，人民文学出版社，2014，页900。
④ 金履祥：《仁山文集》卷二《二月丁亥与诸友奠何先生毕退游北山智者寺书二十八言》："来往师门十五年。"（《文渊阁四库全书》册1189，页797）
⑤ 金履祥：《仁山文集》卷三《为师吊服加麻议》，《文渊阁四库全书》册1189，页808。
⑥ 王柏：《鲁斋集》卷十《朋友服议》，《文渊阁四库全书》册1186，页164。

即《仪礼·丧服》有"朋友麻"之说及其注疏，更有黄榦的示范："是服也，勉斋黄先生考之为最详。其书进之于朝，藏于秘省，颁行于天下，非一家之私书也，遵而行之，岂得为过？"所谓"其书"当指黄榦根据朱熹遗命修成的《仪礼经传通解》，理宗皇帝所读到的"《礼书》"即此书，而理宗正是读了此书之后赞扬黄榦为朱门嫡传，遂起意赐予黄榦谥号。王柏还询问了徐侨逝世之后，其门人为其制服的先例："越数日，通斋叶仲成父来吊，仆问：'昔日毅斋之丧，门人何服？'曰：'初遭丧时，朋友以襴幞加布带，其后共考《仪礼》，至葬时方用深衣加绖带。'仆于是释然。"① 徐侨的例子证明，自黄榦如此为朱熹制服之后，朱熹门人的其他支派都一体遵行。

明乎此，便可明白王柏何以称何基为"当世之巨人"：何基的意义并不在于开创了一个全新的北山学派，而在于延续了自朱熹至黄榦一系的朱子学嫡传。如果北山门人不能遵照黄榦的教导而为何基持服，又有何资格自称是嫡传呢？张润之不明此意，纠结于区区"发明北山之学"，而不是"发明文公、勉斋之学"，显示他缺乏王柏那种直接朱熹的道统（师统）意识。金履祥则心领神会，且其嫡传意识较王柏更加强烈。王柏去世后，在金履祥的主持下："诸生制绖，行心丧礼。"② 金履祥逝世后，虽然没有明确的记载仁山门人是否如此持服，但柳贯《金履祥行状》中称，金履祥率门人为王柏制服后，"乡人始知师弟子之义系于常伦，不可阙也"③，接着就记述了金履祥逝世的年月，按常理推断，金氏门人当如此持服。许谦逝世后，"门人以义制服者若干人"。④ 通过这一特殊的师徒服制，北山一脉的师统意识从形式和礼仪上都得到了延续和强化。

王柏还非常重视师门的辈分。譬如，王柏认为陈傅良为吕祖谦门人，那么陈傅良门人为吕祖谦之徒孙，但陈傅良门人钱文子（号白石）在文章中将陈傅良与吕祖谦并称，这是非常无礼的行为："白石不及登成公之

---

① 王柏：《鲁斋集》卷十《朋友服议》，《文渊阁四库全书》册1186，页165。
② 叶由庚：《圹志》，《鲁斋集·附录》，《丛书集成初编》册2404，页191。
③ 柳贯：《待制集》卷二十《故宋迪功郎史馆编校仁山先生金公行状》，《文渊阁四库全书》册1210，页511～512。
④ 黄溍：《金华黄先生文集》卷三十二《白云许先生墓志铭》，《黄溍集》第三册，页773。

门而师止斋,止斋既为成公门人,则白石行辈又降一等,其后作文但欲尊其师,而与成公并称,几于无忌惮。由是橘坡王公力辨之,所以正人伦之分,厉风俗之偷也。"王柏接着指出,师门内部的辈分先后自古以来就受到严格的尊重:

> 古人于行辈最严,于师弟子为尤重。盖人生三事,师与君父。一读昌黎之《师说》,则知所师者道也,而不计年之前后,此与长幼之序并行而不相悖者乎?近世无求道之实心,而好人之谀己也,"先生"之称交口相说,心实不然,不以为非,亦不以为耻。于是"先生"二字轻于一羽矣,可胜叹哉!①

韩愈在《师说》中强调"以道为师",即谁把握了道,谁就可以为师,而不应该计较长幼辈分。王柏却认为"以道为师"与长幼之序并行不悖,这种认识其实较韩愈有所倒退,显示了一种高度形态化的师门观念。

同样值得注意的是"理一分殊"说所塑造的朱子学宗派模式。正如很多研究者指出的,北山一系以"理一分殊"为道统传授的核心奥义,而王柏也以"理一分殊"说解释朱子学传授统绪中的分派问题。他说:"理一分殊之旨,每于宗谱见得尤分明。人之宗族盛大繁衍,千支万派,其实一气之流行。知其分之殊,固不能无亲疏(疏)之别;知其理之一,则不可忘敦睦之义。"② 假如说北山学派的道统观是宗法性的③,那么这种宗法性绝不是儒家理想的西周时代嫡长子世代相承的大宗宗子之法。在大宗宗子之法中,每一代都只有一个宗子,从而延续嫡传正统,自始祖以来一线而下,虽历百代,正统尤能清晰辨识;其余诸子,即使也是嫡子,只能称为别子。王柏所说的宗法则是"盛大繁衍,千支万派",就不可能存在自始祖以来一线而下的正统,而只是小宗之法,即在五世以内(高祖)以下的范围内,分辨嫡子嫡孙与庶出子孙。王柏所说的理一,可以理解为同由一个始祖所出,而"分殊"则是亲疏之分,这

---

① 《鲁斋集》卷十二《跋丽泽诸友帖》,《文渊阁四库全书》册1186,页185。
② 王柏:《鲁斋集》卷十一《跋董氏族谱遗迹》,页170。
③ 此说见侯外庐、邱汉生、张岂之主编《宋明理学史》上卷,页655~658。

个亲疏之分也是指在高祖以下的范围内与自己的关系亲疏,而不是相对于嫡嫡相承的大宗宗子的距离所产生的亲疏之别。如果以王柏为基点的话,那么王柏以下的门人弟子于他而言为亲、为近,勉斋系统的门人弟子则相对较疏、较远,朱熹以下的门人弟子则更疏、更远了。

嫡子、嫡孙又有广义与狭义两种用法。就广义而言,正室所出诸子都是嫡子,而各嫡子正室所出皆为嫡孙。但是,在律令和礼制中,一旦讨论到继承顺序,嫡子和嫡孙皆取其狭义:即嫡子特指嫡长子,正室所出的次子则称"嫡子同母弟";嫡孙特指嫡长子之嫡长子,即嫡长孙,嫡长子正室所出次子则称"嫡孙同母弟"。当理宗问群臣"朱某嫡传是黄某,黄某嫡传为谁"时,很难说他已经否定了其他朱子亲传门人成为朱熹嫡传的资格,黄榦之嫡传也未必只有一人,因为理宗的措辞是广义的"嫡传"而非"嫡子"。

王柏也是如此。由于祖父王师愈曾向杨时问学,故王柏肯定了道南一脉传道之功。他在《宋文书院赋》中称:"发天地之清淑,导濂洛之洋洋。自龟山之复南,开太(按:通'大')宗之世运。绎分殊之一语,极精析而莫浑。……此紫阳之学之为无弊,所以绍龙门之适(嫡)孙,合万殊而一统。"① 王柏认为"龟山之复南"代表了理学正统("大宗")的南渡,朱熹也是通过龟山成为二程"嫡孙"的。朱熹已经是程颐之四传,故此一"嫡孙"当是狭义的嫡长子代代相承的"宗子"。相比之下,在黄榦的道统观中,朱熹跳过了道南一脉而直接二程。朱熹之后,黄榦已经由理宗认定是嫡传,但仍非公认的狭义的嫡孙。王柏说:"邹鲁云远,天启濂洛,理一分殊,以觉后觉。龟山之南,宗旨是将。罗李授受,集于紫阳。……有的其传,鳌峰翼翼。孰探其源,遂通其释。"②"鳌峰"即黄榦,朱熹之学的"有的其传"乃是黄榦。而景定四年(1263),王柏在评价朱熹弟子赵师夏(号远庵)时,也用了类似的措辞:"诵(赵师夏)理一分殊之跋,得龟山以来一脉宗旨为甚的,未尝不注心景仰也。"③ 可见,"的传"并不意味着独占。

即便承认黄榦是朱熹的嫡子,那么何基是不是狭义的嫡孙呢?再看

---

① 王柏:《鲁斋集》卷一《宋文书院赋》,《文渊阁四库全书》册1186,页3。
② 王柏:《鲁斋集》卷十九《同祭北山何先生》,页277~278。
③ 王柏:《鲁斋集》卷十一《跋赵远庵帖》,页171。

王柏的《同祭北山何先生》："坠绪茫茫，孰嗣而芳？公（按：指何基）独凝然，精思不忘。莘莘学子，孰定其力？公独屹然，坚守不失。衣锦尚絅，世莫我知。发挥师言，以会于归。"① 王柏并未说何基是黄榦的"有的其传"，而只是用了形容性的措辞"孰嗣而芳"，所谓"芳"，即优秀的传人，仍不代表对正统的独占。

王柏对饶鲁也表示敬意。在他任上蔡书院堂长时（景定三年，1262年），当时的临海县令是饶鲁的门人："云山后卒业饶双峰讳鲁之门，其宰临海也，惠政蔼然，即以同门见称，意甚勤笃。"② 这位号"云山"的临海县令是饶鲁门人，饶鲁是黄榦门人，此人称王柏为"同门"，王柏欣然接受。本章第三节讨论金履祥的《四书章句集注考证》时还将指出，王柏对饶鲁的一些学术观点也表示赞许。这说明迄至理宗景定年间，王柏非常谨慎地回避了黄榦是否为朱熹嫡长子（狭义的嫡子）的问题，更不敢宣称何基是朱熹的"嫡孙"、黄榦之嫡长子，甚至没有使用何基对黄榦"的传"的称呼。这并不是王柏尊师不勇，而应考虑到王柏祖父是杨时门人、朱熹之友，王柏之父就是朱子门人，王柏在拜入何基门下前曾向多位朱子门人问学请益，如果严格按照行辈排序，王柏本人就与何基同辈，那么使用排他性的、狭义的嫡子（嫡孙）称号尊崇黄榦、何基，不但在情理上说不过去，也会在朱子学人士群体中引起无谓的纷争。这些，都在客观上促使王柏保持了相当广阔的胸怀，门户观念尚不致过分狭隘。

第三节　宋元之际北山师统观的勃兴和困境

在理宗肯定朱熹、黄榦之间为嫡传正统关系的前提下，王柏出于家世背景和平生交游的考虑，并未进而标举黄榦—何基一脉为嫡传正统。作为何基、王柏门人，金履祥则没有这方面的顾虑，而更强烈地意识到应该表彰北山学脉在朱子学传授统绪中的突出地位。

金履祥将"理一分殊"提高到程朱理学正统相传的标志，他认为道

---

① 王柏：《鲁斋集》卷十九《同祭北山何先生》，页278。
② 王柏：《鲁斋集》卷十二《跋蜀帖》，《文渊阁四库全书》册1186，页189~190。

统的师统、学统之所以成立,必然有一个可以代代相传的对象:"呜呼!先生(按:指何基)学问得圣贤之传授,存殁关世道之隆污。是惟知德者足以知此,而或者将谓吾言之为迂。夫自尧舜以至孔曾思孟,又千五六百年而后有程朱,前者曰以是传之,后者曰得其传焉,不知所传者何事欤?"金履祥认为,对"理一分殊"的正确体认是自尧舜至于朱熹的道统相传的核心内容:"盖一理散于事物之间,皆真实而非虚,事事物物莫不各有自然之处,此所谓万殊而一本,一本而万殊。"而何基正是以此传授门人弟子:"(先生)尝指此以示门人也,此其传授之符乎?"①

但是,"理一分殊"之说,人人皆知,人人能言,仅此不足以证明何基为勉斋嫡传。金履祥说:"然自朱子之梦奠,以及勉斋之既徂(殂),口传指授者或浸差其精蕴,好名假实者又务外以多诬。惟先生订师言以发挥,剔众说之繁芜,以为朱子之言备矣,学之者惟真实之心地与刻苦之工夫,能此者,虽不及吾门可也,又何有开门而受徒?"②朱熹去世后,朱子学主要以师徒授受("口传指授")为主要传承方式,但朱子学一传、再传门人在传授过程中迷失了朱子学的本质。何基不仅拳拳服膺"理一分殊",更将其落实为道德实践,他还欢迎后学问学请益,但不轻易开门收徒,显示他不满朱学再传、三传群体中盲目崇拜师统,拜师讲学有名无实、徒为标榜的乱象。这是何基的独特价值所在。

金履祥对何基其人其学正面意义的肯定,尚非夸大,但他说"惟先生(按:指何基)订师言以发挥",与王柏相比,让人感觉"惟"字下语太重,已经透露出一种独占的、排他的嫡孙意识了。金履祥对北山独占朱子学师传正统的论述还有一些。如赞何基:"道自朱黄逝,人多名利趋。独传真统绪,惟下实工夫。粹德两朝慕,清风四海孤。斯文端未丧,千古起廉隅。"③"真统绪"之说大致等于王柏所谓"的传",但"独传真统绪",则无形中贬低了黄榦的其他门人,譬如饶鲁。

金履祥又在《北山之高寿北山先生》中说:"昔在理宗,维道之崇。

---

① 金履祥:《仁山文集》卷四《祭北山先生文》,《文渊阁四库全书》册1189,页822~823。
② 金履祥:《仁山文集》卷四《祭北山先生文》,《文渊阁四库全书》册1189,页823。
③ 金履祥:《仁山文集》卷四《祭北山先生文》,《文渊阁四库全书》册1189,卷一《挽北山子何子三首》,页790。

既表程朱，亦跻吕张。谓尔夫子，缵程朱绪。"① "缵……绪"的说法，语出《诗·鲁颂·閟宫》："奄有下土，缵禹之绪。"② 《礼记·中庸》云："武王缵太王、王季、文王之绪。"③ 太王、王季、文王分别为武王的曾祖、祖、父。《说文》云："缵，继也。"④ 即君主之位代代继承之意。可见，"缵……绪"是一线而下的正统。

对王柏，金履祥也有类似的赞美。如云："然自朱黄之日遐，属北山其浸远，肖灵光之独存，耿神枃其明峻，天若以为斯文之殿矣。"⑤ "灵光岿然"乃是常用的祝颂之语，强调"独存"，反映了一种嫡传正统的独占意识。此种意识在《奉复鲁斋先生上蔡书院图诗二首》中也有反映。第一首有"此地先生开道脉，尚迟从往我非夫"一联，第二首有"王谢后前传正印，东南邹鲁定同符"一联。⑥ 在何基还在世的情况下，说王柏在台州上蔡书院的讲学是"开道脉""传正印"，实为言过其实了。

最典型地反映金履祥这种独占性的师统意识的，莫过于《濂洛风雅》中的《濂洛诗派图》。

此图以粗线与细线区分嫡派与庶出。被粗线串联起来的一共九代。第一代：周敦颐——第二代：二程、张载、邵雍——第三代：杨时——第四代：罗从彦——第五代：李侗——第六代：朱熹——第七代：黄榦——第八代：何基——第九代：王柏。

其中，只有在第二代出现了四位学者，这四个人与周敦颐合称"北宋五子"，可见一代之中不是不能出现多个嫡传正统。但是，其他世代都仅有一人。杨时那一代人中，谢显道、尹焞这两个曾受王柏、金履祥赞誉的程颐门人，也未被粗线贯穿。在朱熹那一代人中，张栻、吕祖谦虽然也出现在图中，但未被粗线贯穿，也已经被排除于嫡传正统之外了。而且在何基以下分出了王柏、王佖两支，前者粗线而后者细线，正见嫡庶之别。在为何基持服的问题上与王柏发生分歧的张润之，金履祥这样

---

① 金履祥：《仁山文集》卷四《祭北山先生文》，《文渊阁四库全书》册1189，页784。
② 《十三经注疏》上册，页614下。
③ 《十三经注疏》下册，页1628中。
④ 许慎：《说文解字》，中华书局，2009，页272上。
⑤ 金履祥：《仁山文集》卷四《又率诸生祭文》，《文渊阁四库全书》册1189，页826。
⑥ 金履祥：《仁山文集》卷一，页791。

称赞他："思诚子（按：张润之号思诚子）于朱门为嫡孙行。"① 张润之不仅是何基门人，而且是朱熹的"嫡孙行"。所谓"嫡孙行"，即已经是朱熹的嫡孙辈了，但并非"嫡孙"。显然，在金履祥心目中，只有王柏才称得上是"嫡孙"。换言之，如果张润之的诗歌也入选《濂洛风雅》，那么在这幅《诗派图》中也只有细线待遇。

金履祥独占性的师统观还体现在他的《四书章句集注考证》（以下简称《考证》）上。

在《考证》中，金履祥以朱熹的《四书章句集注》为解释对象，将《四书章句集注》中需要解释的文句排成大字，而解释的文字排成双行小字。这种以《四书章句集注》为经的解释方式，并非金履祥发明。赵顺孙（1215~1276）的《四书纂疏》（见本书第五章第二节的讨论）引用了13位朱子学人士（其中11人系朱熹亲传弟子）的解释，然后将自己的意见用"愚谓"标示出来，以别于其他各家。这13人加上赵顺孙本人的解释，大部分都是直接解释《四书章句集注》的，而非解释"四书"经文的。可是，在《考证》中，只有金履祥一家之说，按照《尚书表注序》的说法，这表现了金氏"摆脱众说，独抱遗经"的姿态，只不过"遗经"不是先秦的六经，而是《四书章句集注》。

那么，金履祥在《考证》中竟没有引用过任何其他学者的解释吗？经过对《考证》的统计，金履祥指名道姓地引用过的学者只有"何文定公""王文宪公""黄文肃公"，所引用的著作也仅有黄榦的《论语注语问答通释》（《考证》将其简称为"《通释》"）。合计《考证》引用黄榦之说30处，其中"《通释》"23处，"黄文肃曰"7处；"何文定曰"40处，其中《论语考证》35处，《孟子考证》5处；引用"王文宪曰"152处，其中《论语考证》78处，《孟子考证》74处。黄榦的7处"黄文肃曰"都是何基所记录的黄榦的语录。下举三例。

一是《论语·八佾·关雎乐而不淫章》，《集注》云："《关雎》，周南国风，《诗》之首篇也。"② 《考证》："黄文肃曰：先生再看《或问》，止此章'雎'七余反。详见《诗集传》。"③ "关雎"之"雎"，古音

---

① 金履祥：《仁山文集》卷二《洞山十咏》，《文渊阁四库全书》册1189，页798。
② 朱熹：《四书章句集注·论语集注》卷二，页66。
③ 金履祥：《论孟集注考证·论语集注考证》卷二，《文渊阁四库全书》册202，页51。

"ju"（音"疽"），中古音"qu"（音"渠"，即七余反）。但今本《诗集传》中并未专门讨论"雎"的字音，所谓"详见《诗集传》"，应该是指《诗集传》中对《关雎》的阐释较朱熹对《论语》此章的解释更加详细，可以相互参看。现在已经无法确知朱熹何以在读《论语或问》时会有这样的意见，但此说被黄榦记录下来后，转述给了何基，后者又向金履祥进行了转述。

二是《论语·学而·子禽问于子贡章》，《集注》云："圣人过化存神之妙。"①《考证》先是指出："详见《孟子注》及此章《通释》。"然后抄录了一段话："何文定于《通释》之上，记录勉斋答问之语。"这段话是何基在黄榦的《论语注语问答通释》空白处记录的黄榦与门人的问答之语，《通释》自然不会收入：

> 问曰："朱先生解经只就句里转，今过化存神何故突入，外来一句，于此章是说哪里？或曰：若论圣人过化存神之妙能使人乐告以政者，固不待见其容貌而自如此矣。"先生（按：指黄榦）久之曰："看来也是不足于子贡之所云，故如此说，亦引而不发之意。且如温良恭俭让，若无圣人之德，而见者每每如此，便是个世间大不好人。子贡只说得礼恭处，不说得德盛处，是他只见得到此。若圣人之在当时，能使所至之邦莫不乐告以政者，其过化存神之妙，恐非子贡所知也。"又问："如此，则潜心勉学之语如何？"曰："必竟五者是个好德。"履祥按：第十九篇子贡所言夫子绥来动和之化，则过化存神之妙，非其知不能知此。但此章缘子禽求之之问甚低，故且就其接人处言之，以反其求字之意，而其言遂欠内一层尔。故《集注》曰盛德、曰过化存神、曰德盛，皆补其内，而本注亦字及谢氏亦字，盖但指其外也。②

金履祥大段抄录何基所记黄榦问答之语，甚至连"先生久之"这样形容黄榦神情语气的措辞也舍不得删去，其目的就是要证明何基系独得

---

① 朱熹：《四书章句集注·论语集注》卷一，页51。
② 金履祥：《论孟集注考证·论语集注考证》卷一，《文渊阁四库全书》册202，页44~45。

黄榦正传。且不论勉斋门人之问、勉斋之答、履祥之按孰是孰非，这一段《考证》已完整地呈现了北山学派的传授统绪：黄榦——何基——金履祥。

三是《论语·里仁篇·富与贵是人之所欲也章》，《集注》云："谓不当得而得之。"① 《考证》："《或问》论不以其道得富贵，《通释》论不以其道得贫贱，何、王二公令人兼看。"② 因为金履祥同时师事何基、王柏，故有可能在何、王、金三人一起讲论时，金履祥记录了何、王的这一意见，日后载入《考证》。

《考证》引用黄榦之外的朱子门人仅见一例。《论语·学而》："子夏曰：贤贤易色，事父母能竭其力。"朱子《论语集注》无解释，金履祥引"王文宪曰"如下：

> 蜀士赵子寅曰："有问于晏亚夫曰：'事父母，能竭其力，是心力，是事力？'亚夫曰：'也要心力，也要事力。'曰：'心力可竭也，事力不到，则何如？'亚夫曰：'有心力，必有事力，人只是办不得此一片心尔。此心果到，虽园中之冬笋可生，冰下之寒鱼可出也，况可得之物乎？"③

晏渊（字亚夫）是朱子门人。王柏在上蔡书院讲学时曾经与一位蜀人来往，其父是晏渊门人，就是这里提到的"蜀士赵子寅"。④ 从这一个案可以看出，王柏的师门观念比金履祥要宽阔。

朱熹的再传、三传门人的言论，金履祥引用更少。仅见的二例，都是引自饶鲁。一是《论语·颜渊·仲弓问仁章》之《集注》云："克己复礼，乾道也；主敬行恕，坤道也。"⑤ 金履祥引饶鲁之说如下："番易饶伯舆谓，此章全说强恕求仁之方，出门使民，亦指接物之恕。盖备举行恕之首尾告之，无怨乃恕之效。此说，王文宪亦然之。"⑥

---

① 朱熹：《四书章句集注·论语集注》卷二，页70。
② 金履祥：《论孟集注考证·论语集注考证》卷二，《文渊阁四库全书》册202，页53。
③ 金履祥：《论孟集注考证·论语集注考证》卷一，页44。
④ 王柏：《鲁斋集》卷十二《跋蜀帖》，《文渊阁四库全书》册1186，页189。
⑤ 朱熹：《四书章句集注·论语集注》卷六，页133。
⑥ 金履祥：《论孟集注考证·论语集注考证》卷六，《文渊阁四库全书》册202，页81。

二是《论语·泰伯·泰伯三让章》之《集注》云:"三让,谓固逊也。"① 金履祥引饶鲁之说:"番(按:此处脱一'易'字)饶伯舆谓,古公年寿甚高,末年武王已生,其祖子孙皆有圣德,而泰伯逊之,盖一逊王季,二逊文王,三逊武王也。王文宪取之。"②

在《四书章句集注考证》中,只有这两处引用了饶鲁之说,且偏偏都是曾受王柏肯定的。显然,这两处饶鲁的观点都是因为王柏称引饶说在先,金氏从而取入《论语集注考证》的,不是金氏直接从饶鲁著作、语录中取材的。

诚然,金履祥在《考证》中展示出不少自己的创新之见,足以羽翼乃至修正《四书章句集注》。但也应该看到,《考证》对黄榦以外其他朱熹亲传门人的解释绝少引用,至于朱熹再传、三传则仅仅引用何基、王柏之说。金履祥不仅引用黄、何、王诸人刊刻行世的著作,还引用了北山一系内部师徒讲论时的口谈,譬如,黄榦记录的朱子之说,何基记录的黄榦之说,金履祥记录的何基、王柏之说,以这些被第一手记录下来的师徒口谈之语来"羽翼"朱子《四书章句集注》,显示了北山学派内部上一代与下一代嫡传之间亲传面授的"血脉"联系,构成了北山学派独有的学术积淀,是其他传授系统不可能模仿、雷同的,从而显示了北山学派对正统的独占。

无独有偶,许谦在其著作中也大量引用金履祥未经刊行的讲义或语录,《诗集传名物钞》是特别明显的例子。吴师道说:"君念朱《传》犹有未备者,旁搜博采,而多引王、金氏,附以己意。"③ 金履祥的著作虽多,唯独没有解释《诗经》的著作,而许谦《诗集传名物钞》引用"子金子曰"却多达52处。这52处中,只有2处是引用金履祥著作《资治通鉴前编》(许谦称为"子金子《通鉴前编》"或"前编"),因此,其他50条显然都是平日师生讲论中的口谈记录。譬如:

> 《序》有"言若螽斯不妒忌"一语,郑氏遂释云:"物有阴阳情欲者,无不妒忌,惟蚣蝑不尔。"自后说《诗》者多为此所惑。今

---

① 朱熹:《四书章句集注·论语集注》卷四,页102。
② 金履祥:《论孟集注考证·论语集注考证》卷四,《文渊阁四库全书》册202,页68。
③ 吴师道:《吴师道集》卷十五《诗集传名物钞序》,下册,页526。

但以"言若蠡斯"绝句属上文,以"不妒忌"归之后妃而属之下文,意自可通,但语拙耳。子金子之意云。①

"子金子之意云",说明这段文字并非金履祥亲笔,而是许谦根据平日师徒讲论中金履祥的口谈而转述的。

因为金履祥已有《尚书表注》《资治通鉴前编》《四书章句集注考证》这样的系统著作行世,故许谦的《读书丛说》《读四书丛说》引用金氏语录就比较少了。但只要有机会,许谦仍尽量在解释中安插金履祥著作之外的口谈记录。譬如《尚书·立政》的宗旨,许谦先是进行了阐释,最后说:"以上皆金先生之意,推而为说。从《表注》句读段落,方可从此说。"② 可见所谓"金先生之意"并不见于《尚书表注》,而是金、许师徒讲论中许谦的记录。又如《大诰》"有大艰于西土"至"我有大事休"一段,许谦引"金先生以为"一大段,然后说:"金先生之大意如此。"③ 这也是许谦根据金履祥口授之义而敷衍成文。

《君奭》"天惟纯佑命"至"罔不是孚"一段,许谦引"金先生曰":"天所以纯佑命者,则商家实有许多故家遗俗,王朝群臣无不兼持其德,明恤官属,外而藩屏侯甸,况及奔走之人,皆能各用其德,以辅厥辟之治。故一人有所作为,于四方人心无不孚信。"④ 这段话同样不见于《尚书表注》,而且"则商家实有许多故家遗俗"完全是口语,当是金履祥的口谈。

值得注意的是,许谦引用金履祥语录之多,与他引用王柏(许谦著作中所称"鲁斋""王文宪公")之少,形成了鲜明的反差:《诗集传名物钞》仅3处,《读四书丛说》仅2处,《读书丛说》仅1处。实际上,王柏著述甚多,《尚书》学有《书疑》,《诗经》也有系统的论述保留下来,但许谦取材甚少。这是因为在"世嫡"论模式中,每一代学者的任务就是证明距离本身最近的那一代传人作为"嫡传"的资格,而更远世代传人的"嫡传"资格的论证也是由较早世代的传人负责的。换言之,

---

① 许谦:《诗集传名物钞》卷一,页34,北京师范大学出版社,2012。
② 许谦:《读书丛说》卷六,《文渊阁四库全书》册61,页524。
③ 许谦:《读书丛说》卷六,《文渊阁四库全书》册61,页517。
④ 许谦:《读书丛说》卷六,《文渊阁四库全书》册61,页523。

许谦要全力证明金履祥为"世嫡"的一世，金履祥要全力证明何基、王柏为"世嫡"的一世。因此，相对于金履祥而言，许谦引证王柏较少也就可以理解了。

虽然金履祥大大强化了北山学派一脉相传的嫡传观念，可是，金履祥是由宋入元的文化遗民，入元后隐居不仕。此时，蒙元统治下的朱子学又有了新的正统，这一新的正统与新政权相结合，使得朱子学的北山一系黯然失色。这就是所谓"北许南吴"之说。

"北许"即许衡（1209～1281）。在元征服南宋前，程学在北方金统治区已经有一定范围的传播。窝阔台七年（1235），元军攻破了南宋德安府，俘虏了朱子学人士赵复（江汉先生，字仁甫，安陆人，南宋乡贡进士）。赵复来到北方后，影响了杨惟中、姚枢（1203～1280）等人接受朱子学。因此，赵复之前，北方原金统治区对朱子学是不了解的。许衡通过姚枢阅读了赵复所赠书籍，并拳拳服膺，北方大力推广朱子学。特别是在至元八年到至元十年（1271～1273）期间，成功地在大都国子监推行朱熹的《小学》作为教学法，从而确立了朱子学在元统治区的领导地位。由于许衡生活、成长于金统治区，故他与南方的朱子学传授统绪没有任何关系，而赵复的师承也无从考证。许衡在元政权中官至中书省左丞、集贤大学士、国子祭酒，谥号文正，政治地位崇高，影响力巨大。宋濂称赞他："濂洛之学，传自武夷。重徽叠照，日星昭垂。逮我许公，尊闻行知。若亲抠衣，寒泉之麋。"① 《元史·许衡传》是婺州学者王袆所起草，初稿保存于《王忠文公集》卷十四《拟元列传二首》，传末有王袆的论赞，对许衡给予了极高的评价：

> "是其继往圣、开来学，功殆不在朱氏下。况乎程氏、朱氏未尝得君以行其道，而衡则盖遇圣君、居相位，而有以尧舜其君民矣。呜呼，盛哉！"②

由于《元史》最终不设史臣"论赞"，今本《元史》卷一百五十八

---

① 宋濂：《宋濂全集》卷一《国朝名臣序颂·许文正公衡》，第一册，页22。
② 王袆：《王忠文集》卷十四，《文渊阁四库全书》册1226，页290。

的《许衡传》没有这些文字。但下文将指出，王祎是北山学派的崇拜者和宣传者，正是在他和宋濂的努力下，北山学派为"朱学世嫡"的定论进入了《元史·儒学传》（卷一百八十九、一百九十）。而王祎也承认，从"得君行道"的角度说，许衡在元代推广程朱理学之功，不下于从未"得君行道"的二程、朱熹本人。

许谦为了推广金履祥《资治通鉴前编》，曾向刘庭直（号约斋）请序：

> 先生，绍鲁斋先生许子之的传，而许子之学亦出于朱子，则先师未尝不同其原也。先生于文章，今之退之也，得一品题之，冠乎篇端，则是书可行于今、传之于后必矣。……使未传之书，因一品题之而得传，则先生成人美之心盛矣！后学拜先生之赐大矣！然其书之可传否也，则惟先生进退之。①

刘庭直时任浙东肃政廉访使，许谦称呼他为许衡"的传"，显然刘氏为许衡再传或三传。而称许衡之学"出于朱子"，则因为许氏与朱熹没有任何师徒授受关系，完全是通过程朱理学的书籍而服膺朱子学的。金履祥是朱熹四传（因金履祥也师从何基，亦可称为三传），许谦却强调二者"未尝不同其原"，这说明与许衡的影响力相比，他的师承根本就不是一个问题。

"南吴"即吴澄（1249～1333），字幼清，号草庐，江西抚州崇仁人。吴澄著述丰富，其《五经纂言》是朱子学经学传统中百科全书式的著作，真正达到了"遍注群经"的境界，相比之下，北山四先生中没有一人能够对《五经》进行通贯、系统的研究，可见吴澄的学术造诣之高。吴澄累应朝廷征召，官至集贤直学士、翰林学士、经筵讲官等职，卒赠临川郡公，谥号文正。不过吴澄出仕时间很短，一生主要从事研究和讲学。他是饶鲁之再传，与北山学派一样，同为黄榦的分支。极力推崇金华学术传统的宋濂，也不得不承认："北许南吴，先后合符，人文

---

① 许谦：《许白云先生文集》卷三《上刘约斋书》，《四部丛刊续编》册71，页18～19。

之敷。"①

　　金履祥逝世于1303年，此时北山学派的影响力还非常小。一个显而易见的证据是，金履祥的行状由柳贯所撰，文末柳氏自称"前太常博士"②，柳贯任太常博士在泰定元年（1324），则此行状成文不早于此年，可见金履祥去世二十多年后才有人为他撰写行状，这是相当反常的。与金履祥同时代的南宋遗民方回（1227－1307）在述及王柏时则说："乙未，见船山杨公与立，始闻北山何公基之名而见焉。基，勉斋黄公高弟，遂北面师之。平生著述精确峻洁，钻研文公诸书良苦，足为勉斋嫡孙无忝也。"③ 方回与金履祥同为南宋遗民，但他在这篇文章中只称呼何基、王柏为"北山""鲁斋"，未提到二人的谥号（何基谥文定、王柏谥文宪）。更值得注意的是，他称王柏为"勉斋嫡孙"，而不是"朱子嫡孙"，暗示勉斋一系并不能独占朱子学传授的正统。

　　许谦去世于1337年（顺帝后至元三年），他虽以布衣讲学终身，但授徒极多，社会影响力已经非常大，《元史》本传说："先是，何基、王柏及金履祥殁，其学犹未大显，至谦而其道益著。"④ 可是，许谦之子转托张率性，请诗文大家虞集（1272～1348）撰写墓志铭，并送上了许谦门人张枢所撰的行状，却遭到了虞氏拒绝。虞集首先表示自己与许谦虽然年纪相当，但从无交往："至其门人，颇见一二，问其授受之要，多所未解。及求所著之书，但略见其《诗集传名物钞》，而愚陋又不足以尽知其为学之所至也。是以逡巡久之，欲答诸贤之书，而不知其字，无以达鄙见，敢与率性言之。"⑤ 虞集还指出，历来名儒之行状由门人弟子撰写（许谦之行状已经由张枢撰写），至于墓志铭则或有或无，若无合适的执笔者往往阙如，而自己并非合适的墓志铭作者。而且，虞集对许谦的思想学术评价也不高：

---

① 宋濂：《宋濂全集》卷一《国朝名臣序颂·吴文正公澄》，第一册，页23。
② 柳贯：《待制集》卷二十《故宋迪功郎史馆编校仁山先生金公行状》，《文渊阁四库全书》册1210，页514。
③ 方回：《可言集考》，收入程敏政辑《新安文献志》卷三十二，第一册，页679。
④ 宋濂等：《元史》卷一百八十九，第十四册，页4320。
⑤ 虞集：《道园类稿》卷二十一《答张率性书》，《虞集全集》上册，天津古籍出版社，2007，页394。

而行状所述,多所未谕。数月之间,尝与友生门人细读而详阅,终莫得其统绪之会归,以观其成德之始终。辄亦别录而疏其下,未敢即达,或诸贤不吝赐教,当缕陈以请,则虽不作铭,亦可辨为学之体要矣。旧岁作临川先生《行状》一通,辄此寄上。状中言有《四书丛说》,固略无所闻,而所足成金先生之书,亦未尝见。又闻柳道传太常已为许先生作得文字,刻本已传。如集老病山林,亦莫克见,因率性得一见之,甚妙。师道立则善人多,许先生何可得哉!向风不胜感慨,相望千里,彼此得以考德问业,幸甚。①

虞集收到行状后,与门人弟子讨论了许谦的学术,感到实在不能理解其要旨所在,请张率性向许谦的门人转达自己的疑问。虞集还表示自己没看过许谦的《读四书丛说》,以及《丛说》所要补正的金履祥《四书章句集注考证》。最为要害的是,虞集在拒绝撰写许谦墓志铭的前提下,向张率性寄去了自己当年为吴澄撰写的《行状》。作为吴澄门人,虞集并不认为金履祥、许谦所代表的金华朱子学有什么过人之处,而朱子学的正统自然应归于吴澄。

虞集拒绝后,许谦家人转托黄溍撰铭。据黄溍铭文称,许谦下葬十年后,其子许元持张枢行状求铭。许谦下葬于后至元四年(1338)②,则黄溍撰铭当在至正八年(1348),而虞集卒于本年,故虞集此信应该撰于至正八年前。虞集的拒绝反映了当时朱子学派系之间的竞争关系。

第四节 元明之际"的传"向"世嫡"的转型

在"北许南吴两文正"的重压之下,北山学派不仅要在民间扩大影响,还要积极争取官方的认同。但是作为南宋遗民,金履祥对元政权采取坚决的不合作态度,许谦虽然得到很多高官的荐举,却仍以布衣终身,不可能对现实政治施加影响。这一工作就历史性地落在了柳贯、吴师道、黄溍、宋濂等金华文人的肩上。

---

① 虞集:《道园类稿》卷二十一《答张率性书》,《虞集全集》上册,页395。
② 黄溍:《金华黄先生文集》卷三十二《白云许先生墓志铭》,《黄溍集》第三册,页773、775。

第十章 北山世嫡：朱子学师统崇拜的顶峰

一 吴师道的努力

吴师道（1283～1344），字正传，婺州路兰溪人，至治元年（1321）进士。吴师道曾向许谦问学，对北山学派非常敬仰。但是，吴师道留下的与北山学派有关的文字中，都回避了金履祥式的独占性的、排他性的表述，而谨慎地采用诸如"的传""正传"这样比较宽泛的表述，这自然是出于不刺激"北许南吴"之传人和其他朱子学传授系统传人的考虑。但在行动上，吴师道却是坚定而富于韧性的。

吴师道代人起草公文，建议创设北山书院纪念何基。在陈述的理由中，吴师道说："窃惟先生，学绍紫阳之传，道著金华之望。……咸谓昔双峰饶鲁亦勉斋门人，前代奉祀有石洞书院。何子之学不下饶公，北山之名岂愧石洞？谓宜即其所居，建立书院，彰示褒宠，以补遗阙。"① 所谓何基之学"不下饶公"，则何基、饶鲁两大勉斋支派起码地位是平等的，这就谈不上北山一脉对正统的独占性了。吴师道还代御史孙干卿起草过公文，申请下令由婺州路儒学出资刊刻何基《近思录发挥》、许谦《读四书丛说》和《诗集传名物钞》："窃谓传道受业必以正学为宗，著书立言贵乎世教有补，所宜章显，以示激扬。当职往岁备员婺州路属邑，获闻北山何文定公基亲学于勉斋黄氏，得朱子的传。"② 所谓"的传"即正传、正学，而不是排他性的嫡传。

至正元年（1341），吴师道任国子博士，并积极地在国子监推广许谦的学术著作，即由许谦重新点抹、订正的朱熹《四书章句集注》、《仪礼》、《春秋》、《公》《谷》二传、《易程氏传》、朱熹《周易本义》和《诗集传》、蔡沈《书集传》《朱子家礼》等。关于许谦的学术渊源，吴师道只说："逮宋季年，北山何文定公基传朱子之学于勉斋黄公。"③ 未见"的传""正学"这样的措辞。

吴师道对推广北山学派最大的贡献，是向当时的《宋史》提供了何基、王柏传的素材。

---

① 吴师道：《吴师道集》卷二十《代请立北山书院文》，下册，页721。
② 吴师道：《吴师道集》卷二十，《代孙干卿御史请刊近思录发挥等书公文》，下册，页725。
③ 吴师道：《吴师道集》卷二十，《请传习许益之先生点书公文》，下册，页723～724。

至正三年（1343）三月，朝廷正式下诏设局纂修宋、辽、金《三史》，至正五年告竣。由于种种原因，两浙地区的士大夫并未加入宋史专局。其中，金华地区的知识分子如黄溍、胡助、张枢（许谦门人）都在这一时期前后在朝任职，且有文名史才，但都与《宋史》编修工作失之交臂。

至正三年（1343）下诏启动《三史》纂修时，黄溍刚好从江浙儒学提举任上引疾去国，"俄有旨纂修辽、金、宋史，丁内忧，不赴"。① 可见《三史》工程启动时，确曾传令黄溍入都参与，但适逢黄溍之母去世，黄溍必须服丧。等到至正六年（1346）服满时，《三史》已经全部完成，黄溍也已致仕，从而与《三史》工程失之交臂。《三史》工程启动时，胡助（婺州东阳人）正任国史院编修，本来是很有希望参加的：

> 会修辽宋金《三史》，议者谓先生宜秉笔，而一时后生奔竞图进，挟势求为之。中书总史事者，往往视人情选择非才，贻笑当世。同僚有不平者，率先生上言辞职。先生因晓之曰："修旧史，固史官职也，然用否在朝廷。昔之为史者，不有人祸，必有天刑，甚可惧也。且以昌黎公职在史官而不肯为史，况我辈耶？是宜退避，何庸较？"同僚服其言，识者题之。②

从字里行间能够体会到，胡助对于参修宋史的主观意愿是相当强烈的，但是纂修《三史》当时成了仕宦捷径，引来众多名利之徒钻营，胡助耻于同流合污，而宁可选择沉默，对修《三史》作壁上观。张枢（1292～1348），金华县人，系许谦门人，以史学有名于时。至正三年（1343）置局修《三史》后："收擢遗逸之士四人，以两院次对之职，俾参笔削，仍奏辟子长为本府长史。使者奉驿券行四千里，求得子长于金华山中，力辞不拜。四方之士，莫不高其风。"③ 可见张枢也收到了征召，但他接受朱熹的主张，认为三国正统归于蜀汉政权，反对陈寿以曹

---

① 危素：《黄公神道碑》，《黄溍集》第四册，页1262。
② 胡助：《纯白斋类稿》卷十八《纯白先生自传》，《文渊阁四库全书》册1214，页661～662。
③ 黄溍：《金华黄先生文集》卷三十《张子长墓表》，《黄溍集》第四册，页1208。

魏政权为正统。若以三国之形势比附辽宋、金宋的对峙格局，则其正统应该归于南宋，而当时的《三史》都总裁脱脱的正统观却是辽、金、宋"三国各与正统，各系其年号"。① 因此，张枢拒绝参与纂修《三史》也就不难理解了。

黄溍、胡助、张枢的遗憾最终被吴师道所弥补。至正三年（1343）开修《三史》时，吴师道正在国子博士任上，但该年二月底，因母亲去世丁内忧而离开了大都。回乡居丧期间，吴师道尝试为《宋史》纂修提供史料，即今收于吴师道《礼部集》卷二十的《节录何王二先生行实寄史局诸公》一文。此文实际上是北山学派代表人物何基、王柏的小传，吴师道将其寄给《宋史》分局的史官，希望他们能据此修纂何、王二人本传。如果与《宋史》比较的话，可以看出，今本《宋史》卷四百三十八《儒林八》的何基、王柏传就是在《节录何王二先生行实寄史局诸公》的基础上删节、改写而成。以《何基传》为例，全传660字，几乎全部沿袭了《节录》的语句，其中最长的一段原样照抄的文字是这样的：

> 何基，字子恭，婺州金华人。<u>父伯熭为临川县丞，而黄榦适知其县事，伯熭见二子而师事焉。</u>干告以必有真实心地、刻苦工夫而后可，基悚惕受命。于是随事诱掖，得闻渊源之懿。微辞奥义，研精覃思，平心易气，以俟其通，未尝参以己意，立异以为高，徇人而少变也。凡所读无不加标点，义显意明，有不待论说而自见者。朱熹门人杨与立一见推服。来学者众，尝谓："为学立志贵坚，规模贵大，充践服行，死而后已。读《诗》之法，须扫荡胸次净尽，然后吟哦上下，讽咏从容，使人感发，方为有功。"谓："以《洪范》参之《大学》《中庸》，有不约而符者。"谓："读《易》者，当尽去其胶固支离之见，以洁净其心，玩精微之理，沉潜涵泳，得其根源，乃可渐观爻象。"<u>盖其确守师训，故能精义造约。</u>王柏既执贽为弟子，基谦抑不以师道自尊。柏高明绝识，序正诸经，弘论英辨，

---

① 权衡：《庚申外史》卷上"至正三年"条，任崇岳《庚申外史笺证》，中州古籍出版社，1991，页44。

质问难疑，或一事至十往返，基终不变以待其定。尝曰："治经当谨守精玩，不必多起疑论。有欲为后学言者，谨之又谨可也。"基淳固笃实，绝类汉儒。虽一本于熹，然就其言发明，则精义新意愈出不穷。基文集三十卷，而与柏问辨者十八卷。①

这一大段文字中，除了画线的两句系《宋史》史官改写而成的外，其余文字完全照抄了吴师道的《节录》。《王柏传》的情况较为复杂，史官在纂修时可能参考了其他史料。先看《王柏传》：

<u>王柏，字会之，婺州金华人。大父崇政殿说书师愈，从杨时受《易》《论语》，既又从朱熹、张栻、吕祖谦游。父瀚，朝奉郎、主管建昌军仙都观，兄弟皆及熹、祖谦之门。</u>柏少慕诸葛亮为人，自号长啸。年逾三十，始知家学之原，捐去俗学，勇于求道。与其友汪开之著《论语通旨》，至"居处恭，执事敬"，惕然叹曰："长啸非圣门持敬之道。"亟更以鲁斋。从熹门人游，或语以何基尝从黄榦得熹之传，即往从之，授以立志居敬之旨，且作《鲁斋箴》勉之。质实坚苦，有疑，必从基质之。于《论语》《大学》《中庸》《孟子》《通鉴纲目》标注点校，尤为精密。作《敬斋箴图》。<u>夙兴见庙，治家严饬。当暑闭阁静坐，子弟白事，非衣冠不见也。少孤，事其伯兄甚恭。</u>季弟早丧，抚其孤，又割田予之。收合宗族，周恤扶持之。开之没，家贫，为之敛且葬焉。来学者众，其教必先之以《大学》。蔡抗、杨栋相继守婺，赵景纬守台，聘为丽泽、上蔡两书院师，乡之耆德皆执弟子礼。理宗崩，率诸生制服临于郡。柏之言曰："伏羲则《河图》以画八卦，文王推八卦以合《河图》者，先天后天之宗祖也。《河图》是逐位奇偶之交，后天是统体奇偶之交，惟四生数不动。以四成数而下上之，上偶下奇，莫匪自然。"又曰："大禹得《洛书》而列九畴，箕子得九畴而传《洪范》，范围之数，不期而暗合。《洪范》者，经传之宗祖乎！'初一曰五行'以下六十五字为《洪范》，'五皇极'以下六十四字为皇极经，此帝王相传之

---

① 脱脱等：《宋史》卷四三八《何基传》，第三十七册，页12979~12980。

大训，非箕子之言也。"又曰："今《诗》三百五篇，岂尽定于夫子之手？所删之诗，容或有存于闾巷浮薄之口，汉儒取于补亡。"乃定《二南》各十有一篇，两两相配。退《何彼秾矣》《甘棠》归之《王风》，削去《野有死麇》，黜郑、卫淫奔之诗。又作《春秋发挥》。又曰："《大学致知格物章》未尝亡。"还《知止》章于《听讼》之上。谓"《中庸》古有二篇，诚明可为纲，不可为目。"定《中庸》诚明各十一章，其卓识独见多此类也。其卒，整衣冠端坐，挥妇人勿近。国子祭酒杨文仲请于朝，谥曰文宪。所著有《读易记》《涵古易说》《大象衍义》《涵古图书》《读书记》《书疑》《诗辨说》《读春秋记》《论语衍义》《太极衍义》《伊洛精义》《研几图》《鲁经章句》《论语通旨》《孟子通旨》《书附传》《左氏正传》《续国语》《阐学之书》《文章复古》《文章续古》《濂洛文统》《拟道学志》《朱子指要》《诗可言》《天文考》《地理考》《墨林考》《大尔雅》《六义字原》《正始之音》《帝王历数》《江左渊源》《伊洛精义杂志》《周子》《发遣三昧》《文章指南》《朝华集》《紫阳诗类》《家乘》文集。①

上引文字的画线部分基本上抄录了吴师道《行实》。其他部分，史官则有所删节、改写、缩写。譬如删去了朱熹与王柏祖父的交往细节。王柏所著各书的目录与《行实》一致，但《行实》注明各书卷数，《宋史》全删。吴师道《行实》所列举的很多王柏的学术观点，如对《洛书》与《河图》的关系的论述、王柏重编《鲁经》的设想等，也被史官删去。

在删节改写的同时，由于工作粗疏，有些文字错误也保留了下来。譬如，史官删去了《行实》中王柏论"《春秋》元年王正月"的观点，可是《王柏传》中又保留了"又作《春秋发挥》"一句，按道理这些观点应该是接此句之下的，而吴师道《行实》中并无"又作《春秋发挥》"此句，《宋史》当另有参考。又如，吴师道所撰《行实》云："父朝奉郎

---

① 脱脱等：《宋史》卷四三八《王柏传》，第三十七册，页12980~12982。

主管建昌军仙都观瀚,兄弟皆及朱、吕之门。"① 此句当指王柏的父亲王瀚、叔父王汉、王洽都是朱熹、吕祖谦门人,但行文时漏写了王汉、王洽的名字,使得"兄弟"云云莫名其妙,《宋史》史官浑然不察,照抄入传。

《行实》中被《宋史》史官删去的最重要的一句话是:"传其学者,仁山金履祥、导江张翌也。"② 金、张二人当时都已去世,吴师道特意指出此二人,是希望北山一脉在元代的传承脉络能在《宋史》中留下痕迹,从而为今后金履祥、许谦跻身元朝的国史列传而张本。但史官可能觉得这一企图过于明显,且金、张算是元人,其名入《宋史》不妥,因此删去了此句。

二 "世嫡"说的初兴

尽管多有删削,吴师道《行实》中被《宋史》史官保留下来的内容,交代了黄榦如何授学何基、何基的学术成就、王柏师事何基这三个关键的传授环节,从而为"北山学派"在至正年间转型为"朱学世嫡"以及金履祥、许谦进入《元史》都做了至关重要的舆论准备。《宋史》成书后,朝廷于至正六年(1346)下令在杭州刊刻③,从而得到了广泛传播,黄溍、宋濂都留下了不少评论《宋史》的文字,证明他们都通读了这部巨著。

至正八年(1348),黄溍为许谦撰《白云许先生墓志铭》,正式提出了"朱学世嫡"的说法:

> 由是师道大备。文定何公既得朱子之传于其高弟文肃黄公,而文宪王公于文定则师友之,金先生又学于文宪而及登文定之门者也。三先生皆婺人,学者推原统绪,必以三先生为朱子之世适(嫡)。先生出于三先生之乡,而克任其承传之重,遭逢圣代,治教休明,三先生之学卒以大显于世。然则程子之道得朱子而复明,朱子之道

---

① 吴师道:《吴师道集》卷二十《节录何王二先生行实寄史局诸公》,下册,页733。
② 吴师道:《吴师道集》卷二十《节录何王二先生行实寄史局诸公》,下册,页735。
③ 脱脱等:《宋史·附录·中书省咨文》标点本第四十册,中华书局,页14261。

至先生而益尊，先生之功大矣。①

所谓"世嫡"（"嫡"又写作"适"），即每一代都是嫡长子，嫡嫡相承，那么无论是哪一代人中，北山四先生都是同时代朱子学各个传授统绪中独一无二的"嫡长子"。而在黄溍之前，柳贯在金履祥《行状》中只敢称黄榦"独得其（按：指朱熹）传"，吴师道只敢说北山师徒为朱子"的传"，黄溍则突出了独占性和排他性，从而在对北山学派历史地位的评价上取得了历史性的突破。

"世嫡"论出台后，金履祥、许谦的谥号问题也就呼之欲出了。据黄溍《许谦墓志铭》，许谦卒后（1337，后至元三年），地方官曾向朝廷请求赐予谥号和赠官，没有得到同意。② 在《白云许先生（谦）墓志铭》中，黄溍对黄榦、王柏、何基都以谥号相称，而对金履祥、许谦则没有称呼谥号，可见至正八年（1348）时金、许二人都未得谥。王祎《王忠文集》卷十四《元儒林传》的金履祥传、许谦传，称二人得谥于至正七年（1347），但今本《元史》金、许二人本传都改为"至正中"，可能在审定时，宋濂或其他史官认为王祎记述的这一时间未必准确，最后定稿时如此修改。

最早出现许谦谥号的文献，是黄溍的《叶审言墓志铭》。叶审言卒于至正六年（1346），三年后，其妻卒，与他合葬，此时叶氏家人请黄溍撰铭，则此铭撰于至正九年（1349）无疑。黄溍在文中提到叶审言的好友时称："最所友善者，许文懿公谦……"③ 尽管文中没有提到金履祥，但金履祥作为许谦的老师，二人同时得到赐谥的可能性是很大的。由此可以断定，金履祥、许谦得谥的时间当在至正八年（1348）、九年（1349）之间。而黄溍从至正七年起到至正十年（1347~1350）夏为止，都在大都任职，官至侍讲学士、知制诰、同修国史、同知经筵事，负责修国史的后妃传、功臣传。考虑到黄溍在当时文坛的声望，他应该参与了为金履祥、许谦争取赐谥一事。

与黄溍（1277~1357）相比，宋濂（1310~1381）、王祎（1322~

---

① 黄溍：《金华黄先生文集》卷三十二，《黄溍集》第三册，页775。
② 黄溍：《金华黄先生文集》卷三十二，《黄溍集》第三册，页460。
③ 黄溍：《金华黄先生文集》卷三十三，页484。

1374）算是婺州文人群体中的后起之秀，他们对黄溍首倡的"朱学世嫡"论心领神会，并大力宣传。至正九年（1349）金、许得谥后，直到至正二十八年（1368）元灭亡，他们都有类似的言论。

至正十八年（1258），许谦门人朱震亨卒，宋濂为其撰写《故丹溪先生朱公石表辞》，其中关于北山学派的历史地位是这样说的："天开文运，濂洛奋兴。……至其相传，唯考亭集厥大成；而考亭之传，又唯金华之四贤续其世胤之正，如印印泥，不差毫末，此所以辉连景接而芳猷允著也。"①"又唯"云云，意即北山一系独占正统，"世胤之正"即是"世嫡"之意。宋濂还认为，北山一系为"世嫡"的证据是他们完整、全面地继承朱子学，不敢稍有修正："如印印泥，不差毫末。"王祎的《宋太史传》也说："初，宋南渡后，新安朱文公、东莱吕成公并时而作，皆以斯道为己任。……朱氏一再传为何基氏、王柏氏，又传之金履祥氏、许谦氏，皆婺人，而其传，遂为朱学之世嫡。"②王祎此文对宋濂的生平只叙述到至正年间，可见为元亡前所撰。

元亡明兴，婺州地区的文化精英大量进入朱元璋政权，政治上的志得意满自然刺激了"朱学世嫡"论的持续发酵。宋濂在洪武九年（1376）写道："有如婺郡许文懿公，为武夷之世嫡。"③洪武十四年（1381），亦即宋濂自尽之年，他在为吴师道撰写的墓碑记中这样写道："考亭拓之。夷其榛荒，亦有车马。有驾而行，可尽天下。彼昏不由，狭径是趋。殚其智能，陷于泥涂。惟婺有传，考亭之适（嫡）。先生是承，孔武且力。"④宋濂批评后世学者，在朱熹阐明理学之后，仍不服膺传习，反而离经叛道，只有婺州的北山学派，为朱学之世嫡。

"朱学世嫡"进入《元史》金履祥、许谦本传，是此说发展到登峰造极的历史性标志。洪武二年（1369）、三年（1370）之间，朱元璋下诏修《元史》，宋濂、王祎同任总裁官，修纂官中胡翰、朱廉、张孟兼也是婺州人士。⑤这样一个编纂班子，自然对《儒学传》中的婺州人士

---

① 宋濂：《宋濂全集》卷七十一，第三册，页1726。
② 王祎：《王忠文集》卷二十一，《文渊阁四库全书》册1226，页443～444。
③ 宋濂：《宋濂全集》卷二十八《送许存礼赴北平教授任序》第二册，页582。
④ 宋濂：《宋濂全集》卷五十《吴先生碑》第三册，页1159。
⑤ 徐永明：《元代至明初婺州作家群研究》，中国社会科学出版社，2005，页41～43。

倍加重视。譬如，今本《元史》卷一百九十《儒学二》的《胡长孺传》，即是以宋濂《胡长孺传》为蓝本①，大量文句相同。又如元初诗文名家戴表元（1244~1310）的列传，宋濂称："濂在史局，既命汇入《儒学传》中。"② 这样，金履祥、许谦的本传由总裁官之一的王祎亲自起草，也就不难理解了。王祎的《王忠文集》卷十四中收了《拟元儒林传》两篇（金履祥、许谦），比较今本《元史》卷一百八十九《儒学一》，可以看出二者互有详略，但王祎所拟传稿中的主要内容都被吸收了。王祎为二人的传稿合写了一段"论曰"，其中对于北山一脉和金履祥、许谦的历史地位，是这样写的：

> 朱氏之徒亦众矣，得其宗者惟黄榦氏。榦传何基氏，基传王柏氏，柏之传为履祥，为谦。其授受之渊源，如御一车以行大逵，如执一龠以节众音，推原统绪，必以四氏为朱学之世适（嫡），亦何其一出于正，粹然如此也。程氏之道至朱氏而始明，朱氏之道至金氏许氏而益尊。用使百年以来，学者有所宗乡，不为异说所迁，而道术必出于一，可谓有功于斯道者矣。大抵儒者之功莫大于为经，经者，斯道之所载焉者也。有功于经，即其所以有功于斯道也。金氏、许氏之为经，其为力至矣，其于斯道，谓之有功，非耶？③

众所周知，《宋史》列传部分只是在有些卷的卷末设置"论曰"，作为史官的议论点评，而不为一卷之中两个人单独论赞。何基、王柏所在的《宋史·儒林传八》卷末则连"论曰"亦告阙如，《元史》儒学传的体例也没有"赞曰"的设置，王祎这一大段文字不可能被《元史》体例所接纳。但在《元史·许谦传》中有这样一句话："先是，何基、王柏及金履祥殁，其学犹未大显，至谦而其道益著，故学者推原统绪，以为朱熹之世适（嫡）。"④ 可见，即便没有史臣的"论赞"设置，"朱学世嫡"这一历史性的评价仍被巧妙地嵌进了一代正史。

---

① 宋濂：《宋濂全集》卷二十，第一册，页396~399。
② 宋濂：《宋濂全集》卷二十二《剡源集序》，第一册，页448。
③ 王祎：《王忠文集》卷十四，《文渊阁四库全书》册1226，页302。
④ 宋濂等：《元史》卷一百八十九，第十四册，页4320。

小　结

以上四节的讨论，很容易让人得出这样一个结论：北山学派完全专注于以师统形态传道。然而，这个结论早已被侯外庐等人的《宋明理学史》所揭示。本章的讨论重点则希望在其基础上做四个方面的深化。

第一，"世嫡"论的核心是，既然"嫡"是独一无二的，也就是说师承传授统绪中的每一代都出现了传道者，这就意味着不但朱熹、黄榦乃至何、王、金、许是传道者，朱熹的师承系统"道南一脉"（杨时、罗从彦、李侗）也是传道者。这种师统观念既不是朱熹、黄榦所主张的，在元代朱子学内部也是非常独特的。

第二，"世嫡"论从萌芽、酝酿到定型经历一个半世纪之久。何基师事黄榦在宋宁宗嘉定元年（1208），而黄溍在《白云许先生（谦）墓志铭》中提出"世嫡"论则是元顺帝至正八年（1348）。本章第一节已经指出，何基尽管崇拜师承，但在现有的文献中未见其提出过独占和排他的主张。王柏开始谨慎地赞美黄榦是朱子之真传、的传、正传，但仍不是独占性的"嫡子嫡孙"。到了金履祥，不但黄榦被肯定为朱熹唯一的正统，他进而试图论证何基是黄榦唯一的正统传人，黄溍的"世嫡"说即是由金履祥滥觞的。受到"北许南吴两文正"的压力，许谦谨慎地回避了金履祥式的独占的、排他性的师统论述。许谦去世后，吴师道低调地在朝野宣传推广北山学脉，但他也仅限于强调黄榦为朱熹的嫡子，而未敢表彰何基为黄榦嫡子。到了至正年间，婺州籍贯的知识分子密集地活跃于官场和知识界，北山学派"世嫡"说便呼之欲出，并终于在至正八年（1348）由当时婺州乃至两浙地区最有影响力的文人黄溍正式提出了。此后"世嫡"说不断发酵，并以宋濂、王祎编纂的《元史》将"世嫡"说载入《许谦传》而达到顶峰，此时已是明太祖洪武三年（1370）。

第三，尽管"世嫡"说是道统的师统形态发展到极致的状态，北山学派却从未滋生出朱熹所批评过的"口耳相传""不立文字""心心相印"的弊病。相反，北山学派从何基开始至于许谦，都始终专注于经典文本的解释、整理、甄别，彻底实践了朱熹在《中庸章句序》中提出的

"吾道之所寄不越乎言语文字之间"的主张。不过，为了突出对正统的独占，北山学派内部师徒讲论的记录大量进入了北山学派的经学著作中，而口谈记录相对于严谨的著述，更接近于"言语"，而相当程度上偏离了"文字"。

第四，随着具有嫡子嫡孙的世代不断延续、增衍，"世嫡"说的内在悖论随之暴露出来。许谦这样解释孟子的"私淑"："私淑者，私善于人。孟子不得为孔子之徒，而私善于再传之子思；朱子不得为程子之徒，而私善于三传之李氏，此私淑字最切。"① 北山学派不可能师从朱熹，故师从朱熹的嫡传门人黄榦，北山作为朱子学"世嫡"的正统性是由朱熹肇始、中经黄榦而赋予何、王、金、许的，此朱熹的历史意义所在。可是为了论证世嫡是在不断向下赓续、增衍的，客观上就要强调距离朱熹较远世代的那些传人对朱熹的超越。这是因为，距离朱熹越远，朱熹的传授统绪开枝散叶，支系愈繁，相互之间的竞争性也日益增强，故北山学派维护和论证"世嫡"说所面临的挑战就越大。于是，金履祥专注于论证何、王为勉斋之嫡，许谦专注于论证金履祥为何、王之嫡。而这种论证，表现在学术工作上，就是要充分表现何、王、金、许相对于朱熹的创新性，尤其是要在具体观点上形成对朱熹的修正、质疑乃至突破。事实也是如此，在何、王、金、许四人中，最为保守、创新最少的恰好是第一代的何基，王柏对朱熹的修正、突破最多，金履祥则主动、自觉地继承了王柏的上述修正和突破，而许谦虽未直接质疑朱熹，但也未反对王、金两人相对于朱熹的修正和突破。

这种"厚今薄古"的学术风格，遭到了史伯璿（本书第十一章）的批评。

---

① 许谦：《读四书丛说·读大学丛说》，《四部丛刊续编》册11，页9。按：许谦此说不同于朱熹。《孟子章句集注》释"私淑"云："人或不能及门受业，但闻君子之道于人，而窃以善治其身，是亦君子教诲之所及，若孔孟之于陈亢、夷之是也。"（《四书章句集注·孟子集注》卷十三，页362）所谓"但闻君子之道于人"的"人"，可以是任何学者，不需有间接的师承关系。《朱子语类》中说："私淑艾者，未尝亲见面授，只是或闻其风而师慕之，或私窃传其嘉言善行，学之以善于其身，是亦君子之教诲也。"（《朱子语类》卷六十，第四册，页1453）"闻其风而师慕之"，即只是读其书，而未亲炙其传人。总之，朱熹的"私淑"观念和师徒授受没有必然的联系，而许谦的私淑观则完全被局限于师徒授受关系之内。

第十一章 史伯璿：对"见而知之"的彻底清算

史伯璿（1299~1354），字文玑，平阳人，著有《四书管窥》《管窥外篇》《青华集》。史伯璿算不上元代第一流的学者，其知名度相对较低，因此对他的《四书管窥》研究并不多。朱鸿林认为，元人治朱子学的主要趋向是增益丰富朱子之言，而不是精简要约朱子之言，而且多数学者的功夫，都是花在朱子《四书章句集注》的集释上。这种现象在宋末已经开始，到了元代变本加厉，而且性质渐渐有所不同。史伯璿的工作却是反其道而用之，能对诸家所说的自相矛盾之处加以刊削和别白，成就尤其突出。并且指出，史伯璿的工作是尽元代而穷的，入明后，并无足以媲美并论的编纂出现。① 廖云仙的《元代论语学考述》特辟第八章《史伯璿〈论语管窥〉》，对《四书管窥》的版本源流、史伯璿的学术方法和思想立场，作了全面的分析，是迄今为止关于《四书管窥》最重要的研究成果。廖云仙认为，史伯璿最费心力的乃是纠正饶鲁的学说，因为其好求异于朱子，这在护卫朱子不遗余力的史伯璿看来不可容忍。② 陈彩云《元代温州研究》一书也对史伯璿做了专门的研究，认为他善于比较分析，对宋末迄元的"四书"类著作中凡是与朱熹之说违异者，均加以辨析，并一再强调《集注》不可妄改，如背于《集注》者，无论如何都要受到史伯璿的鞭挞批判。"笃信坚守"是各家学者对史伯璿及其《四书管窥》的一致评价。③

那么，史伯璿对朱熹的"笃信坚守"是不是因为他是朱熹的嫡传呢？史伯璿在《宋元学案》卷六十五《木钟学案》中被列为"朱学之余"，但并未明言其师承。刘绍宽在《四书管窥·跋》中认为，《四书管

---

① 朱鸿林：《丘濬〈朱子学的〉与宋元明初朱子学的相关问题》，《中国近世儒学实质的思辨与习学》，北京大学出版社，2005，页136~137。
② 廖云仙：《元代论语学考述》，新文丰出版股份有限公司，2005，页453。
③ 陈彩云：《元代温州研究》，浙江人民出版社，2011，页207。

窥》中虽有"先师郑冰壶"之语，但屡次称引陈刚，陈刚师从永康胡长孺，胡长孺之学源出于叶味道，因此史伯璿被列入《木钟学案》"最为得之"。史伯璿与陈刚、洪铸的关系在师友之间，因此，"其笃信坚守于朱学，固有由然者矣"。① 廖云仙亦主此说。② 刘绍宽此说略嫌笼统，胡长孺不可能直接师从叶味道，应该是叶味道传王梦松，王梦松传余学古，余学古传胡长孺，胡长孺传陈刚。王梦松的生平本书上文（第一章第一节）已经简单做了介绍，此不赘。《四书管窥》中引用"陈公潜先生"（或"公潜陈先生"）的观点有 8 处③，而提到"先师冰壶郑先生"则只有一处④，足见陈刚对史伯璿影响之大。但是刘绍宽没有注意到的是，《四书管窥》中还 4 处提到了"清所章先生"⑤，即章仕尧。

章仕尧，字时雍，平阳人，号清所。生卒年不详，《宋元学案》据《温州府志》称其曾连举元延祐丁巳（1317）、庚申（1320）乡贡。⑥ 柳贯《待制集》卷十一《故宋宣教郎主管礼兵部架阁文字林公墓碑铭》："（林堂）以其友乡贡进士章仕尧所次事状，千里具书致币，请铭其窀。"章仕尧是林璹之子林堂的朋友。林璹是永嘉人，元贞二年（1296）卒，此墓志铭大约完成于 24 年后，则当在 1320 年（延祐七年）前后："没余二纪，而子孙之敷菑益敏，诗书之铚艾愈丰，铭以昭德，不鄙属笔于予。"⑦ 可见章仕尧和史伯璿（1299~1354）是同一代学者。至于被史伯璿称为"先师"的郑如圭，字伯玉，平阳人，是南宋遗民郑朴翁（1240~1302）的孙子。⑧ 郑朴翁的学术渊源无可考，郑如圭可能是继承了郑朴翁的家学。《弘治温州府志》云："家旧多书，或有假，无少吝，不归亦弗校也。"⑨ 史伯璿应该曾向其借书、问学。

分析史伯璿的学术渊源，可以看出两个因素：第一，史伯璿是在元

---

① 《四书管窥·跋》，《敬乡楼丛书》第三辑之三，页 3。
② 廖云仙：《元代论语学考述》，页 446。
③ 分别是卷一，页 12、30、36、37、39；卷七，页 3、16、32。
④ 卷一，页 35。
⑤ 分别是卷一，页 16；卷四，页 14、25；卷十，页 9。
⑥ 《宋元学案》卷六十五《木钟学案》，《黄宗羲全集》第五册，页 539。
⑦ 柳贯：《待制集》，《文渊阁四库全书》册 1210，页 377。
⑧ 郑朴翁生平见林景熙《霁山文集》卷五《故国子正郑公墓志铭》，《文渊阁四库全书》册 1188，页 754~755。
⑨ 王瓒、蔡芳：《弘治温州府志》卷十，页 250。

代温州平阳的学术氛围内成长的，章仕尧、陈刚、郑如圭、孔旸（1304～1382）、陈高（1315～1367）、孔克表（1314～1386，1348年登进士第）等学者、文人都是平阳人，证明元代平阳县的学术气氛非常浓厚。第二，从陈刚这一系来说，史伯璿与朱熹的温州弟子叶味道有一定的联系，即朱熹—叶味道—王梦松—余学古—胡长孺—陈刚。但是，无论在《四书管窥》、《管窥外编》或是《青华集》中，史伯璿只提到了一次"先师"郑朴翁，其他如陈刚、章仕尧都只称"先生"，此外对于师门再无暗示，更只字未提及"西山先生叶味道"，这就说明史伯璿并未拜陈刚为师。

值得注意的是，受到《四书管窥》激烈批评的朱子学人士都有显赫的师承背景。根据周春健所整理的《元代南方四书学的传承谱系》，胡炳文之父胡斗元师从朱洪范，而朱洪范为朱子续传（三传）；倪士毅师从陈栎，而陈栎为朱熹门人滕珙的三传，也就是朱熹四传。[①] 金履祥、许谦的师承更加显赫，不必赘言。相比之下，史伯璿与朱熹简直找不到直接的师承关系，他在《四书管窥》中大力抨击的正是那些言必称"先师"的人。

第一节 史伯璿对朱熹"及门高第"的评价

史伯璿对朱熹第一代门人（"及门高第"）怀有一种复杂的感情，一方面，他承认第一代门人毕竟得到朱熹的面授，朱熹的《语类》和《晦庵集》的许多通信都是朱熹与第一代门人讲学的记录，因此朱熹第一代门人所转述的朱子之说具有权威性，他们的学术造诣亦较以后的朱子学传人为高。另一方面，第一代门人并未完整、准确地继承、理解朱熹的学说，而且被他们自己的弟子所神化了，造成了朱子学传人背叛朱熹的吊诡局面。

一 史伯璿对朱熹亲传弟子的权威性的肯定

在《四书管窥》中，史伯璿多次肯定朱熹亲传弟子的权威性。

当胡炳文怀疑朱熹的《中庸章句》"此由庸行之常推之以极其至，

[①] 周春健：《元代四书学研究》，华东师范大学出版社，2008，页201～204。

第十一章 史伯璿：对"见而知之"的彻底清算

见道之用广也"中的"庸行之常"当系"庸德之行"的笔误时①，史伯璿未举出强有力的理由加以反驳，乃如此为朱熹分辩："朱子平日极精细，不应于此有误。况后来更定不一，果误，岂有不知之理？纵未及改，亦安得无一言及之？而及门高弟亦皆不之觉，何邪？"② 意即这样明显而且重大的错误，不但朱熹不会忽视，其弟子也会发觉并提出质疑的。这可视为史伯璿对朱熹第一代门人学力的一种承认。又譬如，史伯璿还曾说："愚尝有疑于双峰之说而无所取正，于是徧（遍）求《语录》、《或问》及朱门高弟之所议论，皆无与之同者。然后反复朱子之意，乃能知其果不相侔如此。"③ 史伯璿在求助于朱熹时，也把"朱门高弟之所议论"纳入检索的范围。又譬如，朱熹在《论语集注》卷五《子罕》"子在川上曰"章，提到了"道体之本然"、"此道体也"（程颐语）、"与道为体"（程颐语）三个说法。④ 黄榦在《论语注语问答通释》中认为，前二者之"体"，都是对"道"本身的描述（"体段"），"与道为体"之"体"则是"体质"（即本质）之义，即万物以道为体，道为万物之本质，而金履祥则认为后二者之"体"一样。史伯璿决断不下，最后这样说："岂《通释》之分别有得于朱子之绪论耶？"⑤ 史氏觉得，黄榦之说可能是从朱熹那里听来的，但未保留于朱熹的作品之中。

《孟子·公孙丑上》"知言章"中"不得于言"一句，朱熹《语录》与《孟子集注》解释不同，胡炳文《四书通》认为这说明朱熹对这句的解释并不自信："此犹朱子未定之说也。使以此说为定，则《集注》从之矣。"史伯璿则引用蔡模（号觉轩）的话："按觉轩蔡氏曰：'"不得于言"，《集注》与《语录》不同，岂后语未及修改耶？'觉轩及门之士，犹不敢质言《语录》之未定。况朱子所谓向来之说又正是《集注》之意，则非言此之时《集注》犹未定也。《通》以《集注》不从为未定之证，恐未的当。"史伯璿接着指出，《语录》与《孟子集注》有出入，一般应以《孟子集注》为定说，但如果《语录》提到了《孟子集注》之说

---

① 朱熹：《四书章句集注》，页26。
② 《四书管窥》卷三，页13。
③ 《四书管窥》卷九，页18。
④ 朱熹：《四书章句集注》，页113。
⑤ 《四书管窥》卷六，页30。

并进而修正,这就属于:"则多是《集注》已定而犹欠一改者耳。"① 在这种情况下,《语录》反而是最后的定论。如果看不出两者孰先孰后,那么不妨并存备考。史伯璿显然认同蔡模之说,特别点出了蔡氏"及门之士"的身份。

这几个例子说明,史伯璿对第一代朱子门人是抱有一定程度的尊敬的。

二 对第一代门人轻视曲解朱熹的批判

但是,第一代门人(尤其是蔡模)对朱熹的传承也存在不少问题,他们或公然背叛朱熹之成说,或对朱熹著作钻研不深不透、掌握不全面,史伯璿对此都有严厉的批评。

《论语·季氏》"邦君之妻章",蔡模认为此章讲的是不同身份的人对"邦君之妻"的称呼,慨叹当时上下僭越,名分不正,实际上是针对"子见南子"章而发,故此章被放置在《卫灵公篇》的末尾。史伯璿认为,当时社会人人僭越,蔡模何以认为此章特别针对"子见南子"一事呢?而且,此章明明在《雍也篇》末,蔡氏却说附见《卫灵公篇》末,可谓急于附会。蔡说显然出于臆测。史伯璿最后批评道:"不意亲入朱门犹有此失,他人尚何责乎?噫!"② 这句话有两层含义:第一,作为朱子亲传弟子,学识本来应该很高,但实际上并不高明;第二,既然亲传弟子的水平也不过如此,那么再传、三传的"他人"的学问更等而下之了。

史伯璿对授受统绪的厌恶特别明显地反映在他批评蔡模的第二个例子上。《论语·子罕》"颜渊喟然叹章",蔡模认为孔子只向颜渊传授了"博我以文、约我以礼"的工夫,其他孔门弟子不得与闻。史伯璿指出:"又按觉轩于'亦可弗畔章'引师传之旨曰:此博约,程子以为只是浅近,非颜子所学于夫子之谓。"朱熹与蔡模讲学时曾有此语,说明"博约"工夫本身并非颜渊独有,无非孔门弟子之间造诣有深浅而已。史伯璿进而质问,为什么蔡模在解释《雍也》"亦可弗畔"章"子曰:君子

---

① 《四书管窥》卷九,页16。
② 《四书管窥》卷八,页12~13。

博学于文，约之以礼，亦可以弗畔矣夫"时就引用了这条"师傅之旨"，到了"颜渊喟然叹章"却违反了师说："蔡氏于彼引之，而于此又是此说，岂以颜子亚圣，不敢以学者视之，故忘其前日所引之言，而又为此说邪？要之，二处所言自相抵牾，但当以彼章所引师说为正。"① 所谓"彼章"即《雍也》"亦可弗畔"章。蔡模亲炙朱熹，可时时请益，这是后学无可比拟的优势条件，故史伯璿承认他所转述的"师傅之旨"。但蔡氏未严格地恪守师说，同样是解释"博文约礼"，此一处引用师说，彼一处自创新说，很不慎重。

第三个例子也是蔡模公然违背《论语集注》。《论语·宪问》"桓公杀纠章"，蔡模主张孔子在与召忽比较的情况下称管仲仁于召忽。此说在字面上违背了《集注》，而且无视朱熹对此说的否定意见。史伯璿说："按《语录》：叶贺孙问：'如其仁，或说如召忽之仁。'朱子深破其不然，蔡氏又是因其说而反用之者，其非夫子、朱子之旨明矣。"② 朱熹已经明确批驳此说，蔡模要么未曾细考《语录》，要么明知《语录》有此条，乃视而不见，断以己意。史伯璿并不反对蔡模向朱熹提出异议，但蔡模不应该无视《语录》中朱熹的反对意见，显示他不但自大而且对师傅著作并不熟悉。

第四个例子是关于《论语·尧曰》首章"允执其中"之"中"的解释。《论语集注》云："中者，无过不及之名。"蔡模认为，朱熹释"中"只是从用上说："先师释执中，专以无过不及言……三圣传心，决不应遗其体而及其用，故执中之'中'恐亦该未发已发言之。"史伯璿驳斥道："'执中'之'中'不可该未发，程朱辨之极为明备。觉轩背其师说，立此异论，不可信也。读者但以《中庸或问》等书考之，则是非不难辨矣。"③ 蔡模口称"先师"，却不顾《中庸或问》已详细分析"中"何以不能释为"未发"，反而自立新说。

除了蔡模，蔡渊也受到了史伯璿的批评。譬如《中庸》第十八章："武王缵太王王季文王之绪。"朱熹《中庸章句》："至于太王，实始翦商。"蔡渊（号节斋）曰："太王虽未有翦商之志，然太王始得民心，王

---

① 《四书管窥》卷六，页24。
② 《四书管窥》卷七，页29。查《朱子语类》，此条乃江彝叟所问，据叶贺孙所闻记录。
③ 《四书管窥》卷八，页37。

业之成，实基于此。"史伯璇指出："蔡说与《论语·泰伯》'至德章'《集注》相反，饶氏以下盖皆蹈袭其意，以立异于朱子。"① 朱熹《论语集注》此处注云："太王因有翦商之志，而泰伯不从……"② 朱熹之说明白如此，蔡渊仍主张"太王虽未有翦商之志"，且未对朱熹《论语集注》相关说法提出商榷。朱子学的再传饶鲁等人为了立异于朱熹，更蹈袭了蔡渊的这一说法。第一代亲传弟子的行为显然会对再传、三传弟子造成示范效应。

相比之下，史伯璇对黄榦的批评最少，而且《四书管窥》中也多有用黄榦《论语注义问答通释》反驳其他朱子后学的例子。但史伯璇亦认为黄榦是违背朱熹《四书章句集注》自立异说的源头之一："'四书'诸经，凡已经朱子注释者，千万世学者，不能加毫末于此矣。而后之儒者，往往立异为高，大抵滥觞于黄勉斋、蔡节斋诸贤，污漫于饶双峰，而泛滥横溃于近代诸儒。"③ 所谓"滥觞于黄勉斋"，不仅是指黄榦在个别问题上求异于朱熹，更是指黄榦的徒子徒孙们对他的膜拜。

三　再传以下传人对第一代门人的追捧

在重视传授统绪的气氛下，朱熹的亲传门人在其去世后受到了朱子学人士的追捧，这种追捧发展到极致，就是当朱熹之说与其亲传门人之说冲突时，不论是非，宁可违反前者也要维护后者。

譬如《论语·子张》"士见危致命章"之"其可已矣"一句，《集注》释为"则庶几其可矣"。《或问》中有人问《论语》前面篇章中出现过"可也"，与这里的"其可已矣"有何区别，朱熹说："曰可也，则其语抑；曰其可已矣，则其语扬。"黄榦《通释》则认为，《论语集注》把实践"见危致命、见得思义、祭思敬、丧思哀"这样的伦理大节，说成是"则庶几其可矣"（差不多了），语气过于轻易："然失之太快，而不类乎圣人之言。"实际上，一个人能够做到以上四个方面的大节"则为人之道可以无恨矣"。而《或问》所谓"其语扬"就是从极致上说，

---

① 《四书管窥》卷三，页14。
② 朱熹：《四书章句集注·论语集注》卷四，页102。
③ 史伯璿：《青华集》卷二《上宪司陈言时事书》，《全元文》卷一四三四，第46册，凤凰出版社，2004，页424。

也是"无恨"之义，黄榦主张两说可以并存。饶鲁认为，黄榦的"可以无憾"说长于《论语集注》："恐当以《通释》之说为是。"史伯璿针对饶鲁此说指出，《论语集注》的"则庶几其可矣"是朱熹本人对子张的批评（即认为子张太轻视这四个方面），而《或问》的"其语扬"则是从子张立言本意之说，二者可以互补，黄榦正是看到了这一点才主张二者可以并存："《通释》亦只是折衷《集注》《或问》之同异，以晓学者，非以《集注》为未定而改为之说也。双峰是《通释》而疑《集注》，毋乃于朱子、黄氏之意两失之与？"①饶鲁夸大了黄榦与朱熹的分歧，然后是黄榦而非朱熹，显示黄榦较朱熹高明，其目的在于抬高自己的身价。

《论语·子路》"定公问一言可以兴邦"章中出现了四个"几"字，《集注》同释为"期"（期其效），饶鲁以为四个"几"字意义不同，"其几之几"训"期"，"不几之几"训"近"。金履祥《考证》则引黄榦《通释》说，认为四个"几"字同训为"近"，"孔子曰：言不可以若是其几也"当断作"孔子曰：言不可以若是。其几也……"史伯璿指出黄榦《通释》在提出"几"训"近"后还有一段话："然彼（宇按：指定公）以邦之兴丧为问，而此乃特言其近，则责难之义为泛而不切矣。"可见黄榦并不认为训"近"胜于《论语集注》训"期"。史氏说："详此，则勉斋固未尝以此说为胜于《集注》也。金氏阿其所好，乃引之以为定说。"②所谓金履祥"阿其所好"，自然是从师承源流上说，即金履祥系黄榦的三传（黄榦—何基—王柏—金履祥）弟子，又以朱子学嫡传自居，故维护黄榦胜于维护朱熹。

第二节　朱子学再传以下对朱熹的轻视

第一代门人的弟子即朱子学再传，在这一群体中间出现了盲目尊信本师（第一代门人）和妄自尊大两种倾向。前者已经在上文讨论过，这里主要讨论再传以下朱子学人士"自任道学之传"乃至轻视朱熹的情形。在这个方面，史伯璿批评的重点是江西朱子学的饶鲁。

---

① 《四书管窥》卷八，页25。
② 《四书管窥》卷七，页20。

史伯璿认为，饶鲁的《四书辑讲》虽非一无是处，"大概于一字一句之义虽颇得之"，但"于宏纲要领所在则多失之"。原因是："其立意为高，以求多于朱子处。"饶鲁刻意追求突破、修正、推翻朱熹成说定论，是其根本病源。这一点在《中庸》《大学》的解释中表现得特别突出，《论语》《孟子》则稍好。饶鲁对朱熹的指斥往往很不客气："不曰'不意老先生亦看不透'，则曰'当时老先生亦欠仔细'。盖其本意但欲学者尊己，不肯为朱子下，故不自觉以至此耳。其所以启后儒妄议朱子者，实滥觞于此。"① 史伯璿认为，饶鲁"欲学者尊己，不肯为朱子下"，其底气何在？

史伯璿又举出饶鲁的一段话来分析：

> 饶氏又曰："鲁自少读朱子《大学》之书，于前三者反之于身，自觉未有亲切要约受用处。近读先生与勉斋书，谓：'《大学》一书看者多无入处，似此规模太广，令人心量包罗不得。'然后知先生晚岁亦不能不自有疑焉。"②

史伯璿批评道："《诚意》一章，朱子易箦之际犹不废改，岂有果知《章句》有太广之病，乃徒形之慨叹而不及之改邪？且双峰自谓反身未有亲切受用处，亦既一切变易《章句》之旨而自为之说，固宜自得亲切受用处矣。愚不知其由此进德到得何等地位，可以任道学之传否？其亦大言以欺世而已，非实然也。"③ 史伯璿指出，饶鲁之所以敢于怀疑朱子《章句》，是因为他自以为"可以任道学之传"，史氏则认为其"进德"根本没有达到那样的地位。

譬如，《大学·传之三章》引《诗·文王》后云："为人君，止于仁"，"为人子，止于孝"。饶鲁认为："但曰止于仁止于孝，而不曰止于至仁至孝，以此见至善只是事物上一个无过不及底道理，非极高极厚之谓。"史伯璿批评道："双峰每虑其过，则仁孝皆不敢做到十分尽处，便自以为至，便自以为中，天下还有此理否？殊不思但言止于仁孝，何尝

---

① 史伯璿：《四书管窥大意》，页2。
② 《四书管窥》卷一，页3。
③ 《四书管窥》卷一，页4。

不要人十分仁孝？观其引文王为法可见，文王仁孝岂有不十分全尽者邪？只因双峰平日以圣贤自居，顾经注之旨已皆有所未至，虑世人以此觇其虚实，故明经皆说降一等求以自便，故不得不诬朱子以欺世耳。噫！"①因为朱熹《大学章句》说得明白："引此而言圣人之止，无非至善。"②圣人境界所谓"止"，不是止步不前，而是"至善"，不可以普通学者的程度来比拟。饶鲁之所以立异于朱熹，是因为他个人的道德修养做不到"至仁至孝"，为了"自便"，于是在解释经旨时降格以求，说"仁孝"只要过而不及便可以了，不必追求极致。

饶鲁在具体解释经义中，往往无视朱熹的解注，自立新说。《大学·传之八章》："所谓齐其家在修其身者，人之其所亲爱而辟焉……此谓身不修不可以齐家。"饶氏认为此章所提到的"亲爱、贱恶、畏敬、哀矜、敖惰"中，前四者都如朱熹《大学章句》所云"在人本有当然之则"③，唯独第五个"敖惰"并非人的本性所有："此说皆是寻常人有此病痛，似不必将敖惰做合当有底。"史伯璿指出，关于"敖惰"是不是"在人本有当然之则"，朱熹在《大学或问》《语录》中有很详细的解释④，饶鲁的疑问，明明朱熹已经一一回答之："但双峰此段议论极详，大抵皆是朱子之所已破，读者考之《或问》《语录》足矣，正不在于后学之有辨也。"⑤饶鲁要么没有精读《大学或问》《语录》，要么剿袭《大学或问》《语录》的朱说。

《论语·子张》"卫公孙朝章"中子贡说的"文武之道，未坠于地，在人"，朱熹《论语集注》云："文武之道，谓文王、武王之谟训功烈，与凡周之礼乐文章皆是也。"⑥此"文武之道"是文王、武王的功业和"周之礼乐"。饶鲁提出异议，帝王功业和礼乐"此皆是道之粗者，《集注》以此为道，似乎小了道字。盖形而上者谓之道，自古及今，道何尝坠地，文武之道所以未坠于地者，以其在人故尔。夫子收拾合凑，方始足成全体大用。"可是，朱熹在《论语或问》卷十九中，对这种看法已

---

① 《四书管窥》卷一，页14。
② 朱熹：《四书章句集注·大学章句》，页5。
③ 朱熹：《四书章句集注·大学章句》，页8。
④ 参见赵顺孙《大学纂疏》，页83~84。
⑤ 《四书管窥》卷一，页32。
⑥ 朱熹：《四书章句集注·论语集注》卷十，页192。

有针锋相对的批评：

> 曰：何以言文武之道为周之礼乐也？曰：此固好高者之所不乐闻，然其文意不过如此。以未坠在人之云者考之，则可见矣。若曰道无适而非，惟所取而得，则又何时坠地？且何必贤者识其大、不贤者识其小，而后得师耶？此所谓人，正谓老聃、苌弘、郯子、师襄之俦耳。若入大庙而每事问焉，则庙之祝史亦其一师也。大率近世学者习于老佛之言，皆有厌薄事实、贪骛高远之意，故其说常如此，不可以不戒也。然彼所谓无适而非者，亦岂离于文章礼乐之间哉？但子贡本意则正指其事实而言，不如是之空虚恍惚而无所据也。①

"文武之道"实指具体的本周礼乐制度细节，不是形而上的宇宙论意义的"道"。朱熹早已预见到这样解释是饶鲁式的"好高者之所不乐闻"，史伯璿引用了这段《大学或问》后感叹道："详味朱子所言，丁宁恳切、委曲详尽，其所以为天下后世厌实慕虚者之戒可谓远矣。以此为防，不意再传之后，饶氏所疑《集注》之言果皆出于其所已辨而又自以为是也。噫！又何怪乎圣人之道一再传后而有庄周之荒唐也。"② 饶鲁仅是朱熹再传，世代相隔并不遥远，却已经沦落为"好高者"。同理，饶鲁显然没有细读《大学或问》，自然不可能回应朱熹的有关解释了。

最奇怪的是，由于不屑钻研朱熹的解释，导致饶鲁仅所谓的"新见""异说"，有的竟与朱熹相同而不自知。譬如《大学·经一章》："大学之道……在止于至善。"朱熹《大学章句》："至善，则事理当然之极也。"③ 这个"当然之极"的意思，《语录》云："至善，只是十分是处。""至善，犹今人言极好。"又云："凡曰善者，固是好。然方是好事，未是极好处。必到极处，便是道理十分尽头，无一毫不尽，故曰至善。"④ 朱熹并不认为"当然之极"的"极"是日常语言所说的"极好"

---

① 朱熹：《四书或问》，页 408。
② 《四书管窥》卷八，页 34~35。
③ 朱熹：《四书章句集注·大学章句》，页 3。
④ 黎靖德编《朱子语类》卷十四，第一册，页 267。

之"极",也不是"造极"(最高境界)之"极",而是一种圆满的、合乎道理的状态。朱熹《大学或问》也有类似的说法。饶鲁未核对《语录》《或问》,径直认为朱熹《大学章句》的"当然之极"就是"造极之地"的意思,因而指朱熹为错误:"至善只是事物当然之则,非指极之地而言也。"而胡炳文《四书通》虽然注意到了《大学或问》,却没有注意到《语录》,遂引用《大学或问》来纠正《大学章句》,也认为《大学章句》所谓"极"是"君子无所不用其极"之"极"。史伯璿说:

> 双峰不知己意与《章句》之意只一般,乃是己而非《章句》。《通》(按:《四书通》简称)者又不知《或问》之意与《章句》只一般,乃援《或问》之言以讳《章句》极字非造极之谓。读者但以《或问》《语录》玩之,则《章句》之意自明,本无可议,亦不必讳也。①

朱熹在《或问》《语录》中说得非常清楚,《大学章句》所谓"当然之极"并不是"极其""造极"这两种意思,饶鲁急于批评朱熹《大学章句》,对此毫不分辨。胡炳文也没有注意《语录》,而一味阿附饶鲁,暴露出他尊饶过于尊朱。

宋元之际,饶鲁及其弟子的造神运动形成了不小的声势。正如史伯璿指出的:"往岁双峰之说方行,学者翕然尊信,虽清所章先生亦称之,愚独疑其不然而辨析之。"② 这种"翕然尊信"到了何种地步呢?从《四书管窥》的分析看,不仅饶鲁的亲传门人祖述师说,连与饶鲁没有明显师承关系的两浙朱子学的赵顺孙,新安朱子学的胡炳文(1250~1333)、陈栎(1252~1334)、倪士毅(1303~1348),北山学派的金履祥、许谦,都对饶鲁的观点或指名引用,或暗中剿袭,其号召力之大,俨然为宋元之际朱子学正统的代言人。赵顺孙《四书纂疏》成书于南宋末年,本书已于前章专门讨论过,史伯璿认为此书的篇幅"繁简最为得中",缺点是:"其间颇有重复,又或剿饶氏说之善者以为己意,然为学者则皆

---

① 《四书管窥》卷一,页6~7。
② 《四书管窥》卷四,页14。

有益而无损也。"① 赵顺孙的问题是缺乏原创性，且不尊重学术规范，这个批评也适用于下文将提到的陈栎、金履祥。

胡炳文与饶鲁没有直接的师承关系，而且《四书通》也标榜"悉取《纂疏》《集成》之戾于朱夫子者删而去之，有所发挥者则附己说于后"。② 史伯璿虽然承认，《四书通》对饶鲁之说多有驳正，但《四书通》在主观上就是要以饶鲁之说为宗，这表现为："但其编集本意，一以饶氏说为宗，于其谬处虽亦略辨一二，而存者甚多，故与朱子之意多有抵牾，反使学者无所适从。又于《语录》以下诸说切要之言过于删削，不免失之太略，殊未可为不刊之典也。"③ 饶鲁之说与朱熹之说明明相互矛盾，胡炳文如果以为饶说不足取，即不必与朱说两存；若以为饶是朱非，也须论证理由；即便存疑，也要说明存疑的理由。而《四书通》往往两存之而不加辨析，明显不是邓文原《四书通序》所说的"戾于朱夫子者删而去之"。

陈栎的《四书发明》初衷也是"欲勒为一家之言者也"，但是"至于宗信饶氏，则又过于《通》，口虽非之，心实是之也，以其信朱子不如信饶氏故。"具体的表现亦与《四书通》一样，那些字面上明显不同于《集注》的后学注解："往往依违两可，不能折衷，惑人甚矣！"史氏还认为陈栎很少能够提出有价值的新见："间又有自谓己意，而亦不出于雷同者。"④

这一崇拜现象形成后，在三传、四传乃至更加晚辈的朱子学传人中产生了很大的示范效应，即可以通过贬抑朱熹来抬高本师。

1. "饶鲁崇拜"的示范效应

倪士毅是陈栎弟子，故其《四书辑释》对师说盲目尊信。譬如，《论语》中曾子有"吾日三省吾身"，又有对"一贯之道"的领悟，胡炳文认为，"三省"在"一贯"之后，是曾子晚年工夫。倪士毅引陈栎观点"吾道一贯章，及孟子时雨化之章，朱子训释非不明白"云云，"参二章以观三省章，正是随事精察力行处，其悟一贯之旨而一唯，正是人

---

① 史伯璿：《四书管窥大意》，页1。
② 邓文原：《四书通序》，《文渊阁四库全书》册203，页2。
③ 史伯璿：《四书管窥大意》，页1。
④ 史伯璿：《四书管窥大意》，页1~2。

力已尽而时雨化之之时,如何反以一唯为初年事,三省为晚年事乎?"史氏则认为"三省是晚年工夫"之说,可见《朱子语类》:"三省是曾子晚年进德工夫,盖亦微有这些渣滓去未尽耳。在学者则当随事省察,非但此三者而已。"史氏认为:"详此,则《通》说未为无据。《辑释》引其师说而不引此段《语录》,盖亦阿其所好,非至公之心也。"① 要么是陈栎、倪士毅没有读到过这段朱熹《语录》,要么是倪士毅为了维护师说故意无视这段《语录》,若是前者,则是学力欠缺;若是后者,则是私心作怪。

《中庸》第二十七章:"故君子尊德性而道问学,致广大而尽精微,极高明而道中庸。温故而知新,敦厚以崇礼。"朱熹《中庸章句》把"尊德性、极高明、温故、敦厚"归为"此皆存心之属",为上一截;"道问学、道中庸、知新、崇礼"归为"此皆致知之属",为下一截。② 陈栎《发明》认为,尊德性而道问学、致广大而尽精微,这两组属先行而后知,则尊德性、致广大为行,道问学、尽精微为知;极高明而道中庸、温故知新而敦厚崇礼,这两组属先知而后行,则极高明、温故知新为知,道中庸、敦厚崇礼为行。③ 这个意见与朱熹相近。④ 胡炳文《四书通》站在维护朱熹的角度认为,存心不必分为"知行",因为"存心"是展开"知行"的前提,至于下一截"致知"却是包含了"知行"这对概念,朱熹已有暗示,只不过没有明确指出"道问学、道中庸"是"知","尽精微、知新、崇礼"是"行"而已。⑤ 史伯璿认为胡炳文的解释非常正确,朱熹的《中庸章句》只少交代了一句话:"政恐朱子所

---

① 《四书管窥》卷五,页3。
② 朱熹:《四书章句集注·中庸章句》,页35~36。
③ 《四书管窥》卷四,页18~19。
④ 朱熹自己在《语录》中就有类似的划分:"若有上面一截,而无下面一截,只管道是我浑沦,更不务致知,如此则茫然无觉。若有下面一截,而无上面一截,只管要纤悉皆知,更不去行,如此则又空无所寄。"所谓"上面一截"就是"尊德性、致广大、极高明、温故、敦厚","下面一截"就是"道问学、尽精微、道中庸、知新、崇礼"。(《朱子语类》卷六十四,第四册,页1590。)分法与陈栎不同,但可见朱熹自己也有引入"知行"这对概念的想法,只是未写入《中庸章句》。赵顺孙《大学纂疏 中庸纂疏》,页258。
⑤ 《四书管窥》卷四,页16~17。

言，大纲已得，所失者不过下截四件欠说出一'行'字耳。"① 少说的一'行'字就是指出下一截中包含了"知行"两个范畴。但是，陈栎弟子倪士毅在《四书辑释》中却说了这样一番话：

> 谨按：此一节，胡先生发明《章句》而谓未说到力行处，固得朱子之意矣。先师则自述所见而以知行交互言之，于此似得子思之本意也。……先师尝自谓愿为朱子之忠臣而不为朱子佞臣，即此亦可见矣。②

倪氏对本师夸张的膜拜态度，令史伯璿非常不满，他嘲笑道："观《辑释》先谓《通》得朱子意，其师得子思本意，则是以朱子意为非子思本意也。末后引其师忠臣、佞臣之说，则是谓其师为忠臣，胡氏不得辞佞臣之名矣。……但乃师知行之分，恐亦未必得子思本意耳。欲得子思本意，恐须如《通》所谓'存心不必于中分知与行，若致知工夫却自兼行而言'之说，方为的当。"③ 倪士毅为了抬高本师陈栎，压低朱子，竟然抬出"子思之本意"与"朱子之意"的区别来，认为陈栎为了追求真理，破除情面，廓然大公，超越了朱熹而直接子思，胡炳文则是一味回护朱熹，学术地位自然下降一格。在这个个案中，史伯璿承认朱熹《中庸章句》"欠说出一行字"，但认为这只是个小小的失误，绝不影响其整体意思的正确性，但此一纰漏却被后人抓住，穷追猛打："朱子欠说出一行字处，尚不免诸家纷纷之疑。"④ 那些朱熹的三传、四传弟子扬言自己的老师比朱熹高明，"得子思本意"，鼓吹要勇于当修正朱熹的"忠臣"，不要当维护朱熹的"佞臣"，这说明朱熹的地位在元末受到了贬抑。

从上文可以看出，饶鲁对黄榦，胡炳文、陈栎、金履祥等人对饶鲁，倪士毅对陈栎，都存在着盲目崇拜，这种崇拜往往不顾是非正误，尊信本师甚于尊信朱子，以致蔑视朱子、曲解朱子。那么，为什么会出现这

---

① 《四书管窥》卷四，页21。
② 《四书管窥》卷四，页20。
③ 《四书管窥》卷四，页20~21。
④ 《四书管窥》卷四，页21。

种现象呢?

2. "饶鲁崇拜"的成因

史伯璿对饶鲁门人以及后学,有一段全面的分析。他首先指出,饶鲁解释"四书"时,与朱熹不同者十居其九,难道饶鲁学养如此之深,能得其九,朱熹仅得其一,饶、朱学养高下如此悬绝吗?史伯璿说,饶鲁之立异于朱熹,不仅是个人道德修养不足,更是受到了门下弟子的蛊惑和煽动:

> 不过双峰平日务欲自立门户,不肯为朱子下。故其门人承其风旨,往往皆曲逢其师之私心,以求《集注》之瑕疵,以启双峰之立异。双峰亦是骑虎之势,不肯默然自谓无说。所以虽无可说处,亦千方百计寻一异说以高于朱子。其意未必自谓可以取信于来世,不过但得门人一时尊己过于朱子足矣。但其门人率皆无见,不能辨别,唯有翕然尊信,辑而录之,以传于后,遂为圣经贤注无穷之窒碍,诚可痛也。①

史氏指出,饶鲁在客观上受到了弟子们(朱熹三传)的簇拥和影响,导致他有意无意地处处与朱熹立异。那么,三传弟子不但不忌惮饶鲁违背朱熹,而且热烈地追捧这种"背叛"行为,动力何在呢?

在饶鲁活跃的南宋末年,朱子学已经成为一种文化资本,拥有朱子学知识、成为朱熹的传人,已经成为读书人普遍的渴求。但吊诡的是,朱熹距离饶鲁的时代已经久远,而且朱熹门下支派众多,如果人人自称"朱子嫡传",那么,朱子学这种文化资本就失去了稀缺性。而且,距离道统承受者的距离越近,所获得的文化资本才越多。饶鲁弟子与朱熹的距离是三传,与饶鲁的距离则为亲传,如果饶鲁能够成为当代的道统承受者,那么其弟子所拥有的文化资本自然超越了朱子学其他派系的弟子。

既然要成为道统的承受者,就不能循规蹈矩、原原本本地祖述朱熹,而必须显示饶鲁高于朱熹之处。因为,朱熹之所以能够越过二程众多弟

---

① 《四书管窥》卷十,页29。关于饶鲁"只欲学者尊己,不肯为朱子下"的评价,亦见卷五,页31。

子，直接二程的道统，就是因为他发展了二程尤其是程颐的理论，在发展之中，朱熹也修正了程颐。关于朱熹对程颐的修正，史伯璿是这样表述的："又朱子于程子之言，或有所疑，未尝不婉转其词，不曰'一时别有所为'，则曰'恐是门人记录之误'。"① 不管朱熹措辞如何谨慎婉转，他在某些局部修正乃至否定了二程，这是不争的事实。同理，饶鲁也可以通过批评朱熹来树立自己的道统承受者地位。

史伯璿还注意到，仅仅是饶鲁及其弟子的努力尚不足以造成这么大的声势，饶鲁所继承的黄榦学脉也是一个重要的原因。众所周知，饶鲁是黄榦亲传弟子，朱熹再传。而黄榦门人众多，其在新安、江西、闽中、两浙都有传人，并分化出新的学派。黄百家说："黄勉斋榦得朱子之正统，其门人一传于金华何北山基，以递传于王鲁斋柏、金仁山履祥、许白云谦，又于江右传饶双峰鲁，其后遂有吴草庐澄，上接朱子之经学，可谓盛矣。"② 既然饶鲁为黄榦的门人，而黄榦又是朱熹的首席弟子（兼女婿），朱子学的"统绪"，经由黄榦而传授给了饶鲁，此为饶鲁权威性的来源之一。

第三节 "亲相授受"造成的元末朱子学乱象

由此，史伯璿观察到了宋元朱子学的一个悖论：朱子学在扩张和传承的过程中，一些后学企图树立新的权威，以标榜对"统绪"的传承，而朱子学人士乃至普通读书人也需要这些新的权威的出现，从而强化全社会对朱子学的信仰，这就出现了一个造神的过程。如果，宋末以来的朱子学传人完全恪遵朱熹成说，那么捍卫朱子学传人就是捍卫朱熹本人。遗憾的是，这些朱子学传人自觉不自觉地违背了朱熹的《四书章句集注》，而那些朱子学学者们将师徒传授关系与道说完全合一，而忽视了朱熹的徒子徒孙们在传授统绪的掩护之下，已经在思想实质上不同程度地背叛了朱熹。这就造成了，尊信朱子学传人超过了尊信朱熹本人，甚至只知有师门，不知有朱子。对此史伯璿在《四书管窥》中批评甚多，总

---

① 《四书管窥大意》，页2。
② 《宋元学案》卷八十三《双峰学案》，《黄宗羲全集》第六册，页313。

结起来则有以下四点。

第一，倚靠师门，妄自尊大。师承背景的重要性被无限放大，仿佛投入名师门下，便高人一等，而忽视自我的道德修养和学问进步。饶鲁自以为"可以任道学之传"①、许谦"自谓得朱子之传"②，便是明显的妄自尊大。盲目崇拜师门的更大危害是故步自封，抱残守缺。本书第二章已指出，如同朱熹可以指正程颐一样，朱熹门人也可以指正朱熹之误，朱子学体系可以容纳对朱熹的质疑、批评，史伯璿自己也并未严格地在字面意义上遵循朱熹，而对朱熹著作内部存在相互矛盾的说法，亦加考辨③，这一点四库馆臣在《四书管窥》的《提要》中论述颇详。而且，对后学能够纠正朱熹之误的个案，史伯璿也加以赞许，被赞许的个案中也包括饶鲁、胡炳文、陈栎。④ 但总体来看，受到师门庇荫的朱子学传人们缺乏学术的创造性，只会抄袭、祖述师门的成说。譬如金履祥的《四书章句集注考证》，史伯璿就指出："金氏《论孟考证》盖谓祖述师傅何文定、北山王文宪鲁斋之言而参以己意，自成一家之者也，然不免太半皆是剿《语录》以下诸书之意而隐栝之耳，其余则又有一二分是兼搜经史及隐僻之书以为经注之证者。至若真出其师弟子之己意者，不过什中之一二耳。而于一二分之中，又大半是立异可骇之论，皆不足深辨也。"⑤ 也就是说，金履祥违背朱熹的情形相当罕见，大概不到全书篇幅的十分之一，其大病在于缺乏原创性，全书有新意者不过十分之一二。许谦的《读四书丛说》与金履祥一样："大抵此二书则皆一以朱子为主，无《通》与《发明》兼主异说之失，读者当自见也。"⑥ 金履祥和许谦尚能做到了"一以朱子为主"，没有像胡炳文、陈栎那样将朱子之说与那些违背朱子的观点并存而无所折衷。但史氏认为这又不是高明的学问，如果完全与朱子一致，又何必另外撰写新书？假如都只是祖述师说，那么朱子学将日益狭隘化，失去活力。

第二，学风鄙陋，抄袭成风。缺乏新见，还只是学术素养不足的问

---

① 《四书管窥》卷一，页4。
② 《四书管窥》，卷三，页38。
③ 廖云仙：《元代论语学考述》，页93。
④ 廖云仙：《元代论语学考述》，页489～498。
⑤ 史伯璿：《四书管窥大意》，页2。
⑥ 史伯璿：《四书管窥大意》，页2。

题；明知为前人观点，却不加说明地剿袭为己有，就成了学术道德问题。史伯璿这样批评胡炳文《四书通》的抄袭行为："迹其说之所自来，却是饶氏之意，《通》既剿为己有，又泯其所自来之迹而不之显，使读者骤观，反若发明朱子之意，而实则不然。其诬先觉、误后学之罪，又过于饶氏。"① 他批评金履祥："《考证》是窃饶氏意而脱胎换骨以为己说者。"② 又说："《通》与《发明》尽取其说，固为无见，《考证》则剿其说以为己意，尤无取而可鄙者也。"③ 甚至出现胡炳文、许谦、倪士毅抄袭了饶鲁同一说法却不约而同地不注明出处的情形："《通》与《丛说》皆是剿双峰之意以为己有，《辑释》引之而自无所言。"④

第三，尊师甚于尊朱，乃至贬低朱子。从本章第二节所举的很多例子可以看出，从朱熹的亲传弟子（蔡模等）开始就不重视研读朱熹的著作，而急于提出新说新见，以求成名成家，获得尊重。其实他们所谓的新说新见，或是背离了朱熹（有在未经充分论证的情况下有意识地背离者，也有不知道朱熹已经批判过类似说法而客观上背离者）；或者其意义与朱熹之说原本一致，无非换一种说法。无论哪一种情况，都是对朱熹的不尊重，乃至贬低。朱熹的再传如饶鲁等人，受到门人弟子的崇拜追捧，则更加放肆地指摘朱熹。

第四，"两是皆定"，无所别白。上文已经指出，形成如此巨量朱子学著作文献的原因是学术规范没有受到尊重，相互抄袭成风。关于饶鲁之说多与朱熹相反，有些人提出，双峰之"四书"学："乃自是一见，亦颇有切于学者受用，后学当以朱子'四书'自作朱子'四书'看，饶氏'四书'自作饶氏'四书'看……盖理之所在，亦不妨异而同、同而异，但义理大体无差，文义各有见，尽不妨。"史伯璿则认为朱熹撰《四书章句集注》的初衷是"折衷众家不同之说，从其是者，以为一定之说耳"。关于"四书"的解释只有一个正确答案，绝不能两存之而不加别白："若双峰者是，则朱子犹未得为定也；若朱子者已定，则双峰不得为是矣。无两是皆定之理。今日朱子'四书'、双峰'四书'，则'四

---

① 《四书管窥》卷三，页16。
② 《四书管窥》卷十，页22。
③ 《四书管窥》卷九，页18~19。
④ 《四书管窥》卷三，页15。

书'乃孔曾思孟'四书',非朱子、饶氏所得专者。若以其切于学者受用,则朱子以前诸家之说何者不切于学者受用邪?而欲皆存之,可乎?"① 朱熹《集注》面世后,他所取材的前人的"四书"著作渐渐被世人淡忘,因为朱熹已经将他们充分地吸收、整合,因此学术资料的积累必然是朝着精简的方向发展的,而不是在每一个时代都产生一批"两是皆定"的著作。

至元末,朱子学文献积累之丰厚,汗牛充栋已不足以形容,而到了令人厌烦的地步,史伯璿说:"噫!世代愈久,编帙愈繁。然能有所别白者绝少,而紊乱之者间又于其间。吾不知孔、曾、思、孟之言,《集注章句》之旨,果何时而尽明于天地之间也。"② 如此巨大体量的文献不但不能发明朱熹之学,反而淆乱、剿袭朱熹之学,实为悲哀。因此,史伯璿建议由官方出面主持对行世的朱子学著作进行一次大的删汰:"愚欲于后儒之说,择其实有补助于朱子者存之,其他务欲求多于朱子,而实非其注者之言,坊间不得刊行,学者不得习读,严立限制。科场中有主异说者,官标记姓名,后举不许再试。庶乎喜新好异之说可革,而经旨传义,自然不至于淆乱矣。"③

以上四大流弊的出现,使得朱子学在元代后期出现了危机,这一危机表现为,朱熹在朱子学体系内部的地位正经历持续下降的过程,朱熹的著作受到的关注和研究也在减弱和退步,与此同时,朱熹思想学术中真正需要修正、弥补的问题却未受到应有重视。总而言之,朱子学处在退化、衰败的危机中,而造成这一退化危机的罪魁,正是将"亲相授受"等同于对"道"的"见而知之者"。史伯璿感叹道:"噫!又何怪乎圣人之道一再传后而有庄周之荒唐也。"④ 孔子之学再传之后出现庄子这样的叛徒,朱子学再传之后就有饶鲁之流,这说明"亲相授受"不应该成为朱子学传承的主要模式。

《孟子·尽心下》"由尧舜至于汤见知闻知"章,是《孟子》全书的

---

① 史伯璿:《管窥外篇》卷下,页1~2,《敬乡楼丛书》第三辑之四。
② 史伯璿:《四书管窥序》,页4。
③ 史伯璿:《青华集》卷二《上宪司陈言时事书》,《全元文》卷一四三四,第46册,页424。
④ 《四书管窥》卷八,页35。

最后一章，也被朱熹看作孟子对"道统"传承的预言。史伯璿正是在这一章中大大发挥了他对朱子学传承模式的看法，尤其是对否定"亲相授受"模式做出了理论的总结。先看《孟子》原文：

> 孟子曰："由尧舜至于汤，五百有余岁，若禹、皋陶，则见而知之；若汤，则闻而知之。由汤至于文王，五百有余岁，若伊尹、莱朱，则见而知之；若文王，则闻而知之。由文王至于孔子，五百有余岁，若太公望、散宜生，则见而知之；若孔子，则闻而知之。由孔子而来，至于今百有余岁，去圣人之世若此其未远也，近圣人之居若此其甚也，然而无有乎尔？则亦无有乎尔！"①

这一章提出了一对很重要的概念："见而知之"与"闻而知之"。其具体意义，朱熹在《或问》中这样解释："禹、皋之徒，本皆名世之士，伊尹、太公又汤、文之师，非必见其君而后知之。至于汤、文、孔子，又或生知之圣，亦非必闻前圣之道而后得之也。此其曰'见而知之''闻而知之'者，盖以同时言之，则斯道之统，臣当以君为主；以异世言之，则斯道之传，后圣当以前圣为师，学者不以辞害意焉可也。"② 据此，所谓"见而知之"，字面上是禹、皋陶见尧、舜而后知道，伊尹、太公见汤王、文王而后知道，实际意义却是：禹、皋陶对道的领悟与尧、舜是同时的，伊尹、太公甚至还是汤王、文王的老师，先于汤王、文王知道，并非尧、舜、汤、文王知道在前，然后禹、皋陶、伊尹、太公从他们那里得到传授。之所以禹、皋陶、伊尹、太公摆在"见而知之"的位置，是因为他们四人是臣，而尧、舜、汤、文王是君，"臣当以君为主"。因此，这个"见而知之"的真正意思是"同时知道"，或者说禹、皋陶与尧、舜相互见证了对道的领悟。

"闻而知之"则指通过间接的方式（文献载籍）领悟把握道。譬如，汤、文王、孔子都崛起于夏、商、周衰落之际，离前代圣人已经非常遥远，其对道的把握是通过文献载籍和个人学习实现的。

---

① 《十三经注疏》下册，页2780中～下。
② 朱熹：《四书或问·孟子或问》卷十四，页511。

金履祥《四书章句集注考证》却认为："此章大意谓，自古五百余岁而圣人出，在当时必有见而知之者，在后世则有闻而知之者。今去圣人之世未远，去圣人之居又甚近，而曾、思辈又皆亡矣，已无有如是见知者，则亦恐遂无复有如是闻知者矣。"① 金履祥的解释中引入了"曾思"，即曾子、子思。按照理学道统观，孔子传道于曾子、曾子传子思、子思传孟子。故曾子相对于孔子、子思相对于曾子都是"见而知之者"。

史伯璿则反对金履祥把曾子、子思视为"见而知之者"。史伯璿认为，朱熹《或问》已经明确地指出那些"见而知之者"与尧、舜、汤、文之间并无先后师承关系，可见师承并不是得道的依据，曾子是得道于孔子，子思得道于曾子，故二者的地位远远低于禹、皋陶、伊尹、太公这些孟子所谓"见而知之者"：

> 《考证》之意，是以曾、思为见而知者，但其已死，则不复有耳。……盍以《或问》之意而推之乎？见知者既非必见其君而后知，闻知者亦非必闻前圣之道而后得。曾、思之徒，正是见夫子而后知之者耳，愚故谓其未可以当见知之列也。孟子之意正不以亲相授受者为见知。若必亲相授受而后有见而知者，则五百余岁之后又何所授受而有闻知者乎？②

史伯璿指出，禹皋之于尧舜，伊吕之于汤文，虽然同世，不过偶然契合而知道，并非得道有先后，不是师承关系。孟子恰恰不认为"亲相授受"是得道的必要前提，他只肯定文王是"闻而知之者"，太公是"见而知之者"，却没有肯定武王、周公是"见而知之"或"闻而知之"，原因很简单，武王与周公都是文王之子，其得道必于家庭之内亲相授受：

> 若武王、周公之圣而不与见知之列者，亦以其与文王事同一家，未免有亲相授受之迹故耳。然则曾、思之于夫子事同一门，实出于亲相授受者，宜亦不得为见而知之者也。如此，则夫子在时，既无

---

① 金履祥：《论孟集注考证·孟子集注考证》卷七，《文渊阁四库全书》册202，页148。
② 《四书管窥》卷十，页46。

偶然契合如禹、皋、伊、吕之于尧、舜、汤、文者矣,五百余岁之后,又安有偶然契合如汤之于尧舜、夫子之于文王者乎?①

有了亲相授受的关系,反而不能列为"见而知之者",这样一来师承的重要性就大打折扣了。史伯璿隐晦地表示,孔子在他的同时代没有遇到相同量级的得道之人,曾子虽然传其道统,但较之孔子已有深浅之别、精粗之分。

不过金履祥的理解并非毫无依据。朱熹在《中庸章句序》中这样描述道统的传承:"自是以来,圣圣相承:若成汤、文、武之为君,皋陶、伊、傅、周、召之为臣,既皆以此而接夫道统之传,若吾夫子,则虽不得其位,而所以继往圣、开来学,其功反有贤于尧舜者。然当是时,见而知之者,惟颜氏、曾氏之传得其宗。及曾氏之再传,而复得夫子之孙子思,则去圣远而异端起矣。"② 显然,正是朱熹把曾子、子思比拟为"见而知之者",史伯璿不可能无视这一表述,他解释道:"然则《中庸序》所谓'见而知之者,惟颜氏、曾氏之传得其宗'者,非欤?曰:朱子不过以颜、曾得夫子之传,故引孟子此言以发己之意耳,初不与闻知者对举,自无所妨,又何疑乎?"③ 史伯璿的这个辩解相当无力,如果朱熹只是为了明确颜渊、曾参是"得夫子之传"的话,又何必用"见而知之"这个词呢?极大的可能是,朱熹在《孟子或问》中只是描述了孔子以前道统传授的统绪中,"见而知之者"与三代圣王之间并无授受关系,而没有认定一旦有了授受关系就不足以称之为"见而知之者"。《孟子集注》对此章就没有如此明确的解释,《中庸章句序》更是正面肯定了颜渊、曾参既是亲相授受,也是"见而知之者"。

史伯璿为什么要强调亲相授受者并不必然成为"见而知之者"?个中缘由自然只能从贯穿《四书管窥》全书的对朱熹门人(包括再传、三传)的批评中寻找。史伯璿批评最为激烈的饶鲁,之所以具有承接朱子学"统绪"的资格,是因为他与黄榦"亲相授受"的关系,而黄榦又与朱熹发生了"亲相授受"的关系,如果"亲相授受"就是"见而知之者"的话,

---

① 《四书管窥》卷十,页46。
② 朱熹:《四书章句集注·中庸章句》,页14~15。
③ 《四书管窥》卷十,页47。

那么黄榦对朱熹的继承、饶鲁对黄榦的继承，就等同于道统的传承。

但在史伯璿看来，朱子学发展的实践说明，"亲相授受"并不意味着有资格传承道统。相反，这些"亲相授受"的传人们竟相对朱熹的教导阳奉阴违，没有资格自称"见而知之者"。为了说明道统的传承与"亲相授受"没有必然联系，史伯璿竟引用了一段陆九渊的话：

> 陆象山有言："东海有圣人出焉，此心同也，此理同也。西海、南海、北海有圣人出焉，此心同也，此理同也。"此可以为同时偶然契合之证矣。又言："千古之前，有圣人出焉，此心同也，此理同也。"此可为异世偶相契合之证矣。象山此言虽则有所指，然孟子所谓"见闻而知之者"，亦以其心同理同而契合，而初非有赖于亲相授受、远相祖述而后知也。①

从空间上说，圣人的崛起是随机的（东海、西海、南海、北海）；从时间上说，尽管孟子大致说了"五百有余岁"，却也无规律可循，孟子以下至程颢就隔了一千五百年。亲相授受的模式，强调上一代得道者与下一代得道者必须在时间、空间上重合，亲见其面，亲闻其教，这样的传授模式就是线性的、单向的，而不是陆九渊所理解的随机的、非线性的模式。史伯璿显然选择了陆九渊的非线性模式，即无论何时何地，对道的领悟和把握，并不依赖"亲相授受"，而依赖于学者自我的修养和学习，这就是"闻而知之"。我们不难推论，与朱子学传承统绪发生不了任何联系的史伯璿，正是把自己看作与朱熹"以其心同理同而契合"的"闻而知之者"。

小 结

史伯璿对"亲相授受"模式的否定，似乎并未对明代思想产生很大的影响。在明代历次讨论从祀时，总有人将师承渊源作为重要的考量因

---

① 《四书管窥》卷十，页47。陆九渊语出《陆九渊集》卷二十二《杂说》，中华书局，1980，页273。

素提出来，说明这一思维定式的巨大惯性很难消除。但从思想史发展的实际情形看，朱子学"亲相授受"模式在明初的没落也是有目共睹的。

史伯璿在《四书管窥》中集中批评了蔡模、蔡渊代表的福建朱子学、饶鲁代表的江西朱子学、金履祥、许谦代表的两浙朱子学，清人全祖望则称："晦翁生平不喜浙学，而端平以后，闽中、江右诸弟子，支离舛戾固陋无不有之，其能中振之者，北山师弟为一支，东发为一支，皆浙产也，其亦足以报先正惓惓浙学之意也夫！"① 其实号称"朱学世嫡"的北山学派传至元末许谦、明初宋濂时，已经流露出衰败的迹象。这方面最明显的证据就是宋濂被《明儒学案》排除而被归入《宋元学案》，《明儒学案》的开端却成了宋濂的弟子方孝孺，即表示在黄宗羲、黄百家看来，宋濂所承受的朱子学传统已经沦为辞章文词之学。② 从这个意义上说，"亲相授受"模式已经走到了一个尽头，史伯璿正是这一趋势的预言者。

与史伯璿差不多同时代的王充耘〔号耕野，江西吉水人，元统元年（1333）进士〕也说：

> 孟子叙尧舜至于孔子，以为见而知之。韩昌黎谓尧传之舜，舜传之禹、汤、文、武、周公、孔子者，皆言其圣圣相承，其行事出于一律，若其转相付授然耳，岂真有所谓口传面命邪？道者，众人公共之物，虽愚不肖可以与知能行，而谓圣人私以相授者，妄也。汤、文、孔子相去数百岁，果如何以传授也邪？若谓其可传，则与释氏之传法传衣钵者无以异，恐圣人之所谓道者不如是也。孔子告曾子以吾道一贯，此亦寻常之语言，而今人亦推崇以为其师弟子密相授受，而以为曾子得一贯之妙，且以一与贯字相为对待而训释之，如此为一，如此为贯，皆不成文理。③

与史伯璿一样，王充耘也反对将所谓"见而知之"与"口传面命"等同起来，而指出"道"之所谓"传"，只是一个譬喻的说法，并不是

---

① 《宋元学案》卷八十六《东发学案》，《黄宗羲全集》第六册，页394。
② 拙作：《试论明儒学案对明代理学开端的构建》，《中共浙江省委党校学报》2007年第4期。
③ 王充耘：《读书管见》卷上《传授心法之辨》，《文渊阁四库全书》册62，页455。

"转相付授",更不是指由上一代传道者亲手传授给下一代的传道者。所有关于儒家"传道"的说法都是受到了佛教禅宗"衣钵传授"之说的蛊惑,并非儒学之本义。由此可见,在元后期,师统传道说流弊已极,孟子的"见而知之"成了"亲相授受方可传道"的经典依据,故无论是两浙朱子学的史伯璿还是江西朱子学的王充耘都异口同声地进行了抨击。

第十二章 尾声：新旧道统转换中的师统和学统

自程颢（1032～1085）提出"天之生民，是为物则。非学非师，孰觉孰识"① 以来，师统传道与学统传道构成了道统的两大支柱。到了黄宗羲（1610～1695）的《明儒学案·发凡》，师统与学统并重的格局俨然如故：

> 儒者之学，不同释氏之五宗，必要贯串到青源、南岳。夫子既焉不学，濂溪无待而兴，象山不闻所受。然其间程、朱之至何、王、金、许，数百年之后，犹用高、曾之规矩，非如释氏之附会源流而已。故此编以有所授受者，分为各案；其特起者、后之学者不甚著者，总列之诸儒之案。②

从孔子开始，周敦颐、陆九渊这样的儒者不依赖师承，而独立发展出以"道"为核心的"儒者之学"。但黄宗羲承认，"儒者之学"也可以通过师承关系亲相授受，从二程到朱熹，以至北山学派，就是通过"授受"的形式传承学问的，即便这种形式与禅宗具有某种程度的形似，也不应轻率否定。可见，虽相去七百余年，黄宗羲与程颢大旨不差，区别无非在于：程颢更强调作为个体的学者应该善用师统和学统两种资源、两种路径；黄宗羲则揭示了在任何时代，既有专注学统、学不成派的"特起之学"，也有专注师统、代代相传的"授受之学"。

但是，"既焉不学"的孔子有弟子三千，三传至于孟子；"无待而兴"的周敦颐下开二程；"不闻所受"的陆九渊则有槐堂、甬上之传：正是这些"特起之学"的代表人物，开启了绵延数代的师统传授统绪。

---

① 《河南程氏文集》卷三《明道先生文三·颜乐亭铭》，《二程集》第二册，页472。
② 《黄宗羲全集》第七册，页6。

这说明，旧师统是被新学统终结的，而新学统却会衍生出新的师统，如是"绝而复续、续而复绝"，循环不已，直到宋明理学彻底退出历史舞台。

第一节　学统、师统与"绝而复续"的道统循环

本书第一章已经指出，朱熹的道统论是为了证明"道"可以穿越时间和空间的阻隔，在孔孟以后千余年的时代被重新发现。它的核心是"心传道统"①："道"之所以能够穿越时间、空间的阻隔而被重新发现，唯一依据就是人所具有的"心"具有这样的认识功能。

这一道统论的核心是，它既要中断"道"在孟子之后到宋代的千余年间的传承，又要接续"道"从周敦颐到朱熹之间数代学者之间的传承，故命名为"绝而复续"。元代朱子学大师吴澄（1249~1333）所设计的《道统图》准确地把握了朱熹的这一思想。他提出了"元亨利贞"的道统循环模式，即道统在历史上经历了上古、中古、近古三个大循环：

	元	亨	利	贞
上古之统	伏羲	尧舜	大禹　成汤	文王武王周公
中古之统	孔子	曾子、颜子	子思	孟子
近古之统	周敦颐	二程、张载	朱熹	（未出现）

上古之统、中古之统、近古之统是"道"曾在历史时空中存在、延续的三个时期，而这三个时期之间是不连贯的，尤其是中古之统与近古之统之间间隔千余年之久。再看各个"统"内部的"元亨利贞"之间的关系，上古之统中，"亨"（尧舜）与"利"（大禹）是亲相授受的关系，而"元"与"亨"、"利"与"贞"都不属于亲相授受的关系，而是抽象地继承。中古之统的元、亨、利、贞之间全部是亲相授受的关系，属师统传道。近古之统中，周敦颐与程、张为亲相授受关系。而吴澄认

---

① "心传道统"语出《晦庵集》卷九十九《知南康榜文·又牒》："濂溪先生虞部周公，心传道统，为世先觉。"（《朱子全书》第二十五册，页4582）

为:"然当时游程(二程)、张(张载)之门者未能得程、张之道。"①即程颐门人不能传道,因此二程与朱熹没有这种关系,"道南一脉"自然不具有传道者的地位。吴澄留下的悬念是,近古之统的"贞"尚告阙如。研究者认为,吴澄正是以朱熹之后的"贞"自诩。②

根据吴澄的道统图,"道"有可能在师徒之间传承,也完全有可能在与上一个传道者没有师承关系的情况下,仅仅通过经典的启示和个人领悟,跨越历史时空地接续道统。前者的情况就是师统,后者的情况就是学统。

但是,师统和学统在历史上并不截然对立,水火不容。师徒授受的教学过程中,可以深度结合经典文本的阐释解读,老师在教学中的口谈之语,也可以被门人记录、整理、固定为文本。学统传道者虽然与上一个传道者不可能发生师承关系(譬如周敦颐与孟子),但这并不排斥传道者转益多师,即《论语·子张》"卫公孙朝问于子贡"章中子贡所说的"贤者识其大者,不贤者识其小者"的"识其小者"。总之,正如朱熹所主张的那样,道统内部的师统与学统,应该,而且也可以相资为用、互为备份,二者绝非泾渭分明、势不两立的对立关系,完全可以相互调适的。而调适二者平衡的关键,就是在承认"心传道统"的前提下,坚持朱熹在《中庸章句序》所指出的"因其语而得其心"和"吾道之所寄不越乎言语文字之间"。

在朱熹这一基本界定的指引下,以陈淳为代表的朱熹亲传高足们确立了"足其所未尽,补其所未圆,白其所未莹,贯其所未一"的基本原则,坚持以朱熹著作文本为继承朱熹思想的首要权威,语录则等而下之,坚持要从字面上严格地遵守朱熹的教导,反对随意"创新"、违背朱熹的教导(详见本书第二章第三节)。

就本书所讨论的个案而言,朱熹的亲传门人辅广(本书第四章)、陈埴(本书第五章)都恪守师说,陈埴甚至不事著述。由于尊仰崇拜老师朱熹,他们自然笃信师徒授受是可以传道的;但朱熹的经典著作成为

---

① 吴澄:《临川吴文正公集·外集》卷三《谒赵判簿书》,《元人文集珍本丛刊》第四册,新文丰出版股份有限公司,1985,页138。
② 方旭东:《尊德性与道问学——吴澄哲学思想研究》陈来"序",人民出版社,2005,页2。

第十二章 尾声：新旧道统转换中的师统和学统

新的学统后，对其的整理、注释便成了对学统的维护，辅广《诗童子问》对朱熹《诗集传》的"羽翼"就是如此（本书第四章）。车垓的《内外服制通释》则是从"白其所未莹"的角度，对《家礼》的服制部分进行了通俗化（本书第九章）。在他们的坚持下，朱子学的师统与学统这两翼勉强保持了平衡。

与辅广、陈埴相比，王应麟（见本书第七章）试图从学统的角度弥补道统观的缺陷，一方面充分肯定宋学相对于汉唐儒学的优越性，另一方面又强调在口传耳授的汉唐经学时代，师统在传经的同时，也在进行另一种形式的传道，经王氏的大量举证与示例，宋学自身表现出对先秦至汉唐儒学明显的继承性。王应麟在客观上将朱熹道统观中跳跃性的、断点的传道轨迹修正为线性的、连续的轨迹，强化了道统论中的历史性成分。

随着距离朱熹去世越来越远，学统的范围不仅限于羽翼朱熹的经典著作，朱熹亲传弟子乃至再传弟子的著作也相继进入学统。作为朱熹三传，赵顺孙（见本书第五章）没有像金履祥那样狭隘地尊崇自己直接的师承，而是对朱熹亲传门人的著作兼收并蓄，编成了《四书纂疏》。同样，程端礼的《读书分年日程》收录朱熹的亲传、再传、三传门人的重要著作，而且涵盖了像真德秀、王应麟与朱子学师徒授受系统距离较远的学人。《读书分年日程》更提供了一套完备的学习方法和丰富的参考书目，从而方便广大普通学子自修自习朱子学，而不必亲炙名师，或远游书院，这也是对亲相授受的传播模式的挑战（见本书第八章）。

总之，两浙朱子学的上述学人完全接受了朱熹以学统和师统互为备份进行传道的基本立场。

然而本书所要讨论的核心问题是：为什么朱熹去世之后，在朱子学内部维持师统与学统的平衡日益困难？

师统与学统之间的平衡首先是被师统崇拜者打破的。随着南宋宁宗朝开始的朱子学官学化运动的深入，获得进入朱子学传授系统的资格变成了简便有效的追求现实功利的工具，而朱熹亲传弟子在全国各地开枝散叶，形成了复杂的师承谱系，这些传授系统之间存在一定的竞争关系。由于天下的朱子学人士都是朱熹的"嫡孙行"，仅仅标榜朱熹、钻研朱熹，无法形成对其他朱子学支派的相对优势，不足以在竞争中胜出，从而成为排他性的"嫡孙"。在现实功利的驱迫下，朱熹的三传、四传、五传门人大力地标榜、崇拜自己直接的老师或师祖。尽管这些老师或师祖都只是朱熹的亲传或再传弟子，其学术成就远不能望朱熹项背，甚至远远不如朱熹的高弟（黄榦、陈淳等），但他们在宋末直到元代受到的崇拜大大地超过了朱熹。对于这一现象，黄震在宋末已经有所察觉并予以批判（本书第六章第一节），史伯璿在《四书管窥》中更以丰富的例证揭示了"尊师重于尊朱"乃至"尊师贬朱"的现象在宋元时代并非个别。被史伯璿批评的饶鲁属江西朱子学，金履祥属两浙朱子学（本书第十一章）。四库馆臣还指出："盖宋末元初讲学者门户最严，而新安诸儒于授受源流辨别尤甚。"① 可见新安朱子学亦有此弊。

师统崇拜的第二个现象是"不立文字"，片面主张"心传道统"，鼓吹师徒授受之际的"心法"，违背了朱熹"因其语而得其心"和"吾道之所寄不越乎言语文字之间"的规定。早在赵顺孙编纂《四书纂疏》时，就无视了朱熹以前的"四书"解注，以示"四书"学正统的起点正是朱熹（见本书第五章第二节）；金履祥对黄榦以外的朱熹亲传弟子、何基以外的朱熹再传弟子的著作极少引用（见本书第十章第三节），都显示了对朱熹以前学术文献的日益轻视。从工夫论的角度说，读书穷理中"书"的比重越来越小，最终逐渐走向重视师徒之间的口谈语录而轻视经典著作的弊端，这不单是对学统的损害，也逐渐滑向"不立文字"的泥潭。这让人自然而然地联想到了陆九渊。

师统崇拜导致"不立文字"的逻辑，可以用土田健次郎"公开性"和"（非公开性）秘密性"的区别（见本书第一章小结）来解释：师徒面授的口谈是秘密的，不进入师门不能与闻；刊行于世的著作或语录则是公开的。相比之下，秘密性意味着独占、垄断的优势，"教外别传"；而公开的著作则是供不同背景的学者公共利用，自然不能独占。吊诡的是，为了显示自己占有了秘密性的传授，还必须将这些师徒讲学之际发生的口谈部分地公开化，从而使这种秘密的独占性为世人所知。金履祥、许谦在自己经学著作中引用老师讲学的口谈记录（见本书第十章第三

---

① 永瑢等：《四库全书总目提要》卷四《胡一桂·易本义附录纂疏十五卷》，上册，中华书局，1965，页22上~中。按：胡一桂系徽州婺源人，故属新安朱子学。

第十二章 尾声：新旧道统转换中的师统和学统

节），亦是此意。

面对师统崇拜的弊病，一些朱子学人士从维护学统的立场深入批判了师统崇拜。批判态度比较激烈的是黄震和史伯璿。由于师统在传承过程中，出现了抬高师承而贬低朱熹的流弊，也出现了"不立文字"的倾向，于是，黄震主张"道不可以言传"，史伯璿批判了朱子学的亲相授受模式。尽管黄、史二人的出发点都是为了捍卫朱熹，可是沿着他们的逻辑，最终都走向了背离朱熹的方向。原因何在呢？

正如本书上文反复指出的那样，师统传道并不意味着必然发生"不立文字"之弊，而只是说，就宋元朱子学的实际情况而言，师统传道滋生此种弊端的概率较大。何况，推崇学统同样有可能滋生此种流弊。为了否定那些后起的朱子学师承关系及朱子学著作，黄震强烈地主张回到孔子、孟子，即所谓"以孔子为师"和"不得已泄其密"之说，还提出"讲说已备于前人，体行正属于我辈"，主张削减朱子学乃至整个儒学的文献量。这样，黄震已经在无形中贬低了程朱理学在儒学发展上的地位。

史伯璿虽然没有像黄震那样提出"道不可以言传"，但其内在理路实与黄震一致。由于学统由经典和著述构成，故学统是公开的，不存在从这个学者传给另外一个学者的形式，这样看来，似乎"道不可以言传"支持了学统而打击了师统。但是，"传"终究是一个时间性的概念，从前代的（或古代的）学者那里获得对"道"的认知固然是传道，从前代的著作和经典中获得启发，也可以说是"传道"。彻底的"道不可以言传"论者，不仅不必向老师学习，也不必向经典著作学习，而是直面本心、直面当下即可。而与朱熹相比，陆九渊就是这样一个更加彻底、更加激进的"道不可以言传"论者，他不但藐视师统，并且贬低学统。从藐视师统的方面说，陆氏宣称自己直接孟子，而不承认周敦颐、二程、张载是合格的传道者，更不承认自己与这一系统之间有任何师承关系。从贬低学统的角度说，他强调发现"道"的正确途径就是发明"本心"，而贬低读书穷理、向外格物的工夫论，这等于说，不必从文献、著作中发现古圣先贤之"道"。因此，对朱熹的"绝而复续"论，陆九渊只承认道统已"绝"的事实，而不承认朱熹关于道统"重续"于宋代的系列论述。

关于朱子学内部的极端学统论者与陆九渊颇有暗合明显的证据是，

尊朱最力的史伯璿为了否定孟子所谓"见而知之"即是亲相授受，引用了陆九渊"东海有圣人出焉，此心同也"（见本书第十一章第三节）①，史伯璿的本意是，"道"的传承并不依赖传道者之间亲相授受，而是可以超越时间、空间跳跃性地继承。可是，陆九渊极力突出"心"在认识"道"的过程中起到的核心作用，从而主张察识本心的尊德性工夫是首要的，读书穷理工夫的重要性居于其下。回顾鹅湖之辩，正是这一排序构成了当年朱、陆之争的核心问题。史伯璿在引用陆九渊此语时对其中包含的朱陆分歧并非毫无察觉（"象山此言虽则有所指"），然内在理路自然而然地推论至此，其与陆九渊心学的立场形成交集，已是沛然莫之能御了。

这种客观上的"朱陆合会"并不预示着朱子学的衰落和陆九渊心学的崛起，而只是说明：亲相授受的师统已经难以为继，属于学统范畴的宋元朱子学者的著书立说工作，也因为理论创新的江郎才尽而走到尽头。支撑道统的两大支柱都有摇摇欲坠之势，这说明肇始于周敦颐的"近古之统"即将终结，而新的"绝而复续"的道统循环尚未开始，宋元朱子学师统在明前期的断裂就充分反映了这一时代特征。

第二节　宋元朱子学师统在明前期的断裂

本书所称明前期，是指洪武至成化的近120年（1368～1487），具体而言就是陈献章、王守仁代表的心学思潮崛起之前的明代思想史。《明史·儒林传》认为："原夫明初诸儒，皆朱子门人之支流余裔，师承有自，矩矱秩然。"② 以《明史·儒林传》收录的明初诸儒而论，范祖干、叶仪都是许谦门人；汪克宽是新安朱子学的传人；赵汸师从虞集，为江西朱子学吴澄的再传。表面上看，明初诸儒都是朱子学传授系统的传人，但是也要看到，这些人的思想学术都定型于元代，入明后不久就去世了，他们出现于《明史·儒林传》，毋宁说是元代朱子学发展的惯性所致，而不能反映明前期儒学的整体面貌。真正代表明前期理学成就的是曹端、薛瑄和吴与弼。

---

① 《四书管窥》卷十，页47。
② 张廷玉等：《明史》卷二八二，第二十四册，中华书局，1974，页7222。

先看刘宗周对曹端的评价:"先生之学,不由师傅,特从古册中翻出古人公案……虽谓先生为今之濂溪可也。"① 如果把曹端比作周敦颐,就很容易让人联想起朱熹对周敦颐的评价:"不由师傅,默契道体。"② 同理,周敦颐是吴澄所谓"近古之统"的开创者,则曹端就成了理学在明代的道统的开创者。这意味着明代与元代出现了断裂。刘宗周引述了彭泽的话:"我朝一代文明之盛、经济之学,莫盛于刘诚意、宋学士,至道统之传,则断自渑池曹先生始。"然后说:"愚谓方正学而后,斯道之绝而复续者,实赖有先生一人。薛文清亦闻先生之风而起者。"③ 方孝孺与曹端并无师徒授受关系,故方孝孺殉难后,道的传授一度中绝,而曹端的功劳是:"斯道之绝而复续者,实赖有先生一人。"刘宗周是明末学者,距离曹端去世岁月已久,他的论断根据何在呢?首先,在现有的关于曹端的史料中,他的老师确实从来未被提起,这说明他与宋元朱子学各主要传承系统都没有传授关系。其次,曹端于宣德五年(1430)撰成《儒家宗统谱》,从名字上看,此书似乎是讲述师徒传授系统的,但其《序》云:"《儒家宗统谱》,是儒家之真源正派也。盖真源乃天地人之所自出,正派乃皇帝王之所相承,所以参天地而立人极者焉。然其大目,则曰三纲,曰五常。而其大要,则曰一中而已。"④ 可见此书主要阐述"三纲五常"和"中庸之道"的义理,只要"三纲五常""中庸之道"能在历史时空中得到贯彻,那么儒家之道统就相应延续了,而不涉及具体的人的传授关系。因此,刘宗周指出曹端对"道"的体认完全是从"古册"中来的,属于由学统传道。

没有明确师承的不仅是曹端,还有薛瑄。成化(1465～1487)以后,关于薛瑄是明代理学第一人的说法开始流行。如孔天胤《枫山章先生语录序》(撰于1545年)云:"国朝理学名儒,首称则河东薛先生焉。继河东之学,芟枝叶而躬行,尊程朱而学问,则曰枫山章先生。"⑤ 杨廉在

---

① 刘宗周:《明儒学案师说·曹月川端》(黄宗羲编),《刘宗周全集》第五册,浙江古籍出版社,2007,页515。
② 朱熹:《晦庵集》卷七十八《江州重建濂溪先生书堂记》,《朱子全书》第二十四册,页3740。
③ 刘宗周:《明儒学案师说·曹月川端》,《刘宗周全集》第五册,页515~516。
④ 曹端:《曹端集》附录二"年谱",中华书局,2003,页297。
⑤ 章懋:《枫山章先生语录》,《丛书集成初编》册648,页1。

《居业录序》中也说:"本朝正统、景泰间,以理学为倡者,河东薛文清公。其《读书录》,廉年二十六七始得见之,由是遍考博采自国初以来诸公所著述,求其粹然一出于正,未有或之先者也。"① 孔、杨二人在同为明代理学名家的章懋(1436~1521)、胡居仁(1434~1484)语录序言中,高度推崇了薛瑄的开山地位,无疑是很有说服力的。明代的理学家总传如郭子章《圣门人物志》、周汝登《圣学宗传》、过庭训《圣学嫡派》也以薛瑄为明代理学开山。天顺八年(1464)薛瑄卒后,到成化初年,一直有人建议薛瑄从祀孔庙,结果失败。② 理由有二:其一是薛瑄没有著述,其二是薛瑄没有师承。翰林学士刘定之就认为:"然论其于朱熹之道,所得尚未若黄榦、辅广之亲承微言,金履祥、许谦之推衍绪论,而遽言从祀,恐建言者非愚则谀。"此说获得了当时"一时公论"的同意。③ 正德六年(1511),支持薛瑄从祀的乔宇对这两条理由进行了批评:"今议者辄以著述少之,谓刘静修明道之功不如吴草庐,薛文清讲道之实而不如考亭诸弟子。举其一节而遗其全体,非天下之定论也。夫生乎百世之下而奋乎百世之上,不由师传,专心正学,所谓豪杰之士、间世之才,其有功于名教也不为小矣!以之侑食庙庭,复何忝乎?"④ 乔宇指出,振兴理学并不依赖师承,南宋诸儒,乃至许谦这样的元儒,仅仅因为传承有绪、上接程朱,而令薛瑄黯然失色,殊失公允。

吴与弼也是如此,黄宗羲《明儒学案》指其:"先生上无所传,而闻道最早。"⑤ 但是,吴与弼的工夫路数和思想观点又完全继承了宋儒:"康斋倡道小陂,一禀宋人成说。"⑥

不但事实上没有师承统绪,明初诸儒还鼓吹恪守朱说,反对后学随

---

① 胡居仁:《居业录》,《丛书集成初编》册656,页1。
② 关于薛瑄因无著述而不能从祀的问题,黄进兴在《学术与信仰:论孔庙从祀制与儒家道统意识》中分析了弘治元年(1488)、嘉靖十九年(1540)两次廷议从祀的情形(见黄氏著《优入圣域:权力、信仰与正当性》,陕西师范大学出版社,1998,页314~316),不过没有涉及另一个重要理由,即缺乏师承。
③ 《明宪宗实录》卷十,《明实录》第22册,"中研院"历史语言研究所1962年校印本,页210。
④ 王鸿辑:《薛文清公行实录》乔宇《序》,《续修四库全书》册551,页2。
⑤ 《明儒学案》卷一《崇仁学案》,《黄宗羲全集》第七册,页5。
⑥ 《明儒学案》卷一《崇仁学案》,《黄宗羲全集》第七册,页1。亦可参见钟彩钧《明代程朱理学的演变》第二章"吴康斋",第116页。

意质疑朱熹。譬如曹端著有《太极图说述解》行世，关于该书的宗旨，曹氏先是指出朱熹对《太极图说》："克究厥旨，遂尊以为经而注解之，真至当归一说也。"他并不是要取代朱熹的解释，而是因为朱熹《语录》中的有些观点与《太极图说解》存在分歧，使得朱熹之后的学者对《太极图说》的解释多有背离朱熹本义的现象："至于《语录》，或出讲究未定之前，或出应答仓卒之际，百得之中，不无一失，非朱子之成书也。近世儒者多不之讲，间有讲焉，非舍朱说而用他说，则信《语录》而疑注解，所谓弃良玉而取顽石，掇碎铁而掷成器，良可惜也。"① 曹端发现"近世学者"不尊重朱熹《太极图说解》，要么以《语录》反驳之，要么干脆背弃朱说，另主异说。曹端声明，他的《太极图说述解》不同于这些"近世学者"："自强而后，因故所学而潜心玩理。几十年之间，稍有一发之见，而窃患为成书病者如前所云，乃敢于讲授之际，大书周说而分布朱解，倘朱解之中有未易晓者，辄以所闻释之，名曰《述解》，用便初学者之讲贯而已，非敢渎高明之观听也。"② 实际上，曹端是有一些不同于朱熹的新见的（"稍有一发之见"），但他担心重蹈"近世学者"不尊朱熹的覆辙，故其体例特别突出了朱熹，即：全录朱熹的《太极图说解》，而只是对朱说中不容易为初学者理解的地方补白性地加以"述解"。曹端还著有《四书详说》三十六卷，是一部颇具规模的"四书"学专著。此书"一尊朱子成说"，只是那些朱子认为浅显不需解释，而初学者感到难以理解的地方，"用父师先正成说之精当者补之，将以尽详约而便初学焉"。全书完成于永乐初年，即被学者传布于外。永乐二十年（1422），曹端为母守丧终制，赴蒲州任学正，发现此稿流传甚广："端见而惊且惧，窃欲仿许鲁斋先生故事，收而火之，不可得矣。"③ 曹端见到此书在外流传后反应惊恐的原因有二，第一个原因是他认为此书并不成熟，或者说只是用于初学者教学之用，价值不大；第二个原因可能是，此书定稿于《四书大全》《性理大全》之前，而流传于《大全》颁行之后，在文字狱盛行的明初，这当然是有风险的。因此，曹端迟至宣德元年（1426）才为《四书详说》撰序，或许是因为此时的政治空气已不如

---

① 曹端：《曹端集·太极图说述解序》，页3。
② 曹端：《曹端集·太极图说述解序》，页3。
③ 曹端：《四书详说序》，引自《曹端集》附录二"年谱"，页288。

永乐朝紧张。

与薛瑄、吴与弼相比，曹端的学术类型仍比较接近宋元朱子学者，即对注释"四书"或朱熹的《四书章句集注》仍抱有很大的兴趣，这当然是格物穷理的具体表现。晚于他的薛瑄、吴与弼、胡居仁则绝无著述可言，只留下了一些札记、笔记、日记。而且，薛瑄还正面批评了元代朱子学者著述过滥，滋生种种弊病。他曾说："自朱子没，而道之所寄不越乎言语文辞之间，能因文辞而得朱子之心学者，许鲁斋一人而已。"①朱熹去世之后，师统崇拜大行其道，但薛瑄全不以为意，而重申了朱熹《中庸章句序》对道统所下的"吾道之寄不越乎言语文字之间"的界定；在薛瑄看来，朱子之后唯一具有继承道统资格的是许衡，其对朱子学的理解完全来自著作，而不是老师。这些行为和主张都可视为自觉地延缓了宋元朱子学文献持续积累的势头。

真正值得注意的是，明初朱子学诸儒还对宋元朱子学内部师统崇拜、过分强调"亲相授受"的弊端进行了批判。薛瑄就旗帜鲜明地主张"道不可言传"：

> 道学相传，非有物以相授也。盖性者万物之一原，而天下古今公共之理，即所谓道也。但先觉能明是道、行是道，得其人而有以觉之，使之明是道、行是道，则道得其传；无其人，则道失其传矣。②

结合薛瑄无所师承的背景来看，此说可谓意味深长，且与黄震之说一致："不幸释氏以衣钵为传，其说浸淫，遂使吾儒亦谓若有一物亲相授受者，谓之传道。此积习之误，圣门初无是事。"③"道"不是一个有限的个体，不可能经老师之手传付给学生，老师只是在引导学生走上正确的方向，并授予其明道的方法。因此，师徒授受的对象不是"道"本身，师统不可能传道。薛瑄、黄震乃至史伯璿都强调了"道"的公共性问题，朱熹在世时也一再强调师友的作用是辅助性的，他不可能向亲炙

---

① 薛瑄：《读书录》卷八，《薛瑄全集》下册，山西人民出版社，1990，页1222。
② 薛瑄：《读书续录》卷五，《薛瑄全集》下册，页1429。
③ 黄震：《黄氏日抄》卷四十二，《文渊阁四库全书》册708，页219。

门人们提供关于道之本体的现成答案（详见本书第一章第四节）。明确了师承并非传道的必要条件后，薛瑄所谓"恪守宋人矩镬"的意义也就可以理解了。薛瑄曾这样批评宋元朱子学："后儒纂集杂说语录附诸经书条下，有语同而数处皆见者，几于'曰若稽古'三万言矣。"① 又说："各经、'四书'注脚之注脚太繁多，窃谓不若专读各经、'四书'正文、传注，熟之又熟之，以待自得之可也。小注脚太繁多，不惟有与经注矛盾处，亦以起学者望洋之叹。学者于正经、传注尚不能精熟，即泛观小注中诸儒之说，愈生支节而莫知其本。若传注精熟之余，有余力而参看之可也。"② 钱穆指出，这些言论正是薛瑄对于元儒"纂集小注脚之书"层出不穷的现象的批评，故薛氏倡为和会朱陆、重视自得之说。③ 实际上，朱熹、洪天锡（1202～1267）都曾有同样的担忧（见本书第五章小结）。薛瑄的批评表明，这种现象在整个元代变本加厉，甚至发展到背叛了朱熹。试看薛瑄下面三段论述：

> 《四书章句集注》《或问》，皆朱子萃群贤之言议而折衷以义理之权衡，至广至大，至精至密，发挥先圣贤之心殆无余蕴。学者但当依朱子精思熟读、循序渐进之法，潜心体认而力行之，自有所得。窃怪后人之于朱子之书之意，尚不能遍观而尽识，或辄逞己见，妄有疵议；或剿拾成说，寓以新名，炫新奇而掠著述之功，多见其不知量也。④

> "四书"当先以《章句集注》为主，参之于《或问》。如《辑释》诸书，固多有发明处，但《语录》或因人浅深而发，或有未定之论，诸儒又或各持所见，间有与朱子异者，若经文、《章句集注》未通，而泛观此，则本义反为所隔，使人将有望洋之叹。若经文、《章句集注》、《或问》既已通贯，在己之权度既定，然后兼考诸书，则知所择矣。⑤

---

① 薛瑄：《读书录》卷四，《薛瑄全集》下册，页1123。
② 薛瑄：《读书录》卷四，《薛瑄全集》下册。
③ 钱穆《明初朱子学流衍考》，《中国学术思想史论丛》（七），安徽教育出版社，2004，页24。
④ 薛瑄：《读书录》卷一，《薛瑄全集》下册，页1025～1026。
⑤ 薛瑄：《读书录》卷一，《薛瑄全集》下册，页1026。

《四书章句集注》之外，倪氏《集释》最为精简。其他割裂旧说，附会己意，但欲起学者之观听，图己名之不朽，驳杂浩穰，害理尤甚。①

朱熹《四书章句集注》和《四书或问》表面上在元代获得了稳固的官学地位，但在民间学者中，受到的修正质疑甚多。这些质疑者中，不少是出于抬高自身地位、自我宣传的功利目的："欲起学者之观听，图己名之不朽。"薛瑄认为，能够"不朽"的只有朱熹和极少数大师。与黄震、史伯璿一样，薛瑄深切地感受到了宋元朱子学著述蜂起，师统繁衍，滋生出各尊其师而不师朱熹的弊病，以致朱熹的经典著作受到了来自朱子学内部的挑战和质疑。因此，薛瑄羽翼朱子、捍卫朱说就不是"恪守矩镬""悃愊无华"（黄宗羲语）那么简单，而成了一项有汛扫廓清之功的学术工作。

总之，曹端、薛瑄、吴与弼等明初理学学者都不喜为传注作注脚。曹端虽有经学著作，但行文简直，迥异于元儒。薛瑄、吴与弼、胡居仁都无经典注解之作，而只有读书札记。这反映了明代前期诸儒以为朱子在理论上发挥殆尽，后起者只可遵行，不必踵起从事著作之共同意见。②我们可以进一步推论，这些不事著述的学者，恰恰都与朱熹（具体而言是与元代朱子学传授系统）没有任何师承关系。

既然学无师承，以学统传道自然就成了明前期理学的主流。但是明前期的理学学统与宋元学统虽然在内容上大致相同，外部环境却迎来了巨变，即《四书大全》《五经大全》《性理大全》三部大全的颁布。

永乐十三年（1415）朝廷颁行的《四书大全》，可以视为对朱子学学统的一次清理。元代科举政策只是规定了四书经义应遵行朱熹的《四书章句集注》，但并未禁止考生引用朱熹之后注释《四书章句集注》的著作。史伯璿则认为这些著作打着"羽翼"朱子的旗号，实际上却存在不少背离朱熹的观点（见本书第十一章），故他建议由元代官方出面主持对行世的朱子学著作进行一次大的删汰："愚欲于后儒之说，择其实有

---

① 薛瑄：《读书录》卷一，《薛瑄全集》下册，卷八，页1222。
② 张学智：《中国儒学史·明代卷》，北京大学出版社，2011，页97。

补助于朱子者存之，其他务欲求多于朱子，而实非其注者之言，坊间不得刊行，学者不得习读，严立限制。科场中有主异说者，官标记姓名，后举不许再试。庶乎喜新好异之说可革，而经旨传义，自然不至于淆乱矣。"① 这个建议在元末只是空谷足音，没有得到官方的回应。

而永乐十三年（1415）颁行的《四书大全》，尽管因其编辑粗糙、剪裁不当而受到顾炎武的批评，但其宗旨便是对宋元两代积累丰厚的朱子学文献进行一次清理。试看《四书大全·凡例》："'四书'大书，朱子《集注》，诸家之说分行小书，凡《集成》《辑释》所取诸儒之说，有相发明者，采附其下，其背戾者不取。凡诸家语录文集内，有发明经注而《集成》《辑释》遗漏者，今悉增入。"② 这个体例与上文曹端的《四书详说》《太极图说述解》大体相同，都是要把与朱熹相"背戾"的观点汰除，而只保留与朱熹相"发明"或能够补朱熹之所未言的观点。

诚然，《四书大全》颁行后，明代朱子学的"四书"学研究的生机几乎被完全扼杀。但是以两宋理学诸大师的成就和高度来衡量，元代"四书"学尽管不乏个别的亮点，也绝对谈不上有何重大理论创新。正如朱鸿林指出的那样，元代朱子学的重心在于以朱子文字和朱门后学的阐说对朱注"四书"做补充，但这类工作的开展，其实是尽元代而穷的，入明后并没有能够与元人刘因《四书集义精要》、胡炳文《四书通》、詹道传《四书纂笺》、史伯璿《四书管窥》媲美的编纂出现。③ 而之所以出现那么多标新立异、背离朱说的观点，也正反映了这种学术范式已经走到了尽头。从这个意义说，《四书大全》的颁行客观上遏制了无意义的低水平重复。

第三节 心学新道统对朱子学旧师统的否定

上节已经指出，曹端、薛瑄、吴与弼等明初理学诸儒的佼佼者学无

---

① 史伯璿：《青华集》卷二《上宪司陈言时事书》，《全元文》卷一四三四，第46册，页424。
② 胡广等：《四书大全·凡例》，第一册，山东友谊书社，1989，页21。
③ 朱鸿林：《丘濬〈朱子学的〉与宋元明初朱子学的相关问题》（初刊于1996年），《中国近世儒学实质的思辨与习学》，页136～137。对元代四书学总体水平的评价，还可参考周春健《元代四书学研究》，页301～307。

师承、不事著述，相应的，他们又注重躬行实践。钱穆认为，南方朱子学的吴与弼、胡居仁与北方朱子学的曹端、薛瑄实有不同：前者偏重日常人生以至治平教化，后者则多纵论及于宇宙自然理气问题。后来转出阳明心学的实为吴与弼、胡居仁一系。① 陈荣捷则不同意钱穆所指出的北方朱子学重视宇宙自然理气的探讨②，认为无论是曹、薛还是吴、胡，整个明初程朱理学都轻视形而上的理论探讨、轻视格物致知，同时重视躬行践履（主要是心之存养和居敬），逐步转向，最终迎来了陈献章、王阳明的心学。但是，陈先生又指出这种转向绝非受到了象山心学的影响，而是基于一系列内在和外在的原因。这包括：第一，佛老二氏的理论挑战和现实威胁在明初已大大减弱，从而削弱了理学家们理论创新的冲动；第二，格物穷理在朱子学的范式内已经被辛勤探索近两百年，如果不能跃升到西方式的科学探索精神，其自身不可避免地失去活力；第三，元代文化中的务实精神，已经催生了若干科学性项目崛起（工程学、水利学、医学等），使得明初学者对形而上的问题缺乏兴趣，而更加务实；第四，永乐年间朝廷钦定的《四书大全》《五经大全》《性理大全》刊行后，诸说定于一尊，朱子学的理论探讨已经失去自由的空间，这迫使学者放弃格物穷理，而专注于躬行践履；第五，方孝孺的殉难震惊了儒者，启发他们放弃形而上的理论探讨，而专注于德性修养。陈荣捷较为强烈地主张，明前期朱子学的嬗变与明中叶陈白沙、王阳明的"心学"的崛起具有某种联系，这种联系倒不是二者在理论观点上的一致，而是明前期诸儒对格物穷理的放弃给予了陈、王某种暗示。③ 因此，明前期朱子学的发展与明中期心学思潮的崛起确实存在千丝万缕的联系。

心学思潮崛起后，师统与学统的平衡进入了一个全新的循环。起于明中期的王阳明，（与陆九渊一样）是一个彻底的学统论者，他在《传习录》中认为颜回去世后，孔子之道就失传了，这就彻底否定了曾、思、

---

① 钱穆：《明初朱子学流衍考》，收入《中国学术思想史论丛》（七），页19。
② 陈先生撰《早期明代之程朱学派》一文时，所引用的钱穆先生的观点来自1953年出版的《宋明理学概述》，而非撰于20世纪70年代的《明初朱子学流衍考》。
③ 陈荣捷：《早期明代之程朱学派》，收入《朱学论集》，华东师范大学出版社，2007，页217~227。

孟三者之间亲相授受以传道的可能性，可以说是完全无视道统。① 吴震指出，王阳明的心学道统论可以总结为三点：第一，由于圣人之道存在于人心之中，故道统的存在及意义是向每个人的内心敞开的，它是一个开放的传统，从而具有普遍性和开放性，有关道统的答案不必向外去求"见知"或"闻知"，而只需向内追寻"自知"；第二，心学道统观强调人们须立足于良知心体，去体悟和把握儒家文化传统的精神价值，因此道统之实质也就是儒学价值观，它既是历史文化的产物，也存在于我们每个人"生身受命"的过程中，并在安身立命的实践中得以展现，这凸显出道统的实践性品格；也正由此，第三，道统的存在绝不是少数掌握儒家经典的知识权威才有资格接续，更不是拥有"君统"或"政统"的政治权威者可以独占，从而使道统具有独立于知识领域或政治领域之外的独立性。②

然后，王阳明一方面努力地破坏道统的历史性论述，否定"道"曾经个体与个体之间传承过；另一方面，他又轻视著书立说，而重视面授亲传③，钱德洪《刻文录叙说》载阳明之语云：

> 先生读《文录》，谓学者曰……又曰："某此意思赖诸贤信而不疑，须口口相传，广布同志，庶几不坠。若笔之于书，乃是异日事，必不得已，然后为此耳！"又曰："讲学须得与人人面授，然后得其所疑，时其浅深而语之。才涉纸笔，便十不能尽一二。"④

若比较朱熹在《中庸章句序》中设定的"因其语而得其心"和"吾道之所寄不越乎言语文字之间"的道统立场，显然阳明也同意"因其语而得其心"，但不信赖著述（"文字"）而相信言语，不重视文本建设而

---

① 荒木见悟：《道统论的衰退与新儒林传的展开》（初刊于1989年），见吴震、〔日〕吾妻重二主编《思想与文献：日本学者宋明儒学研究》，华东师范大学出版社，2010，页13。
② 吴震：《心学道统论：以"颜子没而圣学亡"为中心》，《浙江大学学报》（人文社科版）2017年第3期。
③ 李纪祥：《〈近思〉之"录"与〈传习〉之"录"》，收入李氏著《宋明理学与东亚儒学》，广西师范大学出版社，2010，页33。
④ 吴光等编校《王阳明全集》卷四十一，第四册，上海古籍出版社，2014，页1745。

重视亲传面授：这无一不符合宋元朱子学历史上出现过的极端师统崇拜的特征。于是，以阳明为发端缔造了中国思想史上空前绝后的庞大师门群体。而正如本书上文各章反复指出的那样，对亲传面授的重视，客观上削弱了阳明的一系列关于"道"的"公开性"的论述。

那么如何认识阳明的这种矛盾性呢？

从明前期至阳明时代的理学发展过程可以看出，新道统挺立的前提是必须否定旧道统，而这种否定的实质内容是排除旧师统、建立新师统。但是，在师统的否定—构建过程中，必须充分结合学统的否定—构建的过程。原因在于，师统毕竟是由一个个具体的人物构成的，是一个封闭的系统；在师统的链条中，只要有一个人受到质疑，则整个授受体系就不能成立。相比之下，学统由著作和经典构成，经典本身是开放的、有待解释的，其生命力更加旺盛；特别是在旧的道统中断、新的道统未成型之时，学统传道可以发挥承上启下的"补白"作用。于是，在新旧思想传统交替之时，构成学统的一部分经典和著述难免会受到清理，但更多的工作在于重新诠释经典，而不是轻易否定经典本身的地位，因为：新的师统也需要有一些著作和经典作为支撑。以阳明为例，他敢于否定孔子以下的师统，指出颜回之后无人得道之全体，对绝大多数宋、元、明学者的著述也不屑一顾，但对于"四书""五经"仍拳拳服膺，阳明改定《大学古本》的行为，并不是藐视经典，反而是其承认经典的极端重要性的明证。

黄宗羲在编著《明儒学案》时，充分体察了新旧道统转换之际，师徒与学统相互支撑、相互论证的特殊关系，故在《明儒学案·发凡》中这样写道：

> 儒者之学，不同释氏之五宗，必要贯串到青源、南岳。夫子既焉不学，濂溪无待而兴，象山不闻所受。然其间程、朱之至何、王、金、许，数百年之后，犹用高、曾之规矩，非如释氏之附会源流而已。故此编以有所授受者，分为各案；其特起者、后之学者不甚著者，总列之诸儒之案。①

---

① 《黄宗羲全集》第七册，页6。

黄宗羲首先指出，新道统的出现并不依赖师徒授受关系，周敦颐、陆九渊、王阳明甚至朱熹，都没有师从过传道者，便为明证。但从思想史的事实看，新道统确立之后，北山学派式的师统传道也应运而生，与"无待而兴""不闻所受"的学统传道都在历史上发挥过积极的作用。《明儒学案》对这两种模式一视同仁，表而出之。于是，《明儒学案》清晰地勾画了下列图景：除了方孝孺之外，那些被认为是"无待而兴""不由师傅""上无所传"的著名学者都无一例外地发展出了规模不小的师门。譬如，薛瑄的河东学派在《明儒学案》中占去了两卷（卷七、卷八）。吴与弼的崇仁学派占去了四卷（卷一至卷四）。曹端的学派虽不成规模，但从《曹端集》附录三《颂言》看，其门人群体庞大，曹端逝世后建立专祠、奏请从祀等事，皆为门人弟子从中推波助澜，只不过这些弟子中没有出色的学者（即黄宗羲所谓"后之学者不甚著者"），故被《明儒学案》归入"诸儒学案"。至于阳明，仅其亲传弟子就占去了《明儒学案》中的二十卷（卷十一至卷三十）之多。这就说明，新的道统的崛起，必然以否定旧道统的正当性为前提，而此种否定的主体内容是要排除旧师统以树立新师统；等到新师统失去活力而陷入僵化后，则将被更新的师统所推翻。

从这个意义上说，宋儒开创的"绝而复续"的道统模式在明代仍不断自我复制，创生出新道统，随之衍生出相应的新学统、新师统。具体来说，从周敦颐到朱熹为一个大循环，阳明否定了此一循环，而创建了绵亘百余年的阳明学派，构成了近世中国思想史的两个大循环，师统与学统相互调适、相互支撑，在其间发挥了至关重要的作用。

主要参考文献

一 古籍

(汉)班固撰,(唐)颜师古注:《汉书》,中华书局,1962。

(汉)司马迁:《史记》,中华书局,1982。

(汉)许慎:《说文解字》,中华书局,2009。

(南朝宋)范晔撰,(唐)李贤等注:《后汉书》,中华书局,1965。

(唐)韩愈撰,马其昶校注,马茂元整理:《韩昌黎文集校注》,上海古籍出版社,1986。

(汉)扬雄著,陈仲夫点校:《法言义疏》,中华书局,1987。

(宋)不著撰人:《宋宝祐四年登科录》,影印《文渊阁四库全书》册451,台湾商务印书馆,1986。

(宋)曹彦约:《昌谷集》,影印《文渊阁四库全书》册1167,台湾商务印书馆,1986。

(宋)车垓:《内外服制通释》,《丛书集成续编》第九册,上海书店,1994。

(宋)车若水:《脚气集》,影印《文渊阁四库全书》册865,台湾商务印书馆,1986。

(宋)陈淳:《北溪大全集》,影印《文渊阁四库全书》册1168,台湾商务印书馆,1986。

(宋)陈骙撰,张富祥点校:《南宋馆阁录》,(宋)佚名撰,张富祥点校:《续录》,中华书局,1998。

(宋)陈文蔚:《克斋集》,《文渊阁四库全书》册1171,台湾商务印书馆,1986。

(宋)陈埴:《木钟集》,影印《文渊阁四库全书》册703,台湾商务印书馆,1986。

(宋)程颢、程颐著,王孝鱼点校:《二程集》,中华书局,1981。

（宋）杜范：《清献集》，影印《文渊阁四库全书》册1175，台湾商务印书馆，1986。

（宋）度正：《性善堂稿》，影印《文渊阁四库全书》册1170，台湾商务印书馆，1986。

（宋）辅广著，田智忠编校：《辅广集》，华东师范大学出版社，2017。

（宋）韩元吉：《南涧甲乙稿》，影印《文渊阁四库全书》册1165，台湾商务印书馆，1986。

（宋）何基：《何北山遗集》，金华丛书本。

（宋）胡知柔：《象台首末》，影印《文渊阁四库全书》册447，台湾商务印书馆，1986。

（宋）黄榦、杨复：《仪礼经传通解续》，影印《文渊阁四库全书》册132，台湾商务印书馆，1986。

（宋）黄榦：《勉斋集》，影印《文渊阁四库全书》册1168，台湾商务印书馆，1986。

（宋）黄榦：《勉斋先生黄文肃公文集》，《北京图书馆古籍珍本丛刊》第九十册，书目文献出版社，1988。

（宋）黄震：《古今纪要逸编》，《四明丛书》第二册，广陵书社，2006年影印本

（宋）黄震：《黄氏日抄》，影印《文渊阁四库全书》册707-708，台湾商务印书馆，1986。

（宋）黄震：《戊辰修史传》，《丛书集成续编》第二十二册，上海书店，1994。

（宋）金履祥：《论孟集注考证》，影印《文渊阁四库全书》册202，台湾商务印书馆，1986。

（宋）金履祥：《仁山文集》，影印《文渊阁四库全书》册1189，台湾商务印书馆，1986。

（宋）黎靖德编，王星贤点校：《朱子语类》，中华书局，1986。

（宋）李心传：《道命录》，《丛书集成初编》册3343，中华书局，1985。

（宋）林景熙：《霁山文集》，影印《文渊阁四库全书》册1188，台湾商务印书馆，1986。

（宋）刘宰：《漫塘集》，影印《文渊阁四库全书》册1170，台湾商务印

书馆，1986。
（宋）陆九渊著，钟哲点校：《陆九渊集》，中华书局，1980。
（宋）罗从彦：《豫章文集》，影印《文渊阁四库全书》册1135，台湾商务印书馆，1986。
（宋）罗大经撰，王瑞来点校：《鹤林玉露》，中华书局，1983。
（宋）司马光：《书仪》卷六，影印《文渊阁四库全书》册142，台湾商务印书馆，1986。
（宋）王安石著，唐武标校：《王文公文集》，上海人民出版社，1974。
（宋）王柏：《鲁斋集》，影印《文渊阁四库全书》册1186，台湾商务印书馆，1986。
（宋）王柏：《鲁斋集》，《丛书集成初编》册2404，中华书局，1985。
（宋）王应麟：《四明文献集》（外二种），中华书局，2010。
（宋）王应麟著，（清）翁元圻等注，栾保群、田松青、吕宗力校点：《困学纪闻》（全校本），上海古籍出版社，2008。
（宋）王应麟著，郑振峰等点校：《通鉴答问》，中华书局，2012。
（宋）卫泾：《后乐集》，影印《文渊阁四库全书》册1169，台湾商务印书馆，1986。
（宋）魏了翁：《鹤山先生大全文集》，《四部丛刊初编》册205，上海书店，1989。
（宋）吴潜撰，（明）梅鼎祚编：《履斋遗稿》，影印《文渊阁四库全书》册1178，台湾商务印书馆，1986。
（宋）吴泳：《鹤林集》，影印《文渊阁四库全书》册1176，台湾商务印书馆，1986。
（宋）谢深甫监修《庆元条法事类》，杨一凡、田涛主编《中国珍稀法律典籍续编》第一册，黑龙江人民出版社，2002。
（宋）徐自明撰，王瑞来校补：《宋宰辅编年录校补》，中华书局，1986。
（宋）阳枋：《字溪集》，影印《文渊阁四库全书》册1183，台湾商务印书馆，1986。
（宋）杨复、刘垓孙：《文公家礼集注》，《中华再造善本》影印元刻十卷本，北京图书馆出版社，2005。
（宋）杨简：《慈湖遗书》，影印《文渊阁四库全书》册1156，台湾商务印书馆，1986。

（宋）杨时：《龟山集》，影印《文渊阁四库全书》册1125，台湾商务印书馆，1986。

（宋）叶绍翁撰，沈锡麟、冯惠民点校：《四朝闻见录》，中华书局，1989。

（宋）叶适撰，刘公纯、王孝鱼、李哲夫点校：《叶适集》，中华书局，1961。

（宋）佚名：《咸淳遗事》，《笔记小说大观》六编第二册，新兴书局，1983年影印本

（宋）佚名编，汝企和点校：《续编两朝纲目备要》，中华书局，1995。

（宋）袁甫：《蒙斋集》，影印《文渊阁四库全书》册1175，台湾商务印书馆，1986。

（宋）张栻撰，邓洪波校点：《张栻集》，岳麓书社，2010。

（宋）张载著，章锡琛点校：《张载集》，中华书局，1978。

（宋）赵顺孙：《四书纂疏》，影印《文渊阁四库全书》册201，台湾商务印书馆，1986。

（宋）赵顺孙撰，黄珅整理：《大学纂疏 中庸纂疏》，华东师范大学出版社，1992。

（宋）真德秀：《西山读书记》，影印《文渊阁四库全书》册705，台湾商务印书馆，1986。

（宋）真德秀：《西山文集》，影印《文渊阁四库全书》册1174，台湾商务印书馆，1986。

（宋）周敦颐著，陈克明点校：《周敦颐集》，中华书局，2009。

（宋）周密撰，吴企明点校：《癸辛杂识》，中华书局，1988。

（宋）朱熹：《四书或问》，上海古籍出版社、安徽教育出版社，2001。

（宋）朱熹：《四书章句集注》（《大学章句》《中庸章句》《论语集注》《孟子集注》），中华书局，1983。

（宋）朱熹撰，朱杰人、严佐之、刘永翔主编《朱子全书》，上海古籍出版社、安徽教育出版社，2002。

（宋）祝穆撰，祝洙增订，施和金点校：《方舆胜览》，中华书局，2003。

（元）程端礼：《畏斋集》，《丛书集成续编》册109，上海书店，1994。

（元）程端礼撰，姜汉椿校注：《程氏家塾读书分年日程》，黄山书社，1992。

（元）龚端礼：《五服图解》，阮元辑《宛委别藏》第十册，江苏古籍出版社，1988。

（元）胡炳文：《四书通》，影印《文渊阁四库全书》册203，台湾商务印书馆，1986。

（元）胡助：《纯白斋类稿》，影印《文渊阁四库全书》册1214，台湾商务印书馆，1986。

（元）黄溍著，王颋点校：《黄溍集》，浙江古籍出版社，2013。

（元）柳贯：《待制集》，影印《文渊阁四库全书》册1210，台湾商务印书馆，1986。

（元）倪士毅：《作义要诀》，影印《文渊阁四库全书》册1482，台湾商务印书馆，1986。

（元）蒲道源撰，蒲机编《闲居丛稿》，影印《文渊阁四库全书》册1210，台湾商务印书馆，1986。

（元）史伯璿：《四书管窥》，黄群编《敬乡楼丛书》第三辑，1931。

（元）史伯璿：《管窥外篇》，黄群编《敬乡楼丛书》第三辑，1931。

（元）苏天爵著，陈高华、孟繁清点校：《滋溪文稿》，中华书局，1997。

（元）脱脱等：《宋史》，中华书局1977。

（元）王充耘：《读书管见》，影印《文渊阁四库全书》册62，台湾商务印书馆，1986。

（元）王礼：《麟原文集》，影印《文渊阁四库全书》册1220，台湾商务印书馆，1986。

（元）吴澄：《临川吴文正公集》，《元人文集珍本丛刊》第四册，新文丰出版股份有限公司，1985。

（元）吴澄：《吴文正集》，影印《文渊阁四库全书》册1197，台湾商务印书馆，1986。

（元）吴师道：《敬乡录》，影印《文渊阁四库全书》册451，台湾商务印书馆，1986。

（元）吴师道：《礼部集》，影印《文渊阁四库全书》册1212，台湾商务印书馆，1986。

（元）吴师道著，邱居里、刑新欣点校：《吴师道集》，浙江古籍出版社，2012。

（元）熊禾：《勿轩集》，影印《文渊阁四库全书》册1188，台湾商务印书馆，1986。

（元）徐明善：《芳谷集》，《豫章丛书·集部7》，江西教育出版社，2006。

（元）许谦：《读四书丛说》，《四部丛刊续编》册11，上海书店，1985。

（元）许谦：《诗集传名物钞》，北京师范大学出版社，2012。

（元）许谦：《许白云先生文集》，《四部丛刊续编》册71，上海书店，1985。

（元）许有壬：《至正集》，《元人文集珍本丛刊》第七册，新文丰出版股份有限公司，1985。

（元）佚名著，李之亮校点：《宋史全文》，黑龙江人民出版社，2005。

（元）佚名著，王颋点校：《庙学典礼》（外二种），浙江古籍出版社，1992。

（元）虞集：《道园类稿》，王颋点校《虞集全集》上册，天津古籍出版社，2007。

（元）虞集：《道园学古录》，《四部丛刊初编》册235，上海书店，1989。

（元）袁桷：《清容居士集》，《四部备要》册81，中华书局，1989。

《大元圣政国朝典章》，中国广播电视出版社，1998年影印元刊本。

（明）曹端著，王秉伦点校：《曹端集》，中华书局，2003。

（明）程敏政辑撰，何庆善、于石点校：《新安文献志》，黄山书社，2004。

（明）方孝孺：《逊志斋集》，影印《文渊阁四库全书》册1235，台湾商务印书馆，1986。

（明）归有光著，周本淳校点：《震川先生集》，上海古籍出版社，1981。

（明）胡居仁：《居业录》，《丛书集成初编》册656，中华书局，1985。

（明）黄宗羲著，沈善洪、吴光主编《黄宗羲全集》，浙江古籍出版社，2005。

（明）刘宗周著，吴光主编《刘宗周全集》第五册，页5158，浙江古籍出版社，2007。

（明）权衡著，任崇岳笺证：《庚申外史笺证》，中州古籍出版社，1991。

（明）宋濂：《宋文宪公全集》，《四部备要》册82，中华书局，1989。

（明）宋濂等：《元史》，中华书局，1976。

（明）宋濂著，黄灵庚编辑校点：《宋濂全集》，人民文学出版社，2014。

（明）苏伯衡：《苏平仲文集》，《四部丛刊初编》册251，上海书店，1989。

（明）陶安：《陶学士集》，影印《文渊阁四库全书》册1225，台湾商务印书馆，1986。

（明）王鸿：《薛文清公行实录》，《续修四库全书》册551，上海古籍出版社，1996。

（明）王世贞撰，魏连科点校：《弇山堂别集》，中华书局，1985。

（明）王守仁撰，吴光等编校：《王阳明全集》，上海古籍出版社，2014。

（明）王祎：《王忠文集》，影印《文渊阁四库全书》册1226，台湾商务印书馆，1986。

（明）王瓒、蔡芳编，胡珠生校注：《弘治温州府志》，上海社会科学院出版社，2006。

（明）薛瑄撰，孙玄常等点校：《薛瑄全集》，山西人民出版社，1990。

（明）章懋：《枫山章先生语录》，《丛书集成初编》册648，中华书局，1985。

（明）郑柏：《金华贤达传》，《四库全书存目丛书》史部第88册影印康熙四十七年（1708）郑璧刻本，齐鲁书社，1997。

（清）查继佐：《罪惟录》，浙江古籍出版社，1986。

（清）李遇孙：《括苍金石志》，《续修四库全书》册912，上海古籍出版社，1996。

（清）陆世仪撰，张伯行编《思辨录辑要》，影印《文渊阁四库全书》册724，台湾商务印书馆，1986。

（清）陆心源：《宋史翼》，中华书局，1991年影印本

（清）全祖望撰，朱铸禹汇校集注：《全祖望集汇校集注》，上海古籍出版社，2000。

（清）阮元校刻《十三经注疏》，中华书局，1980。

（清）邵廷采著，祝鸿杰点校：《思复堂文集》，浙江古籍出版社，2012。

（清）王先谦撰，沈啸寰、王星贤点校：《荀子集解》，中华书局，1988。

（清）徐乾学：《读礼通考》，影印《文渊阁四库全书》册112，台湾商务印书馆，1986。

（清）永瑢等：《四库全书总目提要》，中华书局，1965。

（清）张廷玉等：《明史》，中华书局，1974。

（清）朱彝尊：《经义考》，上海古籍出版社，2010。

二 研究专著

Wm. Theodore de Bary, *Neo-Confucian Orthodoxy and the Learning of the Mind-And-Heart*, Columbia University Press, 1981.

Chrisitan Soffel and Hoyt Cleveland Tillman, *Cultural Authority and Political Culture in China: Exploring Issues with the Zhongyong and the Daotong during the Song, Jin and Yuan Dynasties*. Stuttgart: Franz Steiner Verlag, 2012.

Peter K. Bol, *Neo-Confucianism in History*, Harvard University Asia Center, 2008.

〔美〕田浩（Hoyt Cleveland Tillman）：《宋代思想史论》，社会科学文献出版社，2003。

〔美〕田浩：《朱熹的思维世界》（英文版初版于1992年），陕西师范大学出版社，2002。

〔日〕土田健次郎著，朱刚译：《道学之形成》，上海古籍出版社，2010。

包伟民：《浙江区域史研究：1000～1900》，杭州出版社，2003。

蔡方鹿：《中华道统思想发展史》，四川人民出版社，2003。

陈彩云：《元代温州研究》，浙江人民出版社，2011。

陈逢源：《朱熹与四书章句集注》，台北：里仁书局，2006。

陈来、朱杰人：《人文与价值：朱子学国际学术研讨会暨朱子诞辰880周年纪念会论文集》，华东师范大学出版社，2011。

陈来：《朱子书信编年考证（增订本）》，生活·读书·新知三联书店，2007。

陈来：《朱子哲学研究》，华东师范大学出版社，2000。

陈明光：《辅广诗童子问初探》，《修平人文社会学报》第七期（2006年9月出刊）

陈荣捷：《朱学论集》，华东师范大学出版社，2007。

陈荣捷：《朱子门人》，华东师范大学出版社，2007。

程元敏：《王柏之生平与学术》，华东师范大学出版社，2011。

崔玉军：《陈荣捷与美国的中国哲学研究》，社会科学文献出版社，2010。

邓庆平：《朱子门人与朱子学》，中国社会科学出版社，2017。
杜海军：《吕祖谦年谱》，中华书局，2007。
方旭东：《尊德性与道问学——吴澄哲学思想研究》，人民出版社，2005。
方彦寿：《朱熹书院与门人考》，华东师范大学出版社，2000。
高云萍：《宋元北山四先生研究》，浙江大学出版社，2012。
顾宏义、戴扬本编《历代四书序跋题记资料汇编》，上海古籍出版社，2010。
关长龙：《两宋道学命运的历史考察》，学林出版社，2001。
何俊：《南宋儒学建构》，上海人民出版社，2013。
侯外庐、邱汉生、张岂之主编《宋明理学史》，人民出版社1984。
黄怀信：《大戴礼记汇校集注》，三秦出版社，2004。
黄进兴：《优入圣域：权力、信仰与正当性》，陕西师范大学出版社，1998。
蒋寅：《古典诗学的现代诠释》，中华书局，2003。
李纪祥：《宋明理学与东亚儒学》，广西师范大学出版社，2010。
李修生：《全元文》第8册，江苏古籍出版社，1998。
李修生：《全元文》第46册，凤凰出版社，2004。
梁涛：《儒家道统说新探》，华东师范大学出版社，2013。
廖云仙：《元代论语学考述》，台北：新文丰出版股份有限公司，2005。
刘子健：《两宋史研究汇编》，台北：联经出版事业公司，1987。
刘贡南：《道的传承——朱熹对孔子门人言行的诠释》，华东师范大学出版社，2011。
罗立刚：《宋元之际的哲学与文学》，复旦大学出版社，1999。
彭东焕：《魏了翁年谱》，四川人民出版社，2003。
钱穆：《两汉经学今古文平议》，商务印书馆，2001。
钱穆：《中国学术思想史论丛》，安徽教育出版社，2004。
邱汉生：《四书集注简论》，中国社会科学出版社，1980。
饶宗颐：《中国史学上之正统论》（初版于1974年），上海远东出版社，1996。
束景南：《朱熹年谱长编》，华东师范大学出版社，2001。
束景南：《朱子大传》，商务印书馆，2003。
王锟：《朱学正传：北山四先生理学》，上海三联书店，2010。

王瑞来:《科举制的终结与科举学的兴起》,华中师范大学出版社,2006。

吴洪泽:《宋人年谱集目 宋编宋人年谱选刊》,巴蜀书社,1995。

吴震、吾妻重二:《思想与文献:日本学者宋明儒学研究》,华东师范大学出版社,2010。

吴震主编《宋代新儒学的精神世界——以朱子学为中心》,华东师范大学出版社,2009。

徐公喜:《朱子门人学案》,江西人民出版社,2018。

徐永明:《元代至明初婺州作家群研究》,中国社会科学出版社,2005。

徐远和:《理学与元代社会》,人民出版社,1992。

徐梓:《元代书院研究》,社会科学文献出版社,2000。

叶纯芳、乔秀岩编《朱熹礼学基本问题研究》,中华书局,2015。

余英时:《朱熹的历史世界:宋代士大夫政治文化的研究》,生活·读书·新知三联书店,2004。

张加才:《诠释与建构——陈淳与朱子学》,人民出版社,2004。

张伟:《黄震与东发学派》,人民出版社,2003。

张学智:《中国儒学通史·明代卷》,北京大学出版社,2011。

鍾彩钧:《明代程朱理学的演变》,台湾"中央研究院"中国文哲研究所,2018。

周春健:《元代四书学研究》,华东师范大学出版社,2008。

朱鸿林:《中国近世儒学实质的思辨与习学》,北京大学出版社,2005。

三 论文

邓庆平:《朱子门人群体特征概述》,《中国哲学史》2012年第1期。

冯国栋:《道统、功夫与学派之间——"心学"义再研》,《哲学研究》2013年第7期。

黄博:《宋代蜀中理学家度正生平考述》,《西华师范大学学报》(哲学社会科学版)2009年第5期。

李兵:《元代书院与程朱理学的传播》,《浙江大学学报》(人文社会科学版)2007年第1期。

梁涛:《回到"子思"去——儒家道统论的检讨与重构》,《学术月刊》2009年2月号。

刘述先：《朱子建立道统的理剧问题之省察》，《新亚学术集刊》第3期，新亚书院，1982。

马丽丽《王应麟学术思想研究》，南开大学2009年博士学位论文。

欧阳光：《论元代婺州文学集团的传承现象》，《文史》总第49辑，中华书局，1999。

潘志锋：《儒家的学术谱系与家族的血缘谱系之比较》，《兰州学刊》2006年第12期。

桑兵：《中国思想学术史上的道统与派分》，《中国社会科学》2006年第3期。

石立善：《朱子门人丛考》，《湖南大学学报》（社会科学版）2014年第3期。

王宇：《试论明儒学案对明代理学开端的构建》，《中共浙江省委党校学报》2007年第4期。

吴震：《心学道统论》，《浙江大学学报》（人文社会科学版网络版）2016年3月。

许家星：《朱子门人补证》，《中国哲学史》2010年第4期。

张伟、邢舒绪：《程端礼与及其〈读书分年日程〉》，《宁波大学学报》（教育科学版）2004年第6期。

姚瀛艇：《黄士毅与朱子语类》，《河南师大学报》（社会科学版）1982年第4期。

周良霄：《程朱理学在南宋、金、元时期的传播及其统治地位的确立》，《文史》第37辑，中华书局，1993。

张寿安：《打破道统·重建学统——清代学术思想史的一个新观察》，《"中央研究院"近代史研究所集刊》2006年6月，总第52期。

徐雷：《元初杭州宋遗民研究》，浙江师范大学2013年硕士学位论文。

后　记

我所供职的浙江省社会科学院坐落于凤起路与环城西路口，在旅游旺季，当我站在这个十字路口等红灯时，经常会有外地游客询问："请问西湖怎么走？"询问者通常手持有导航功能的智能手机，然而眼神中却透露出一丝迷茫。的确，电子地图上清晰地标示着，只需循环城西路向南步行不到 200 米，即是西湖；然而在环城西路密密匝匝的行道树的遮蔽下，进入他们的视野的只有熙熙攘攘的街市，湖山胜景无迹可求，犹豫、动摇、怀疑由此而生，以致求助于他人。可见，虽科技昌明如此，"眼见为实"的经验事实仍然比抽象的理性事实要重要得多。这些年来，每于此时此地碰到此种游客，我总会联想到手头搁置不下的这部宋元两浙朱子学研究。

宋元时代两浙地区的朱子学，并没有像闽中朱子学、江西朱子学那样涌现出划时代的学术大师（黄榦、吴澄），但细考其代表人物（辅广、陈埴、叶味道）却也不是籍籍无名之辈，属于研究者经常会在笔下提及，但无暇"知其然且知其所以然"的研究对象。这种"庸常而不暗淡"的现状倒使我萌生这样一个念头：这一地域的朱子学传承也可能具有某些普遍性的、适用于全国范围内的特征和理路。故在永嘉学派和南宋浙东学派研究告一段落后，我即起意研究两浙地区的朱子学，并于 2009 年完成了 80% 的书稿，次年蒙吴光教授、束景南教授、董平教授书面推荐，获得后期资助立项。然而，剩余的 20% 却耗费了六年的踌躇，因为我比那些疑心的游客更加不如，我手中根本没有电子地图，而只能选择坚信西湖就在 200 米外等着我。如果不是受到程颢《颜乐亭铭》"非师非学，孰觉孰识"的启发，抽绎出师统与学统这维系朱子学发展的两大支柱，我也许还在凤起路上兜兜转转。

当然，拖延还可归咎于行政事务、半学术半普及的工作分散了我的注意力，但在方法论上，本书的研究视角介于文献学和中国哲学史之间，因我学力不足，这两种研究视角的切换颇形笨拙，在具体讨论展开时不免左支右绌，又不得不反复打磨修改。作为一部后期资助书稿，竟而迁延六载，惭愧之余，我只能感谢国家社科规划办的宽容和对学术品质的重视。

本书的写作得到了业师何俊教授的指导，并赐下长序，立意高远，使拙作顿有"蓬荜生辉"之感。中华朱子学研究会会长、清华大学陈来教授对本书的写作多次赐教；感谢后期资助项目的评审专家和结题审查专家向本书提出的修改意见；俞伯灵研究员、任宜敏研究员、刘洋博士鼎力支持了我的学术研究工作，秦嘉慧博士通校了全书，在此谨致谢忱。本书相关的课题研究还先后得到了浙江省社科规划办、浙江省哲学社会科学重点研究基地"浙学研究中心"、院重点学科"中国哲学史"的支持；妻子和家人的日常默默的付出是我最强大的动力，铭感于心，无以为报。

是为后记。

王宇
2018 年腊月于凤起桥

图书在版编目(CIP)数据

师统与学统的调适：宋元两浙朱子学研究／王宇著.－－北京：社会科学文献出版社，2019.10
国家社科基金后期资助项目
ISBN 978－7－5201－4066－9

Ⅰ.①师…　Ⅱ.①王…　Ⅲ.①朱熹（1130－1200）－哲学思想－研究　Ⅳ.①B244.75

中国版本图书馆 CIP 数据核字（2018）第 285657 号

国家社科基金后期资助项目
师统与学统的调适
——宋元两浙朱子学研究

著　　者／王　宇

出 版 人／谢寿光
责任编辑／卫　羚

出　　版／社会科学文献出版社·人文分社　（010）59367215
　　　　　地址：北京市北三环中路甲 29 号院华龙大厦　邮编：100029
　　　　　网址：www.ssap.com.cn
发　　行／市场营销中心　（010）59367081　59367083
印　　装／三河市龙林印务有限公司
规　　格／开　本：787mm×1092mm　1/16
　　　　　印　张：27.25　字　数：430 千字
版　　次／2019 年 10 月第 1 版　2019 年 10 月第 1 次印刷
书　　号／ISBN 978－7－5201－4066－9
定　　价／198.00 元

本书如有印装质量问题，请与读者服务中心（010－59367028）联系

▲ 版权所有 翻印必究